KB139290

동의보감,
과학을
논하다

동의보감, 과학을 논하다

2016년 12월 19일 초판 2쇄 발행

지은이 박석준
펴낸이 이문수
편 집 이만옥
펴낸곳 바오출판사

등록 2014년 1월 9일 제313-2004-000004호
주소 서울시 마포구 토정로 222 한국출판콘텐츠센터 422-7 (04091)
전화 02)323-0518 문서전송 02)323-0590
전자우편 baobooks@naver.com

ISBN | 978-89-91428-18-8 03150

동의보감 정기신(精氣神) 강의

동의보감, 과학을 논하다

박석준 지음

일러두기

1. 이 책은 허준이 편한 동의보감의 충실한 해설서로, 가장 핵심적인 내용인 정기신(精氣神)에 대한 강의이다. 동의보감의 번역 텍스트로는 이 책의 저자가 번역자로 참여한 휴머니스트 출간본을 사용하였다.

2. 원칙적으로 서명은 『 』로 표기하였다. 하지만 동의보감은 너무 자주 나오는 관계로 편의상 『 』 표시 없이 동의보감으로 기재하였으며, 『황제내경』을 비롯한 몇몇 서명은 『내경』 같은 식으로 약칭하였다.

머리말
왜 지금 다시 동의보감을 읽어야 하는가

지난 2009년은 동의보감이 유네스코에 세계기록문화유산으로 등재된 뜻 깊은 해였다. 동의보감은 독특한 의학체계를 갖고 있으면서(이론적 측면) 동아시아의 의학에 큰 영향을 미쳤고(역사적 측면), 오늘날까지도 임상에서 쓰이고 있는 책이며(임상적 측면), 근대 서양의학이 도입되기 전까지 동아시아의 수백만 명의 건강에 기여하였다는 점(보건학적 측면)이 인정되었고 오늘날 보건과 관련된 난제에 새로운 가능성을 주고 있다는 점(지속발전 가능성의 측면), 전체적으로 세계 의학의 역사에 큰 기여를 한 점 등이 등재의 주요한 이유였다.

의학서로는 세계 최초의 일이었지만 그 의미가 더욱 중요한 것은, 중국이 역사에서의 동북아공정처럼, 한국의 한의학을 조의학朝醫學(조선족의 의학)이라고 부르면서 중의학中醫學(중국의 의학)의 한 부분으로 편입시키려는 시도가 이루어지고 있는 상황에서 동의보감 단독으로 등재되었기 때문이다. 실제로 등재 과정에서 중국은 음으로 양으로 동의보감의 단독 등재를 반대해왔으며, 동의보감을 중국의 여러 의서 속에 포함하여 등재하려고 했던 것으로 드러났다.

그러나 허준의 일생을 다룬 소설이나 드라마가 한때 큰 반향을 일으킨 것에 비하면 동의보감의 유네스코 등재는 한의계와 일부 언론을 제외하고는 큰 주목을 받지 못했다. 오히려 일부 단체에서는 동의보감을 비아냥대기도 했다. 투명인간으로 만든다거나 태아의 성별을 바꾼다거나 귀신을 볼 수 있게 해준다거나 하는 대목을 들면서 동의보감은 과거의 유물일 뿐 과학적이지도 않을뿐더러 온통 미신으로 가득 차 있다는 것이다.

그러나 더 큰 문제는 정작 국내 한의계의 반응이었다. 외국에서는 동의보감의 유네스코 등재를 계기로 동의보감을 재발견하고 활발한 연구가 진행되었다. 한국의 한의학은 중국과 다르며 6년제 대학을 중심으로 한 독자적인 한의사 제도가 있다는 사실도 널리 알려졌다. 그러나 2010년 한 해 동안 국내에서는 눈에 띄는 연구가 진행되지 않았다. 정부에서 수백억 원이 넘는 큰돈을 들여 동의보감 출간 400주년 기념사업단까지 꾸려놨는데도 별다른 진전이 보이지 않는다. 왜 이런 사태가 벌어졌던 것일까.

필자가 생각하는 가장 큰 이유는 바로 동의보감을 제대로 읽지 못했기 때문이라고 생각한다. 『논어』를 읽어보지 않은 사람은 그것이 왜 2천년 이상 동아시아 사회에서 살아남을 수 있었는지, 그리고 왜 지금도 전세계로 퍼져나가고 있는지 알기 어렵다. 성경이나 불경을 읽어보지 않은 사람은 그것이 왜 전 인류에게 그토록 큰 영향을 미쳤는지 알기 어렵다. 마찬가지로 동의보감을 읽어보지 않은 사람은 동의보감의 중요성을 알 수 없다.

동의보감을 읽지 않고 있다는 대표적인 증거로 앞의 투명인간이라는 예를 들어보자. 동의보감에는 소위 '투명인간 되는 법'(은형법隱形法)이 나와 있다고 한다. 한 공중파 방송에서는 이를 실험하기까지 했다. 물론 결과는 불가능하다는 것이었다. 동의보감이 유네스코에 등재된 이후로는 이를 더욱 조롱거리로 삼았다. 여기에 대해 필자는 아래와 같은 글을 쓴 적이 있다. 다소 길지만 여기에 인용해보기로 하자.

'은형법隱形法'은 동의보감 잡병편에 나오는 한 처방이다. 그런데 마치 은형법이 투명인간이 되는 법으로 잘못 알려져 있기에 이에 대해 간단히 살펴보려고 한다. …… 원래 은형법은 도교에서 쓰이던 비술이었다. 몸을 상대로부터 감추는 방법을 말한다. 도교만이 아니라 무술에서도 이런 방법이 나오고 심지어는 컴퓨터 게임에서도 이 용어가 나와서 젊은 층에서도 잘 알고 있는 용어다. 그런데 몸을 감추는 것과 투명인간이 되는 것은 전혀 다른 문제다. 동의보감에는 그 어디에도 투명인간이라는 말이 나오지 않는다. 그럼에도 이 말이 투명인간이 되는 방법으로 잘못 알려진 것은 아마도 일부 언론과 일부 의료 단체의 주장 때문인 것으로 보인다.

동의보감 잡병편의 해당 구절을 보면 이 처방은 '괴질'에 이어 '잡방'으로 분류되어 있다. 어떻게 보면 본격적인 치료라기보다는 민간요법의 차원에서 소개한 것이 아닌가 한다. 이 처방은 『증류본초』에서 인용한 것이다. 그런데 중요한 것은 몸을 감춘다고 했을 때 누구로부터 몸을 감추는가 하는 것이다.

'은형법'은 잡방 중에서도 '거귀통신去鬼通神' 처방과 '현귀방見鬼方'에 이어 나온다. '거귀통신'은 헛것을 보이지 않게 하여 신을 온전하게 하는 처방이다. 신이란 생명력이 드러난 것이므로 온전한 생명을 얻게 하는 처방인 셈이다. '현귀방'은 잘못 알려진 것처럼 '견귀방', 곧 귀신을 보게 하는 처방이 아니다. 이는 헛것을 드러나게 해서 헛것을 없애는 처방이라는 의미이므로 '견귀방'이 아니라 '현귀방'으로 읽어야 한다. 그리고 본문 중에 '要見鬼者'는 (귀신 들린 사람의) '귀신을 드러나게 하려면'으로 번역해야 한다. 이 두 처방 모두 헛것을 보는 질환에 쓸 수 있는 처방이다.

'은형법' 역시 이런 처방에 뒤이어 귀신으로부터 몸을 감추는 처방으로 나온 것이다. 그러므로 '은형'은 투명인간과는 아무런 관계도 없으며, 헛것을 보는 질환에 쓸 수 있는 요긴한 처방이 되는 것이다.

혹자는 동의보감에 투명인간 되는 법이나 귀신 보는 법이 나온다고 하여 동의보감을 폄하하기도 한다. 그러나 중요한 것은, 우리가 고전을 읽는 이유는 그것의 합리적 핵심을 보려 하기 때문이라는 점이다. 우리가 고전을 읽는 것은 그 고전의 정신을 배우려 하기 때문에 읽는 것이다. 성경에 비현실적이거나 오늘날의 관점에서 보아 비도덕적인 내용이 나온다고 성경의 가치가 없어지는 것은 아닐 것이다. 이는 성경만이 아니라 사서삼경이나 대장경도 마찬가지다.

혹자는 투명인간 되는 법이 나온다고 하여 동의보감을 부끄러워하기도 했다. 애써 우리는 그런 것은 배제한다고 말하기도 했다. 400년 전이라는 시대적인 한계를 운운하기도 했다. 허준 선생만 죄를 지은 꼴이 되었다. 물론 동의보감에는 오늘 우리의 관점에서 이해하기 어려운 부분도 있다. 예를 들면 임신 중의 태아를 남자로 바꾸는 '전녀위남轉女爲男' 같은 것이 그것이다.

그러나 이는 앞으로 더 연구해보아야 할 문제라고 생각한다. 전녀위남은 한마디로 맞다거나 틀리다고 간단히 넘길 문제가 아니다. 이런 문제는 동의보감에 수없이 나온다. 아니 가장 흔하게 쓰이는 사물탕이나 사군자탕 같은 처방까지 보다 더 깊은 연구가 필요하다고 생각한다.

최근 아직까지 이어지고 있는 '은형법'을 둘러싼 이러저러한 반응을 보면서 필자는 동의보감을 비판하거나 옹호하려는 사람 모두에게 이렇게 말하고 싶다. 있지도 않은 투명인간과 귀신을 잡으려 하지 말고 직접 동의보감을 보라고. 그것도 매우 진지하게.

동의보감은 확인되지 않은 통계지만 우리나라에서 출간된 모든 서적 중 최고의 베스트셀러라고도 한다. 주변에서는 "동의보감에 의하면 뭐는 어디에 좋다"고 하더라는 말을 흔히 듣는다. 그러나 정작 동의보감의 내용에 대해서는 잘 알지 못한다.

동의보감은 단순한 의서가 아니다. 그것은 세계를 바라보는 완전히 새로운 관점이다. 몸과 질병만이 아니라 자연과 사회를 바라보는 새로운 눈을 뜨게 해주며 나아가 거기에서 살아가는 새로운 삶의 방식을 보여준다. 동의보감은 '과학화'해야 할 대상이 아니라 우리가 새롭게 살아가야 함을 일깨워주는 소중한 지침서다. 이제 새로운 마음으로 동의보감을 읽어보면 어떨까. 그렇게 하다보면 나의 건강만이 아니라 우리 모두가 같이 행복하게 살아가는 방법도 알 수 있지 않을까.

차례

제1부
동의보감이 만들어지기까지

허준과 동의보감에 대한 결정적인 오해

한의사인 필자 역시 허준에 대한 이야기는 이은성의『소설 동의보감』을 통해 알게 되었다고 해도 과언이 아니다. 이 소설은 1976년 '집념'이라는 이름의 드라마로 방영되었던 것을 소설로 만든 것으로, 말 그대로 책을 손에서 놓을 수 없는, 밤을 새워 읽게 만드는 재미있는 작품이다. 처음 드라마의 제목이 '집념'이었던 것처럼 허준의 집념 어린, 그러면서도 헌신적인 삶을 감동적으로 그려내어 많은 시청자를 사로잡았다.

이 소설과 드라마가 그토록 인기를 얻을 수 있었던 데에는 여러 이유가 있었겠지만 무엇보다도 기존의 왜곡된 의료계 현실에 대해 새로운 대안을 보여주었기 때문일 것이라고 생각한다. 그래서 '드라마 허준'이 방영되던 때 실제로 어떤 병원에서는 환자들이 "당신이 이러고도 의사야?" 하며 언성을 높인 경우가 있었다고 한다. 이전 같았으면 감히 상상도 못했을 일이 벌어졌던 것이다. 드라마 때문에 의사들은 날벼락을 맞은 셈이 되었지만, 환자 입장에서는 진정 존경하고 열광할 수밖에 없는 의사가 탄생한 것이다.

그러나 그 소설이 나오기 전까지 사실상 한의계에서 허준과 동의보감에 대한 관심은 그다지 높은 편은 아니었다. 사실 동의보감은 우리나라 한의학의 최고 의서이고 따라서 그 책을 편찬한 허준에 대해서는 누구보다도 한의사들이 가장 잘 알고 있을 것으로 짐작하는 것이 상식일 것이다. 그러나 필자가 학생이었을 때 어떤 한의대 교수님으로부터 이런 지적을 받았던 적이 있다. 필자가 동의보감을 읽어보려고 한다고 하자 그 교수님은 "뭐하러 그런 책을 읽나? 직접 원전을 읽는 게 낫지"라고 '충고'를 해주셨다. 왜 그랬던 것일까?

실제 동의보감은 거의 대부분(90% 이상) 다른 책의 재인용으로 되어 있다. 그래서 심하게는 동의보감을 중국 의서의 짜깁기나 요약본 정도로 간주하는 사람도 있었다. 사정이 이러하다 보니 동의보감보다는 중국의 의서를 직접 읽는 것이 당시의 일반적인 경향이었고, 따라서 허준에 대한 관심도 높아질 수 없었다.

지금은 상황이 많이 바뀌었지만 아직도 동의보감과 허준에 대한 결정적인 오해가 남아 있다. 가장 대표적인 것은, 소설과 드라마를 통해 허준의 스승으로 알려진 유의태가 실제로 스승이 아닐뿐더러 가공의 인물이라는 사실이다. 또 허준은 과거를 본 적이 없고 유희춘의 천거로 내의원에 들어간 것이며, 전염병의 치료도 의원이 된 뒤의 일이라는 점, 당시 수의首醫였던 양예수와는 대립이 아니라 차라리 스승과 제자의 관계였다는 점 등은 이제는 많이 알려진 사실이다.

그러나 정작 가장 중요한 오해는 허준이 스승을 해부했다는 점일 것이다. 많은 사람들은 스승이 제자에게 자신의 몸을 내어준 대목에서 감동의 눈물을 흘리기도 했을 것이다. 그러나 바로 여기에 허준에 대한 결정적인 오해가 있다. 그것은 실제 그런 사실史實도 없었지만 무엇보다도 허준은 해부를 할 필요가 없었기 때문이다. 그런데도 왜 소설에서는 허준이 해부를 한 것으로 설정했던 것일까. 바로 여기에 허준과 동의보감, 나아가 한의학에 대한 결정적인 오해가 숨어 있다.

허준은 해부를 필요로 하지 않았다

한의학에서는 사람의 몸을 하나의 기氣로 본다. 몸 안에는 오장육부와 같은 여러 구조물이 있지만 그것 역시 하나의 기일 뿐이다. 마치 한 줄기의 물이 흘러가다가 작은 못을 이루고 다시 흘러 또 하나의 못을 이루어나가듯 오장육부는 그런 못의 하나일 뿐이라고 보는 것이다. 그리고 몸 안의 기는 밖으로 드러나게 되어 있다. 그 드러난 것을 보고 진단하여 치료하는 것이 한의학이다. 한의학을 '기의 의학'이라고 하는 것처럼, 한의학의 진단과 치료의 대상은 기일 뿐이지 장기와 같은 구조물로 이루어진 물질이 아니었던 것이다. 그러므로 해부는 참고는 되지만 한의적인 진단과 치료에 별 도움이 되지 않는다.

물론 과거에도 해부를 했다. 그러나 그것은 의학적인 필요 때문은 아니었다. 해부는 외과적인 수술에 필요한 것이지 내과를 중심으로 하는 전통 의학에는 별 의미가 없었다. 이는 내과와 외과가 오늘날처럼 결합되지 않고 서로 분리되어 있었기 때문이다.

대체로 동양은 물론 서양에서도 근대 이전에는 해부와 의학은 긴밀한 관계없이 별도로 발전해왔다. 오늘날은 의학이 내과, 외과, 치과 등이 하나의 의학 체계 속에 묶여 있는 것처럼 생각하지만 근대 이전에 이것들은 각기 별도로 존재하고 있었다.

서양에서 해부가 의학에 중요한 역할을 하기 시작한 것은 근대의학의 시작이라고 말하는 프랑스 임상의학파에서 부터라고 할 수 있다. 전쟁에 복무할 의사의 양성이라는 필요에서 세워진 프랑스의 에콜 드 상떼École de santé라는 의대는 그 이름에 의학이라는 단어가 들어가 있지 않은 것처럼, 내과만을 의학이라고 여기던 전통을 깨고 해부학에 기초한 외과를 결합한다는 목적을 갖고 설립되었다(1794). 이로부터 서양의 의학은 내과와 외과가 결합되기 시작하였고 해부 역시 중요하게 자리를 잡게 되었다. 해부가 의학의 중요한 영역으로 자리 잡으면서 이제 의학의 대상은 관념적인 설명의 체계가 아닌 구체적인 물질의 구조로 바뀌었다. 그리고 이는 미국으로 건너가 오늘날과 같은 물질 중심의 의학으로 발전하게 된다.

서양에서도 그랬지만 동아시아의 전근대 시대에 의사가 해부를 한다는 것은 상상할 수 없는 일이었다. 그것은 수술과 같은 외과적인 영역을 담당하는 사람들(백정을 포함)의 영역이었지 의사가 할 일이 아니었다. 그런데도 왜 소설과 드라마에서는 허준이 해부를 한 것으로 설정되었을까.

소설에서의 허구는 허용되어야 한다. 그러나 소설에서의 허구는 그것을 통해 현실성을 더 선명하게 드러낼 때 의미가 있다. 다시 말해서 허구는 단순한 관념의 산물이 아니라 현실을 반영한 것이어야 한다는 것이다. 이런 점에서 보면 소설 동의보감에서의 허구는 매우 비현실적인 것이며 나아가 현실을 왜곡하는 것이 된다. 허준이 살았던 당시의 현실에서 의사의 해부란 있을 법한 일도 아니었고 있어서도 안 되는 일이었기 때문이다. 그렇다면 왜 소설에서는 허준이 굳이 해부를 한 것으로 설정되었던 것일까.

소설을 쓴 이은성 씨는 소설의 많은 부분, 특히 한의학과 관련된 내용을 그가 친하게 지내던 어느 한의사에게 의존하고 있었다. 그 한의사는 풍부한 임상 경험과 깊은 이론으로 많은 사람의 존경을 받던 분이었다. 그러나 그 분은 '양진한치洋診韓治'라는 관점을 갖고 있었다. '양진한치'란 서양 근대의학의 기계로 진단하고 치료는 한의학으로 한다는 것이다. 이는 과거 비교적 선진적인 한의사들이 갖고 있던 관점이기도 했다.

그러나 한의학은 기를 대상으로 하는 의학이며 근대 서양의학은 육체라고 하는 물질을 대상으로 하는 의학이다. 이들의 진단과 치료 대상이 서로 다름에도 불구하고 이를 하나로 결합한 것이 바로 양진한치이다.

양진한치를 하려면 해부가 전제되어야 한다. 해부가 배제된 근대 서양의학이란 상상하기 어렵다. 허준이 해부를 했다는 허구는 이런 맥락에서 만들어지게 된다. 양진한치가 실현되기를 바라는 그 한의사의 간절한 바람이 결국 소설에 반영되어 급기야 허준이 해부를 하게 된 것이었다. 이렇게 본다면 허준이 해부를 했다는 설정 역시 현실의 반영일 수밖에 없다.

그러나 분명한 것은 허준이 해부를 하지 않았다는 사실이다. 허준만이 아니라 당시 한의학에서 해부를 하지 않았던 것은 해부를 할 수 있는 여건이 마련되지 않았기 때문이 아니라 의학 이론 자체가 해부를 필요로 하지 않았기 때문이다. 이는 곧 과거에는 의학과 몸에 대해 오늘날의 우리와는 다르게 생각하고 있었다는 사실을 말해준다.

한의학에서의 몸은 한마디로 말하자면, 자연과 마찬가지로 하나의 기일 뿐이다. 우리가 눈으로 보고 만질 수 있는 몸은 그런 기를 담고 있는 집에 불과하다. 우리가 '몸집'이라고 말할 때, 그것은 몸의 집을 말하는 것이다. 그 집을 채우고 있는 것이 바로 기이다. 한의학의 대상은 바로 이러한 기이다. 이 기의 움직임과 상태만 알 수 있으면 몸에 대해 모든 것을 아는 것이 된다.

이 기는 어떻게 알 수 있는가. 모든 기의 움직임과 상태는 몸의 겉을 통해 드러난다. 몸의 겉을 통해 모든 것을 알 수 있다. 얼굴빛을 살피고 몸의 움직임을 보고 몸에서 나는 소리를 듣고 맥을 짚어보는 모든 것이 몸의 겉을 살펴보는 것이다. 이를 통해 몸 안을 보는 것이다. 그러므로 한의학에서는 따로 몸 안을 들여다보거나 열어볼 필요가 없었던 것이다.

허준의 꿈

허준이 언제 어디에서 태어났는지에 대해서는 그동안 다양한 논의가 있었다. 지금까지 주장되었던, 그리고 지금도 일부 주장되고 있는 출생지는 경상도 산청, 전라도 담양, 서울 강서구 가양동(공암), 파주, 개성 등이 있고 출생년도는 1537년에서 1547년까지 있어서 출생연도에 따라 최대 열 살의 차이가 나게 된다. 오직 1615년에 죽었다는 것만이 확실하다.

허준이 태어난 지 거의 500년이 다 되어서야 밝혀진 바에 의하면 허준은 1539년 아버지 허론許碖과 어머니 영광 김씨 부인 사이에서 서자로 태어났다. 태어난 곳은 파주일 가능성이 가장 크다.

이런 사태는 전근대 사회에서 낮은 신분으로서 출세한 사람들이 맞이하는 공통된 운명이기도 하지만, 덕분에 허준의 출생지 혹은 활동지로 간주되는 산청과 가양동에 이미 허준을 기리는 박물관이나 공원 등이 조성되었고 앞으로도 몇 군데 더 생길 전망이다. 무덤에 누운 허준의 입장에서는 기가 막힌 일이 아닐 수 없겠지만 자신을 기리는 사람과 지역이 늘어난다는 것을 생각해보면 그렇게 섭섭한 일만도 아닐 것이다.

허준과 관련하여 또 하나 오해가 큰 부분은, 허준이 서자였기 때문에 어쩔 수 없이 의학을 택했고 나중에 이것이 그의 성장에 큰 걸림돌이 되었다는 것이다. 그러나 허준이 자랄 때만해도 서자에 대한 차별이 심하지는 않았다. 그런 차별은 허준이 내의원에 들어가고 나서의 일이다. 왜냐하면 우리나라에서 서자에 대한 차별이 심해지는 것은 바로 그때부터였기 때문이다. 물론 내의원에 들어간 뒤에 허준이 승승장구하자 차별이 점점 심해진 것은 사실이지만 서자이기 때문에 의학을 택했고 그것 때문에 큰 고통을 받았으리라는 것은 지나친 추측으로 보인다.

허준의 집안은 원래 무사 집안이었지만 그의 집안에서는 허공, 허응, 허종, 허지 같은 뛰어난 의사가 많이 배출되었다. 그리고 어머니의 친정인 영광 김씨 집안에도 당대의 대학자이며 의학에 조예가 깊었던 김안국金安國(1478~1543)과 김정국金正國(1485~1541)이라는 사람이 있었다. 허준이 젊어서부터 명의로 이름을 날릴 수 있었던 데에는 이런 집안의 배경이 있었던 것이다.

그리고 무엇보다도 허준이 늘 책을 가깝게 하였고 사서삼경四書三經은 물론 사서史書까지 통달했다는 당대의 평가는, 어린 시절 충분한 교육을 받지 않고서는 나올 수 없는 것이다. 그러므로 비교적 안정된 환경에서 외가의 영향을 받아 의학의 길로 들어선 것이라고 보는 것이 타당할 것이다.

여기에서 '외가의 영향'을 말했는데, 이는 허준과 동시대를 살았던 율곡 이이李珥(1536~1584)의 경우처럼 조선시대 중기에는 외가에서 자라는 것이 일반적인 관습이었다. 그러므로 허준에 대한 외가의 영향은 매우 컸을 것으로 보인다. 특히 김안국은 의학에 조예가 깊어서『분문온역이해방分門瘟疫易解方』이라는 책을 간행하였고, 김안국의 동생인 김정국 역시『촌가구급방村家救急方』이라는 책을 간행하였다. 이 두 권의 책은 허준에게 매우 중요한 영향을 미치게 된다.『분문온역이해방』은 전염병을 치료하는 전문서적이었고『촌가구급방』은 민간요법을 정리한 책이다. 허준이 뒷날 전염병에 뛰어난 업적을 남기고 동의보감에 다양한 민간요법을 담을 수 있었던 데에는 이러한 배경이 있었던 것이다.

내의원에 들어가고 나서부터 허준의 생애는 비교적 분명하다. 허준은 광해군을 살린 일로 정3품 당상관 통정대부의 품위를 받게 되는데, 비록 실질적인 직위와는 관계없는 형식적인 승진이었지만 서자로서 정해진 한계를 뛰어넘는 품위였다. 나아가 임진년(1592)의 전쟁에 뒤이은 정유년(1597)의 전쟁에서도 임금을 모신 일로 허준은 1604년 호성공신扈聖功臣 제3등 공신으로 책봉되어 양평군楊平郡이라는 읍호邑號를 받았다. 읍호란 벼슬을 받는 사람이 살던 곳의 이름을 따서 붙여주던 직함이었다. 작위도 높아져 종1품 숭록대부가 되었다. 그래서 숭록대부 '충근정량갈성효절협제호성공신 숭록대부 양평군忠勤貞亮竭誠效節協第扈聖功臣 崇祿大夫 陽平君'이라는 긴 직함이 붙게 되었다.

그러나 당쟁의 소용돌이 속에서 허준은 유배와 복권을 반복하면서 동의보감을 쓰게 된다. 이 과정은 역사 기록에 분명하게 남아 있는 것이 없어서 어디에서 어떻게 작업을 했는지는 분명하게 알 수 없다. 다만 1610년에 완성되어 1613년에 출간되었다는 사실만 전할 뿐이다. 그리고 허준이 어디에서 어떻게 살다가 죽었는지도 분명하지 않다. 그러나 더 큰 문제는 허준이 죽고 난 뒤에 생긴다. 허준이라는 귀신이 출몰하기 시작한 것이다.

허준이 죽고 난 뒤 100년 지나 쓰인 『약파만록藥坡漫錄』에는 다음과 같은 전설이 실려 있다.

허준이 일행과 함께 중국에 가던 중 큰 짐승들이 길을 막고 있었는데 그중 한 놈이 말 탄 허준의 옷을 잡아 당겨 내리게 했다. 코끼리였다. 코끼리는 엎드려 절을 하면서 눈물을 흘리며 무언가 애원했다. 허준이 코끼리에 올라타자 한참을 달려 산 속 깊숙한 곳의 동굴 앞에 멈추었다. 굴에 들어가니 코끼리 새끼 세 마리가 피를 흘리며 누워 있었다. 며칠간의 치료로 병이 낫자 어미 코끼리는 큰 절을 하고 다시 허준을 엎고 중국에 태워주었다. 허준이 중국에 도착했는데 같이 갔던 일행은 아직도 도착하지 않았다. 다시 합류한 일행들이 코끼리에 잡혀갔던 일을 물어 허준은 자초지종을 설명했다. 이 일로 허준의 명성은 더욱 높아졌다.

이런 전설만이 아니라 여인네 손에서만 자라 양기가 부족해서 죽은 삼대 외동아들을, 건장한 총각들이 갖고 놀던 장기 알을 삶아 먹여 살려낸 것과 같은 기적적인 치료 사례도 다수 전해지고 있다.

지금은 민통선 구역 내에 있어서 쉽사리 가볼 수 없는 파주의 한 모통이에 누운 허준이 이런 이야기를 듣고 무슨 생각을 할까. 아마도 첫 번째는 '참 훌륭한 의원도 다 있군' 하고 신기해했을 터이며, 그다음으로는 진정한 의학과 의료를 바라는 백성들을 안타깝게 생각했을 것이며, 그런 백성들을 위해 허준은 자신이 생각했던 진정한 의학, 바로 '동의학'의 부활을 꿈꾸고 있을 것이다. 흰 구름만 무심히 떠가는 저 차가운 땅에 누워.

동의보감을 만든 사람들

우리는 누구나 동의보감의 '저자'는 허준이라고 알고 있다. 그러나 조선시대에 발간된 대부분의 책이 그러하듯이 동의보감 역시 국가에서 발간한 책인 만큼 한 개인의 이름을 붙이는 것은 그다지 적절하지 않다. 실제 동의보감을 보면 분명하게 '허준 찬撰'이라고 되어 있다. 오늘날로 말하자면 허준은 책임편집자였던 셈이며 우리가 말하는 '저자'라는 개념과는 많이 다르다.

물론 허준은 선조로부터 동의보감 편찬의 책임자로 직접 임명받았던 사람이며 임진왜란과 정유재란이라는 두 차례의 전쟁을 거치고 나서부터는 거의 혼자 편찬 작업을 했기 때문에 동의보감이 완성되기까지 가장 중요한 역할을 한 것은 부정할 수 없는 사실이다. 그래서 굳이 동의보감의 '저자'를 말한다면 허준이 거론되는 것은 당연한 일일 것이다.

그러나 그렇다고 해서 동의보감이 허준이라는 한 사람에 의해 완성되었다고 할 수는 없다. 실제 동의보감의 편찬에 참여한 사람을 보면 유의儒醫 정작鄭碏(1533~1603), 태의太醫 양예수楊禮壽(?~1597), 김응탁, 이명원, 정예남 등이 거론되고 있다. 이런 사람들이 함께 논의하고 작업을 한 결과가 바로 동의보감인 것이다. 그런데 이들이 동의보감의 편찬에서 한 역할은 어떤 것이었을까.

이들의 역할을 보기 이전에 먼저 동의보감의 사상적 배경을 잠시 언급하는 것이 좋을 것이다. 이는 편찬에서 위의 사람들이 어떤 역할을 했는가와 연관이 있기 때문이다.

동의보감은 일찍부터 도교道敎를 바탕으로 한 의학으로 평가되었다. 필자는 동의보감의 '도교적' 성격이라는 표현은 적절하지 않다고 생각한다. 이에 대해서는 결론 부분에서 다시 언급할 것이다. 이는 당시 유교를 국교로 삼던 조선의 흐름과 잘 어울리지 않는 것처럼 보인다. 그럼에도 왜 동의보감은 도교를 바탕으로 편찬되었던 것일까. 여기에는 여러 해석이 가능하겠지만 필자는 가장 큰 이유를, 왕권을 강화하려는 선조와 광해군의 정치적 입장이 반영된 것이라고 본다. 다시 말해서 점점 왕권을 위협하고 있던 사대부들의 권력과 그들이 바탕으로 하고 있는 유교에 대항하기 위한 것이라고 볼 수 있다는 것이다.

고려의 불교를 밀어내고 들어선 조선 초기에는 아직 사림의 세력이 강하지 않았다. 그래서 정도전鄭道傳(1342~1398) 같은 이가 불교와 도교를 강하게 비판했지만 그런 비판 자체가 유교의 세력이 아직 절대적이지 못하다는 사실, 아니 그런 지위를 얻기 위해 노력하고 있는 단계라는 사실을 말해준다. 실제로 조선 초기의 왕실에서는 궁내에서 불사佛事를 지내기도 하고 각 지방에서는 도교의 소격서昭格署가 새로 지어지기도 했다. 그러던 것이 선조 이후에는 그런 일이 거의 일어나지 않는다. 이는 선조 대에 이르러서야 비로소 사림의 세력이 자리를 잡았다는 사실을 말해주는 것이고 이에 따라 선조 대부터 왕권과 신권의 권력 다툼이 본격적으로 벌어지게 된다는 역사적 사실과도 일치한다.

우리가 추측하는 것과 달리 동의보감은 출간 이후 곧바로 우리 민족의 의학 교과서로 역할하지 못했다. 이는 동의보감 이후 가장 중요한 의

서로 평가되는 강명길康命吉(1737~1801. 영정조 때의 의사)이 편찬한 『제중신편濟衆新編』이라는 책을 보아도 알 수 있다. 얼핏 그 책은 동의보감의 내용을 충실하게 반영했을 뿐만 아니라 동의보감 이후의 발전까지를 담은

『제중신편』(1799)

책으로 보이지만 사실은 동의보감의 편찬 체계와는 전혀 다른 체계를 채택하고 있다. 다시 말해서 임상적인 부분은 대체로 동의보감을 따랐지만 책의 구성과 체계를 완전히 바꾼 것이다. 동의보감의 체계를 그대로 따른 책은 정조가 직접 편찬한 『수민묘전壽民妙詮』이라는 책이 거의 유일하다. 정조는 그 복잡한 상황과 바쁜 격무 속에서 왜 직접 의서를 편찬했던 것일까. 필자는 이것 역시 왕권을 강화하기 위한 노력의 하나로 본다.

『수민묘전』(정조 연간)

그렇다면 동의보감을 도교의 의학체계로 만든 사람은 누구였을까. 필자는 거기에 가장 결정적인 역할을 한 사람은 정작이었다고 생각한다. 정작은 잘 알려진 인물은 아니지만 그의 형인 정렴鄭磏은 우리나라 도교의 핵심 인물이며 그가 쓴 『용호비결龍虎秘訣』은 지금도 도교의 수련과정에서 사용되고 있는 중요한 저작이다.

정작은 동의보감의 기본 틀이 완성되고 나서 전쟁이 나자 산으로 들어가버렸다. 필자는 동의보감의 편찬, 특히 동의보감의 바탕이 되는 도

교를 도입하여 동의보감의 체계를 만든 사람은 바로 정작이라고 생각한다. 왜냐하면 동의보감의 편찬에 참여했던 사람 중 도교를 정통하게 이해하고 있던 사람은 정작이 대표적이기 때문이다. 그래서 필자는 굳이 동의보감의 '저자'라고 한다면 허준 이외에 한 사람의 이름을 덧붙이는 것이 정당할 것으로 본다. 그 이름은 바로 정작이다.

정작은 동의보감의 편찬에 참여한 유일한 유의儒醫다. 유의란 양반의 신분으로서 의학을 전공한 사람을 말한다. 정작의 아버지 박순붕朴順朋은 좌의정을 지낸 사람이었다. 그러나 아버지가 을사사화(1545)에 가담하는 등 정치적으로 물의를 빚자 현실에 실망하고 정유재란이 일어나자 산에 들어갔다. 그는 어려서부터 도가 책을 읽고 금단수련을 하기도 하였다.

정작이 이처럼 도가에 관심을 갖게 된 데에는 그의 형인 정렴의 영향이 컸다. 정렴은 나면서부터 맑고 깨끗한 성품에 천문이나 지리, 음악, 의학, 중국어나 몽골어에도 밝아서 도인으로 인정받았다. 그 역시 을사사화를 계기로 지금 과천의 청계산에 들어갔다. 그는 혜민원의 교수를 역임했고 1544년 왕의 병을 치료하기 위해 궁궐에 들어가 진찰을 할 만큼 뛰어난 유의였다. 저서에 처방집으로 보이는 『정북창방』(일부가 동의보감에 실려 있다)과 『단학지남』, 『용호비결』(모두 금단 수련서로, 번역본이 나와 있다) 등이 있다. 이러한 단학 수련의 정신은 동의보감에 반영되어 있다.

동의보감의 가장 큰 특징 중 하나는 도교를 바탕으로 하고 있다는 점이다. 그런데 동의보감의 편찬에 참가했던 양예수를 제외하면 다른 인물들에게서는 이런 도교적 색채를 찾아보기 힘들다. 그러나 도교와 연관이 있는 것으로 보이는 양예수가 편찬한 『의림촬요醫林撮要』에도 도교적 색채는 거의 보이지 않는다. 또 그는 동의보감의 편찬에 오래 참여하지도 않았다. 그렇다면 동의보감에 도교적인 관점을 도입한 사람은 허준 아니면 정작밖에 없다. 그런데 허준 역시 그의 다른 저서들을 보면 도교적 색채를 띠는 것이 없을 뿐만 아니라 책의 구성도 현격하게 다르다. 그렇다면 도교의 정통 맥을 잇고 있는 정작이 바로 동의보감의 도교적 색채를 주도한 인물이 아닐까.

이제 동의보감의 평가는 다시 이루어져야 한다. 그저 도교적 성격이 강하다는 말로는 충분하지 않다. 그것은 동의보감이 김시습金時習, 서경덕徐敬德, 토정土亭 이지함李之菡으로 이어지는 선맥仙脈을 되짚어볼 수 있는 소중한 자료이기도 하기 때문이다.

장한웅이라는 수수께끼

정작과 더불어 장한웅張漢雄이 우리의 관심을 끄는 것은 그가 양예수의 스승이었기 때문이다. 산에서 살았기 때문에 장산인張山人으로 불리기도 했는데, 그는 3대째 의업을 이어오던 집에서 태어났다. 의사였던 그의 아버지가 출가하여 산에 들어가면서 책 두 권을 주었다. 장한웅은 이 책을 수만 번 읽고 마침내 병 치료는 물론 귀신도 부릴 수 있게 되었다고 한다. 나이 마흔에 출가하여 지리산에 들어갔는데 다시 그곳에서 수련을 쌓았다. 그 후 장한웅은 산에서 내려와 흥인지문(동대문) 밖에서 살았는데 이때 양예수가 그에게 의학을 배우게 된다.

장한웅은 임진왜란(1592~1598)이 일어나자 가산을 정리하고 소요산으로 들어가면서 이제 명이 다했으니 죽으면 화장을 해달라고 했다. 적군이 쳐들어와 장한웅은 앉은 채로 칼을 맞았는데 피는 흰 기름 같았고 꼿꼿하게 앉은 채로 쓰러지지 않았다. 곧 천둥과 비바람이 몰아쳐 적군들은 놀라 도망갔다. 화장을 하자 서광이 3일 밤낮으로 비치었고 사리가 72개 나왔다. 장한웅은 죽은 뒤에 어떤 사람의 집에 나타나 3일 동안 머물고 금강산으로 간다고 하면서 떠났다. 사람들은 그가 신선이 되었나고 말했다. 양예수가 편찬한 『의림촬요』를 사람들이 『장씨의방張氏醫方』이라고도 불렀다는 것을 보면 양예수에 대한 장한웅의 영향이 얼마나 큰지를 알 수 있다.

그런데 흥미로운 것은 장한웅이 동대문 밖에서 살고 있을 때 허준도 서울에 있었다는 사실이다. 대체로 이때 허준의 나이는 20대 후반, 양예수는 40대 후반, 장한웅은 50대 초반이었다. 유희춘과 같은 지위 높은 양반들과 교류하면서 이런저런 정보에 밝았던 허준이 장한웅을 만났을 가능성은 없었을까. 허준은 유희춘의 천거로 내의원에 들어가게 되는데, 유희춘은 이미 양예수와 잘 알고 있었으며 그와 많은 교류를 갖고 있었다.

나는 허준이 장한웅을 만났을 것이라는 가정을 해보고 싶다. 정렴의 동생 정작이 최치원으로부터 이어진 선도의 맥을 타고 있고 장한웅이 그것을 구체적으로 의학에 적용한 사람이라고 한다면 이렇게 생각해야 언뜻 돌출한 것처럼 보이는 동의보감의 도교의학적인 내용이 비로소 역사성을 갖게 되기 때문이다.

전쟁 속의 의사들

임진왜란이 일어나자 평소 입만 열면 나라의 존망과 백성의 안위를 운운하던 양반들은 대부분 도망갔다.

선조가 피난길에 나서 궁궐을 떠나려 하자 백성들은 길을 가로 막았으며 일부는 욕까지 했다. 그러나 선조로서 더 큰 절망은 결국 의주까지 따라간 문관과 무관이 모두 17명에 불과했다는 사실이었을 것이다.

문무관을 제외한 나머지(이들은 말을 타지 못하고 모두 걸어가야 했다)는 환관 수십 명, 말을 관리하는 사복원 3명, 왕명을 전달하고 왕의 붓과 벼루, 열쇠 등을 관리하던 액정원 네댓 명, 그리고 내의원의 허준 등이었다. 요즈음으로 말하자면 최측근 비서진과 운전기사, 그리고 대통령 주치의만 있었던 셈이다. 특히 문무관보다는 허준을 비롯한 나머지 수행원들은 처음부터 끝까지 한시도 임금 곁을 떠나지 않고 보필했다. 그러자 선조는 "사대부가 도리어 너희만도 못하구나" 하며 통탄해했다.

허준과 더불어 의관으로서 임진왜란에 참여한 또 한 명의 의원이 있으니 그가 바로 양예수다. 양예수는 늙어서 각기병을 앓아 다리를 절룩거리고 다녔다고 한다. 이 각기병은 때로 왕진을 거절하는 방편으로도 이용되어 권세가들의 미움을 받고 있었다. 양예수가 임금을 따라가는데 말을 타고 가던 이항복이 양예수를 돌아보고 "각기병에는 난리탕이 제일이다"고 했다. '난리탕'이란 전쟁을 약 처방에 비유한 것이다. 평소 양반들에게 호락호락하지 않아 거만하게 보였던 그에게 한판 복수를 한셈이다.

그러나 이 말이 선조의 귀에 들어가자 선조는 선뜻 그에게 말을 한 마리 하사하였다. 전쟁 때의 말 한 마리는 요즈음으로 치면 군용트럭과 같은 것인데, 이를 하사했다면 큰 선물이다. 양예수로서는 전화위복이된 셈이기도 하고 또 선조가 그를 얼마나 사랑했는지를 보여주는 대목이기도 하다.

전쟁에 의사가 없을 수 없다. 전쟁 중 의사는 아군과 적군을 가리지 말아야 한다고도 한다. 그러나 죽음을 무릅쓰고 끝까지 한 수장을 좇아 자신의 본분을 다하는 의사도 있을 것이다. 그런 예를 우리는 허준과 양예수에서 본다.

전쟁이 끝나고 양예수는 해주에 남아 있었고 정작은 산에 들어가버렸다. 다른 의원들이 일부 남아 있었지만 허준 혼자라고 해야 할 상황이었다. 그러나 이것만이 아니었다. 전쟁으로 인한 질병과 기근에 대처하기 위한 구급용 의서의 제작이 급했고 이는 허준의 몫이었다. 허준은 전쟁이 끝난 뒤 곧바로 언해가 붙은 세 권의 책을 편찬해야 했다. 그리고 곧바로 선조는 허준에게 500권의 책을 내주면서 혼자서라도 동의보감의 편찬을 계속하라고 명한다(물론 이때까지 '동의보감'이라는 이름은 없었다).

이런 상황에서 그나마 다행인 것은 초기에 정작, 양예수와 함께 책의 큰 틀을 잡아놓았다는 점이었다. 그리고 동의보감의 제1권에 해당하는 「내경편」, 최소한 그중 '신형'과 '정기신'을 다룬 부분 정도가 완성되어 있었을 가능성이 있다.

그럼에도 역시 책을 완성한다는 일은 쉬운 일이 아니다. 목차를 정하는 것보다 그 내용을 채우는 것이 더 어려운 일일 수도 있다. 이 역시 허준의 몫이었다.

그런데 또 다시 문제가 생겼다. 선조가 죽은 것이다. 선조가 죽자 당연히 어의御醫로서의 책임을 물어 허준은 귀양살이를 떠나야 했다. 1608년부터 1609년까지 허준은 파직되어 귀양살이와 복귀를 반복한다. 그러나 귀양살이는 오히려 허준이 동의보감의 편찬에 진력할 수 있었던 기회가 된다. 꿈꾸는 자에게 고난은 그를 키워주는 바람일지도 모른다. 이렇게 해서 허준은 마침내 동의보감 25권을 완성하여 광해군에게 바친다. 광해군의 감회가 없을 수 없다.

"허준이 일찍이 선왕 때에 의서를 편찬하라는 분부를 받들어 오래도록 깊이 간직하고 있다가, 유배되어 떠돌아다니던 중에도 그 직무를 버리지 않고 이제 한 질의 책을 편찬하여 바치는구나. 선왕께서 편찬을 명한 책이, 아직 상복을 입고 있는 나에게 그 책이 다 이루어졌다고 하니 슬픈 마음을 이길 수 없다."

광해군은 허준에게 말 한 필을 하사하여 노고를 치하한다. 이때가 1610년, 허준의 나이 71세였다.

동의보감을 준비한 사람들

당연한 말이지만 동의보감은 어느 날 갑자기 왕이 명했다고 해서 만들수 있는 책이 아니다. 천재적인 몇 사람의 노력으로 만들 수 있는 책도 아니다. 허준의 집념 어린 노력으로 동의보감이 완성되는 데에 15년이나 걸렸지만 동의보감은 고대로부터 당대까지 거의 2천 년이라는 기간을 대상으로 하고 있으며, 거기에 걸맞은 방대한 내용을 담고 있을 뿐만 아니라 그것도 아주 일목요연하게 정리하고 있기 때문이다. 그러면 동의보감은 어떻게 해서 만들어질 수 있었던 것일까. 거기에는 동의보감의 편찬에 참여한 사람들의 노력 말고도 면면히 이어져온 우리 민족의 학문적 뒷받침이 있었기 때문에 가능했다고 할 수 있다.

동의보감은 그때까지의 중국의 의학적 성과는 물론 고대로부터 내려온 우리 민족의 거의 모든 의학적 성과를 집대성했다. 이것이 가능했던 이유는 우리나라의 의학적 전통에서 찾을 수 있다. 한마디로 우리나라의 자체적인 의학 발전이 없었다면 동의보감도 불가능했을 것이라는 말이다. 그중 중요한 것을 꼽자면 무엇보다도 『의방유취醫方類聚』라고 하는 백과사전을 들 수 있다.

『의방유취』는 266권으로 이루어진 방대한 책이다. 『의방유취』는 당대 동아시아 최고, 최대의 저작으로 평가받고 있으며 전 세계의 한의계에

『의방유취』

서 매우 중요한 저작으로 인정받고 있다.

『의방유취』는 세종이 편찬을 명한 이래(1445) 김예몽金禮蒙과 유성원柳誠源 등이 중심이 되어 오랫동안 갈고 다듬어 성종 때에 가서야 완성되었다(1477). 여기에는 중국의 중요한 의서(여기에는 오늘날 전해지지 않는 중국의 의서 40여 종이 포함되어 있다)뿐만 아니라 신라와 백제에서 내려오던 우리의 독자적인 의학 내용도 포함되어 있다. 나아가 『의방유취』는 인용한 문헌의 출전을 밝힘으로써 이후 학문의 발전에 큰 디딤돌로 역할을 할 수 있었다.

『의방유취』는 책 이름 그대로 중요한 의학서적의 내용을 분류하여 같은 것끼리 묶어놓은 것으로, 오늘날로 말하자면 훌륭한 데이터베이스의 역할을 한 것이었다. 백과사전과 같은 역할을 하는 『의방유취』가 있었기 때문에 이를 기초로 다양한 편집이 가능하고 새로운 이론의 창조가 가능했다.

실제 동의보감에서 인용한 문헌들을 면밀하게 조사해보면, 허준이 직접 원서에서 인용한 부분도 있지만 상당 부분은 바로 이 『의방유취』에서 재인용한 것임을 알 수 있다. 그것은 『의방유취』에서 원문을 인용하면서 일부 변형된 부분들이 동의보감에서도 똑같이 변형되어 나타나고 있기 때문이다. 그러므로 필자는 허준이 동의보감을 편찬하면서 가장 많이 참고하고 또 직접 인용하기도 했던 책이 바로 『의방유취』였다고 본다.

그러나 『의방유취』는 임진왜란의 과정에서 대부분 일본에 의해 불타

버리고 그중 한 질은 약탈당하게 된다(1592). 이로부터 강화도 조약이 체결되면서 예물로 헌납한 『의방유취』 두 질이 들어올 때까지 약 300년 간 우리나라에는 『의방유취』가 없었다. 한의학만이 아니겠지만 우리의 전통이 단절되는 결정적인 계기는 일제시기가 아니라 이미 임진왜란에 서부터 시작되었던 것이다.

동의보감과 같이 창조적인 저작이 완성되기 위해서는 먼저 『의방유취』와 같은, 기존의 이론과 임상을 정리한 학문적 성취가 있어야 했다. 그러나 더 올라가면 이러한 학문적 성취는 조선시대에 이루어진 것이 아니라 이미 그 이전의 고려시대에 완성되었던 것이다. 그것이 조선의 세종대에 와서 실현된 것일 뿐이다. 고려시대의 의학을 바탕으로 집대성한 것이 우리나라 3대 의학저술로 꼽히는 『향약집성방鄕藥集成方』(1433)이다.

『향약집성방』은 1433년에 출판되었는데, 이 책의 특징은 우리나라에서 나는 약초로 구성된 처방들을 기본으로 하였다는 것과 하나하나의 약재에 민간에서 부르는 이름을 밝혔고 주요한 약재에 대해서는 산지까지 밝혔다는 점이다.

동의보감을 만든 또 하나의 힘

동의보감은 허준을 비롯한 몇몇 사람의 노력만이 아니라 고려시대에 꽃을 피운 우리의 의학 전통이 있었기 때문에 가능한 것이었다. 그러한 뒷받침 중 오늘날의 우리에게 매우 중요한 사실이 하나 있다. 그것은 동의보감이 우리의 약재, 곧 향약鄕藥을 바탕으로 성립되었다는 사실이다.

동의보감의 뒷부분에 「탕액편」이 있는데, 이는 약물에 대한 정리이다. 여기에는 약으로 쓰이는 다양한 물의 종류(33가지)에서부터 심지어는 오줌 같은 사람의 몸에서 나오는 배출물에 이르기까지 다양한 약물이 열거되어 있다. 그리고 각각의 약물에 대한 우리 이름이 덧붙여져 있다. 예를 들어 인삼은 '심'으로 적었는데, '심'은 인삼의 우리 이름이다. 그래서 인삼(당시 일부 재배가 되고 있었지만 보통 인삼이라고 하면 오늘날의 산삼을 가리킨다)을 발견하면 '심봤다'라고 했던 것이다. 또한 길경桔梗은 '도랏'이라고 표기하였다. '도랏' 역시 도라지의 옛날 이름이다.

이처럼 약물의 이름에 우리 이름, 곧 향약명을 붙인 이유는 누구나 쉽게 주변의 것들을 약으로 쓸 수 있게 하기 위한 배려다. 이는 매우 중요한 의미를 갖는다. 그 첫째는, 약이란 일부 사람들이 독점하는 것이 아니라 누구나 쉽게 구해서 쓸 수 있는 것이어야 한다는 의미이다. 또 하나 중요한 것은 향약명을 붙임으로써 우리나라의 식물에 대한 분류가 이루어졌다는 점이다.

식물의 분류는 모든 식물학의 출발점이자 종착점이라고 할 만큼 중요한 것이다. 그래서 일제가 1910년 한일합방을 하기 전부터, 아니 더 정확하게 말하면 임진왜란을 전후하여 우리나라의 식물에 대한 조사와 분류에 착수한 것은 식물학에서의 분류가 얼마나 중요한 일인지를 짐작케 해준다.

동의보감에서는 「탕액편」에 향약명을 병기함으로써 우리 약물에 대한 분류가 일차적으로 완성되었음을 보여준다. 그런데 이러한 분류는 조선시대가 아니라 고려시대에 이미 이루어졌던 것이다. 그것이 바로 세종대에 와서 간행된 『향약집성방』이라는 저작이다.

고려시대 이전에는 약재를 주로 당나라에 의존하였다. 그래서 지금도 좋은 약재라고 하면 '당재唐材'라고 불릴 만큼 우리나라 의약품 시장에서 당나라의 약재는 질적으로나 양적으로 절대적인 것이었다. 그러나 자주를 내세운 고려가 들어서자 중국은 약재를 하나의 무기로 사용하기 시작한다. 여기에서 우리 약재의 자급이 절실하게 필요하게 되었고 그러기 위해서는 먼저 우리 약재에 대한 이해, 곧 분류가 필요하게 되었다. 나라의 자주를 위해 의약품의 자주가 필요했던 것이다. 이 작업의 성

『향약집성방』

과가 『향약집성방』이라는 책이었다. 이러한 향약에 대한 분류와 정리라는 작업이 있었기 때문에 동의보감에서는 이를 바탕으로 「탕액편」에서 약재에 우리 이름인 향약명을 붙일 수 있었고 나아가 독창적인 의학을 전개할 수 있었다.

이런 과정을 살펴보면서 우리는 그동안 우리 약재에 대해 너무 소홀히 다루었던 것은 아닌지 생각해본다. 특히 1997년의 외환위기를 겪으면서 상당수의 우리 약물 종자가 헐값에 미국으로 팔려나갔고 이후 중국 약재의 저가 공세로 그나마 남아 있던 토종 약재들도 하나둘씩 자취를 감추고 있다. 식량도 그러하지만 약재의 자급이라는 문제는 하루이틀에 이루어질 수 있는 일이 아니다. 그것은 돈벌이를 위한 개발이 아니라, 고려시대처럼 국가의 운명을 걸겠다는 각오가 없이는 아마도 불가능한 일이 아닐까. 동의보감이 그러했던 것처럼 우리 약재에 대한 정확한 이해 없이는 한의학의 발전은 물론 나라의 자주도 불가능할 것이다.

향약이란 무엇인가

향약이란 우리나라에서 나는 약재를 말한다. 고려시대에 의약품의 자주

를 외쳤지만 향약을 찾는 일은 그렇게 쉬운 일은 아니었다. 먼저 기존에 쓰던 중국의 약재와 똑같은 식물을 찾아야 했지만 똑같은 식물이 없는 경우도 있고 또 똑같은 식물이라고 해도 그것이 자라는 풍토와 토양에 따라 효과에 큰 차이가 있을 수 있기 때문이다. 예를 들어 똑같은 인삼이라고 해도 산에서 저절로 자란 산삼과 밭에서 재배한 인삼이 크게 다른 것과 마찬가지다. 이럴 경우는 효과의 차이에 따라 처방에 들어가는 약재의 양을 늘리거나 다른 약재를 더 넣어야 한다.

똑같은 약이 없을 경우에는 이를 대체할 수 있는 다른 약으로 바꾸어야 한다. 예를 들면 '사삼'이라는 약물을 중국에서는 잔대로 쓴다. 그러나 한약재를 향약화하면서 사삼은 '더덕'으로 바뀌었다. 이에 따라 오늘날 동의보감에 기초한 처방은 모두 더덕을 기준으로 구성된 것이다. 물론 많은 처방에 들어가는 약재의 용량에도 일정한 변화가 있게 되었다. 이와 같은 작업을 해내기 위해서는 무엇보다도 약물에 대한 정확한 이해가 필요하다. 그리고 임상에 대한 오랜 경험이 필요하다. 그런 역량이 축적되지 않고서는 향약이라는 개념은 성립될 수 없다.

이와 연관하여 오늘날 한약은 값싼 중국 약재에 밀리고 양약은 외국 제품의 모조품(카피)에 의존하다 이제는 거의 전량 수입해야만 하는 우리 의약품 시장의 문제를 생각하지 않을 수 없다. 지금까지 한약재는 중국 약재에 밀려 품목에 따라서는 거의 멸종 단계까지 갔다. 이런 상태라면 누구나 쉽게 가격을 조작할 수 있다. 중증급성호흡기증후군 즉 사스 SARS가 확산될 때, 중국에서 사스의 예방과 치료에 쓰였던 '금은화'라는 약의 가격이 엄청 올랐던 적이 있었다. 금은화는 우방자나 어성초 같이 우리나라에서 많이 나는 약재로 얼마든지 바꿀 수 있다. 바로 이런 일이 가능해야 향약은 성립할 수 있다.

향약은 왜 중요한가

프랑스나 독일을 비롯한 유럽의 여러 나라에는 식물에 관한 세밀화가 많다. 우리나라에도 세밀화가 있지만 그 전통이나 아름다움, 다양성에서 아직 유럽의 그것에 미치지 못하는 것 같다.

보통 사진은 대상을 가장 정확하게 보여주는 것으로 생각되지만 사실은 그렇지 않다. 사진으로만 보던 대상을 막상 실물로 대하고 나면 왠지 낯선 느낌이 드는 경험을 해본 적이 있을 것이다. 그것은 사진이 사물을 있는 그대로 보여주지 않기 때문이다. 이는 3차원의 입체인 대상이 2차원인 평면으로 바뀌면서 생기는 어쩔 수 없는 현상이기도 하지만 이것 말고도 또 다른 문제가 있다.

무엇보다도 사진은 렌즈로 들어오는 빛만을 기계적으로 담기 때문에 강조하고 싶은 부분이나 기계적으로 보아서는 보이지 않는 부분까지 담을 수 없다. 또 관찰자의 입장에서 불필요한 부분도 함께 담을 수밖에 없기 때문에 사진은 매우 번거롭다(물론 이것이 사진의 장점일 수도 있다).

이에 비해 그림은 내가 보고 싶은 부분을 모두 표현할 수 있다. 또한 내가 강조하고 싶은 부분은 자세하게, 불필요한 부분은 생략할 수도 있기 때문에 간결하다(물론 이것이 그림의 단점이 될 수도 있다). 그렇기 때문에 여러 가지 사진 기술이 발달한 오늘날에도 해부학과 같이 입체를 다루는 분야에서는 세밀하게 그린 그림책이 매우 유용하게 쓰인다.

그러나 유럽에서 세밀화가 발달한 이유는 여기에 그치지 않는다. 우리는 그들이 그린 세밀화의 대상이 바로 자기 나라의 식물이었다는 사실에 주목해야 한다. 본격적인 유럽 세밀화의 역사는 대체로 르네상스 시대까지 올라가는데(우리나라는 1990년대에 들어서야 본격적인 세밀화가 나오기 시작한다), 그들은 다른 나라가 아니라 자기 나라의 식물에 주목

함으로써 약재와 식량 등에서 자급의 기초를 쌓았고 나아가 부흥의 길로 나아갈 수 있었다.

내체로 우리나라 의약품 시장규모는 5조 원 정도이며 건강식품 시장은 그 네 배에 달하는 20조 원이라고 한다. 여기에 통계에 잡히지 않는 건강원이나 개인이 만들어 파는 것까지 합하면 그 액수는 상상을 초월할지도 모른다(참고로 양곡시장 규모는 11조 원 정도다). 어떤 의미에서든 질병을 포함한 건강에서 차지하는 건강식품, 곧 향약의 비중이 커졌다는 뜻이다.

한편 한약재 시장은 3~4천억 원 규모로, 1990년대 초반에 5천억 원을 상회하던 것이 오히려 줄어들었다. 여기에 약재 가격은 폭등하고 있다. 매년 한약재 수요 7~8만 톤 중 2만 톤 정도가 부족하기 때문이다. 시장 규모는 작아지는 반면 생산원가는 올라가므로 당연하게도 최근 한의계는 매출 감소와 폐업으로 이어지는 어려움을 겪고 있다. 그 원인은 여러 가지가 있겠지만 필자가 생각하는 가장 큰 원인은 우리 약재인 향약에 대한 관심의 부족이다.

그동안 향약은 누구나 쉽게 사용할 수 있는 것이어서 발전시켜봐야 특허를 얻을 수 없기 때문에 투자가치가 없다고 판단하여 돈이 되는 신약개발에만 몰두해왔다. 한의계 역시 과학화라는 명분하에 대책 없는 신약 개발에 전념해왔다. 그 결과 개발된 신약을 정작 한의사는 쓸 수 없게 되는 사태가 벌어지고 이에 따른 격렬한 이해관계의 대립만 드러나게 되었다. 이런 사태는 이미 충분히 예견된 것이었다.

신약의 개발은 필요한 것이지만 그보다 더 중요한 것은 향약의 개발이다. 그리고 그렇게 개발된 향약에 기초한 국민의료 및 보건체계의 재정비다. 이는 한의학을 근간으로 하는 체계의 정비를 말한다. 이렇게 함으로써 향약의 생산 담당자인 농민과 농업이 살아날 길이 열리게 된다.

미국이나 프랑스 등의 선진국이 첨단 산업에서 앞서가고 있음에도 불구하고 여전히 농업이 자국 산업의 근간을 이루고 있는 것을 보면 향약의 개발과 그에 따른 농업의 발전이 얼마나 중요한지를 알 수 있을 것이다.

나아가 세계적으로 전통적인 전염병에 의한 사망보다 만성병이나 각종 성인병과 같은 라이프스타일로 인한 질환이 더 많아지고 있다(환경, 생활습관, 음식 등의 영향)는 사실과 이런 질환에는 한약과 같은 천연 재료가 더 효과적이라는 사실도 전 세계적으로 확인되고 있다. 우리 주변의 흔한 풀 한 포기, 저 홀로 서 있는 나무 한 그루가 얼마나 소중한지 다시 되새겨 볼 일이다.

[보론] 더덕인가 잔대인가

어떤 식물의 이름이 무엇인지를 확정짓는 일은 생각보다 쉽지 않다. 그것은 식물 자체가 끊임없이 변하고 있으며, 같은 식물이라도 자라는 환경에 따라 모양이나 색깔 등이 달라지기 때문이다. 그래서 "남쪽 회남의 귤이 회수를 건너 북쪽인 회북으로 가면 탱자가 된다"는 말도 생겼다.

또 하나 어려운 이유는 같은 식물인데도 다른 이름으로 부르거나 서로 다른 식물인데도 같은 이름으로 부르기도 하기 때문이다. 예를 들어 부추는 졸(충청), 정구지(경상, 전북, 충청), 쉐우리(제주), 불구(강원) 등 지역마다 거의 다 다를 정도로 이름이 많다. 여기에 더하여 눈부신 유전자 기술로 새로운 종을 얼마든지 만들 수 있어서 똑같이 사과나 배라고 해도 과거의 그것과는 큰 차이가 생겼다.

도라지를 예로 들어보자. 도라지는 한약재로 쓸 때는 '길경 桔梗'이라고 하는데, 과거의 도라지와 오늘날의 그것과는 큰 차이가 있다. 우리가 잘 알고 있는 '도라지타령'의 가사에는 "심심산천에 백도라지, 한두 뿌리만 캐어도 대바구니가 철철철 다 넘친다"라고 되어 있다. 이를 보면 도라지는 깊은 산 속에서 자라는 것이며 상당히 컸다는 것을 알 수 있다. 이 정도의 크기가 되려면 적어도 10년 이상은 자라야 한다. 과거의 도라지와 오늘날의 도라지와 약효에 차이가 있을 것임은 분명하다. '도라지타령'이 조선 후기에 나온 노래라는 점을 감안해보면 짧게 잡으면 약 100년 만에 도라지 하나에서도 큰 변화가 있었음을 알 수 있다.

그러나 정작 더 큰 문제는 다른 데에 있다. 한의학에서는 근대적인 식물분류와 달리 서로 다른 종인데도 같은 약으로 쓰거나 하나의 식물인데도 부위에 따라, 심지어는 자라는 방향에 따라 다른 용도로 쓰기도 한다. 이는 근대적인 식물분류와는 전혀 다른 체계이다. 이를 무시하고 약재를 근대적인 관점에서 분류하여 이름을 붙이고 약으로 쓴다면 이는 한의학의 성격을 부정하는 결과를 가져온다.

향약의 이름을 붙일 때는 당연하게도 한의학적인 관점에서 분류하고 이름을 붙였다. 또한 중국에는 있지만 우리나라에는 없는 약재의 경우, 다른 식물로 대체하기도 했다. 그 대표적인 것이 사삼沙蔘이다. 동의보감에서는 사삼을 더덕(도라지과)이라고 하였다. 그러나 중국에서는 잔대(초롱꽃과)를 사삼으로 쓴다. 동의보감에서는 사삼을 더덕으로 바꾸면서 서로의 약효 차이를 감안하여 더덕이 들어간 처방의 용량을 바꾸었다. 이런 과정을 거쳐 향약이라는 개념이 완성될 수 있었다.

일제는 식민지 침탈을 시작하기에 앞서 대대적인 식물조사에 들어간다. 근대적인 최초의 식물분류가 이루어진 것이다. 그 결과 우리의 자생 식물은 약 400종이라는 것도 알게 되었지만 불행히도 우리 자생종의 학명에 일본인의 이름이 붙게 된다. 그러나 더 불행한 것은 해방 이후 한 번도 자생식물에 대한 정부 차원에서의 본격적인 조사가 이루어지고 있지 않다는 것이다. 오히려 1984년에서 1989년 사이에 미국은 우리나라의 식물조사를 통해 950여 종, 6천여 가지의 자원식물을 미국으로 유출하였고 그 결과 우리 자생종 260여 종이 미국과 캐나다에서 재배되고 있으며 이것이 품종개량을 거쳐 다시 역수입되는 지경에 이르렀다(식물만이 아니라 동물도 마찬가지다).

한의학적 관점에서의 자생식물에 대한 조사가 제대로 이루어지지 않았다는 것도 문제지만 더 큰 문제는 잔대를 사삼으로 바꾸었던 향약의 전통이 잊힌 것이다. 한의학의 발전만을 위해서가 아니라 우리나라가 발전하려면 무엇보다도 향약의 정신을 되살리는 일이 시급할 것이다.

동의보감의 독창성

동의보감은 오늘날 가장 유명한 책 중의 하나다. 그러나 동의보감은 그 명성만큼 알려져 있지도 않고 또 읽히지도 않고 있다. 누구나 알고 있지만 아무도 읽지 않는 책, 어쩌면 그것이 고전일지도 모른다.

그러나 동의보감이 일반인이 아니라 한의사나 한의대생에게서 외면당하고 있다면 어떨까. 이는 목사님이나 신부님이 성서를 읽지 않는 것과 마찬가지로 전혀 이해가 할 수 없는 일 것이다. 그래서 어떤 사람은 이렇게 반문할지도 모른다.

"'한의학' 하면 동의보감이고 '동의보감' 하면 허준 아니냐? 당장 시중에만 나가 봐도 허준이나 동의보감이라는 이름을 붙인 상품이 쫙 깔려 있는데 무슨 소리냐?"

그렇지만 그것은 이름을 빌린 것일 뿐 대부분 동의보감이라는 책과는 관계없는 이야기다. 한의계에서 의외로 동의보감이 외면당하고 있는 배경에 이유가 없는 것은 아니다. 첫째는 동의보감이 중국 의서를 베낀 것, 좋게 말하자면 편집한 책이기 때문에 차라리 원서를 읽으면 되지 굳이 동의보감을 읽을 필요는 없다는 것이다. 맞는 말이다. 실제 동의보감의 내용 중 99%는 여러 중국 의서 속에서 따온 것이다. 그리고 동의보감은 이를 일일이 밝히고 있다.

그러나 과연 인간에 의한 순수한 창작이란 어디까지일까. 지금 당장 내가 하고 있는 말조차도 어찌 보면 이미 몇만 년 동안 수많은 사람들이 했던 말들 중에서 지금의 내 사정을 나타내줄 수 있는 구절들을 이렇게 저렇게 조합을 해서 쓰고 있는 것은 아닐까. 이런 일이 가능하다면 그것은 사람의 생각과 행동에 관한 일은 그 소재만 바뀌어왔을 뿐, 결국 사람 살아가는 일은 아주 오래 전이나 지금이나 마찬가지이기 때문일 것이다. 또 그래야만 컴퓨터가 일반화되고 우주선이 날아다니는 오늘에도 서양에서는 성경이나 코란 같은 경전이 아직도 읽힐 뿐만 아니라 그런 책들이 삶의 지침이 되어 있고, 동양에서는 『논어』나 『노자』, 불경 같은 책이 그런 역할을 하고 있는 사태를 설명할 수 있다. 갖고 노는 장난감이 조약돌에서 3D 컴퓨터 게임으로 바뀌었어도 사람의 몸과 그 몸을 둘러싼 자연과 사람끼리 맺는 관계에서는 근본적인 변화가 없었다. 하늘 아래 새것이 없다는 말은 바로 이런 의미일 것이다.

그러므로 남의 글이나 말을 인용해서 자신의 뜻을 나타내는 방식은 어제 오늘의 일이 아니다. '술이부작述而不作'이라는 말은 바로 이러한 인용으로서의 글쓰기라는 방식을 말해주고 있다.

'술이부작'이라는 말은 옛 성인의 말을 그대로 옮겨 적을 뿐이지 함부로 지어내지 않는다는 말이다. 그러나 이 말을 액면 그대로 받아들여서는 곤란하다. 실제로 '술이부작'이라는 말은 성인의 말을 인용하여 자신의 뜻을 드러내는 한 방식일 뿐이지 결코 과거를 되풀이하기 위한 방식이 아니기 때문이다. 또한 조선 중기, 특히 허준의 시대에는 이러한 술이부작의 서술 방식이 유행하고 있었다.

성인聖人이란 과거로부터 권위를 인정받은 사람들이다. 따라서 성인의 말을 인용하는 것은 자신의 권위를 높이기 위한 가장 일반적인 방법이다. 오늘날 모든 논문에서 과거의 연구 성과를 인용하는 것도 바로 그런 맥락이다. 과거의 권위를 인용해서 현재 자신의 권위를 확보하고 거기에 자신의 생각을 덧붙이는 것이다. 이렇게 덧붙이는 것이 바로 1%의 영감이다.

많은 사람들이 잘못 알고 있는 것처럼, 자연과학 연구에서조차 엄밀한 실험보다는 실험을 하기 전, 혹은 실험 과정 중에서 떠오르는 발상이 중요하다. 이 발상이 얼마나 현실적 근거를 갖고 있는가, 또 증명될 수 있는가 하는 것이 학문 연구에서는 더 중요하다. "천재는 99%의 노력과 1%의 영감으로 이루어진다"는 말은 노력의 중요성을 강조하는 말이기도 하지만 거꾸로 보면 1%의 영감이 얼마나 얻기 어려운 일인가를 웅변해주는 말이기도 하다. 바로 이 1%가 없으면 아무리 과거의 권위를 인용하여 거기에 편승하려고 해도 별 의미 없는 단순 반복에 그친다. 이것이 자연과학을 포함한 모든 학문에 철학이 중요한 이유이기도 하다. 영감은 그냥 얻어지는 것이 아니라 이 역시 무수한 반복과 훈련, 그리고 그것에 대한 철학적 해석을 통해 얻어지는 것이기 때문이다. 그러면 동의보감에서의 1%는 무엇일까.

남의 말을 인용해서 자신의 뜻을 나타내려면 먼저 그 글이 인용되는 큰 틀을 만들어야 한다. 그리고 그다음으로는 그 틀 속에 인용되는 말끼리의 관계를 잘 살펴서 그 말들을 집어넣어야 한다. 예를 들어 한 학생이 키가 큰 것을 강조하려면 앞뒤로 키가 작은 학생을 세워야 할 것이고 또 키가 큰 것이 좋은 것만은 아니라는 점을 보여주려면 키 큰 학생을 세워놓고 바로 이어서 그 단점에 해당하는 상황을 붙여야 한다. 한 예로 길을 지나다가 다른 사람은 괜찮은데 키 큰 사람만 간판에 부딪힌다든지 키가 커서 택시를 못 탄다든지 하는 상황을 덧붙여놓으면 누가 봐도 키가 커서 불편하다고 생각하게 된다. 또 키가 커서 좋은 점은 아예 인용하지 않거나 인용하더라도 거기에 대한 다른 사람의 비판을 덧붙여야 할 것이다. 집이라는 큰 틀이 99%에 해당한다면 그 집의 구조, 그리고 거기에서 살아갈 사람들을 배치하는 일, 그것이 바로 1%의 영감에 해당하는 일이다.

동의보감은 99% 중국 의서를 인용해서 만들어진 책이다. 물론 동의보감에서는 약이 향약으로 바뀌었고 처방이 우리의 몸에 맞게 바뀌었지만 대부분의 서술은 기존 중국 의서를 인용한 것이다. 그렇다면 동의보감의 1%는 무엇일까.

그것은 동의보감이라는 집 자체가 기존 중국 의서의 틀을 벗어나 있다는 점과 집 안의 구성이 다르다는 점이다. 동의보감은 그동안 의서에 전형적으로 적용되던 틀을 모두 바꾸었다. 대부분의 의서가 간단한 총론을 서술하거나 이것도 없이 곧바로 병의 원인이나 병의 증상에 따른 처방을 열거하는 방식을 취하고 있다. 그러나 동의보감은 이런 방식을 택하지 않았다.

동의보감은 크게 책을 다섯 부분으로 나누었다. 몸 안의 구조와 그 안에서 일어나는 일을 다룬 「내경內景」과 몸 밖에서 일어나는 일을 다룬 「외형外形」, 기존 의서에서 주로 다루었던 여러 가지 질병과 처방으로 구성된 「잡병雜病」, 향약을 중심으로 약재를 설명한 「탕액湯液」, 침과 뜸에 관한 「침구鍼灸」가 그것이다. 이런 틀도 과거에 없었던 것이지만 그러나 이것만으로는 그다지 특별할 이유가 없다. 더 중요한 것은 그 안의 구조다.

동의보감의 독창성, 그 천재성을 드러낸 1%는 다름 아닌 그 구조에 있다. 그 구조는 한마디로 하면 책의 전체가 '정기신精氣神'이라는 기둥에 의해 처음부터 끝까지 유지되고 있는 구조다. 다시 말하자면 사람을 이루는 근본을 넓은 의미에서의 '기'라든지 아니면 '정기신혈精氣神血' 혹은 '오장육부' 등이 아니라 처음부터 끝까지 '정기신'으로 이루어진 것으로 보고 있다는 점이다.

사람의 근본을 '정기신'으로 보는 관점은 동의보감에서 처음 시작된 것은 아니다. 그것은 『황제내경黃帝內經』이라는 고전에서부터 시작되어 여러 의서에도 산발적으로 언급되던 관점이었다.

그러나 『황제내경』에서도 '정기신'을 이어서 함께 부르는 경우는 없으며 '정'과 '기', '정'과 '신'처럼 서로 나뉘어져 언급되고 있다. 아직 『황

제내경』에서는 '정기신'이
라는 몸에 대한 이해가 분
명하지 않은 것이다. 물론
그런 성과들을 통해 '정기
신'의 상호 관계를 추출해
내기는 어렵지 않다. 그러
므로 『황제내경』에서 '정
기신'이라는 개념이 싹을
틔운 것이라고 하면 동의

『황제내경』

보감은 그것을 전면적으로 꽃 피운 것이라고 할 수 있다.

　『황제내경』 이후 중국의 수많은 의서들은 이 점에 주목하지 못했다.
오히려 이 '정기신'의 전통은 도교로 이어졌다. 그 대표적인 저작이 『태
평경』, 『황정경』, 『주역참동계』, 『노자하상공장구』, 『준생팔전』 등인데,
이런 책을 통해서 기원 5~6세기 정도에 '정기신'이라는 개념이 확립된
것으로 본다.

　'정기신'이 의학이 아니라 도교에서 완성되었다는 것은 '정기신'이라
는 개념이 바로 몸의 기 수련 과정과 연관되어 생겼다는 사실을 말해준
다. 우리가 앞에서 도교 수련을 했던 정작이라는 인물이 동의보감의 많
은 부분을 결정했을 것이라고 추측했던 이유도 바로 여기에 있다. 몸을
'정기신'으로 볼 때 한의학은 방중술房中術을 포함해서 자연과 사회와의
연관을 유기적으로 설명할 수 있다. 동의보감이 높은 평가를 받아야 한
다면 그것은 동의보감이 그 전까지의 의서를 잘 정리했다는 점이 아니
라 의학에 전혀 새로운 관점을 도입했다는 점 때문일 것이다.

'동의東醫'라는 말의 뜻

한의학의 원래 '의학'이었다. 그러던 것이 일제에 의해 '의학'은 '한'의학이 되었다. 그것도 중국 한漢나라의 의학을 뜻하는 '한의학漢醫學'이 되었다. 우리의 '집'이 '한옥'이 되고 우리의 '옷'이 '한복'이 되는 과정과 같은 맥락이다. 반면 양의洋醫, 양복洋服, 양옥洋屋은 상대적으로 '양洋'자를 떼고 그냥 의학, 옷, 집이 되었다. 지금은 한의학을 '한의학韓醫學'이라고 쓰지만 이는 원래의 자기 이름이 아니다.

우리 의학을 동東의학이라고 부른 이유는 단순히 우리나라가 중국에 비해 동쪽에 있기 때문은 아니다. 허준은 이를 동의보감의 「집례」에서 분명하게 밝히고 있다. 허준은 이렇게 말한다.

> "왕륜王綸이라는 사람이, '이고李杲는 북쪽의 의사인데 나천익羅天益이 그 의학을 남쪽에 전하여 그 이름이 널리 알려졌고, 주진형朱震亨 (1281~1358)은 남쪽의 의사인데 유종후劉宗厚가 그 학문을 이어 북쪽에서 명성이 있었다'고 말한 적이 있으니, 의학에 남과 북이라는 이름이 있은 지가 오래되었다. 우리나라는 동쪽에 치우쳐 있지만 의학과 약의 도道가 끊이지 않았으니 우리나라의 의학은 '동의'라고 할 수 있을 것이다."

동의보감은 단순한 기존 의서의 짜깁기가 아니다. 그것은 그때까지 출현한 적이 없었던 완전히 새로운 의서의 탄생이다. 그러므로 이러한 자신감을 보여주기 위해 '동의東醫'라는 말을 썼다. 동의보감이 나오기 전까지 우리나라에 '동의東醫'라는 말은 없었다. 동의보감의 편찬을 선조가 명했을 때에도 없었다.

선조는 새로운 의서를 편찬할 때, 첫째 방만하고 '조잡한' 중국의 의서를 요령 있게 정리할 것, 둘째, 질병은 조리와 섭생의 잘못에서 생기는 것이므로 중국의 의서와 달리 약물을 우선으로 할 것이 아니라 수양을 우선으로 할 것, 셋째, 가난한

『상한론』

사람과 외딴 곳에 사는 사람도 이용할 수 있도록 우리 약재, 곧 향약을 활용할 것, 넷째, 백성들이 알기 쉽게 할 것을 명령했다. 동의보감이 완성된 것은 선조가 죽고 난 뒤의 일이지만 이러한 자주적인 선조의 뜻은 마침내 허준에 의해 열매를 맺는다. 그런데 허준은 왜 책 이름을 동의보감이라고 하였을까.

먼저 '보감'에서 '보寶'는 보배, 보물, 귀한 것이다. '감鑑'은 거울이다. 맑은 거울이 모든 사물을 비추어 하나도 남김없이 비취는 것처럼 그것만 보면 모든 것을 다 알 수 있는 것이다. 그만큼 완벽한 책이라는 것이다. 그러면 '동의'에는 어떤 의미가 있을까.

앞의 인용문에서 볼 수 있는 것처럼 당시 중국에서는 북의北醫, 곧 북쪽(황하 유역)의 의학과 남의南醫, 곧 남쪽(양자강 유역)의 의학이라는 구분이 있었다. 이런 구분은 매우 오래된 것이며 기본적으로는 지역에 따른 풍토의 차이, 국가나 민족(체질)의 차이, 사상적 차이 등을 반영한 것이다. 그래서 북쪽에서는 『황제내경』이라는 책을 시원始原으로 하는 의학의 체계가 생겼고 남쪽에서는 『상한론傷寒論』이라고 하는 의학의 체계가 생겼다. 그래서 남의니 북의니 하는 말이 생긴 것이다. 그 배경을 알

기 위해 위에 인용한 문장을 좀 더 살펴보자.

중국의 한 제자가 묻는다.
"요즘 사람들 말에 이고李杲의 의술은 북쪽에서 쓰고 주진형의 의
술은 남쪽에서만 쓰인다고 하는데 과연 그렇습니까?"

이고李杲(1180~1251)는 이동원李東垣이라고 하는 사람으로 진정眞定
사람이다. 진정은 현재 중국 하북성河北省 정정正定이라는 곳이다. 황하
이북이다. 반면 주진형은 보통 단계丹溪라고 부른다. 의오義烏 사람이다.
의오는 현재 중국 절강성浙江省 금화金華 지역이다. 양자강 이남이다.

이에 스승이 답한다.
"이고는 북의北醫인데 나천익羅謙甫이 그 의학을 남쪽에 전하여
강소성과 절강성에 그 이름이 널리 알려졌고, 주진형은 남의南醫인
데 유종후劉宗厚가 그 학문을 이어 북쪽의 섬서성에서 명성이 있었
다. 요즈음 사람들이 말하는 것이 맞는다면 『신농본초경』이나 『황제
내경』은 모두 신농이나 황제, 기백의 말인데, 그것도 북쪽에서만 그
쳐야 하겠는가? 무릇 동서남북과 중앙에서 생기는 상이한 병들은
각기 다른 방법으로 급히 치료해야 한다. 이에 대해서는 『황제내경』
의 「이법방의론」이나 「오상정대론」에서 이미 상세하게 말했다. 또한
북쪽은 찬 기운이 많고 남쪽은 열이 많고 강호에는 습기가 많고 영
남에는 풍토병이 많다고 하는 것은 그러한 기가 많기 때문에 그런
병이 많이 생긴다는 것이지, 북쪽에는 열로 인한 병이 없고 남쪽에
는 한으로 인한 병이 없다는 말은 아니다. 더군다나 한寒을 열로 다
스리고 열을 한으로 다스리는 데에서는 동서남북, 중앙이 모두 똑같

으니 어찌 북쪽이라고 다르겠는가. …… 후세 사람들이 이를 모르고 다만 황금이나 황련, 치자, 황백 등 쓰고 찬 약물을 쓴 것만 보고 주진형의 이론은 남쪽에서 마땅하다고 여기니 참으로 천박히다.”(『명의잡저』)

이 말은 제자가 왕륜에게 한 질문에 대한 답이다. 제자는 남쪽의 의학을 북쪽에서도 쓸 수 있는지, 또 그 반대도 가능한지에 대해 묻고 있다. 풍토가 다르고 사람의 체질이 다른데 남과 북이라고 하는 상이한 배경에서 나온 의학을 서로 통용해서 쓸 수 있는가를 묻고 있는 것이다. 이에 대해 왕륜은 그렇다고 말한다. 그것은 남의나 북의는 각각의 특수성이 있지만 모두 의학의 보편성을 갖고 있는 것이기 때문에 서로 통용할 수 있다는 말이다.

동의보감에서 바로 이 대목을 인용한 것은 우리의 의학도 남의나 북의와 마찬가지로 동쪽의 의학이어서 동의라고 할 수 있고, 또 그것은 남의나 북의와 마찬가지로 특수성을 갖지만 다른 한편으로는 그것과 마찬가지로 보편성 역시 갖고 있다는 말이다. 그러나 여기에 그치는 것이 아니다.

이 글의 저자인 왕륜은 남의의 계승자였다는 점과 남송南宋이 멸망하기 전까지 남과 북은 별개의 나라였을 뿐만 아니라 학술 교류 역시 거의 완벽하게 단절되어 있었다. 그래서 당시의 대표적인 의서인『성제총록聖濟總錄』이나『정화본초政和本草』등을 남쪽에서는 볼 수 없었을 뿐만 아니라 그런 책이 있는지도 모르는 상황이었고, 몽골에 의한 통일 이후 명나라 때까지도 의학 이론은 북방의학이 남하하는 상황이었다. 남의의 대표로 알려진 주진형 역시『화제국방和劑局方』같은 남방의학만 알고 있었으며 나중에야 북방의학을 알게 되어 다른 스승을 찾아나섰다. 그리고 그 과정에서 만나게 된 스승이 바로 북의인 유완소劉完素의 재전再傳 제자 나천익이었다.

위의 인용문에서 북의를 님쪽에 전한 사람이 나천익이라는 말은, 나천익이 주진형에게 의학을 가르친 것을 말한다. 반면 남의의 내용이 북쪽에 전해진 것은 주로 주진형에 의한 것이었다.

위 인용문의 저자는 열등한 지위에 있으면서 북의를 받아들일 수밖에 없었던 남의인 주진형의 입장을 취하여, 남과 북의 의학이 풍토의 차이에 따라 달리 형성되었지만 그것은 외적 조건의 차이에서 오는 것일 뿐, 북쪽이라고 한열이 없을 수 없으며 남쪽도 마찬가지라는 점에서 남북의학의 보편성을 주장하고 있는 것이다. 거기에 더하여 더 중요한 것은 사람의 몸이라고 하는 주체적인 조건을 강조하고 있다는 점이다. 그리고 어떻게 보면 그런 점에서 남의가 더 우월하다는 자신감을 은연중 내비치고 있다.

동의보감이 주목한 대목 역시 바로 이러한 측면이라고 할 수 있다. 다시 말해서 '동의'라는 말은, 지역적인 차이를 인정한다면 당연히 남과 북, 그리고 동東의 의학이 있을 수 있으며 그렇기 때문에 우리 의학도 하나의 의학으로 인정할 수 있다는 점을 내세우고 있는 것이다. 그러나 남의가 몸의 본질적인 조건으로 내세운 명문상화命門相火의 개념을 통하여 북의에 비해 더 우월한 것이라는 점을 은연중 드러내고 있는 것처럼, 동의보감 역시 '동의'는 정기신이라고 하는 더 고차원의 기준을 적용한, 북의나 남의보다 더 우월한 것이라는 자부심도 은연중 드러내고 있는 것이다.

임진왜란의 과정과 그 후의 관계에서 여실하게 드러나지만 당시 조선은 명나라에 대해 사실상 속국의 위치에 있었으며 조선이라는 국호에서부터 역대의 왕세자를 세우는 일까지 거의 모든 분야에서 간섭을 받을 수밖에 없는 상황에서, 우리의 의학은 중국과 대등할 뿐만 아니라 더 우월하다는 주장을 한 것이다. 이런 점에서 필자는, 동의보감은 비록 힘은 약하지만 국제관계에서의 자주라는 관점을 확립한 광해군이 아니었으면 '동의'라는 이름을 얻지 못했을 것이라고 본다.

한마디로 동의보감에서는 중국의 예를 인용하면서, 그렇다면 우리 의학도 동쪽이라는 지역적 특성을 갖고는 있지만 보편적인 의학의 하나임을 주장하기 위해 '동의'라는 말을 쓴 것이다. '조선'이라는 나라 이름조차 명나라의 허락을 받아야 했고 '우리 조정'을 의미하는 '본조本朝'라는 말이 조선이 아니라 명나라를 가리키는 말이었던 당시의 국제 역학 관계를 고려해보면, 중국(당시에는 중국이 바로 세계였다)과 대등한 보편성을 가질 뿐만 아니라 거기에 독창성까지 갖고 있음을 당당하게 선언한 것이다. 그것이 바로 '동의'의 의미이다.

이를 오늘날의 상황과 대비해서 본다면 어떨까. 현재의 중국에서는 서쪽 티베트의 의학을 '장의학藏醫學'이라 부르고 남쪽 묘족苗族의 의학은 '묘의학苗醫學'이라 부르고 동(북)쪽의 의학은 '조의학朝醫學'이라 부르고 있다. 그렇다면 마치 거란契丹이 한족漢族의 의학을 '한의학漢醫學'이라고 불렀듯(반면 한족은 거란의 의학을 '거란의契丹醫'라고 불렀다) 중의학은 현재 중국의 한족을 중심으로 한 또 하나의 민족의학이라고 할 수 있다.

현재 중국은 중의학을 영어로 '전통중국의학Traditional Chinese Medicine'이라고 쓰고 있다. 줄여서 TCM이라고 한다. 현재 중국의 한의학을 중의학이라고 부르는 것처럼 다양한 민족과 다양한 지역에 따라 다양한 의학이 존재할 수 있다. 그런 의학은 자신의 특수성과 동시에 보편성을 가진 의학이라고 할 수 있다. 이런 관점에서 근대 서양의학 역시 하나의 지역적이고 민족적인 의학으로 보아야 한다.

의학은 모든 사람과 지역에 적용될 수 있는 보편적인 것은 아니다. 건강 상식이라는 것조차 사람에 따라, 지역에 따라 다를 수 있다. 예를 들어 물을 많이 먹는 것이 좋다고 하지만 사람에 따라서, 특히 몸이 차거나 습기가 많은 사람에게는 해가 될 수 있다. 더군다나 한의학에서는 곡식보다 물을 많이 먹으면 가슴이 두근거리는 '경계驚悸'라는 병에 걸리게 된다고 말한다. 또한 땀을 많이 흘리는 더운 지역의 사람과 반대로 추운 지역의 사람이 먹어야 하는 물의 양이 다르다.

그럼에도 불구하고 사람들은 현재의 근대 서양의학을 그냥 의학이라고 부르면서 그것을 마치 보편적인 의학인 것처럼 생각하고 있다. 특수성과 동시에 보편성을 갖는 우리의 의학을 동의학이라고 불렀듯 이제 중의학만이 아니라 근대 서양의학 역시 동의보감의 정신으로 다시 보아야 한다.

동의보감과『내경』

동의보감은『황제내경』의 전통에 충실한 저작이다. 거의 모든 항목에서 『황제내경』을 우선적으로 언급하고 있으며 자연과 사회, 몸에 대한 관점은『황제내경』의 그것을 벗어나지 않는다. 아니 다른 어떤 의서보다도 더 엄격하게『황제내경』의 원칙을 따르고 있다고까지 말할 수 있다.

그런데 흥미를 끄는 것은 한의학의 최고 고전인『황제내경』에 태아에 관한 언급이 없다는 사실이다.『황제내경』이 형성될 시기에는 이미 태아와 태아의 발생에 관한 이론들이 많이 있었음에도 불구하고『황제내경』에서는 그런 내용이 없다. 이와 더불어『황제내경』에는 6세 이하의 소아(지금의 유아)에 대해서도 언급이 없다.

태아에 대한 이론은『황제내경』이전의 저작이면서 한의학 이론의 형성에 직접적인 영향을 준 『관자』(기원전 200년 전후)라는 책에서 처음 나오며 『회남자』(기원전 179~122), 『문자』, 『태산서』(기원전 3세기 말~2세기 초) 등에도 나오기 때문에 『황제내경』의 저자가 이를 모를 리 없었을 것이다. 그럼에도 이런 내용이 빠진 이유는, 당시까지의 태아나 유아에 대한 이론을 부정했거나 잘 몰랐을 가능성, 아니면 태교나 태아, 육아에 관한 이론을 만든 학파가 『황제내경』 학파와 별개로 각자 독립적으로 발전되어 『내경』이 편찬될 때 빠졌을 가능성, 『한서』 「예문지」에 언급된 『외경』에 수록되었다가 『외경』과 함께 없어졌을 가능성 등이 있을 것이다. 그러나 분명한 것은 태아나 유아에 관한 이론과 임상은 『황제내경』 이후에 본격적으로 발전하였다는 점이다. 태교에 관한 이론도 사정은 마찬가지이다.

그런데 동의보감에는 이런 내용이 충실하게 들어 있다. 이는 동의보감은 『황제내경』에 충실하면서도 그 후 발전된 이론들을 다양하게 흡수하여 당시까지의 모든 이론과 임상을 종합하였음을 보여주는 대목이다. 이런 점에서 동의보감은 『황제내경』의 한국적 적용이기도 하지만 다른 한편에서는 『황제내경』의 보완 내지 완결판이라고도 말할 수 있을 것이다.

동의보감과 이제마

'동의'라는 말은 세계의학으로서의 보편성과 조선이라는 특수성을 모두 갖춘 새로운 의학이라는 뜻이다. 그렇기 때문에 '동의'라는 말은 아무데나 함부로 붙일 수 있는 말이 아니었다. 실제 '동의'라는 말은 동의보감 이후 거의 250년쯤 뒤에야 이제마의 『동의수세보원東醫壽世保元』(1894)에서 처음 나온다. 그리고 해방 이후 '동의'라는 말이 잠시 쓰였지만 분단

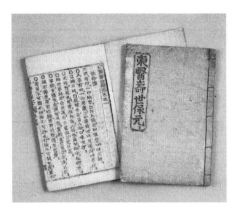
『동의수세보원』

과 더불어 아주 소수의 책에서 동의가 살아남았다.

이런 긴 침묵은 동의보감 이후 '동의'의 정신이 제대로 계승되지 못했음을 보여주는 것이다. 거기에 더하여 일제에 의한 한의학 말살정책과 미군정에 의한 서양 근대의학의 이식이라는 사정이 더해졌고 유신정권 하에서는 북한이 한의학을 공식적으로 '동의학'이라고 부르면서 반사적으로 남한에서는 '동의'라는 말은 쓰기 어려운 말이 되어버렸다(북한의 동의학은 그 후 1993년, 고려의학으로 이름을 바꾸었다). 그러므로 지금은 흔하게 쓰이는 말 중의 하나가 되었지만 이제마가 자신의 야심 찬 저작에 '동의'라는 이름을 붙이게 된 사정을 살펴볼 필요가 있다.

『동의수세보원』은 이제마가 사상의학四象醫學이라고 하는 독창적인 체질의학을 체계적으로 완성하여 처음으로 발표한 저작이다. 이제마는 이 책에서 신농과 황제로부터 시작되는 중국의 역사를 살피면서 결론적으로『상한론傷寒論』의 장중경張仲景과 명나라의 주굉朱肱, 그리고 허준을 최고의 의사로 꼽았다. 의학의 맥을『상한론』에서 주굉을 거쳐 자신으로 이어지는 계보로 그린 것이다. 이는『내경』을 시작으로 하는 일반적인 한의학의 전통과는 크게 벗어난 평가다. 그리고 중국에서는 물론 우리나라에서도 크게 주목하지 않았던 주굉을 내세우고 있는 점도 특이한 사항이다.

보통 동의보감은 도교를,『동의수세보원』은 유교를 바탕으로 한 것으로 평가된다. 이런 점에서는 철두철미한 유학자이면서 의사였던 명나라의 이천李梴을 더 높게 평가해야 할 것 같지만 허준이 첫째가 된 것이다. 다소 의아하게 생각될지 모르지만 여기에는 다 이유가 있다.

『동의수세보원』을 자세히 분석해 보면 의학에 관한 부분은 거의 모두 동의보감에서 재인용한 것이며 동의보감 이후의 다른 저작들은 하나도 언급하고 있지 않다는 사실을 알 수 있다. 이는 이제마가 전적으로 동의보감에만 의지하여 그의 이론을 만들고 임상을 꾸려나갔다는 말이 된다. 그러니 허준을 최고의 의사로 꼽지 않을 수가 없었고 책 이름에도 '동의'를 붙였던 것이다. 그러나 이유는 거기에 그치지 않는다. 그것은 이제마가 동의보감의 정신을 계승한 사람이라고 자부했기 때문이다. 그렇다면 이제마가 본 동의보감의 정신은 무엇이었을까.

이제마는 의학의 역사상 가장 뛰어난 의사로 중국의 장중경과 주굉, 그리고 조선의 허준을 꼽았다. 문헌으로 남아 있는 자료에 한정해서 보면 이제마가 동의보감에 대해 구체적으로 언급한 것은 없다. 그리고 얼핏 보아서는 동의보감과 사상의학은 서로 별개의 의학 체계인 것처럼 보인다. 그러나 사상의학과 동의보감의 내용을 살펴보면 일정한 공통점이 발견된다. 그것은 둘 다 겉으로 드러난 모양을 통해 몸속을 알 수 있다는 관점이다. 물론 이런 관점은 동서고금을 통해 흔히 나타나는 일반적인 관점이기도 하다.

사상의학을 한마디로 정의하기는 어렵지만 아주 거칠게 말하자면 다음과 같다. 성인은 오장육부가 잘 조화되어 성격에 치우침도 없고 병도 없다. 그런데 보통 사람들은 어떤 장기는 크고 어떤 장기는 작아서 이 때문에 성질이 치우치게 되고 결국 이런 치우친 성질이 병을 만든다. 그러므로 성인이 되기 위해서는 약을 써서 장기의 치우침을 다스리기도 해야 하지만 무엇보다도 마음을 잘 써서 장기의 치우침을 다스려야 성인이 될 수 있다. 그런데 장기의 크고 작음은 해부를 해서 아는 것이 아니라 그 사람의 외모나 타고난 성질을 보고 알 수 있다.

그리고 그런 사람마다의 차이를 네 가지의 틀, 곧 사상四象으로 분류한 것이 사상의학이라고 할 수 있다. 그래서 사상의학을 잘 알게 되면 겉모습만 보고도 그 사람의 성질이나 갖고 있는 병을 알아낼 수 있다 (그렇다고 구체적으로 그 사람의 모두를 알 수 있다는 말은 아니다. 그 사람의 성질이나 병에 대한 타고난 바탕, 큰 흐름을 알 수 있을 뿐이다. 어떻게 생긴 사람은 반드시 어떤 병이 있다는 식의 해석은 위험하다).

바로 이런 발상이 동의보감에서 이미 강조되고 있었던 것이다. 곧 동의보감에서는 사람의 겉모습에서, 긴 것이 짧은 것만 못하고 큰 것이 작은 것만 못하며 살찐 것이 여윈 것만 못하다고 말한다. 겉모습이 이렇게 다르니 장부도 역시 다르고, 따라서 비록 겉으로 보이는 증상이 같을지라도 치료법은 완전히 다르게 된다고 보는 것이다.

사상의학에서는 똑같은 병을 갖고 있는 사람일지라도 체질이 다르면 전혀 다른, 때로는 거의 정반대의 약을 쓴다. 그것은 체질에 따라 장부의 조건이 다르기 때문이다. 이런 점에서 『동의수세보원』은 단지 동의보감을 자료로서 인용한 것이 아니라 동의보감의 정신을 이어받은 것이며 바로 이것이 이제마가 동의보감을 읽는 방식이라고도 할 수 있다.

동의보감 이후

동의보감이 나오고 150년쯤 지나 정조 때의 박지원朴趾源이 북경의 유리창琉璃廠이라는 곳에 갔는데, 그는 조선의 책 중 유일하게 나와 있는 책은 동의보감뿐이라고 했다. 당시 북경은 세계 교역의 중심에 있던 도시이며 그중에서도 유리창은 세계 최고급 정보가 유통되던 문화공간이었다. 오늘날로 치면 뉴욕이나 파리의 번화가에서 동의보감을 살 수 있었던 셈이다. 그것도 당대 최고 학자인 능어凌魚의 서문을 붙여 출판한 것이었다(1766년 초판). 박지원은 『열하일기熱河日記』에서, 이 책을 사고 싶었지만 돈이 없어 서문만 베껴 왔다고 적고 있다.

능어는 서문에서 동의보감이 '천하의 보물'이라고 평가했다. 이후 중국에서는 청나라 때까지 16종 이상의 판본이 나오게 되는데, 이는 20년에 한 번 이상 새로운 판본을 출판한 셈이다. 대만 역시 동의보감을 여러 차례 출판했다.

좀 더 거슬러 올라가 일본의 에도江戶시대(도쿠가와 막부)에 한 의사는 동의보감을 '신선의 경전'이라고 평가하기도 했다. 당시 일본에서는 동의보감 한 질을 갖고 있는 것만으로도 권위를 인정받을 수 있었기 때문에 권력을 갖은 자들은 수시로 조선에 동의보감을 요청하였다. 물론 여기에는 조선 침략이라는 구상이 깔려 있는 것이어서, 이들은 동의보감을 연구하는 한편 왜관 등을 통해 조선의 약재를 조사하고 인삼을 비롯한 약재를 일본으로 밀반출하였다. 조선을 식민지화한 뒤에는 조선총독부에서는 동의보감을 보물로 지정하고(보물 1086호) 이 역시 일본으로 밀반출하였다. 일본에서는 1724년 처음 동의보감을 출간했고 이후 여러 판본이 나왔으며 1968년에는 부분 번역본이 나왔다.

동의보감은 중국이나 일본만이 아니라 베트남이나 몽골, 나아가 유럽으로도 퍼져 나갔다. 그 결과 지금까지 독일어, 영어, 일어 번역본이 나왔고(아쉽게도 이들은 모두 완역이 아니다) 최근 완역을 목표로 중국과 베트남에서 각각 영어와 베트남어로 번역을 하고 있다고 한다.

우리의 경우, 조선시대를 통해, 그리고 근대에 이르기까지 동의보감은 모든 의학적 논의의 기준이 되어왔다. 동의보감 이후의 거의 모든 의서는 동의보감에 근거하여 편집되었으며 이런 상황은 오늘날까지도 이어지고 있다. 그래서 심하게는 동의보감 때문에 우리나라 의학의 발전이 늦어졌다는 자탄의 소리도 나온다. 좋게 보자면 그만큼 동의보감이 우수한 책이라는 말이고, 다른 측면에서 보자면 동의보감을 뛰어넘는 노력이 부족했다는 말이 된다.

간단히 살펴보았지만 동의보감의 파괴력은 우리나라를 넘어 동아시아, 나아가 전 세계로 향하고 있다. 그러나 이런 발전이 본격적인 탄력을 받으려면 동의보감의 영역이 필수적이다. 물론 영어 번역이 가능하기 위해서는 먼저 올바른 한글 번역이 나와야 한다. 제대로 된 동의보감의 한글본과 이에 기초한 영역본이 나와야 비로소 동의보감의 전파는 물론 새로운 창조가 가능할 것이다.

동의보감 다섯 권의 내용(소제목)

1권 내경편

2권 외형편

3권, 4권 잡병편

5권 탕액편, 침구편

1권 내경편

'내경內景'이란 말 그대로 몸 안의 풍경이다. 1권에는 정기신精氣神을 축으로 하여 오장육부五臟六腑 등 우리 몸을 이루고 있는 것들에 관한 내용이 들어 있다. 내경편에서 몸 안을 살펴본 다음 2권 외형편에서는 몸 밖을 본다. 머리에서 발끝까지 몸 밖의 것들을 다루고 있다. 그리고 3, 4권 잡병편에서는 온갖 질병에 대해 설명하고 있으며 여기에 대상의 특수성을 감안하여 부인과 소아에 관한 편을 별도로 마련하고 있다. 마지막으로 5권 탕액과 침구는 약재와 침, 뜸에 관한 편이다. 이로써 한의학에서 다루는 거의 모든 분야가 다 망라되었다.

내경편에서는 먼저 「신형문身形門」에서 몸 전체에 대해 간단히 설명하고 바로 이어서 우리 몸의 가장 중요한 구성 요소인 정기신에 대해 설명한다. 정기신은 서양의 근대 생물학으로 치자면 세포에 해당될 정도로 근본적인 것이며 동의보감은 처음부터 끝까지 이 관점을 갖고 일관되게 서술되어 있다. 그래서 동의보감에서 정기신을 빼놓으면, 그리고 동의보감을 정기신으로 설명하지 않으면 그것은 동의보감이 아니라고까지 말할 수 있다. 실제로 후대에 편찬된 책들의 대부분, 특히 『방약합편』이라는 책을 보면 동의보감의 내용은 받아들였으되 정기신이라는 관점은 빠져 있어서 그것을 동의보감의 적자로 보기에는 의문이 든다.

정기신 이후 바로 나오는 것은 혈血이다. 혈은 몸 안에서 기와 짝이 되어 온몸에 영양을 공급하는 것이다. 그런데 혈 다음에는 꿈과 성음, 언어가 나온다. 꿈도 그렇지만 성음이나 언어와 같이 우리가 내는 목소리가 몸 안의 한 구성요소로 자리 잡고 있다는 점은 쉽게 이해하기 어렵다. 그렇지만 한의학만이 아니라 전근대 사회에서의 소리는 모두 마음〔心〕의 움직임으로 간주하고 있었다는 점을 이해해야 한다. 소리는 단순히 목젖을 울려 나오는 공기가 아니라 외부의 사물에 움직여 마음이 드러난 것이다. 결국 몸속에 있던 것이 나온 것이다.

여기에서 주의해야 할 점은 마음 역시 오늘날의 정신이 아니라 '심心'이라는 점이다. 전근대 사회에서 몸과 마음은 분리되어 있지 않았다. 그러므로 '심'은 마음을 뜻하기도 하고 심장을 뜻하기도 하고 그저 가슴을 뜻하기도 했다. 이는 서양에서도 하트heart가 심장과 동시에 마음을 뜻하는 것과 마찬가지다.

전근대의 사고방식은 오늘날과 달리 대상을 나로부터 떼어서 보지 않고 하나로 보는 관점을 갖고 있었다. 심지어는 자연마저도 나와 하나가 된다. 그러므로 '심'을 심장으로 보든 마음으로 보든 그것은 문제가 되지 않는다. 그것은 같은 것의 다른 측면일 뿐이다. 다만 오늘날의 우리가 그런 것을 분리해서 보고 있을 뿐이다. 그리고 이는 근대가 시작되면서, 시간적으로는 빨라야 서양에서는 르네상스가 시작되는 4~500년 전, 우리의 경우는 1~200년 정도 전부터 시작된 관점이다. 인류는 그전까지 몇 십만 년 동안 그렇게 보고 살았다.

2권 외형편

동의보감의 2권 외형편外形篇은 몸 밖의 모습을 그리고 있다. 당연히 제일 먼저 머리가 나온다. 머리는 우리 몸의 가장 위에 있는 것이면서 가장 중요한 것이기도 하기 때문이다. 이어서 얼굴 눈, 귀, 코 같이 몸 밖에서 보아서 알 수 있는 것들을 다루고 있다.

외형편에 손발이나 허리, 등과 같은 것이 포함되는 것은 당연하지만 다소 의아한 항목이 들어가 있다. 그것은 근筋과 골骨이다. 근은 힘줄이며 골은 뼈다. 힘줄과 뼈는 당연히 몸 안에 있는 것이다. 그런데 왜 힘줄과 뼈가 몸 밖을 다루는 외형편에 포함되어 있는 것일까.

이를 이해하려면 오늘날 우리가 외과라고 부르는 내용은 전근대 시대의 한의학에는 포함되지 않았다는 점을 이해해야 한다. 전근대 사회에서의 의학에는 동서양을 막론하고 외과가 포함되지 않았다. 외과가 의학에 포함되려면 무엇보다도 해부가 전제되어야 하며, 해부의 결과가 몸의 생리나 병리와 연관되어야 한다. 서양에서도 해부가 본격적으로 의학과 결합하기 시작하는 것은 18세기에 와서 병리 해부학이 발전한 뒤의 일이다. 동아시아의 전근대 시대에도 해부는 했지만 그것은 몸과 병을 이해하는 기초가 되지 않았다.

잡병편의 제상문諸傷門에서 뼈가 부러지거나 부서진 경우를 다루고 있지만 이는 응급상황에서의 단순한 치료 기술일 뿐이며, 일반적으로 뼈는 밖에서 보아 알 수 있는 것, 밖에서 만져 알 수 있는 것, 정확하게 말하자면 뼈 자체가 아니라 겉으로 드러난 뼈의 형상이다. 그러므로 한의학에서 말하는 뼈에 오늘날의 해부학적인 뼈bone라는 생각을 대입한다면 이는 한의학을 왜곡하는 결과를 가져올 것이다.

이상 내경편과 외형편은 분량으로 보아도 동의보감의 반을 넘게 차지할 만큼 중요한 부분이다. 이러한 구성은 당시까지 대부분의 의서가 오장육부 자체나 풍한서습조화風寒暑濕燥火 같은 외부의 원인을 중심으로 서술된 것에 비하면 매우 파격적인 것이다.

특히 외형편과 같이 몸의 밖에서 보아 알 수 있는 것을 중심으로 편집하면 병에 대한 이해를 쉽게 해주는 측면이 있다. 다시 말해서 머리가 아플 때는 머리에 관한 항목만 찾아보면 의학 지식이 부족한 사람도 비교적 쉽게 각 증상에 따른 병의 원인과 치료 방법을 이해할 수 있게 된다. 반면에 오장육부나 외부의 병인을 중심으로 편집한다면 그 책을 보는 사람은 병의 원인이 풍인지 습인지를 먼저 알아야 하고 오장육부 중 어느 장부의 병인지를 먼저 알아야 한다. 그렇지 않으면 책의 처음부터 끝까지 다 읽어보아야 한다. 이런 점에서 동의보감의 체계는 편의성과 대중성이라는 측면에서도 매우 혁신적인 것이라고 할 수 있다.

3권과 4권 잡병편

3권과 4권은 잡병편이다. 이름은 온갖 병에 대한 것으로 되어 있지만 잡병편은 진단과 치료의 원칙에 관한 내용으로부터 시작된다. 본격적인 병의 치료가 다루어지는 편이 바로 잡병편인데, 병을 치료하기 위해서는 먼저 진단을 해야 하기 때문이다.

동의보감의 진단에서 특징적인 것은 운기運氣에 관한 강조다. 운기는 한마디로 계절의 변화에 따른 기의 차이와 그에 따른 질병의 발생과 치료에 관한 내용이다. 이는 자연의 변화에 따른 생체리듬의 변화를 중시하는 관점이다. 동의보감에서는 이를 '의사라면 반드시 알아야 할 것'이라고 말하고 있다.

운기에 이어 본격적인 진단 방법과 치료 원칙을 말한 뒤 풍한서습조화 같은 외부의 원인에 따른 질병과 치료에 대해 논한다. 이것을 외부의 나쁜 기운에 의해 생긴 병, 곧 외상外傷이라고 한다면 이어지는 「내상內傷」, 「허로虛勞」 같은 것들은 내부의 나쁜 기운에 의해 생긴 병, 곧 내상內傷에 관한 것이다.

내상에 이어 돌림병(전염병)과 오늘날의 외과에 해당하는 내용, 응급의학에 관한 내용이 이어지며 마지막으로 부인과 소아에 관한 내용으로 3권과 4권은 끝난다.

5권 탕액과 침구편

동의보감의 마지막 5권은 탕액과 침구편이다. 『황제내경』에서는, 침은 밖에서 들어온 나쁜 기운을 몰아내는 데 쓰고 탕액은 몸 안의 나쁜 기운을 몰아내는 데 쓴다고 하였다. 탕액과 침구를 통해 몸 안과 밖의 나쁜 기운을 모두 물리칠 수 있다는 말이다.

탕액은 일반적으로 탕제湯劑 혹은 탕약湯藥이라는 뜻으로 쓰이지만 여기에서는 본초本草와 같은 의미로 쓰였다. '본초'란 풀을 바탕으로 한다는 뜻인데, 이는 약재 중에서 식물이 차지하는 비중이 크기 때문에 약재의 대명사가 된 것이다.

그렇지만 동의보감 「탕액편」을 보아도 알 수 있는 것처럼 한의학에서 쓰는 약재에는 식물만 있는 것은 아니다. 당연히 동물성 약재도 있고 광물성 약재도 있다. 아니 이 지구상의 모든 것이 다 약으로 쓸 수 있는 것이다. 심지어는 사람까지도 약으로 쓴다. 이를 좀 더 자세히 보도록 하자.

「탕액편」은 먼저 약을 고르는 법부터 가공하는 법, 약의 일반적인 성질, 약 쓰는 법, 금기 등을 다루는 서례로부터 시작된다. 그리고 약재 중 제일 먼저 물에 대해 말한다. 물이 처음 나오는 이유에 대해 동의보감에서는, 우주가 시작될 때 물부터 생겼기 때문에 물을 제일 앞에 두었다고 말한다. 물은 단순히 약을 달일 때 쓰는 부차적인 매체가 아니다. 물도 당당한 치료 효과를 갖는 약인 것이다. 그래서 동의보감은 물의 종류를 33가지로 나누면서 각각의 성질과 쓰임새에 대해 설명한다.

그런데 우리의 흥미를 끄는 것은 같은 물이라고 해도 언제 길었는지, 그 물이 어떻게 흐르는지에 따라 그 성질이 다르다고 보는 점이다. 한 예로 정화수는 새벽에 처음 길은 물을 말한다. 천리수는 먼데서부터 흘러온 물을 말하며 역류수는 거꾸로 흐르는 물이다. 이렇게 보면 동의보감에서 말하는 물은 H_2O가 아니라 역사의 흔적을 포함한 물이다. 다른 사물들과 일정한 관계를 갖고 있는 물이다. 정확하게 말하자면 이런 저런 기를 포함한 물이다.

물에 이어 흙이 나온다. 흙은 만물의 어머니와 같은 것이다. 온갖 것을 떠 없고 온갖 것을 기른다. 그러므로 물만큼 중요하다. 흙에는 우리가 지금도 민간에서 활용하고 있는 황토뿐만 아니라 태양의 양기를 품은 동쪽 벽의 흙도 있고 아궁이의 흙도 있다. 흙 다음으로는 물을 먹고 흙에서 자란 곡식이 나오며 그다음으로는 그 곡식을 먹고 사는 사람이 나온다.

사람을 약재로 쓴다면 낯설게 들릴지 모르지만 태반을 예로 들면 쉽게 이해할 수 있을 것이다. 태반은 영어로 프라센타placenta라고 하여 근대 서양의학에서도 사용하고 있으며 일상적으로는 화장품의 원료로도 사용된다. 오줌 역시 중요한 약재다. 이외에도 머리카락, 귀지 등 다양한

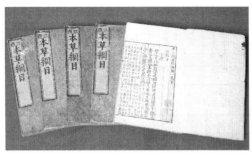
『본초강목』

것이 이용되고 있다.

침구편은 말 그대로 침과 뜸에 관한 내용이다. 간결하지만 운기의 흐름에 따른 주의사항과 침뜸의 시술에 관해 강조하고 있는 점이 특이하다.

동의보감의 「탕액편」은 중국의 대표적인 본초 서적인 이시진李時珍의 『본초강목本草綱目』(1596)에 비하면 분량 면에서 비교할 수 없이 적다. 그러나 동의보감의 전편을 통해 산발적으로 언급되어 있는 부분까지 포함하면 그렇게 적은 것도 아니다. 그리고 무엇보다도 앞서 말한 것처럼 이편은 『향약집성방』의 성과를 이어받아 조선 최초의 독자적인 식물학을 완성한 저술로 평가하기에 부족함이 없다. 오늘날까지 음식점 등에서 동의보감의 내용이 거의 그대로 사용될 수 있는 것은 바로 그것이 우리의 식물과 동물을 다룬 것이기 때문이다. 최첨단의 방법으로 신약을 개발하려는 사람들도 동의보감을 뒤져보는데, 이는 동의보감이 지금 여기의 우리가 시작할 수 있는 출발점이 되기 때문이다. 이것이 바로 우리의 동의보감이 소중한 이유이며 앞으로도 많은 영감과 현실적인 창조의 출발점이 될 수 있는 것도 바로 이런 이유일 것이다.

구성의 특징

동의보감 전체의 목차를 살펴보았을 때, 여기에는 당대의 일반적인 의서와 다른 특징적인 면이 보인다. 이를 위해 동의보감에서 가장 많이 인용한 의서 중의 하나인 『의학강목醫學綱目』(1565)과 『의학입문醫學入門』
(1575)을 비교하기로 한다.

『의학강목』은 주희朱熹가 편찬한 『통감강목』의 분류법을 빌려 질병을
분류한 최초의 저작이다. 『통감강목』은 개요에 해당하는 것을 '강綱'이
라고 하고 큰 글자로 썼다. 그에 대한 서술을 '목目'이라고 하고 작은 글
자로 써서 전체를 일목요연하게 볼 수 있게 하였기 때문에 열람에도 편
의를 도모한 체계다. 이 강목의 체계는 다시 세부로 들어가면서도 적용
되어 '강' 속에 다시 '강'과 '목'이 나타나게 구성되어 있다. 이러한 강목
의 체계는 이후 『본초강목』을 비롯한 다른 의서에도 하나의 표준으로
자리 잡게 된다.

전체적으로 보면 맨 앞에 한의학의 기초 이론에 대한 서술이 나오고
이어서 오장육부에 따른 강목의 체계가 전개된다. 그다음으로는 외부의
나쁜 기운에 의해 병이 생긴 상한傷寒에 대해 논하고 이어 부인과 소아
로 마무리된다.

이는 매우 일관성 있어서 일목요연하게 보이지만 다른 한편으로는
이 책을 활용하려면 어떤 병이 어떤 장부에 속하는지를 미리 알고 있어
야 하고 실질적으로는 병의 원인까지 어느 정도 알고 있어야 하기 때문
에 이 책에 익숙한 독자가 아니면 매우 불편할 수밖에 없다. 그리고 내
용에 있어서도 예를 들어 변비(대변불통)는 비위脾胃에 속하는 것으로 되
어 있지만 변비의 원인은 비위만이 아니라 다른 장기에도 있을 수 있기
때문에 변비를 비위에 배치하는 것은 다소 무리가 있다.

그럼에도 『의학강목』은 모든 병의 원인을 장부와 연관하여 파악하
고 이를 체계적으로 서술하여 후대에 '변증논치辨證論治'라고 하는 한의
학의 방법론을 확립한 점, 같은 병이라도 원인(특히 장부)에 따라 다르게
치료한다는 원칙을 강조한 점에서 중요한 저작이다.

한편 『의학입문』은 조선시대를 통해 교과서로 채택될 만큼 중요한 책이다. 그러나 정작 중국과 일본에서는 그렇게 주목받지 못한 책이기도 하다. 이는 아마도 저자인 이천李梴의 견해가 한쪽으로 치우친 것이 한 이유가 아닐까 한다.

이 책은 내집內集과 외집外集으로 되어 있는데, 내집은 침구와 경락, 본초 등 한의학의 기본 이론에 관한 것이고, 이 책의 주요 부분을 이루는 외집은 상한과 내상內傷, 잡병, 부인과 소아로 이루어져 있다.

이 책의 가장 큰 특징은 '풍한서습조화'와 같은 외인이 강조된 데에 있다. 그러나 전체적으로 분류가 중복되어 같은 항목이 여기저기 흩어져 있고 처방 역시 흩어져 있어 원하는 내용을 한 번에 찾기가 쉽지 않다. 그래서 『의학입문』의 처방 색인이 나왔을 때 한의계에서는 이를 크게 반겼다. 그러나 한의계에서는 처방을 속이지 않고 자신의 경험 그대로 공개한 것은 『의학입문』과 『만병회춘』뿐이라는 평가가 있는 것처럼, 『의학입문』의 임상적 가치는 매우 크다고 할 수 있다.

이상의 내용을 동의보감과 비교해보면 동의보감은 위 두 책의 성과를 바탕으로 『의학강목』처럼 오장육부에 치우치지 않으면서, 그렇다고 『의학입문』처럼 외인에 치우치지 않으면서 균형을 맞추고 있다는 점이 두드러진다. 이런 균형을 맞출 수 있었던 것은 동의보감이 기존의 의학을 정기신을 중심으로 재편한 결과이다. 그러면서도 『의학강목』의 성과, 곧 같은 병도 어떤 장부의 병인지에 따라 다르게 치료한다는 성과를 사람의 몸 중심으로 발전시켰다. 이는 뒤에 체질의학, 그중에서도 사상의학의 기초가 된다. 바로 이런 점 때문에 이제마는 역사상의 의사들을 평가하면서 그토록 허준을 높였던 것이다.

제3부
동의보감 서문과 집례

동의보감의 서문

동의보감의 서문은 선조의 명령으로 조선 중기 4대 문장가 중의 한 명인 이정귀李廷龜(1564~1635)가 썼다. 이는 당시 사회에서 동의보감이 차지하고 있던 비중을 잘 보여주는 대목이다. 당대 최고의 책에 어울리는 당대 최고 문장가의 서문이 실린 것이다.

이정귀는 병조판서, 예조판서, 우의정, 좌의정을 역임하였고 중국어에도 뛰어나 여러 차례 사신으로 중국에 다녀오기도 했으며 전쟁의 와중에서 명나라의 사신들을 다루는 일을 많이 했다. 이런 과정에서 그의 학문과 문장이 중국에까지 알려졌다. 그의 글은 화려하지는 않지만 호탕한 기개가 잘 드러나 있다고 평가된다. 그런 만큼 동의보감의 서문은 참으로 시원시원하면서도 힘찬 명문이다. 막힘없이 곧바로 정곡을 찌르면서도 세세한 부분을 빼놓는 법이 없다.

책의 서문은 저자(혹은 편찬자)가 직접 쓰기(자서自序)도 하지만 대개 그 분야의 최고 권위자가 쓰는 것이 일반적이다. 그래서 서문은 해당 분야의 전체를 꿰고 있을 뿐만 아니라 그 책의 위치와 가치에 대해 평가해야 하고 또 그 책이 나오기까지의 과정에 대해서도 써야 하므로 전문가가 아니면 쉽게 쓸 수 없는 글이다. 그런데 전문 관료라고 할 수 있는 이정귀가 어떻게 서문을 쓰게 된 것일까?

이런 사정을 이해하려면 조선시대의 지식인에 대한 이해가 필요하다. 당시 지식인들은 단순히 사서삼경만 읽고 이해하면 되는 것이 아니었다. 당시 지식인은 정치인이자 학자였지만 봉건적 질서를 유지하는 가장家長이기도 했기 때문에 사람이 살아가는 거의 모든 분야에 관한 지식을 갖추어야 했다. 그중 가장 중요한 분야는 관혼상제에 관한 것이었지만 의학 역시 가장으로서 필수적으로 알아야 할 분야였다.

한 집안을 책임진다는 것은 경제적인 것만이 아니라 당연히 집안 식구들의 목숨과 건강까지 포함하는 것인데, 당시는 오늘날처럼 의료를 손쉽게 돈 주고 살 수 있는 것이 아니었기 때문에, 어느 정도까지는 가장 스스로 해결해야 하는 것이었다. 그리고 무엇보다도 의학은 '효孝'를 실천하는 중요한 덕목이기도 했다.

우리는 조선시대를 통해 부모의 병을 고치기 위해 의학에 정진한 예를 흔하게 찾을 수 있다. 그래서 조선시대에 어느 정도 세력이 있는 가문이라면 빠짐없이 집집마다 약장을 갖추고 가장 스스로가 약을 지었던 것이다. 오늘날 골동품 가게에 가면 흔히 볼 수 있는 조그만 약장은 바로 그런 전통의 흔적이다.

이런 전통은 소위 말하는 정통 성리학자에게도 예외는 아니었다. 퇴계 이황은 스스로 도교 서적인 『활인심방活人心方』이라는 책을 편찬하여 자손들이 대를 이어 그 책으로 몸을 다스리라고 하였다. 이 책은 명나라 구선臞仙의 『활인심活人心』의 앞부분을 거의 그대로 옮긴 것이지만 한글로 호흡하는 소리를 적어놓은 것을 보면 퇴계가 이 책으로 실제 자신의 몸을 수련했다는 것을 알 수 있다.

성리학에서 좀 더 자유로운 지식인들은 본격적으로 의학을 공부하기도 했다. 노수신盧守愼 같은 이가 대표적인 사람이다. 노수신은 내의원에 들어온 허준을 데리고 임금의 진찰에 들어가기도 했을 만큼 의학에 조예가 깊은 사람이었다. 임금도 예외는 아니었는데, 역대 임금 중에서도 특히 선조와 정조가 의학에 깊은 관심을 갖고 많은 공부를 하였다. 특히 선조는 앞으로 보겠지만 당시 국제적인 차원에서 의학의 흐름을 평가할 수 있을 만큼 뛰어난 안목을 갖추고 있었다.

이정귀의 경우, 그의 구체적인 의학 공부에 대해서는 알 수 없지만 그가 쓴 동의보감 서문의 내용을 살펴보면 그가 의학에서도 매우 높은 경지에 도달해 있었음을 알 수 있다.

글이란 겉만 다듬는다고 아름다운 것이 아니다. 특히 유교사회에서 글이란 도를 담는 그릇에 불과할 뿐이었다. 무엇보다도 내용이 훌륭해야 하며 그런 훌륭한 내용에 걸맞은 그릇, 곧 글이 그 내용을 드러낼 때 우리는 그것을 명문이라고 할 수 있을 것이다. 그 대표적인 예를 동의보감 서문에서 볼 수 있다.

동의보감 서문 전문 (원문은 430~431쪽)

의학을 하는 자들은 늘 황제와 기백을 말한다. 황제와 기백은 위로는 하늘의 법도를 다하고 아래로는 사람 사는 이치를 다 하였으나 굳이 글을 남기려 하지는 않았다. 그래도 의문점을 말하고 어려운 것을 드러내어 후세를 위해 그 법을 세웠으니, 의학계에 의서가 있은 지가 이미 오래되었다.

위로 순우의淳于意와 편작扁鵲에서부터, 아래로 유완소劉完素와 장종정張從正, 주진형朱震亨, 이고李杲에 이르기까지 수많은 학파가 끊임없이 일어나 학설이 분분하였고, 부분을 표절하여 다투어 파벌을 만드니, 책이 많을수록 임상은 더욱 어두워져서 『영추』의 본래 뜻과 큰 차이가 나지 않는 것이 드물다. 세속의 용렬한 의사들은 이치를 탐구한다는 것을 알지 못하여, 경전의 가르침을 배반하여 자의적으로 쓰기를 좋아하거나, 옛날의 고정적인 데에 얽매여 변화를 알지 못하기도 하니, 분별하고 고르는 데 어두워 요점을 잃어버려 사람을 살리는 방법으로 사람을 죽이는 자가 많다.

우리 선조대왕께서는 몸을 다스리는 법으로 모든 사람을 구제하려는 어진 마음을 넓혀 의학에까지 마음을 두셨고 백성의 고통을 근심하셨다. 일찍이 병신년에 태의太醫인 신하 허준 許浚을 부르시고는 다음과 같이 하교하셨다.

"요즈음 중국의 의서를 보면 모두 용렬하고 조잡한 것만 대충 모아놓아 볼 만한 것이 없다. 마땅히 여러 의서를 널리 모아 하나의 책으로 편집하라. 또한 사람의 질병은 모두 조리와 섭생의 잘못에서 생기는 것이므로 수양修養을 우선하고 약물과 침은 그다음이어야 한다. 여러 의서가 너무 방대하고 번잡하니 그 요점을 고르기에 힘쓸 것이다. 가난한 시골과 외딴 마을은 의사와 약이 없어서 일찍 죽는 자가 많다. 우리나라는 향약이 많이 나나 사람들이 그것을 알지 못하고 있을 뿐이다. 마땅히 (이들 약물을) 분류하고 향약명을 함께 써서 백성들이 알기 쉽게 하라."

허준이 물러나와 유의儒醫인 정작, 태의太醫인 양예수, 김응탁, 이명원, 정예남 등과 더불어 편찬국을 세워, 모은 책들을 편찬하여 주요 줄거리만을 간략히 이루었을 때 정유재란을 맞아 여러 의사들이 뿔뿔이 흩어져 마침내 일을 쉬게 되었다.

그 후 선조께서 다시 허준에게 하교하여 혼자서라도 편찬하라고 하고, 궁중에 보관했던 의서 오백 권을 내어주어 이를 바탕으로 참고하고 근거로 삼게 하였으나, 편찬을 아직 반도 이루지 못한 때 임금께서 돌아가시었다. 성상[광해군]께서 즉

위하신 지 삼 년째인 경술년에 허준은 비로소 과업을 마치고 책을 진상하여 동의보감이라 이름 지으니 모두 이십오 권이다.

임금께서 보시고 가상히 여기시어 하교하여 가로되, "양평군 허준이 일찍이 선왕[선조] 때에 의서를 편찬하라는 특별한 분부를 받들어 오래도록 깊이 생각하더니, 유배되어 떠돌아다니던 중에도 그 직무를 버리지 아니하고 이제 한 질의 책을 편찬하여 바쳤다. 이에 선왕께서 편찬을 명한 책이, 덕이 부족하고 어두우며 아직 상복을 입고 있는 나에게 (책이) 다 이루어졌다고 고하니 슬픈 마음을 이길 수 없다"고 하셨다. 그리고는 태복시로 하여금 말 한 필을 허준에게 주어 그 노고에 보답하게 하고, 곧 내의원에 명령을 내려 청청廳을 만들어 인쇄하도록 하고, 경향 각지에 널리 배포하도록 하셨다. 또한 제조로 있던 신臣 이정귀에게 명하여 서문을 지어 책머리에 붙이도록 하셨다.

신이 혼자 생각건대 태화의 기가 한번 흩어져 육기가 조화롭지 못하게 되면 여러 가지 불구의 병이 들고 돌림병이 돌아 백성이 재해를 입게 되니, 의약으로 백성의 요절을 구제하는 것이 실로 제왕의 인정仁政 가운데 제일 먼저 해야 할 임무이다. 그러나 의술은 책이 아니면 (그 내용을) 실을 수 없고, 책은 가리지(취사선택하지) 않으면 정교하지 못하게 되고, 가려 뽑되 그것이 넓지 못하면 이치가 분명하지 않으며, 널리 전하지 못하면 혜택이 널리 미치지 못한다.

이 책은 옛날과 오늘의 것을 두루 갖추어 묶고 여러 사람의 말을 절충하여 근원을 탐구하고 원칙과 요점을 잡았으니, 상세하되 산만하지 않고 간결하되 포괄하지 않음이 없다. 「내경」, 「외형」으로부터 시작하여 잡병과 여러 가지 처방으로 나누고, 맥결, 병증론과 약성, 치료법, 섭생과 양생의 요점, 침구의 여러 법규에 이르기까지 갖추지 않은 것이 없고 질서 정연하여 문란하지 않다. 그러하니 병이 비록 그 증상이 백 가지천 가지로 나뉜다 해도 보사補瀉와 완급緩急을 잘 한다면 널리대응하여 모두 이치에 들어맞을 것이다. 그러므로 구태여 멀리는 옛 서적이나 가깝게는 요즈음의 이러저러한 조문을 살필필요도 없이 분류한 데에 따라 처방을 찾으면 중첩하여 거듭나오니, 어떤 증證에 대해 약을 투여하기가 좌계左契처럼 꼭들어맞는다. 진실로 의학을 하는 이의 귀한 거울이요 세상을구하는 훌륭한 법이다. 이는 모두 선왕께서 지시하신 오묘한지혜와 또한 우리 성왕(聖王, 광해군)께서 먼저 임금의 뜻을 그대로 이어받은 높은 뜻에서 나온 것이니, 이는 곧 백성을 사랑하고 사물을 아끼는 덕이며, 사용을 편리하게 하여 삶을 도탑게 하는 도이며, 앞과 뒤(선종과 광해군)가 한결 같으니 두 분이 모두 중화中和하고 위육位育하는 정치가 바로 여기에서 나타났다. 옛말에 "어진이의 마음 씀씀이는 그 이로움이 넓다"하니 참으로 믿을 만하지 아니한가.

만력 39년 신해년 초여름(음력 사월), 승록대부, 행이조판서겸 홍문관 대제학, 예문관 대제학, 지경연, 춘추관, 성균관사세자의 좌빈객, 신하 이정귀가 하교를 받들어 삼가 서를 짓다.

1613년 음력 11월 내의원에서 하교를 받들어 간행하다.

훈련도감교관 통훈대부 내의원 직장 신하 이희헌
통훈대부 행 내의원 부봉사 신하 윤지미

동의보감의 서문은 장대한 의학의 역사를 살펴보는 데서부터 출발한다. 그러나 구구절절 역사를 읊어 대는 것이 아니라 두세 줄로 그 핵심을 지적하는 데 그친다. 그것은 한마디로 말하자면, 황제와 기백에서 시작된 훌륭한 의학의 전통이, 후대로 오면서 의사라는 자들이 저마다 학파를 만들어 부분적인 것을 전체인양 침소봉대하여, 의학이 발달할수록 임상은 더욱 혼란에 빠져들고 있다는 것이다. 이런 상황에서 선조는 새로운 의서의 편찬을 결심하게 된다. 선조 29년, 1596년의 일이다.

그러나 선조가 의서의 편찬을 결심한 것은 단순한 의학 이론상의 문제가 아니었다. 서문에서 선조는 동의보감 편찬의 일차적인 목적이 '몸을 다스리는 법으로 백성을 구제하려는' 의도였음을 밝히고 있다. 그럼으로써 '이용후생利用厚生' 하고 '중화위육中和位育' 하는 정치적 목적이 이루어질 수 있을 것으로 본 것이다.

'이용후생'이란 만물의 이용을 편리하게 하여 삶을 풍족하게 하는 것이다. 여기에서 만물은 주로 의학을 가리킨다. 한마디로 의학을 백성들이 쉽게 접하고 이용할 수 있게 하여 건강하고 오래 살 수 있게 한다는 것이다.

근대로 들어오기 전까지 의학은 사적 소유의 대상이 아니라 국가적 차원에서 백성에게 나누어주어야 할 자원의 하나였다. 그런 만큼 의료 자원의 국가적 차원에서의 분배는 한 나라의 존폐를 결정할 만큼 중요한 항목이었다. 오늘날로 말하자면 복지의 실현이 나라 살림의 관건이었던 셈이다.

'중화위육'이란 『중용中庸』에서 온 말로, 만물이 제자리에 만족하면서 잘 자라나는 것을 말한다. 정치 차원에서 말하자면 백성들이 지위의 고하나 빈부의 차이를 막론하고 자신의 사회적 지위를 인정하고 지키면서 잘 살아가는 것을 말한다. 한마디로 사회질서가 잘 유지되는 상태인 것이다. 선조의 입장에서는 의료 자원을 잘 배분하여 사회질서가 잘 유지되기를 바란 것이다. 이런 차원에서 보면 동의보감의 편찬은 단순한 의학적 사건이 아니라 국가의 안위에 영향을 미치는 중요한 국책사업이었던 것이다.

그런데 주목해야 할 것은 선조가 '몸을 다스리는 법으로 백성을 구제하려는' 마음을 갖고 있었다는 점이다. 나라를 다스리는 데 몸을 다스리는 법을 쓰겠다는 것은 매우 혁신적인 사고방식이다. 한의학에서 몸을 다스리는 법은 한마디로 하면 자연의 흐름에 거스르지 않고 거기에 따라 가는 것이다. '자연自然'이라는 말의 뜻이 '저절로 그렇게 되는 것'인 것처럼 한의학은 자연의 이치에 따르는 것이다. 그 자연의 이치를 도道라고 한다. 이는 사람의 법과 대립된다. 사람의 법은 사람이 만든 것이어서, 자연처럼 저절로 그렇게 되기만 하는 것이 아니라 때로는 자연스러운 흐름을 거스르기도 한다. 만리장성을 쌓아 사람 사이의 소통을 막기도 하고 둑을 쌓아 저절로 흐르는 강물을 막기도 한다. 자연의 이치에 따르는 것이 도교라면 사람의 법을 따르는 것은 유교다.

당시 조선은 유교사회였으며 특히 선조 대를 기점으로 성리학적 질서가 완고하게 자리 잡는 시기였다. 그런 만큼 성리학이 아닌 다른 유파와의 대립 역시 격화되던 시기이기도 했다. 그것이 바로 왕의 권력과 신하의 권력, 곧 왕권과 신권의 대립, 신권 사이에서의 대립을 바탕으로 한 각종 사화로 표현되었던 것이다. 그리고 이런 대립이 본격적으로 시작된 것이 바로 선조 때라고 할 수 있다.

이런 상황에서 몸을 다스리는 이치로 나라를 다스리겠다는 말은 곧 도교적인 관점에서의 정치를 펼치겠다는 것, 왕권을 강화하겠다는 것과 다를 바가 없다. 동의보감의 서문에서는 비록 유교적인 언어로 포장되어 있지만 서문을 쓴 이정귀는 그러한 선조의 내심을 정확하게 읽고 있었다. 이렇게 본다면 동의보감의 편찬은 단순한 국책사업을 넘어서 선조의 강력한 정치적 의지를 담은 포석이라고도 할 수 있다. 오늘날로 치자면 핵심적인 국가사업과 맞먹는 비중과 의미를 갖고 있었다는 말이다.

이정귀는 당대 의학에 대한 평가를 기초로 선조의 편찬 의도를 드러낸 다음 곧바로 선조의 하교를 적고 있다. 선조는 당시의 중국 의서가 모두 용렬하고 조잡한 것만 모아놓았기 때문에 볼 만한 것이 없다고 말한다. 선조의 이 말은 선조 스스로가 많은 중국 의서들을 섭렵한 다음에 나온 말이다. 과연 우리 시대에 지금의 의학이 보잘것없다고 평가할 수 있는 지도자가 얼마나 있는지를 되물어보면 선조의 이러한 관심과 능력이 얼마나 대단한 것인지를 알 수 있다.

의학은 한 나라를 다스리는 데 있어서 개인의 생명은 물론 나라의 운명과도 직결되는 매우 중요한 것이다. 그럼에도 오늘날의 많은 지도자들은 의학을 개인의 영역으로 넘겨버리고 있다. 관심이 있는 것은 오직 의료 자원의 분배일 뿐이다.

전 세계에서 매우 특이하게도 우리 사회의 헤게모니를 장악하고 있는 미국식 의학이 과연 보편적인 것(이런 상황은 미국 내에서도 매우 기이한 일이다. 미국에서 총 의료비 중 소위 대체의학에 들어가는 비용은 90년대 초에 이미 제도권 의학의 그것을 넘어섰다)인지, 그 자체로 문제는 없는 것인지, 유럽의 그것과는 어떤 차이가 있는지, 한의학은 어떤 의학인지, 소위 말하는 대체의학 혹은 대안의학은 어떤 장점과 단점을 갖고 있는지를 알고 있는, 아니 관심을 갖고 있는 지도자가 있을까? 이런 점에서 선조가 당대 세계 최고 수준의 의서들을 읽고 이해할 수 있었다는 것은 참으로 놀라운 일이 아닐 수 없다.

이런 평가 아래 선조는 그때까지의 의서들을 널리 모아서 하나의 책으로 편집할 것을 명한다. 방대하고 번잡한 의서가 아니라 요점을 담은 핵심적인 저작을 요구한 것이다. 이것이 선조가 동의보감을 편찬하게 된 일차적인 동기이다.

그다음으로 선조는 질병의 근본 원인에 대해 말한다. 그것은, 모든 질병은 조리와 섭생의 잘못에서 생긴다는 것이다. 다시 말해서 병의 원인은 병균과 같은 외부에 있는 것이 아니라 그러한 외부의 나쁜 기운에 적절하게 대처하지 못하거나 음식, 일상생활 등에서 지켜야 할 원칙에서 벗어났기 때문에 병이 생기는 것으로 본 것이다. 이는 선조가 외인론이 아니라 내인론의 관점을 갖고 있다는 것을 말해준다.

이는 매우 중요한 지적이다. 오늘날 근대 서양의학에서는 사실상 외인론이 지배하고 있다. 발암물질이나 세균, 바이러스 같은 것이 병의 원인이라고 보는 것이다. 그렇기 때문에 병의 치료 역시 약이나 수술과 같은 외적인 방법을 쓰게 된다. 그러나 선조의 관점은 다르다. 그러한 외부의 것들은 병을 만드는 조건일 뿐, 그것을 받아들여 병을 만드는 것은 바로 사람이라는 것이다. 그러므로 이런 관점에서는 개인의 수양이 우선이고 약은 그다음이어야 한다. 요즈음 말로 하자면 예방이 우선이고 약이나 수술과 같은 치료는 그다음이어야 한다는 것이다. 그러나 오늘날은 그러한 예방에 대해서는 별 관심이 없다. 국가 차원에서 예방한다고 하는 일이 조기검진 같은 일에 그치고 있다.

조기검진이란 조기치료를 위한 것이다. 미리 병을 막는 예방이 아닌 것이다. 예방을 하려면 병의 근본적인 원인에 대해 홍보하고 실질적인 예방 대책을 실천하도록 해야 한다. 이것이 근본적인 것이다. 암에 걸린 사람을 빨리 찾아내는 것이 문제가 아니고 암에 걸리지 않게 해야 하는 것이 문제다. 그래서 한의학에서는 이렇게 말한다. "뛰어난 의사는 병들고 나서 치료하지 않고 병들기 전에 치료한다".

동의보감의 서문은 의학 분야에서만이 아니라 국제정치라는 분야에서도 선조의 탁월한 관점을 보여준다. 선조는 이렇게 말한다.

"가난한 시골과 외딴 마을은 의사와 약이 없어서 일찍 죽는 자가 많다. 우리나라는 향약이 많이 나나 사람들이 그것을 알지 못할 뿐이다. 마땅히 이들 약물을 분류하고 향약명을 함께 써서 백성들이 알기 쉽게 하라."

얼핏 보면 임금의 입장에서 백성들이 손쉽고 값싸게 약물을 구할 수 있게 하려는 어진 마음 정도로 읽힌다. 그러나 여기에는 선조의 경제적 관점과 더불어 국제적인 흐름에 대한 인식이 깔려 있다.

우리나라에서 좋은 약재가 많이 난다는 것은 오래 전부터 익히 알려진 사실이다. 그렇기 때문에 백제시대에는 약을 채집하는 '채약사'라는 직책을 따로 두어 약재를 관리하게 하였고 신라시대에는 '의학'이라는 기관을 두어 본초에 대해 연구했다는 기록이 있다.

우리나라의 좋은 약재 중 인삼은 대표적인 예이다. 인삼은 이미 삼국시대부터 동아시아만이 아니라 전 세계에 그 뛰어난 효과가 알려져 있었다. 그렇기 때문에 중국과 일본은 조선 인삼을 자국에서 재배하려는 시도를 일찍부터 해왔다. 그러나 오늘날까지도(!) 중국이나 일본 나아가 미국의 인삼은 우리 인삼과 비교해서 그 효과가 많이 떨어진다. 한 예로 인삼의 주요 성분 중의 하나인 사포닌 함량은 중국을 포함한 대부분의 외국 인삼에 비해 한국이 두세 배 많은 것으로 확인되었다.

선조는 조선의 향약에 주목하였다. 물론 여기에는 수입 약물을 우리 향약으로 대체하려는 경제적인 의도가 깔려 있다. 그러므로 선조가 우리 약재인 향약에 주목했다는 것은 역설적으로 당시 우리 약재가 보편화되어 있지 못하다는 사실을 의미한다. 그 이유는 여러 가지이겠지만 중요한 이유 중의 하나는 오늘날로 말하자면 소위 의약품에 대한 개방 압력이라고 할 수 있다. 이는 고려 때부터 본격적으로 시작된다. 얼마 전까지도 좋은 한약재라고 하면 당나라의 약재를 뜻하는 당재唐材라고 했던 것처럼, 당나라의 의약품 개방 압력으로 고려의 좋은 약재들이 사라져갔다. 우리 향약의 자리를 당재가 차지한 것이다. 그리하여 선조 때에 와서는 사람들이 좋은 약을 바로 눈앞에 두고도 그것을 알아보지 못하고 있는 현실을 선조는 보았던 것이다.

이는 오늘날의 우리 상황과도 비슷하다. 인삼은 1990년대 초반을 고비로 종주국의 자리에서 물러났다. 오늘 우리 인삼이 세계 시장에서 차지하는 비중은 1%를 넘지 못한다(인삼 가공류 포함). 반면에 1995년부터 시작된 수입은 기하급수적으로 늘고 있으며, 여기에 정식 수입량의 절반이 넘는다고 하는 밀수품까지 합하면 과연 우리가 먹고 있는 인삼(당연히 홍삼을 포함하여)이 어느 나라 인삼인지 의심하지 않을 수 없다. 최근에는 품질관리와 유통에 많은 신경을 쓰고 있어서 상황은 다소 나아지고 있지만, 정부에서 인삼에 신경을 쓴다는 것 자체가 역설적으로 선조 때와 마찬가지로 우리 인삼을 지키지 못한 현실을 보여주고 있는 것이 아니겠는가.

양약으로 눈을 돌리면 문제는 더욱 심각하다. 신약 개발을 위해 엄청

난 투자를 하고 있지만 아직까지 눈에 띄는 성과는 없다. 그렇다면 다른 길도 생각해볼 필요가 있다. 한마디로 국민 건강에서 차지하는 양약의 비중을 줄여나가는 길이다. 그것은 상대적으로 우리 주위에서 쉽게, 값싸게 구할 수 있는 향약을 개발하는 길이다. 그리고 이를 위해 오늘 우리 시대의 새로운 동의보감이 필요하다.

그다음으로 선조가 말한 것은 기존의 의서가 너무 번잡하기만 하여 요령이 없다는 것이다. 그러면 선조는 왜 중국의학을 번잡하다고 하였을까.

중국의학은 금원金元을 거치면서 큰 변화를 겪는다. 이민족의 나라인 만큼 기존에 없었던 새로운 의학 이론과 정보가 쏟아져 들어왔다. 새로운 약물과 음식이 일상생활에 넘쳤다. 이는 혼란을 가져올 수도 있었지만 문화라는 것은 이질적인 것이 뒤섞여야 발전한다. 동종교배는 쇠퇴를 가져온다.

금원시대는 이종교배가 활발하게 이루어지던 시기였다. 금원시대의 상황은 비유를 하자면 쓰러져가던 쇠약해진 몸에 새로운 피를 수혈한 것과 같다. 이러한 사정을 바탕으로 하여 새로운 의학이 나타났다. 그것이 바로 금원사대가金元四大家다.

금원사대가는 금과 원나라 때의 네 명의 뛰어난 의사를 말하는데, 동원東垣 이고李杲, 하간河間 유완소劉完素, 자화子和 장종정張從政, 단계丹溪 주진형朱震亨이 그들이다. 이들 말고도 금원시대에는 뛰어난 의사가 많이 배출되었는데, 여기에는 특히 원나라 때 지식인의 지위가 하락한 것이 한 이유가 된다. 당시 사회 계층을 10으로 나누었을 때 제일 꼴찌인 거지 바로 위가 유생儒生이라는 말이 있을 정도로 지식인의 지위가 하락함에 따라 의학으로 진출하는 사람도 많이 나왔다(참고로 당시 의사는 5위에 해당되었다). 문제는 이런 다양함 속에서 새로운 창조가 가능했지만 아직 그것은 저마다의 주장일 뿐 이를 하나로 통합하는 힘은 없었던 데에 있었다.

예를 들어 이동원은 사람에게서 비위脾胃가 가장 중요하다고 보아 비위를 보하는 방향으로 나아갔다. 이에 비해 주단계는, 사람은 늘 음기가 부족해지기 마련이어서 이 음기를 보해야 한다고 보았다. 장자화는 보할 것이 아니라 모든 병을 땀을 내거나 토하게 하거나 설사시키는 방법으로 치료해야 한다고 하였고, 유하간은 시간의 흐름에 따라 진단하고 치료하는 운기론運氣論을 내세웠다. 이렇게 저마다 다른 주장을 펼쳐 이를 종합하는 일이 다음 세대에 남겨진 과제라고 할 수 있었다. 그러나 명대의 의학도 눈부신 발전을 보였지만 이학理學의 영향으로 관념적인 논쟁에 치중하거나 사서삼경이 절대적인 것으로 된 것처럼 의학계에서도 『내경』이나 『상한론』과 같은 경전을 절대시하여 이를 벗어나면 이단으로 취급하는 경향이 있었다.

동의보감의 서문에서 수많은 학파가 끊임없이 일어나 학설이 분분하였다거나, 부분을 표절하여 파벌을 만들었다거나, 경전의 가르침에 어긋나게 자의적으로 쓰기를 좋아한다거나, 옛날의 고정적인 데에 얽매여 변화를 알지 못한다는 이정귀의 지적은 바로 명대의 의학계를 가장 정확하게 파악한 것이라고 할 수 있을 것이다. 이는 금원과 명대의 방대한 의서를 일별하지 않고서는 내릴 수 없는 평가다. 이는 이정귀가 의학에도 깊은 조예가 있었음을 증명하는 대목이기도 하다.

선조가 또 지적하고 있는 것은 조리와 섭생의 중요성을 강조한 것이다. 병은 밖에서 올 수도 있고 안에서 올 수도 있다. 밖에서 오는 것을 외인이라고 하고 안에서 오는 것을 내인이라고 한다. 선조는 내인을 강조하고 있는 것이다.

그러나 모든 외인은 내인을 통해 실현된다. 내인을 거치지 않고는 외인은 작용할 수 없는 것이다. 의학적인 측면에서 말하자면, 내 몸이 건강하면 외부의 나쁜 기운이 병을 일으킬 수 없다는 것이다. 이런 점에서 선조의 관점은 기본적으로 정확한 것이라고 할 수 있다. 그중에서도 선조가 강조한 수양의 문제, 곧 마음의 문제는 오늘날 더욱 중요하다. 아무리 위생적인 환경과 좋은 음식이 있어도 내 마음이 편치 못하면 다 소용이 없는 것이다.

마지막으로 선조는 향약에 대해 말하고 있다. 앞에서 본 것처럼 이는 의약품에서의 자주를 말한 것이다. 그러나 이런 선조의 정책은 이후 당쟁의 와중에서 사라져버리고 특히 서인西人이 득세하면서 의약의 자주화를 위한 노력은 사라져버렸다.

동의보감의 서문은 이후 편찬 과정에 대한 이야기를 하고 있다. 그리하여 마침내 1610년 동의보감이 완성된다. 아버지인 선조의 적자이자 자신에게는 이복동생인 영창대군을 둘러싼 극심한 당쟁의 와중에서 영창대군이 죽게 되고 결국 그 자신도 희생될 운명이었던 광해군, 두 차례의 전쟁을 치른 광해군이 그야말로 온갖 우여곡절 끝에 선조의 명에 의해 편찬된 동의보감을 받아들였을 때의 감회는 어떠했을까. 말 그대로 만감이 교차하고 비감한 마음이 깊었을 것이다.

여기까지가 동의보감이 편찬되기까지의 역사에 대한 서술이다. 그다음부터는 동의보감에 대한 평가가 이어진다. 명나라의 의학 상황을 정확하게 꿰뚫고 있었던 이정귀의 평가는 어떤 것일까. 그것은 한마디로, 고금의 모든 의학 이론과 임상경험을 취사선택하여 상세하되 산만하지 않고 간결하되 포괄하지 않음이 없는, 거기에다 찾아보기도 편한 최고의 의서라는 것이었다.

동의보감 집례

일반적으로 서문에 이어 본문이 시작된다. 그런데 허준은 그 앞에 집례라는 항목을 따로 두어 책 전체를 편집한 원칙에 대해 설명하고 있다. 동의보감을 이해하기 위해 꼭 알아두어야 할 내용이라고 할 수 있다. 그 중요성에 비추어 전문을 싣기로 한다.

집례란 보기를 모았다는 뜻이다. 오늘날로 치면 일러두기에 해당한다고 할 수 있는데, 특이한 것은 이것이 머리말을 겸하고 있다는 점이다. 이미 서문이 있는데, 여기에 다시 서문 성격의 글을 쓴 것은 아마도 서문과 집례의 저자가 다르기 때문일 것이다.

집례가 누구의 글인지에 대해서는 확인된 바가 없다. 다만 글의 내용이나 문체로 보아 허준의 글이 아닐까 한다. 그렇다면 이는 서문과는 다른 허준의 자서自序가 될 것이다.

집례 전문 (원문은 431~432쪽)

신이 삼가 사람의 몸을 살펴보건대, 안으로는 오장육부가 있고 밖으로는 근과 골, 기肌와 육, 혈과 맥, 피와 부가 있어서 그 형체를 이룬다. 그런데 정기신이 또한 장부와 온몸의 주主가 되니, 그렇기 때문에 도가의 삼요三要와 불교의 사대四大가 모두 이를 말한 것이다. 『황정경』에 '내경內景'이라는 글이 있고 의서에도 역시 내경과 외경의 형상을 담은 그림이 있다. 도가에서는 청정과 수양을 근본으로 삼고 의가에서는 약과 식이

食餌, 침구로써 치료를 하니, 도가는 그 정미로움[精]을 얻었고 의가는 그 거칠음[粗]을 얻은 것이다. 이제 이 책은 먼저 내경인 정기신과 장부를 「내편」으로 삼고 그다음 외경인 머리, 얼굴, 수족, 근과 맥, 골과 육을 모아 「외편」으로 삼았다. 또한 오운육기와 사상四象, 세 가지 치료법, 내상內傷과 외감外感, 여러 병의 증상을 모아서 열거하여 「잡병」으로 삼고, 마지막에 「탕액」과 「침구」를 붙여 그 변화를 다 하였으니, 병든 사람으로 하여금 책을 펴보게 하면 (병의) 허실과 경중, 길흉과 생사의 조짐이 물이나 거울에 비친 것처럼 분명하여 잘못 치료하여 요절하게 하는 우환이 거의 없을 것이다.

옛 사람들의 처방에 들어가는 약재의 양과 숫자는 너무 많아 모두 갖추어 쓰기가 어렵다. 『태평혜민화제국방』의 한 첩에 들어가는 약물의 숫자가 너무 많으니 가난한 집에서 어떻게 이를 다 갖추겠는가. 『세의득효방』과 『의학정전』은 모두 닷 돈을 표준으로 하니 너무 거칠다. 대개 한 처방에 네댓 가지만 들어간다면 닷 돈씩도 가능하겠지만 이 삼십 가지의 약이 들어가게 되면 어떤 약재는 겨우 한두 푼만 들어가게 되어 그 약의 성미性味가 너무 적게 되니 어찌 효과를 바라겠는가. 오직 최근의 『고금의감』과 『만병회춘』의 약은 한 첩에 들어가는 전체 약물의 양이 '일곱, 여덟 돈 혹은 한 냥'에 이르니, 약의 성미가 온전하고 양이 적절하여 요즈음 사람들의 기품에 꼭 들어맞는다. 이제 모두 이 법도를 따라 기존의 양을 줄여서 한 첩으로 만드니 처방하는 데 편하고 쉽게 되기를 바란다.

옛 사람들은, "의학을 배우려면 먼저 본초를 읽어서 약성藥性을 알아야 한다"고 하였다. 그러나 본초는 방대하고 번잡하며 여러 의가의 논의가 한결같지 않을 뿐만 아니라 요즘 사람들은 잘 모르는 약재가 거의 반이나 된다. 지금 쓰이는 처방만을 골라 이 책에서는『신농본초경』과『일화자주』, 이고나 주진형의 요점만을 실었다.

또한 중국의 약과 향약을 함께 실었는데 향약은 향명鄕名과 생산지, 채취 시기, 말리는 법을 써 놓았으니 약을 갖추어 쓰기 쉬워서 멀리서 구하거나 얻기 어려운 폐해가 없을 것이다.

왕륜이 "이고는 북의인데 나천익이 그 의학을 남쪽에 전하여 강소성과 절강성에 그 이름이 널리 알려졌고, 주진형은 남의인데 유종후가 그 학문을 이어 북쪽의 섬서성에서 명성이 있었다"고 말한 것이 있으니 의학에 남과 북이라는 이름이 있은 지가 오래되었다. 우리나라는 동쪽에 치우쳐 있고 의학과 약의 도道가 끊이지 않았으니 우리나라의 의학은 '동의'라고 할 수 있을 것이다. '감'이란 만물을 밝게 비추어 그 형체가 빛에서 벗어날 수 없다는 뜻이다.

그러므로 원나라 때의 나천익에게는『위생보감』이 있고 명나라 때의 공신에게는『고금의감』이 있는데, 모두 '감'이라는 글자로 이름을 삼았으니 그 뜻이 바로 여기에 있는 것이다. 이제 이 책을 펼쳐 한 번 보면 병의 길흉과 경중이 맑은 거울처럼 밝혀질 것이다. 그러므로 마침내 동의보감이라고 이름 지은 것은 옛 사람이 남긴 뜻을 본받은 것이다.

정기신이란 무엇인가

집례에서는 제일 먼저 사람의 근본이 무엇인지에 대해 말하고 있다. 그 것은 정기신精氣神이다. 이 셋이 가장 중요한 것이기 때문에 우리 몸의 세 가지 보물, 곧 삼보三寶라고 하고 있다. 그렇다면 정기신이란 무엇일까.

'정精'이란 몸을 구성하는 가장 기본적인 물질이다. 이 정은 두 가지 로 이루어져 있다. 하나는 부모로부터 받은 정이다. 선천적으로 갖고 태 어나는 것이다. 그래서 '선천지정先天之精'이라고 한다.

사람이 만들어지는 데에 이 선천지정이 없으면 안 된다. 남녀의 선천 지정이 합쳐져 사람이 태어난다. 사람이 태어날 때는 부모로부터 받은 선천지정을 갖고 태어난다. 선천지정은 타고 나는 것이기 때문에 그 양 이 정해져 있다. 어떤 사람이 연구(?)한 바에 의하면 평생 만들 수 있는 정의 양은 보통 아파트에 설치된 욕조를 2/3 정도 채울 수 있는 양이라 고 한다.

정은 사춘기가 시작되면서 만들어지고 일정한 나이가 되면 만들어지 지 않는다. 곧 만들어지는 기간이 정해져 있다. 또 쓸 때마다 다시 만들 어지며 오랫동안 쓰지 않으면 소변 등을 통하여 버려지고 다시 만들어 지지만, 다시 만들어지는 데에 시간이 걸리기 때문에 어떻게 보면 평생 을 통해 만들어지는 양은 일정하다고 보아도 좋다.

이런 선천적인 정 외에 후천적으로 얻는 정이 있다. 그것을 '후천지정 後天之精'이라고 한다. 후천지정은 음식을 통해서 얻는다. 음식물 중 가 장 정밀하며 미세한 것, 곧 음식물의 정수(에센스)다. 그러므로 음식은 배고픔을 벗어나게도 하지만 몸의 가장 기본 바탕이 되는 정을 만들어 내기 때문에 중요한 것이다.

정에 비해 '기氣'는 매우 복잡한 개념이다. 기라고 하면 무언가 신비한 느낌이 든다. 기를 이용하여 치료를 한다는 사람도 있고 기를 통해서 과거와 현재를 보며 미래를 예시한다고도 한다. 그렇지만 다른 한편에서는 일상생활에서 아주 흔하게 쓰이는 말이기도 하다. 기분, 감기, 기가 막히다, 기가 차다, 기절, 방기(放氣, 방귀), 기운, 혈기, 기세 등 무수하게 많다. 그러나 막상 기가 무엇인지에 대해 물으면 답하기 어렵다. 그래서인지 길을 가다가 "기에 대해 아십니까?"라는 질문을 들으면 당황하기도 한다.

기에 대한 논의는 하도 많아서 일일이 다 열거할 수도 없을 정도다. 그러나 기에 대해 묻기 전에 먼저 왜 기를 문제로 삼는지를 물어보아야 한다. 왜냐하면 모든 질문에는 그 질문을 하는 사람의 실천적인 관심이 포함되어 있기 때문이다. 예를 들어 기의 실체를 밝혀서 그것을 기계로 만들어보려는 관점에서 질문을 던지는 사람은 기의 물질적 실체라는 데에 중점을 두게 된다. 반면에 특정 종교처럼 무언가 물질로는 다 설명할 수 없고 그렇다고 순수한 정신이라고도 하기 어려운 어떤 것을 주장하려는 사람은 기의 신비한 측면에 관심을 갖고 그런 측면을 밝히려고 할 것이다. 그렇게 때문에 기가 무엇인지를 묻는 사람의 의중을 알아야 기에 대해 설명할 수 있다. 그러면 한의학에서 말하는 기는 무엇일까.

기를 아십니까

1963년 북한의 김봉한이라는 학자가 인체의 기를 발견했다고 해서 전세계가 놀란 적이 있었다. 김봉한은 1941년 서울대(경성제대) 의대를 졸업하고 1950년 한국전쟁 때 월북하여 평양의학대학 생물학부 교수로 재직하였다.

'봉한학설'이라고 알려진 그의 이론은 기존의 생물학은 물론 자연과학의 거의 모든 분야를 재해석해야 할 정도로 큰 파장을 일으켰다. 왜냐하면 봉한학설로 그동안 설명할 수 없었던 생물학의 거의 모든 문제가 해결될 수 있었기 때문이었다. 그러나 그 뒤 소련을 비롯한 여러 나라에서의 실험 결과 부정적으로 결론이 나서 60년대 말을 고비로 사라져버린 이론이다. 최근 세계적으로 다시 봉한학설을 지지하는 연구가 산발적으로 나오기는 하지만 아직 공식적으로는 인정받고 있지 못하다.

여기에서 중요한 점은 봉한학설 자체의 진위 여부보다는 김봉한이 기를 현실에서 객관적으로 실재하는 물질로 보려고 했다는 점이다. 그렇기 때문에 그의 연구는 문헌을 통한 연구가 아니라 오로지 실험실에서 이루어질 수밖에 없었다.

그러나 한의학에서 말하는 기는 단순한 물질이 아니다. 기는 물질적인 내용을 포함하지만 물질 자체라기보다는 오히려 그 물질의 '작용', 그리고 그 물질이 몸에서 나타내는 '효과'라는 측면을 말한다. 기는 관계 속에서 드러나는 효과를 통해 알 수 있는 것이다. 특히 한의학에서 기는 몸을 통해서 드러나는 것이다. 몸을 떠나 몸을 배제한 기라는 개념은 없다. 그렇다면 도대체 기란 무엇일까.

앞에서 '기' 자가 들어간 예에서 보듯이 기는 무엇보다도 몸으로 느끼는 것이다. 감기를 예로 들어보면 그 말 자체가 기를 느낀다〔感〕는 뜻인 것처럼, 감기는 찬 기운이나 바람과 같은 바깥의 나쁜 기운을 내 몸으로 느껴서 알게 되는 것이다.

느낀다는 '감感' 자를 풀어보면 두루 미친다는 함咸 자 밑에 마음 심心 자가 들어가 있다. 『주역』의 함괘咸卦에 대한 풀이는 "함은 느낀다는 뜻이다. 부드러운 기운은 올라가고 강한 기운은 내려와서 두 기운이 감응하여, 곧 느끼고 반응하여 서로 더불어 머물러 기뻐하며 남자가 여자에게 낮춘다. 그러므로 모든 것이 형통하니 마음을 곧고 바르게 가져야 이롭다. 여자에게 장가가면 좋다"고 되어 있다. 음양의 두 기운이 만나서로 주고받으며 느껴서 기쁘다. 『주역』에서는 서로 주고받음을 가장 분명하게 느낄 수 있는 일, 주고받음으로써 기쁜 일, 그것을 구체적으로 결혼이라고 말하고 있다.

권투 시합을 하기 전, 주심이 두 선수를 링 가운데로 불러서 이런 저런 주의 사항을 말한다. 두 사람은 주심의 말을 듣고 있는 것 같지 않다. 오직 서로의 눈만 마주보고 있다. 상대의 기를 느끼는 것이다. 어찌 보면 시합의 결과는 이 순간에 결정되는지도 모른다.

기는 바로 이런 것이다. 기는 물질일 수 있다. 또 정신일 수도 있다. 아니 그 어떤 것이든 상관없다. 중요한 점은 그것이 정신이든 물질이든 모두 몸을 통해 느꼈을 때 그것을 기라고 말한다는 점이다. 한 예로 "기분氣分이 좋다"는 말은 몸이라는 전체를 이루고 있는 각각의 기가 제 맡은 일, 몫[分]을 제대로 하고 있다는 말이다. 심장은 심장대로, 간은 간대로, 팔다리는 팔다리대로 제 할일을 잘 하고 있으면 각각의 기가 나누어 맡은 몫[分數]이 조화를 이루어 몸이 편하다. 그럴 때 마음도 좋아진다. 그러므로 기분이 어떠냐고 묻는 것은 바로 그 사람의 기가 각각 제 할 몫을 제대로 하고 있는지를 묻는 것이다. 한 마디로 몸의 상태가 어떤지를 묻는 것이다. 그래서 기가 잘 돌고 있으면 기분이 좋고 그렇지 못하면 기분이 나쁘다.

기는 한마디로 말하자면, '어떤 대상이 다른 대상과의 관계에서 그 대상에 어떤 효과를 주는가', 그 관계에서 드러나는 힘이라는 측면을 말한 것이다.

예를 들어보자. 한의학에서는 소고기나 돼지고기를 말할 때 그것이 단백질, 지방 등이 얼마나 포함되었는지를 말하지 않는다. 다시 말해서 사물의 구조에 대해서는 말하지 않는다. 다만 그것이 다른 대상과 어떤 관계를 갖고 있는가를 말한다. 그것이 다른 대상에 미치는 효과에 대해서만 말한다. 그래서 소고기는 따뜻하다고 하고 돼지고기는 차다고 한다. 이는 사람이 그것을 먹었을 때, 다시 말하면 그것과 관계를 가졌을 때 어떤 효과가 나타나는지를 말한 것이다. 소고기를 먹으면 몸이 따뜻해지고 돼지고기를 먹으면 몸이 차게 되기 때문에 그렇게 말하는 것이다. 이는 대상을, 다른 것과의 관계 속에서 드러나는 힘을 보는 것이다.

귀신을 보는 법

정과 기에 이어 신神 역시 설명하기 쉽지 않다. 신에 대해 직접 말하기 이전에 다음과 같은 예를 들어보자.

아이가 부모에게 용돈을 달라고 할 때 제일 먼저 무얼 해야 할까. 참고서를 산다든지 하는 핑계도 잘 만들어야겠지만 그보다 먼저 해야 할 일이 있다. 그것은 부모의 눈치를 살피는 것이다. 부부싸움을 하고 나서 한참 저기압인데 용돈을 달라고 하면 거기서 끝이다. 반면에 기분이 좋을 때를 틈타서 용돈을 달라고 하면 십중팔구 원하는 만큼 얻어낼 수 있다.

이때 눈치를 본다는 것은 무얼 보는 것일까. 안색顔色을 살피는 것이다. 안색이란 무엇인가. 말 그대로 풀자면 얼굴색이지만 안색은 얼굴색이 아니다. 색이 아니라 그 색을 통해 드러나는 어떤 상태다. 그것은 기분일 수도 있고 몸의 상태일 수도 있다. 공자는 윗사람을 모실 때 윗사람의 안색을 살피지 않는 것은 장님과 마찬가지라고 하였다. 이 안색을 통해 드러나는 것, 또 내가 보려고 하는 것이 바로 신이다.

『주역』에서는 "음과 양의 기운이 서로 작용하는데 무언지 제대로 헤아려볼 수 없는 것, 그것을 '신'이라고 한다"고 했다. '신'은 말 그대로 귀신이다. 귀신은 있는 것 같기도 하고 없는 것 같기도 해서 제대로 알 수는 없는 것이다.

우리는 보통 사람의 모습을 하고 원한을 풀기 위해 이승에 떠도는 것을 귀신이라고 하지만, '신기神奇하다'고 할 때처럼 무언가 알 수 없는 것을 말할 때도 쓴다. 또 정신이라는 뜻도 있다. "재주가 귀신같다"는 말처럼 아주 뛰어난 것을 말하기도 한다. 그러므로 '귀신'은 무언가 제대로 알 수 없을 만큼 오묘한 어떤 작용, 그 작용이 드러난 것을 가리키는 말이다.

동의보감에서 말하는 '신'은 '정'을 기초로 해서 작용하는 '기', 그런 기의 작용을 통해 드러나게 되는 어떤 상태, 곧 생명력이 드러난 상태라고 할 수 있다. 그것은 정신이 나갔거나 들었거나 하는 '정신 상태'일 수도 있고 살이 찌고 빠지고 하는 '몸의 상태'일 수도 있다. 어떤 것이 되었든 모두 귀신같아서 알기도 어렵고 무어라 말하기도 어렵다. 그렇지만 이 귀신은 안색이나 움직임, 냄새 등 다양한 방식을 통해 드러난다.

한의학에서 진찰을 할 때 사람의 얼굴을 유심히 보는 것도 바로 신을 알기 위해서다. 그러므로 이 귀신을 잘 볼 줄 알아야 한다. 이 귀신을 볼 수 없으면 치료가 불가능한 것은 물론 용돈도 얻지 못하기 때문이다.

정기신은 어느 하나가 다른 하나를 결정하는 관계가 아니다. 정에서 기가 나오지만 기는 정을 다스리는 것이 된다. 기를 통해 신이 나오지만 신은 기를 조절하는 것이 된다. 정기신은 서로가 서로의 근거가 되면서 서로에게 동시적으로 영향을 주고받는 관계다.

정기신은 동의보감의 핵심이다. 이를 벗어나면 동의보감을 벗어나는 것이 된다. 정기신을 벗어나면 그것은 나름대로 재해석한 자기의 의학이지 동의보감과는 별 관계가 없는 것이 된다. 집례에서는 바로 이 정기신이 동의보감의 근본임을 분명하게 말하고 있다.

단방이라는 전통

또 하나 집례에서 말하는 것은 처방의 구성에 관한 것이다. 기존의 중국 처방은 약재의 양이 너무 많거나 들어가는 약물의 숫자가 너무 많아서 다 갖추어 쓰기도 어렵지만 무엇보다도 약효가 제대로 나지 않을 것이라는 점을 지적을 하고 있다.

이에 따라 동의보감에서는 기존의 중국 처방을 인용하면서 대부분 각 처방에 들어가는 약재의 양을 바꾸었다. 우리의 실정에 맞게, 우리의 체질에 맞게 바꾼 것이다.

또한 집례에서는, 약물을 다루는 본초에 대해서도 번잡함을 버리고 가장 핵심적인 요점만 다루겠다고 말한다. 또한 흔히 쓰는 약재, 우리 주변에서 쉽게 구할 수 있는 약재에 한정하여 다루겠다고 말한다. 이는 부정적으로 보면 약재에 대한 연구를 제한하는 측면이 있다. 다양한 견해를 모아서 더 많은 논의가 나오게 하는 것이 바람직할 수도 있다.

반면 긍정적으로 보면 잡다한, 불필요한 정보는 배제하여 꼭 필요한 정확한 정보만 제공하겠다는 의지의 표현일 수 있고 그렇게 함으로써 앞으로의 연구 방향을 제시하겠다는 측면도 있다.

집례에서는 우리 향약 이름을 적어 누구나 쉽게 구할 수 있게 하겠다는 배려도 덧붙인다. 물론 이는 선조의 지시 사항이기도 했다. 그러나 이런 시도는 단순히 상부의 지시에 따른 것만은 아니었다.

우리에게는 단방單方이라는 전통이 있다. 단방은 하나 혹은 두세 가지 정도의 간단한 약물로 병을 치료하는 처방이다. 흔히 민간요법이라고 하는 것이 여기에 해당할 수 있는데, 이런 전통은 매우 오래된 것이어서 단군신화에서 나오는 스무 개의 마늘(달래)과 쑥 한 다발이 그런 예라고 할 수 있다.

단군신화는 여러 가지 진귀한 약을 넣고 신비한 과정을 거쳐 단(丹)이라는 것을 만들어 그것을 먹고 신선이 된다든가 하는 다른 이야기와 비교해보면 여기에는 매우 소박하면서도 주변에서 흔하게 구할 수 있는 것으로 변화를 시도했다는 점이 눈에 띈다. 또한 그런 변화를 가져오기 위한 정성, 곧 마음가짐의 문제가 중요하게 부각되고 있다. 똑같이 약을 먹었지만 금기를 지키면서 정성을 들인 곰은 사람이 되고 그렇지 못한 호랑이는 사람이 되지 못했다.

단방은 이러한 전통이 이어진 것이다. 허준이 각 항목의 맨 끝에 일일이 단방을 적어 넣은 것은 바로 이런 전통을 이은 것이다. 환자가 스스로 자기 병을 고친다면 의사의 입장에서는 그다지 환영할 일이 아닐지 모르겠지만 적어도 동의보감에서는 국가적 차원에서 이를 장려한 셈이다.

오늘날 적지 않은 사람들이 스스로 혹은 나름 전문가를 자처하는 사람에게서 이렇게 단방을 이용하여 병을 고치려 하고 있다. 그것이 경제적인 이유에서건 의학적인 이유에서건 스스로 병을 고치려는 것은 바람직한 일이라고 할 수 있다. 다만 민간요법이라고 할지라도 정확한 지식 없이 자의적으로 이루어지는 의료행위는 자칫 모두에게 피해를 줄 수 있다. 경제적으로도 적지 않은 피해를 보기도 한다.

그러나 그런 부작용이 있다고 해서 무조건 단방의 전통을 없애거나 막으려고만 할 일은 아니다. 오히려 국가 차원에서 우리 사회가 더 적극적으로 단방의 전통을 회복하고 나아가 발전시킬 책임이 있다고 보아야 할 것이다. 그러려면 우리나라 전체를 통틀어 전면적인 약재 조사 사업이 일어나야 한다. 그리고 이런 과정에서 다양한 민간요법을 발굴하고 검증하고 정리하는 작업이 필요하다.

마지막으로 집례에서는 '동의보감'이라는 이름을 붙인 이유를 설명하

고 있다. 이는 앞에서 다루었으므로 여기에서는 더 논의하지 않는다. 이
상이 집례의 내용이다.

제4부
동의보감 본문 강의

「신형장부도」-사람은 무엇으로 사는가

동의보감에서는 사람의 몸에 대해 설명하면서 누구나 쉽게 알 수 있도록 그림을 넣었다. 신형에 오장육부를 함께 그려 넣은 것이다. 그러나 막상 이 그림을 본 사람들의 반응은 무언지 모르겠다는 것이 제일 많았다. 그 이유가 무엇일까.

그 가장 큰 이유는 우리가 사물을 보는 눈이 바뀌었기 때문이다.

우리는 흔히 누구나 똑같이 본다고 생각한다. 그러나 우리가 보는 것은 사실은 뇌에서 재구성한 것이다. 우리가 본 것은 있는 그대로의 사물이 아니라 재구성된 것이다. 이를 대표적으로 보여주는 것이 원근법이다. 다음의 그림을 보자.

'화가 나면'이라는 제목으로 한 어린이가 그린 그림이다. 이 그림에서 책상은 네 다리가 모두 보이게 그려졌다. 원근법에 의하면 이 그림은 틀린 것이다. 그것만이 아니라 이 아이는 책상을 자기와 가까운 쪽을 크게 그리고 먼 쪽은 작게 그렸다. 이것도 원근법에 의하면 틀린 것이다. 그러나 원근법에 의해 책상의 다리를 둘 혹은 셋만 그린다면 그것이 과연 현실의 책상일까. 원근법에 의하면 철길은 만나게 되어 있지만 철길은 절대 만나지 않는다. 원근법이란 결국 사물을 보는 하나의 방법이다.

어려서 시각을 잃었다가 나이가 들어 다시 시력을 회복하게 되었지만 소리를 듣지 않으면 그 사물이 무엇

화가 나면

圖府藏形身

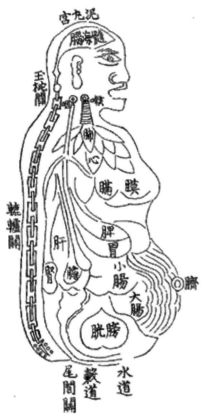

「신형장부도」

인지 알 수 없었다는 사실은, 시각이 있는 그대로를 보는 것이 아니라 뇌에서 재구성된 것이라는 점을 보여준다(올리버 색스, 『화성의 인류학자』). 일차적인 시지각視知覺은 타고나는 것이지만 내가 본 것이 무엇인지를 알기 위해서는 배워야 한다는 말이다. 그리고 무엇을 어떻게 배우는가에 따라 사물은 달리 보인다. 또한 몸의 상태에 따라서도 달리 보인다.

'신형'은 밖에서 보아 알 수 있는 몸의 모습을 말한다. 그러므로 이 그림은 기본적으로 몸의 안을 해부해서 본 것이 아니라 몸의 겉에서 보고 알아낸 모습을 그린 것이다. 「신형장부도」는 비유하자면 사람이 살아갈 집의 구조를 보여준다. 이는 해부학적인 구조가 아니라 정기신이라는 기능이 작동하는 공간의 구조다. 한마디로 기의 흐름을 보여주기 위한 구조다. 그러므로 해부학적인 관점에서 이 그림을 보면 아무것도 보이지 않는다.

그리고 전근대에 그려진 그림의 대부분이 그러하듯이 이 그림을 볼 때에도 오른쪽에서 왼쪽으로 비스듬하게 내려가면서 보아야 한다. 「신형장부도」의 이 사람은 왼쪽이 아니라 오른쪽을 보고 있다. 왼쪽에서부터 보기 시작하면 뒷머리와 목을 거쳐 배꼽으로 시선이 빠져버리게 된다. 반면 오른쪽에서부터 보면 이 사람의 눈에서부터 비스듬히 내려가면서 척추 뼈처럼 생긴 것과 마주치게 된다. 사람의 정면이 아니라 옆모습을 그린 것도 바로 이 구조물을 드러내기 위해서이다.

'신형'에서 '신身'은 원래 임신한 여자가 몸을 일으키는 모습을 본뜬 것이다. 죽어 있는 고정된 몸이 아니라 살아 있는 움직이는 몸이다. 생명을 품고 있는 몸이다. 반면에 '형形'은 형틀처럼 고정된 몸의 틀, 몸의 집(몸집)이다. 그러므로 '신형'이라고 하면 동적인 몸과 정적인 몸을 모두 아우르는 말이 된다. 일정한 틀을 갖고 살아 움직이는 몸, 이것이 동의보감에서 다루는 몸이다.

이런 전제 하에 먼저 머리를 보자. 머리에는 뇌가 있다. 그런데 단순히 뇌라고 하지 않고 '수해뇌'라고 했다. 뇌는 독자적인 구조물이 아니라 뇌수와 척수가 모이는 곳이다. 그래서 뇌수와 척수의 바다라는 뜻에서 수해뇌라고 하였다.

'수髓'는 선천적으로 받은 신腎의 정기精氣와 후천적으로 먹은 음식인 수곡水穀의 가장 정미精微로운 물질에 의하여 생긴다. 수는 뼈를 길러주어 튼튼하게 하고 뇌수를 든든하게 한다. 뇌에 가득 차면 몸이 가볍고 든든해져서 오래 살 수 있으나 수가 부족하면 머리가 어지럽고 귀에서 소리가 나며 다리가 시큰시큰하고 힘이 없으며 눈이 잘 보이지 않고 피로해하면서 누우려고만 한다. 정신적인 장애도 따른다.

뇌에 모인 수는 등 쪽으로 도르래에 해당하는 척추를 따라 내려간다. 마치 도르래처럼 몸의 위와 아래를 연결하며 척수가 이 속을 돌고 있다. 이는 도교의 수련에서 대주천이나 소주천을 돌릴 때 사용되는 길이기도 하다.

정에서 만들어진 수가 이 길을 따라 돌아 온몸에 퍼진다. 이를 바탕으로 기가 돌게 되고 여기에서 신神이 나온다.

몸 안을 들여다보면 횡격막을 중심으로 오장육부가 배치되어 있다. 물론 각 장기의 모양이나 위치는 근대 서양의학의 그것과 다르다. 이는 실제의 장기 모습을 그리려 한 것이 아니라 각 장기가 행하는 기능과 역할을 상징적으로 보여주려 했기 때문이다.

「신형장부도」에서 특징적인 것은 배 부분이다. 배는 마치 물결이 출렁이는 것처럼 그려졌다. 이는 호흡하며(정확하게는 수련을 하며) 움직이는 모습을 상징한 것이다. 또한 배꼽도 실제보다 과장되게 크게 그렸다. 이는 배꼽이 우리 몸에서 차지하는 역할이 그만큼 크다는 것을 보여준 것이다. 배꼽은 단전이 위치하는 곳이어서 호흡에 중요한 부위가 된다. 배꼽에 뜸을 떠서 병을 예방하거나 치료하는 중요한 자리이기도 하다.

허준은 이 그림을 그려 넣으면서 그림에 대한 설명을 덧붙였다. 먼저 사람의 머리가 둥근 것은 하늘을 본받은 것이고 발이 모난 것은 땅을 본받은 것이라고 말한다. 그리고 팔다리와 장부 등 모든 몸의 모습도 자연의 그것을 본받은 것이라고 말한다. 이는 사람과 자연의 통일성을 말하는 것이다. 사람은 자연의 일부일 뿐만 아니라 자연 그 자체이기도 하다. 그렇기 때문에 자연의 질서에 따라 살아야 한다는 말이다.

자연이 대우주이고 사람은 그것을 닮은 소우주라는 생각은 동서를 막론하고 공통적인 것이었다. 플라톤이 그러하고(『티마이오스』) 아리스토텔레스가 그러하고 갈레노스가 그러하다. 아니 근대 이전의 많은 서양 사고는 바로 이러한 대우주-소우주의 도식을 갖고 있었다고 할 수 있다. 동아시아에서는 이러한 사고가 더 두드러진다. 물론 동양과 서양의 세계관과 우주관은 서로 다르다. 예를 들어 플라톤의 우주는 네 가지

원소에 기초한 수학(특히 기하학)적으로 구성된 우주였다. 이에 비해 동아시아의 우주는 다섯 가지 행行, 즉 오행五行에 기초한 기의 우주였다.

허준은 이러한 사람과 우주와의 통일성에 대해 말하면서 사람의 겉모습에서 드러나는 것을 두고 매우 중요한 평가를 내리고 있다. 허준은 사람의 형체는 긴 것이 짧은 것만 못하고 큰 것이 작은 것만 못하며 살찐 것이 여윈 것만 못하다고 말한다. 키 큰 사람보다는 작은 사람이 더 낫고 뚱뚱한 사람보다는 마른 사람이 더 낫다는 것이다. 피부색도 흰 것이 검은 것만 못하며 파릇한 색이 짙푸른 것만 못하고, 색이 엷은 것은 진한 것만 못하다. 살찐 사람은 습기가 많고 여윈 사람은 화火가 많으며 흰 색은 폐기가 허한 것이며 검은색은 신기腎氣가 넉넉한 것이라는 것이다.

오늘의 관점에서 보면 마른 것을 제외하고는 모두 반대의 평가를 내리고 있다.

그러면서 다음과 같은 언급으로 글을 마무리하고 있다. 사람의 "형과 색이 이미 이렇게 다르고 장부도 역시 다르니, 비록 겉으로 보이는 증상이 같을 지라도 치료법은 확연히 다르게 된다." 이것이야말로 동의보감이 병이 아니라 사람의 몸을 중심으로 본다는 관점을 명확하게 한 것이며 이는 뒷날 이제마의 사상의학으로 발전하게 된다.

동의보감 내경편 신형–형과 기의 시작 : 우주 발생론

동의보감의 본문은 형기形氣에서 출발한다. '형기'란 말 그대로 형과 기의 관계를 말한다. '형形'이란 어떤 사물의 꼴이다. '기氣'는 그 꼴을 채우고 있는 것이다. 형과 기는 서로 하나의 짝을 이루고 있어서 어느 하나가 없으면 다른 하나도 없다. 꼴이 없이 기가 있을 수 없고 기가 없이 꼴이 있을 수 없다. 기에 의해 꼴이 생겨나지만 꼴은 다시 그 기를 규정한다. 이는 서로가 서로를 규정하는 관계이며 어느 하나가 다른 하나를 일방적으로 규정하는 관계는 아니다.

형과 기가 어떻게 생겨나는가에 관한 문제는 생명의 발생에 관한 문제다. 생명은 우주의 발생에서부터 시작된다. 그러므로 동의보감은 다른 의서와 달리 우주의 발생에 관한 논의에서부터 시작한다. 동의보감에 따르면 우주의 발생은 태역太易과 태초太初, 태시太始, 태소太素의 단계를 거쳐 발생한다.

태역은 하늘과 땅의 기가 아직 나뉘지 않았을 때다. 기는 있지만 모든 것이 뒤섞여 있어 하늘도 없고 땅도 없고 아무런 형체도 없다. 이를 『장자』에서는 혼돈混沌이라고 하였고 『참동계參同契』에서는 이를 좀 더 나누어 아직 형기가 갖추어지지 않은 단계를 홍몽鴻濛이라고 하고, 갖추어졌으나 아직 나뉘지 않은 단계를 혼륜渾淪이라고 하였다. 기가 아직 드러나지 않은 것이다.

기는 태초의 단계에서 드러나기 시작한다. 그리고 태시의 단계에서 비로소 형체가 드러난다. 그러나 그 형체는 아직 무엇이라고 할 수 없다. 형체는 있지만 다른 것과 구분되지 않는 형체다. 뭐가 뭔지 모르는 단계다. 그 형체가 다른 것과 구분되어 어떤 무엇이라고 말 할 수 있으려면 각 형체마다 자기만의 질質이 있어야 한다. 각자의 바탕이 되는 독특한 성질이 있어야 한다. 이와 같이 각각의 꼴마다 갖추고 있는 질을 성性이라고 부른다. 각각의 꼴이 자신만의 질을 갖추고 다른 꼴과 구분되기 시작하는 단계가 바로 태소다. 이로써 세상 만물이 제 모습과 제 성질을 드러낸다.

지금까지의 과정도 그러하지만 우주는 하나의 기이다. 그것도 자기 운동하는 기이다. 이 기는 무질서하거나 특정한 목적을 향해가는 운동이 아니다. 그것은 순환하는 자기운동이다. 해가 뜨고 지듯이, 봄이 가고 여름이 오고 가을이 가고 겨울이 오고, 그래서 다시 봄이 오듯이 끝없이 순환하는 자기운동이다.

이렇게 태어난 사물은 이제 생장수장生長收藏이라고 하는 발전과 쇠퇴의 과정을 밟는다. 모든 태어난 것은 죽게 되어 있다. 아니, 생명은 죽음의 시작이며 죽음은 다시 생명의 시작이다. 그러므로 사람의 경우, 죽음의 시작인 병은 모두 태소의 단계에서 시작된다. 그 병은 피로가 쌓여 병이 된 것이다. 피로는 지나침이다. 바람이 지나치면 피로가 되고 지나친 피로는 병을 만든다. 생명은 태역의 단계에서 시작되지만 병은 태소의 단계에서 시작된다.

이러한 식의 설명은 『주역』에도 나온다. 『주역』에서는 태극太極을 말하는데, 여기에서 음양이 나온다. 태극은 아직 음양이 나뉘지 않은 태역의 단계인 혼륜과 비슷하다. 동의보감에서 굳이 이런 우주 발생론을 서술한 것은 이 글에 이어서 사람의 발생에 대해 말하기 위한 것이다. 왜냐하면 우주와 사람은 대우주와 소우주로 서로 대응하고 있기 때문이다.

사람 발생론

사람에게 있어서는 남자가 하늘이고 여자는 땅이 된다. 그리고 남녀의 정기는 각각 혼과 백이 되어 두 정기가 만나 다시 사람을 만든다. 그래서 임신 1개월에는 태아가 마치 발효된 우유와 같다고 했다. 무언가 있기는 있지만 아무것도 나뉘지 않은 상태다. 2개월에는 그 크기가 오얏 열매만 하게 된다. 그리고 3개월에는 사람의 꼴을 갖춘다. 4개월에는 남녀가 나뉜다. 그 사람이 남자인지 여자인지 자신에게 특유한 성질이 갖취지는 것이다.

5개월에는 근육과 골격이 만들어지고 6개월에는 머리털이 나며 7개월에는 그 혼이 움직여 오른손을 움직일 수 있고 8개월에는 백이 활동하여 왼손을 움직일 수 있고 9개월에는 몸을 세 번 회전하고 10개월에는 모든 것이 충분히 갖춰져서 어머니와 떨어져 몸 밖으로 나온다.

아무것도 드러나지 않은 상태에서(태역) 기가 드러나(태초) 점차 꼴이 갖춰지고(태시) 각자에 특유한 성질이 갖춰져 자라나 온전한 사람으로 태어난다(태소). 우주의 발생과 사람의 발생이 꼭 닮은 꼴이다.

그러므로 우주와 마찬가지로 이러한 발생의 과정을 온전히 겪은 사람은 사회적 삶에서도 온전하게 된다. 반면 달을 못 채우고 태어나면, 다시 말해서 발생의 온 과정을 겪지 않은 사람은 사회적으로도 가난하고 신분이 낮고 일찍 죽는다. 사람의 발생은 사회적 빈부나 지위의 고하와 연결시키는 것은 사회 역시 자연과 마찬가지로 하나의 기일 뿐이기 때문이다. 물론 오늘날 이러한 관점은 쉽게 받아들여지지 않는다.

여기에서 문제가 되는 것은 임신하고 나서 3개월째에 성별이 결정된다는 말이다. 오늘날 근대 서양과학의 연구 성과에 의하면 남녀는 정자와 난자가 결합하는 순간 결정된다. 그러나 한의학에서는 3개월째 결정되는 것으로 본다. 그래서 소위 '아들 낳는 처방'도 임신 후 2개월 이내에 먹게 되어 있다.

근대 서양의학에서도 태아의 성이 임신 뒤에 결정된다는 주장이 없는 것은 아니다. 예를 들면 마이클 웨이스Michael Weiss 시카고 대학 분자종양 연구소장과 굿펠로우Goodfellow 케임브리지 대학 유전학 교수의 연구 등이 그러하다. 그들은, 모든 태아는 여성이며 남성이 되게 되어 있는 태아는 임신 35~40일 정도부터 성을 결정하는 SRY(Sex-Determining Region of Y) 유전자에 의해 남성으로의 생물학적 전환과정이 시작된다고 하였다.

이런 주장들은 한편으로 태아의 성 결정뿐만 아니라 각종 질병에 관한 신비를 밝혀줄 것으로 기대되고 있지만 다른 한편으로는 기존의 유전자 결정론과 충돌하는 면이 있기 때문에 모든 과학자들이 이를 다 받아들이는 것은 아니다. 한의사를 포함하여 대부분의 사람들도 이런 주장에 대해 부정적이지만, 임상에서 실제 그런 처방을 써본 사람들은 확률이 매우 높다는 점을 내세우기도 한다. 적지 않은 한의사가 80% 이상의 확률이 있다고 말하기도 한다.

실제 자연에서는 악어와 같은 파충류나 양서류, 닭과 같은 조류 중 수정된 알이 생태 환경에 따라 성별이 바뀌는 경우가 있고 성체도 성별이 바뀌는 경우가 있다. 이런 부분에 대해 아직 과학적인 설명은 쉽지 않다. 고등동물의 경우, 성염색체의 성결정력이 하등동물에 비해 더 크다는 것은 알려져 있지만 도대체 어떤 과정을 거쳐 성이 결정되는지에 대해서는 아직 모른다. 따라서 이 문제는 다양한 가능성을 놓고 더 연구해보아야 할 일이지 기존의 연구 성과에 기대어 간단히 재단할 성질의 것은 아니라고 본다.

그러나 임신 기간의 차이에 따른 사회적 신분의 차이가 결정된다는 주장은 여전히 받아들이기 어렵다. 미숙아로 태어날 경우에는 그럴 개연성이 없지 않은 것은 아니지만 그렇다고 모든 사람의 운명이 임신 기간의 차이에 의해 결정된다고 볼 수는 없을 것이다. 오직 분명한 것은 온전한 임신 과정을 거쳐 태어난 아기가 더 건강할 가능성이 크다는 사실일 것이다.

불교에서 본 사람

모든 종교는 인간의 모든 문제, 특히 삶과 죽음의 문제를 다루므로 거기에는 필연적으로 의학적인 내용이 나올 수밖에 없다. 그러나 종교마다 저마다 강조하는 측면이 다르다. 예로 도교에서는 불로불사不老不死를 지향한다. 따라서 인간의 몸에 많은 관심을 갖고 병이나 죽음에 적극적으로 대처한다. 단약丹藥의 개발은 물론 '도교의학'이라는 분야가 따로 형성되어 있다. 반면 유교는 병이나 죽음 자체보다는 병을 누가 어떻게 돌볼 것인가, 그리고 죽음을 어떻게 맞이할 것인가, 간단히 말하자면 병과 죽음을 사회적으로 어떻게 치러낼 것인가에 더 큰 관심을 갖고 있다고 할 수 있다. 그래서 장례의 질서를 다루는 상례喪禮 문화가 발달하였다. 그러면 불교는 어떨까.

불교에서는 사람을 포함한 만물이 땅[地], 물[水], 불[火], 바람[風]으로 이루어졌다고 본다. 이 네 가지 중요한 요소인 사대四大가 짐짓 모였다가 흩어졌다가 하면서 사람을 포함한 세상의 모든 모양을 만들었다 없어졌다 하는 것으로 보는 것이다. 한마디로 지수화풍이라고 하는 사대는 우리가 눈으로 보는 일체의 현상(색色과 법法)을 만드는 것이다. 이를 상양자上陽子는 다음과 같이 표현했다.

> 머리카락, 이, 뼈, 손톱은 땅[土]에서 빌고, 콧물, 정精, 혈, 진액은 물[水]에서 빌고, 몸이 따뜻한 것과 마르는 것, 열이 나는 것은 불[火]에서 빌고, 정신[靈明]과 활동은 바람[風]에서 빌린 것인데, 이 사대가 짐짓 서로 화합하면 사람이 생긴다. 땅의 기운[土]이 왕성하면 뼈가 쇠처럼 굳고 물[水]의 기운이 왕성하면 정精이 구슬같이 맑으며 불의 기운[火]이 왕성하면 기가 구름같이 무성하며 바람[風]이 왕성하면

지혜가 신神처럼 오묘하다.

그러므로 바람이 그치면 기가 없어지고 불이 꺼지면 몸이 차게 되며 물이 마르면 피가 없어지고 '땅'이 날라 가버리면 몸도 없어지게 된다. 바로 이 사대를 잘 조절하는 것이 불교의학의 핵심이 된다.

동의보감이 만들어질 때의 조선에서는 유교와 불교와 도교를 함께 아우르려는 경향이 있었다. 흔히 '삼교회통三教會通'이라고도 한다. 이런 시대 풍조를 반영하여 동의보감에도 불교의학의 내용이 나오고 있다. 도교를 바탕으로 하는 동의보감에서 불교의학을 언급한 이유도 허준이 받아들인 도교가, 정신 수양을 강조하는 상청파上淸派의 그것이기 때문일 것이다.

우리는 흔히 유교나 도교, 불교 등을 서로 별개의 독자적인 체계로 보지만 실제로는 서로 영향을 주고받으며 발전해왔다. 위에서 인용한 문장을 쓴 상양자는 원대元代의 도교도道教徒였다. 도교의 이론적 발전에 중요한 역할을 한 사람이지만 불교를 받아들여 사대에 의한 사람의 발생에 대해 말한 것이다.

조선이 들어서면서 유교를 자신의 이데올로기로 내세운 사림士林들이 극렬하게 불교와 도교를 비판하고 탄압했지만 그것은 어디까지나 정치적인 차원에서의 일이었다. 불교를 내세웠던 고려의 수구 세력을 몰아내고 자신들의 권력을 확보해야 했기 때문이었다. 그러나 실제 조선시대의 양반들은 낮에는 유교(정치, 사회적 차원), 밤에는 도교(건강의 차원), 죽어서는 불교(생사生死의 차원)로 살았다고 할 정도로 종교 간의 소통이 자연스럽게 이루어지고 있었다. 문제는 자신만이 옳다고 여기고 자신은 변화하지 않으면서 상대만 비판하고 상대만 변화하기를 강요하는 근본주의의 관점이다.

사실 모든 종교는 하나의 뿌리를 갖고 있는지도 모른다. 설혹 뿌리가 같지 않다고 해도 사람이 사람답게 살아야 한다는 목표는 하나가 아닐까. 유교와 도교와 불교의 내용이 자연스럽게 넘나드는 동의보감을 보고 있자면, 종교의 차이로 상대를 불신하거나 배제하며 심지어 전쟁도 불사하는 오늘의 우리 모습이 부끄러워진다. 아마도 허준이 다시 태어난다면 유교, 불교, 도교는 물론 기독교와 이슬람교, 티베트의 밀교, 아니 종교라고 이름의 모든 종교를 밤을 새워 배울지도 모를 일이다. 그것이 사람을 사람답게 살게 하는 것이라면.

사람은 어떻게 늙어가는가-인기人氣의 성쇠

아이들은 뛰어놀기 마련이다. 부모는 아이들에게 진득하게 책상에 앉아서 공부 좀 하라고 야단치지만 아이는 잠시도 엉덩이를 붙이지 못한다. 물먹으러 갔다 오고 화장실에 갔다 오고 냉장고에 갔다 오고……. 가만히 하는 양을 보고 있자면 보는 사람이 불안할 정도다. 반면에 40대에 접어든 남자들은, 방구석에만 박혀 있지 말고 제발 좀 나가서 운동 좀 하라는 아내의 지청구를 듣는다. 그런데 왜 이런 일이 벌어지는 것일까.

사람은 10년을 주기로 변한다. 태어나서 10살이 되면 오장육부가 제자리를 찾고 혈기가 잘 통하기 시작하는데 몸의 바탕이 되는 기가 아래로 몰려 있어 뛰어놀기를 좋아한다. 20살에는 혈기가 왕성해서 빨리 다니기를 좋아한다. 30에는 오장육부가 완전히 제자리를 잡고 혈맥이 충만해서 천천히 걷기를 좋아한다. 그래도 30세까지는 발전의 과정이다. 오장육부가 안정되고 기육이 튼튼해지며 혈기도 왕성해진다.

40세가 되면 그 발전이 극에 달하게 되는데, 바로 이때가 사람의 기가 쇠퇴해지기 시작하는 때이기도 하다. 피부도 거칠어지고 머리도 쇠기 시작한다. 활발한 활동보다는 눌러 앉아 있기를 좋아한다. 50세가 되면 간부터 약해지기 시작하여 눈이 침침해지고 몸이 무거워진다. 60세가 되면 심장의 기가 약해져서 근심이 많고 툭하면 슬픈 감정이 든다. 눈물과 콧물이 시도 때도 없이 흐르며 이제는 아예 눕기만 좋아한다. 70세에는 비위脾胃의 기가 약해져 살이 마른다.

80세에는 폐가 약해져서 폐에 머물러 있던 백(魄, 혼백의 백)이 떠나가니 헛소리를 잘 한다. 90세에는 생명의 근원이라고 할 수 있는 콩팥의 기운이 말라 다른 장기의 기도 말라버려 몸 안은 속이 빈 강정처럼 된다. 그래서 100세가 되면 마지막으로 남아 있던 신神마저 떠나가 결국 뼈만 남아 죽게 된다.

10대에는 몸의 바탕이 되는 기가 아래에 몰려 있게 되므로 뛰어놀기를 좋아하고 40대부터는 그 기가 쇠퇴해지기 때문에 앉아 있으려 한다. 그것이 자연스러운 늙어감의 과정이다. 또 거기에 맞게 살아야 한다. 이를 구체적으로 말하자면 10대에는 뛰어다니기를 좋아할 뿐만 아니라 그것이 10대의 몸의 상태와 일치하기 때문에 축구나 농구처럼 달리기를 기본으로 하는 운동이나 태권도처럼 활기차게 움직이는 운동이 좋다.

그러나 나이가 들면서 몸의 상태는 정적으로 변하기 때문에 운동도 점차 정적인 운동으로 바꿔야 한다. 예로 30대 이후에는 양궁 같이 상대적으로 천천히 움직이는 운동이 바람직하다. 순발력을 요구하거나 빨리 뛰는 운동은 적합하지 않다. 특히 골프는 순간적인 힘을 모아 급격한 동작을 요구하는 운동이어서 필드를 걷는 것을 제외하면 40대라는 나이와 어울리지 않는 운동이다. 운동이라고 모두 같은 것이 아니다. 그럼에도 우리는 대부분 자신이 해왔거나 좋아하는 운동만 고집하고 있다. 나이에 따라 운동 종목도 다양하게 넓혀보아야 한다.

그런데 40대부터는 그전까지와 달리 몸의 기가 하강곡선을 그리는 때이다. 남자들은 술을 마신 다음날의 몸 상태나 담배 맛에서, 여자들은 화장이 잘 받지 않는 것을 보며 나이 드는 것을 실감한다. 그러므로 이때부터는 내 몸의 모자라는 기를 보충해야 한다. 사람은 간, 심장, 비장, 폐, 신장의 순서로 약해지게 되어 있으므로 이에 따라 음식이나 약을 준비하는 것이다. 그래서 옛날에는 특별한 병이 없어도 나이에 따라 매월 먹어야 하는 음식이나 약이 권장되었다.

어떤 운동을 하면 칼로리가 얼마 소모되고 어떤 근육이 발달하게 되고 어떤 장기가 발달하게 된다는 관점만으로는 나이에 따른 건강관리를 할 수 없다. 나이에 따른 운동을 적절히 선택하면서 모자라게 되는 몸의 기를 보충해나간다면 50, 60이 되어도 자신이 좋아하는 운동을 하면서 건강도 관리할 수 있을 것이다.

그런데 위의 설명을 달리 해석해보면 10대에는 뛰어놀아야 하며 20대에는 뛰기보다는 부지런히, 그리고 30대에는 천천히 활동해야 한다. 그것이 자신의 몸 상태와 어울리는 일이다. 40대에는 나다니기보다는 앉아서 하는 일이 몸에 잘 들어맞기 때문에 너무 몸을 활발히 움직여야 하는 일은 좋지 않다.

그러나 현실은 내 몸의 변화와 관계없이 진행되고 있다. 10대 아이들은 방 안에 갇혀 공부해야 하고 40대가 되면 경제적으로나 사회적으로 가장 큰 부담을 짊어져야 한다. 이런 잘못된 사회의 흐름을 거슬러 내 몸과 자연의 흐름에 맞춰 제대로 살고자 하는 사람은 낙오자가 되고 만다. 그러므로 내 몸을 내 마음대로 할 수 있는 사회를 만드는 일이 정기적으로 검진을 받고 치료를 받는 것보다 건강을 위해 더 중요한 일일 수 있다.

위에서는 10년이라는 주기로 사람의 몸에 변화가 오는 것을 말했다. 사람은 자연과 마찬가지로 태어나서 자라고 늙고 죽는다. 동의보감에서는 그러한 자연으로서의 사람이 어떻게 늙어가는지에 대해 말하면서 '인기'라는 표현을 썼다.

동아시아에서는 하나만을 말하여 다른 하나를 말하는 용법이 많다. 대부분의 글에서 '음陰'만을 말하고 있다고 해도 사실은 그 '음'과 짝이 되는 '양陽'을 전제로 혹은 '양'과의 연관 속에서 말하고 있다고 보아야 한다. 마찬가지로 여기에서 사람〔人〕만을 말하고 있지만 사실은 사람과 짝이 되는 하늘〔天, 자연〕과의 연관 속에서 사람을 말하고 있는 것이다. 그러므로 '인기', 곧 사람의 기라고 하면 상대적으로 '자연의 기'인 천기 天氣와의 관계 속에서 인기를 말하고 있는 것이다.

동의보감에서는 자연으로서의 사람, 곧 인기의 수명은 100세라고 보았다. 그리고 태어나 자라다가 100세의 중간인 40세부터 쇠퇴해지기 시작하는데, 장기로 보면 간심비폐신肝心脾肺腎의 순서로 약해진다.

우리가 흔히 숫자 4를 죽을 '사死' 자라고 하여 싫어하는 이유가 여기에 있다. 동아시아에 불교가 들어오기 전까지는 전통적으로 1에서 9까지를 숫자로 보았다. 0이나 10은 없었다. 모든 사물의 발전은 1에서 시작하여 9에서 끝나는데, 1부터 발전하여 4에서 최고조에 달하며 4에서부터 꺾어지기 시작하여 9에서 마치게 된다. 그러므로 4는 실제로는 모든 사물의 발전이 최고에 도달한 때를 말한다. 그러나 모든 것을 무한한 발전의 과정으로 보지 않고 순환한다고 보았던 동아시아의 전통에서 최고의 발전은 곧 소멸의 시작일 뿐이다. 그 밝던 보름달도 바로 그때부터 이지러지기 시작하여 마침내 그믐달이 되는 것이다.

그러나 그믐달에서 다시 초승달이 떠오르듯이 죽음은 모든 것의 끝이 아니라 새로운 생명의 시작일 뿐이다. 그 사람의 몸과 마음은 없어지더라도 그 사람의 몸에서 나온 새로운 생명이 자라나고 그 사람의 마음이 스며든 사람들과의 관계는 끝없이 순환하면서 이어지는 것이다.

죽는 것은 몸의 죽음일 뿐이며 그 사람이 맺었던 사람들 사이에서의 관계는 영원히 살아 있다. 이는 사람과 자연과 사회를 하나의 기로 보는 관점이다. 그리고 이렇게 보면 몸이 죽는다는 것은 슬퍼할 일도, 그렇다고 기뻐할 일도 아니다. 자연이 저절로 그러하듯이 흘러가는 기의 한 과정일 뿐이다.

늙으면 자식을 둘 수 없는 이유

오늘날에는 학교에서도 피임에 대해 가르치지만 동의보감은 물론이며 2천 년 전에 쓰인 『황제내경』에도 피임에 대한 이야기가 없다. 사람 자체가 중요한 생산력이었던 전근대 시대에는 어떻게 하면 아이를 임신할 수 있으며 잘 낳아 잘 기를 수 있는가에 관심을 가졌지, 성은 즐기되 임신은 하지 않는다는 피임은 의학적 관심의 대상이 될 수 없었다. 이런 점에서도 의학은 항상 시대의 자식이다.

자식을 낳는다는 것은 사회적으로 보면 생산력의 증가일 수 있지만, 한 개인으로 보면 그 개인의 기가 다음 세대로 이어지는 과정이다. 기라는 관점에서 보면 자식을 낳는다는 일은 내가 영원한 삶을 사는 하나의 길이다. 그러므로 자식의 생산은 사회적으로나 개인적으로나 매우 중요한 문제다. 아직도 청혼을 할 때 "나 닮은 애 하나만 낳아달라"라는 말이 쓰이고 있는 것을 보면 여기에는 가문의 영광만이 아니라 나의 기를 이어가고 싶어 하는 바람이 깔려 있음을 알 수 있다. 이는 아마도 기를 통한 영생을 바라는 마음일 것이다.

자식을 갖는다는 것은 다른 한편에서 보면 사회적으로 성인이 되었음을 보여주는 것이기도 하다. 성인의 기준이 몇 살인지는 역사와 사회에 따라 다르다. 과거, 특히 조선시대에 성인의 기준은 몇 살이었을까.

이 문제에 답하기 이전에 몇 가지 검토할 사항이 있다. 그것은 "성인은 무엇을 기준으로 하는가" 하는 것이다.

성인의 기준은 그냥 정해지는 것이 아니라 그 사회의 구조와 관계가 깊다. 동아시아의 전근대 사회는 농업을 근본으로 하는 사회였다. 그러므로 무엇보다 농사를 지을 수 있는 사람이 필요했다. 그런데 이 사람은 농사를 짓되 그냥 일만 하는 것이 아니라 한 사람의 호주戶主로서 국가에서 부과하는 각종 부역을 담당할 수 있는 사람이어야 했다. 오늘날의 용어로 말하자면 가장으로서 종합소득세를 낼 수 있으면서 국방의 의무를 담당할 수 있어야 했다. 나라를 다스리는 일, 곧 정치라는 관점에서는 이런 사람이 중요한 것이다. 그렇게 하려면 육체적으로도 일을 할 만큼 튼튼해야 하며, 한 세대에서 그칠 일이 아니기 때문에 무엇보다도 자녀를 생산할 수 있어야 한다. 그러려면 성적으로도 성숙해야 한다. 그렇기 때문에 성인의 기준은 그 사람의 육체적 기능, 특히 성적인 기능과 관계가 깊을 수밖에 없다. 나이가 너무 어려서도 안 되고 너무 늙어도 안 된다. 바로 이 나이가 남자에게서는 16세였다.

오늘날 우리는 대개 20세를 성인의 기준으로 한다. 선거도 20세가 되어야 할 수 있다. 성적으로, 그리고 육체적으로는 훨씬 이전에 성숙되어 있으면서도, 우리 사회에서 직장을 갖고 한 가정을 꾸려나가려면 최소 20세는 되어야 한다는 전제가 깔려 있는 셈이다. 그리고 또 하나 중요한 것은 이성理性이라는 기준이다. 20세 이전에는 사물을 판단하는 능력이 떨어진다고 보는 것이다. 이 능력의 기준은 이성이다. 그래서 선거권은 20세 이상에게만 주어진다. 이 이성은 근대산업, 나아가 근대사회의 바탕이 되는 것이다.

다시 말해서 사리를 판단하는 능력이 우리가 일상적으로 말하는 생활의 지혜가 아니라, 근대 사회를 유지하거나 최소한 그 질서를 파괴하지 않을 것이라는 의미에서의 이성이다. 이처럼 성인의 기준은 시대와 사회의 필요에 따라 바뀌어 왔다. 이제부터 동의보감에서 말하는 성인은 어떤 내용을 갖는지 살펴보기로 한다.

옛말에 "남아 열여섯이면 호패를 찬다"고 했다. 호패의 기본 발상은 인구조사를 통한 세금의 확충과 군역의 확보였지만 여기에서 16세라는 기준은 무엇보다도 자녀의 생산과 연관되어 있다. 조선시대(물론 그 이전도 마찬가지지만)에는 자녀를 생산할 수 있는가에 따라 사람을 나누는 기준이 있었다. 보통 '장정壯丁'이라고 하면 성인 남자를 말하는데, 이때의 '정丁'은 부역에 징집되는 남자를 말한다. 그래서 일반적으로 사람을 가리키는데 특별한 언급이 없으면 그것은 장정을 의미한다. 이렇게 사람을 나누는 기준은 동의보감에도 그대로 적용되고 있다.

동의보감에서의 '남자'는 자녀를 생산할 수 있는 16세에서 64세까지를 말하고 '여자'의 경우에는 14세에서 49세까지를 말한다. 이런 여자를 '부인婦人'이라고 한다. 오늘날 부인이라고 하면 결혼한 여자를 말하지만 의학 분야에서, 전근대 사회에서의 '부인'은 결혼보다는 자녀를 생산할 수 있는 나이에 해당하는 여자를 가리키는 용어였다. 남자의 경우 16세, 여자는 14세 이전의 남자와 여자는 모두 소아로 불리며 그 이상의 사람은 노인으로 부른다.

사람을 생식 능력에 따라 나눈다는 것이 오늘의 관점에서 보면 다소 의아하게 생각될지도 모르지만 오늘날도 소아과와 부인과가 따로 있고 또 최근에는 노인의학이 따로 있는 것을 보면 과거와 별반 다를 것이 없다. 이는 생식 능력의 변화에 따라 사람의 생리적 혹은 병리적인 변화에는 큰 차이가 생기기 때문이다. 나아가 심리적인 변화 역시 생기기 때문이다. 따라서 특히 생식 능력을 기준으로 사람을 나누는 것은 의학적인 면에서만이 아니라 사회적인 측면에서도 매우 합리적인 것이다. 그러면 사람의 생식 능력은 어떻게 변하는지 살펴보자.

남자와 여자는 생리적인 주기가 서로 다르다. 이 주기는 콩팥의 기운을 중심으로 볼 때 나타나는 주기다. 앞에서 10년 주기의 인기(사람의 기)를 말한 것은 자연으로서의 사람의 변화를 말한 것이고 여기에서 말하는 변화 주기는 그런 사람의 생식이라는 관점에서 본 변화이다.

콩팥의 기능

한의학에서 콩팥(신장)은 소변과 관련이 있는 것이 아니라 주로 생식능력과 관련이 있다. 보통 근대 서양의학에서는 콩팥이 주로 소변을 걸러내는 일을 하는 곳인데 비해 한의학에서는 주로 생식을 담당하는 곳이다. 이런 차이가 생긴 이유는 일본에서 19세기 말에 '키드니kidney'라는 근대 서양의학 단어를 번역하면서 한의학의 '신腎'이라는 단어를 갖다 썼기 때문이다.

한자사전을 찾아보면 '腎' 자에는 콩팥, 자지, 불알이라는 세 가지 뜻이 있다. 콩팥이라는 이름은 그 생긴 모양이 콩팥과 비슷하기 때문에 붙은 이름이며, 자지나 불알이라는 뜻이 있는 데서도 알 수 있듯이 콩팥은 생식과 직접적인 관계를 갖고 있기 때문에 그런 뜻이 붙은 것이다. 물론 근대 서양의학에서 말하는 콩팥도 소변을 만드는 일만이 아니라 몸의 항상성을 유지하는 기능(수분대사, 전해질이나 산 염기의 균형 유지)이나 호르몬 등 내분비 물질의 분비 기능이 있어서 생식과도 일정한 관계가 있다고 말한다. 그렇지만 어

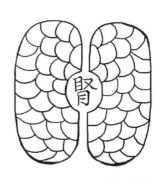

신장도腎臟圖

디까지나 키드니는 생식의 일부 기능만을 담당할 뿐이다. 이에 비해 한의학에서 생식은 거의 전적으로 콩팥의 기능에 달려 있다. 이러한 생식 능력은 여자는 7년, 남자는 8년을 주기로 변화한다. 먼저 여자에 대해 살펴보자.

여자

7세(7×1)에 콩팥의 기운이 왕성해져서 이빨을 갈고 머리가 길어진다.

14세(7×2)에는 천계天癸가 꽉 차서 월경이 때맞추어 나오므로 자식을 둘 수 있다. 여기에서 '천계'는 오늘날로 말하자면 똑같지는 않지만 성호르몬에 해당하는 역할을 하는 것이라고 볼 수 있다. 천계가 이르면 2차 성징이 나타나기 때문이다.

21세(7×3)에는 콩팥의 기운이 고르게 되어 사랑니가 나고 몸의 성장이 최고조에 이른다.

28세(7×4)에는 근골이 견고해지고 머리카락의 성장이 극에 이르면서 신체가 가장 튼튼해진다. 1에서 9까지 사물의 발전에서 가운데인 4번째 단계는 발달이 극에 도달하지만 동시에 쇠퇴하기 시작하는 때이다. 그러므로 여자는 28세부터 생식능력이 떨어지게 된다.

35세(7×5)에는 얼굴이 초췌해지기 시작하고 머리카락이 때로 빠진다.

42세(7×6)에는 얼굴이 모두 초췌해지고 머리가 쇠기 시작한다.

49세(7×7)에는 천계가 다 말라 폐경이 되므로 자식을 낳을 수 없게 된다. 49세는 오늘에도 폐경의 기준이 되는 나이다.

남자

8세(8×1)에 콩팥의 기운이 실해져서 머리카락이 길어지고 이빨을 갈게 된다.

16세(8×2)에는 콩팥의 기운이 왕성해지고 천계가 꽉 차서 음양이 조화되므로 자식을 낳을 수 있다.

24세(8×3)에는 콩팥의 기운이 고르게 되고 근골이 단단해지므로 사랑니가 생기면서 성장이 극에 이른다.

32세(8×4)에는 근골과 근육이 굳세게 된다. 남자 역시 4번째 단계에서부터 콩팥의 기운이 쇠퇴하기 시작하므로 생식능력 역시 떨어지기 시작한다.

40세(8×5)에는 콩팥의 기운이 쇠약해져 머리카락이 빠지고 잇몸이 마른다.

48세(8×6)에는 양기가 위쪽에서부터 고갈되어 얼굴이 초췌해지고 머리카락과 구레나룻이 희끗희끗하게 된다.

56세(8×7)에는 간의 기가 쇠약하여 근육을 잘 움직이지 못하고 천계가 다 말라서 정精이 적어지고 콩팥의 기운이 쇠약하여 형체가 모두 피폐해진다.

64세(8×8)에는 이와 머리카락이 빠지게 된다. 당연히 이때부터는 아이를 낳을 수 없다.

위의 설명을 보면 여자는 49세, 남자는 64세가 되면 아이를 가질 수 없다. 무조건 아이를 많이 낳아야 좋았던 시대에는 언제부터 아이를 갖지 못하는지의 여부가 중요했다. 그러나 많은 아이보다 건강하고 이왕이면 똑똑한 아이를 갖기 원하는 요즈음에는 아이를 갖지 못하게 되는 나이보다 더 중요한 것은 언제 아이를 갖는 것이 가장 건강한 아이를 낳을 수 있는가 하는 문제일 것이다.

위의 설명에서 남자든 여자든 모두 4의 수에서 기가 쇠퇴하기 시작한다. 그러므로 4의 수가 되기 이전, 곧 여자는 콩팥의 기운이 가장 왕성한 21세에서 28세 이전에 첫 출산을 해야 가장 건강한 아이를 낳을 수 있다. 남자 역시 콩팥의 기운이 가장 왕성한 24세에서 32세 이전에 아이를 갖는 것이 가장 바람직하다. 이때까지가 콩팥은 물론 몸의 상태가 가장 좋은 때이기 때문이다. 낳고 나서 잘해주는 것보다 낳기 전에 미리 아이의 건강을 챙기는 것이 진정 아이를 위하는 길일 것이다.

위의 설명에서 우리가 알 수 있는 또 하나의 중요한 사실은 생식 능력의 쇠퇴가 곧 노화老化라는 점이다. 오늘날 노화의 원인이 무엇인지에 대해서는 다양한 견해가 나오고 있지만 적어도 태어나서 늙고 죽어가는 과정을 밟는 사람이라는 관점에서 보면 분명하게 생식 능력의 감퇴가 노화의 가장 중요한 원인이라고 할 수 있다. 위에서 보았듯이 콩팥 기운이 쇠퇴하면서 온갖 노화와 연관된 증상이 나타난다. 특히 여자의 경우 35세(7×5), 남자의 경우 40세(8×5)를 기점으로 급격하게 노화가 진행되는 것을 볼 수 있다. 이 생식 능력은 콩팥의 기운에 의해 좌우된다. 그러므로 콩팥의 기운을 잘 다스리면 노화를 늦출 수 있다.

그러나 그렇다고 해서 정력제를 먹는다거나 호르몬 제제를 먹는 것이 노화를 방지한다는 의미는 아니다. 콩팥의 정이란 그렇게 보충되는 것이 아니다. 첫째는 아끼는 것이요, 둘째는 음식을 잘 먹어서 정을 보태는 것이다. 물론 약이 없을 수 없다. 그러나 선조의 말처럼 음식과 섭생이 먼저다. 정력제나 호르몬 제제는 꺼져가는 불에 기름을 뿌리는 효과는 있을 수 있지만 그것은 목숨을 재촉하는 일이다.

노화가 진행되면서 자식을 둘 수 없게 되는 것은 어찌 보면 당연한 일이다. 머리가 쇠고 주름살이 생기는 것도 당연한 일이다. 문제는 온갖 부작용에도 불구하고 머리에 염색을 하고 주름살을 펴기 위해 화장품에 만족하지 못하여 칼까지 들이대는 것이 문제다. 늙는다는 것을 부정적으로만 보는 시각이 문제다. 아니 젊음을 상품으로 만들어 노인도 젊어

저야 한다고 하는 자본의 이윤추구가 더 근본적인 문제일 것이다.

사람이 늙으면 쇠약해지는 간단한 이유

사람에게 가장 중요한 일은 첫째는 태어나는 것이고, 두 번째는 태어난 뒤에 건강하게 잘 사는 것이고, 마지막으로는 잘 죽는 것이다. 그러므로 동의보감에서는 사람의 탄생에 이어 어떻게 하는 것이 건강하게 잘 사는 것인지에 대해 말한다.

동의보감에서는 이를 한의학의 최고 고전인 『황제내경』을 인용하여 설명하고 있다. 『황제내경』은 지금으로부터 2천 년 전, 한나라 때에 편집된 책이다.

한의학은 중국만이 아니라 우리나라를 비롯한 인도, 티베트, 몽골 등 여러 민족의 수천 년에 걸친 경험과 이론이 모두 집대성된 것이며 이런 종합의 과정에서 특히 중요한 역할을 한 것은 동이東夷의 주요한 활동 무대였던 발해만 지역의 여러 나라였다. 특히 『소문素問』과 함께 『황제 내경』의 한 부분을 이루는 『영추靈樞』는 중국에서는 '없어진' 것을 고려에서 가져다가 편집한 책이다. 그것이 고려의 독자적인 책이었는지, 아니면 중국의 의서였는지는 분명하지 않다. 그러나 분명한 것은 한의학의 바탕이 되는 사상은 소위 말하는 중원지역에서 발생하고 발전한 것이 아니라 동이의 무대였던 지역에서 발생하고 발전한 것이라는 점이다.

오늘날 산동지역 북부에서부터 발해만을 따라 구 소련 지역까지 올라가는 동북아시아와 중앙아시아의 거대한 지역은 동이를 중심으로 다양한 민족 혹은 부족이 경쟁하는 곳이었고 그런 만큼 높은 문화가 꽃핀 곳이었다. 한나라의 의학이라는 의미에서 부르는 '한의학漢醫學'이라는 말도 거란족이 붙인 이름이다. 한나라에도 거란의 의학과는 다른 무언가가 있기 때문에 붙여준 이름이었다.

그런 만큼 『황제내경』에는 다양한 이론이 섞여 있지만 그중에서도 중요한 것은 황제라고 하는 가상의 인물과 '기백岐伯'이라는 실재했던 의사와의 문답이다. 동의보감에서 인용하는 다음의 내용도 황제와 기백의 대화 형식으로 되어 있다.

황제가 묻는다.

"옛날 사람은 나이가 100세를 넘어도 움직임이 쇠약하지 않았다고 하는데 요즘 사람은 나이 50만 되어도 움직임이 쇠약하니, 이는 시대가 변해서인가, 사회적 환경이 달라져서인가? 아니면 사람들이 도를 잃어버려서인가?"

황제는 배움을 청하는 학생의 입장이지만 자기가 알고자 하는 것이 무엇인지를 잘 알고 있을 뿐만 아니라 어느 정도 답까지 짐작하고 있다.

기백이 대답한다.

"옛날 사람들은 도를 잘 알고 있어서 음양을 본받고 양생의 방법을 잘 지켰으며, 음식을 절제하고 생활에 일정한 규칙이 있어서 함부로 힘에 부치는 일을 하지 않았다. 그러므로 몸과 마음이 잘 어우러져서 각자 타고난 수명을 마치고 100세가 넘어야 죽었다. 그런데 지금의 사람들은 그렇지 아니하여 술을 음료수처럼 먹고, 자기 기분 내키는 대로 하는 것을 정상이라 여기며, 취한 상태로 성생활을 하여 색욕으로 자신의 정기精氣와 진기眞氣를 고갈시켜 충만함을 유지할 줄을 모르며, 때에 맞게 마음을 제어하지 못하고, 자기 마음을 즐겁게 하는 데에만 힘써서 진정한 양생의 즐거움에 거스르며 생활에 절도가 없으므로 나이가 50도 되지 않아 쇠약하게 되는 것이다."

음양을 어떻게 본받고 양생의 방법을 어떻게 지킬 것인지는 다음으로 넘기더라도 늙어서 쇠약해지는 원인은 분명하게 알 수 있다. 그것은 한마디로 음식과 기거에 절도가 없기 때문이며 절도가 없는 것은 자신의 욕망을 다스리지 못했기 때문이다.

기백은 절도가 없는 행동 중 가장 나쁜 것은 술을 마시고 나서 취한 상태에서 성관계를 갖는 일이라고 말한다. 술의 성질은 열이 많으면서 빠른 것이다. 그래서 술을 마시면 몸에 열이 나면서 자신도 모르게 마음이 급해진다. 평소 말이 적고 느긋하던 사람도 술을 마시면 말이 많아진다. 이를 한의학적으로 보면 심장의 화火가 많아진 것이라고 한다. 성욕도 화다. 그래서 술을 먹고 성관계를 가지면 불과 불이 만나는 상태가되어 타오르게 된다. 그러면 우리 몸의 정기가 다 타버려 고갈된다.

그러나 더 큰 문제는 그런 일을 하면서도 자신을 정상이라고 생각하는 것이다. 자신이 병들었음을 모르는 것, 병들어 간다는 것을 모르는 것, 곧 병식病識이 없는 것이 더 큰 병이다. 왜냐하면 병든 것을 인정할 때에야 올바른 치료와 예방이 가능한데, 병식이 없으면 아예 시작도 할 수 없기 때문이다.

오래 살거나 일찍 죽는 것은 팔자인가?

흔히 쓰는 말 중에 천명天命이라는 것이 있다. 하늘의 명령이라는 뜻인데, 하늘이 무슨 명령을 내린다는 것일까?

옛날부터 동아시아에서는 사람의 목숨은 하늘이 정하는 것이라는 생각이 있었다. 하늘은 자연이다. 천은 자연의 대명사다. 그러므로 이 말은, 사람의 목숨은 자연에 의해 결정된다는 말이다. 그 자연은 당연히 하늘과 땅이 중심이 되는데, 하늘과 땅은 서로 작용한다. 하늘과 땅의 기가 운동하여 교감하고 서로에게 변화를 가져온다. 이러한 변화에 결정적인 영향을 미치는 것은 해와 달의 기이다. 해와 달의 변화에 따라 하늘과 땅의 기가 변하고 그 변화에 따라 사람의 기가 결정된다. 그러므로 그 사람이 태어날 때의 하늘과 땅의 기를 결정하는 사주가 중요하다. 사주는 그 사람이 태어난 연월일시年月日時라는 기둥[柱]을 말한다. 이 사주가 대들보와 기둥처럼 중심이 되고 이것이 하늘과 땅에 가져오는 변화를 각각 간지干支로 나타내므로 간과 지를 합하여 모두 여덟 글자, 곧 팔자가 된다. 이로써 해와 달, 하늘과 땅의 변화가 드러났다. 이 팔자에 의해 그 사람의 수명과 건강은 물론 화복禍福까지 결정된다고 보는 것이다. 이는 외인 결정론이다. 이를 의학에서 활용한 것이 바로 운기론運氣論이다.

이 운기론에 대해서는 한의학계 내에서도 입장이 갈린다. 한의사 중에는 이를 절대적인 것으로 받아들이는 사람이 있는가 하면 거의 무시하는 사람도 있다.

필자도 들은 이야기지만, 옛날에 어떤 한의사가 있었는데 그 사람은 매일 아침 일찍 일어나 점을 보고 그날 올 환자의 약을 미리 지어놓았다고 한다. 사주팔자에 따라 거기에 해당하는 누군가가 반드시 어떤 병에 걸릴 것이고 그러면 그 사람은 반드시 자기에게 올 것이기 때문에 미리 약을 지어놓았다는 것이다. 이는 외인 결정론을 절대적으로 신봉하는 경우다. 이 정도까지는 아니더라도 환자의 사주를 물어보아 그것을 치료에 적용하는 경우도 있다. 반면에 치료에서 오로지 그 사람의 증상과 자신의 진단에만 의존하는 경우도 있다.

그러면 동의보감에서는 어떤 입장을 취하고 있을까?

동의보감 역시 운기론을 중시하고 있다. 그러나 동의보감은 어디까지나 어떤 해에 어떤 병이 들 것인지에 대한 예측과 대비라는 관점에서 운기론을 받아들인다. 다시 말해서 유행병이나 전염병이라는 측면에서 운기론을 도입하고 있는 것이다. 동의보감 어디에도 사주에 의해 한 사람의 병이 결정된다는 언급은 없다. 오히려 동의보감에서는 그 사람이 사는 곳과 먹게 되는 음식에 더 큰 비중을 두고 있다. 동서남북의 차이(예로 북쪽은 춥고 건조하며 지대가 높은 반면 남쪽은 덥고 습하면서 지대가 낮다)와 음식의 차이에 따라 생기는 병도 다르고 치료하는 법도 다르다고 보는 것이다.

그러나 동의보감은 무엇보다도 사람이라는 조건을 더 중요하게 본다. 그래서 하늘이 사람의 운명을 결정한다고 할 때도 동의보감에서 그 하늘은 부모를 의미한다. 하늘인 아버지의 정精과 땅인 어머니의 혈血을 받아 수명이 결정된다고 보는 것이다. 그래서 부모의 정혈이 모두 왕성한 사람은 장수하고 그렇지 못하면 요절하게 된다고 말한다.

그러나 동의보감은 여기에 그치지 않는다. 아무리 튼튼한 몸을 타고났다고 해도 외부의 나쁜 기운이 침입하거나 음식에 절도가 없거나 무리하게 몸을 부리면 타고난 수명을 다할 수 없다. 외부의 나쁜 기운 역시 내가 그것을 적절하게 피하지 못했기 때문에 침입한 것이므로 결국 나의 문제가 된다. 그러므로 수인사대천명修人事待天命이라는 말처럼 모름지기 사람이 자기 할 일을 다 한 뒤에야 흉한 일도 좋게 되고 죽을 사람도 살아날 수 있는 것이다. 팔자가 그렇다고, 천명이 그렇다고 거기에 나를 맡겨서는 안 되는 것이다. 이것이 동의보감의 관점이다.

[보론] 의학의 역할/의사의 윤리와 의무

의학의 역할

전근대에서 사람들이 서로를 돌보는 관계는 '가家'라고 하는 집안을 중심으로 이루어졌다. 집안은 단순히 사람이 먹고 자는 곳이 아니라 경제적, 정치적, 문화적 운명공동체였다. 사실상 전근대는 개인이 개인으로서 살아갈 수 없는 사회였다. 모든 사람은 일정한 집안에 속해야 먹고 살 수 있으며 또 사회적으로도 출세할 수 있었던 사회였다. 그러므로 그 집안에서 벗어난다는 것은 사회적인 의미에서만이 아니라 실제로 몸의 죽음을 의미한다. 오늘날에도 '호적을 판다'는 말이 있지만 과거에 호적에서 뺀다는 것은 단순히 법적인 관계가 아니라 삶 자체를 유지할 수 없게 만든다는 말이었다.

집안을 중심으로 이루어지던 이러한 삶은 '예의'라고 하는 질서를 통해 유지된다. 오늘날 '예의'라고 하면 고리타분하고 시시콜콜한 문제까지 일일이 규제하는 쓸데없는 것으로 생각된다. 실제로 조선시대의 한 예의범절에 대한 글을 보면, 아이들은 손님의 콧구멍을 후비면 안 된다는 항목도 있다(이덕무, 『사소절』). 그러나 이런 것은 아주 말단적인 예에 불과하고 전근대에서의 예의는, 사회는 물론 한 개인의 생명을 살아갈 수 있게 하는 질서였다. 그 질서는 바로 돌봄의 질서다. 부모가 자식을 기르고 자식이 다시 늙은 부모를 모시는 것, 형제, 삼촌, 사촌 등 친소관계에 따라 돌보는 범위와 정도를 정하여 삶을 유지했던 것이다.

이런 점은 과거의 사회보호 대상이 홀아비, 과부, 고아, 늙어서 자식이 없는 사람(환과고독鰥寡孤獨)을 대상으로 하고 있다는 것을 보아도 잘 알 수 있다. 고아는 경제적 능력이 없을 수 있지만 적어도 성인인 홀아비나 과부는 홀로 되었다고 해서 반드시 경제력이 없다고 할 수는 없다. 노인 중에서도 자식이 없는 사람만 대상이 된다. 그럼에도 이들이 사회보호의 대상이 된 것은 이들이 모두 집안이라고 하는 돌봄의 체계에서 벗어나 있기 때문이었다. 다시 말해서 집안을 이루지 못하는 사람들이기 때문이었다. 이는 장애인이나 노인과 같이 경제적 능력의 여부에 따라 사회보호의 대상이 정해지는 오늘날의 관점과는 매우 대조적인 것이다. 이는 오늘날의 관점이 사람을 노동력의 관점에서 본다는 것이며 이에 따라 예의라고 하는 것도 돌봄을 위한 것이 아니라 노동력을 잘 발휘할 수 있게 하는가 아닌가의 여부로 바뀌었다는 사실을 말해주는 것이다.

일정한 질서에 따라 다른 사람을 돌보고 배려하는 것이 아니라 경제적 능률을 올릴 수 있는 것은 예의에 맞는 것이고 그렇지 못한 것은 예의에 어긋나는 것이다. 이런 관점에서는 버스에서 노인이라고 해서 무조건 자리를 양보해야 한다는 것은 예의와 무관한 것이 된다. 왜냐하면 경제를 최우선으로 하는 사회에서는 경제적 생산능력이 없는 노인보다는 젊은이가 앉는 것이 더 '경제적'이기 때문이다. 이와 같이 예의는, 멀리는 과거의 역사를 보존하면서 현재의 경제구조, 나아가 미래의 지향점까지를 고려하여 만들어진 그 사회의 질서다.

전근대에서의 의료는 기본적으로 집안에서 이루어졌다. 가장은 경제만이 아니라 집안 식구의 거의 모든 것을 책임을 져야 한다. 따라서 집안에서 누가 아프면 가장이 책임지고 치료해야 하며 간호 역시 가족 사이의 관계에 따라, 곧 예의 질서에 따라 이루어져야 한다. 치료와 간호가 집안이라는 하나의 공간에서 이루어졌던 것이다.

오늘날 남아 있는 다양한 민간요법은 바로 이런 오랜 전통의 결과다. 그리고 옛날 선비들이 의학을 공부한 것도 단순히 자기나 부모의 병 치료 때문이 아니라 바로 이런 사회구조 때문이었다.

그러나 의학은 전문 분야이고 병은 다양하기 때문에 그 치료에는 당연히 일정한 한계가 있을 수밖에 없다. 바로 이런 빈틈에 의학이 자리를 잡는다. 의학이 집안에서 이루어지던 의료, 곧 돌봄의 한 축을 담당하게 된 것이다. 우리가 의학은 인술仁術이라는, 또는 인술이어야 한다는 생각을 갖고 있는 것은 바로 이런 전통에서 온 것이다. 다시 말해서 의학이 하나의 전문분야로 전문인에 의해 대체되었음에도 불구하고 여전히 우리의 의식 속에는 과거의 전통, 곧 의학은 집안에서, 가족 사이에서 지극한 사랑에 기초하여 이루어지는 돌봄의 체계여야 한다는 의식이 남아 있기 때문이다.

그러나 이는 근대화가 진행되면서 다시 또 한 번의 큰 변화를 겪는다. 예의가 경제적 차원에서 해석되기 시작한 것과 마찬가지로 의학도 경제적 차원에서 해석되기 시작한 것이다.

의사의 의무와 윤리

전근대이든 근대이든 의사의 의무는 사람들이 잘 살 수 있도록 도와주어 각기 타고난 수명을 다하게 하는 것이다. 그렇게 하려면 의사는 신명神明에 통하여 조화를 부려서 일찍 죽을 사람을 장수하게 하고 장수할 사람은 신선이 되게 할 수 있어야 한다. 이런 경지에 이르는 길을 '의도醫道'라고 한다.

'신명과 통한다'는 말은 생명력이 최고로 발휘되는 경지에 이르러야 한다는 말이다. 단순히 몸만 좋아서 되는 일이 아니다. 몸과 마음이 모두 최상의 경지에 머물러 있어야 한다는 말이다.

참으로 쉽지 않은 일이다. 그러나 진정한 의사가 되려면 이 의도를 깨우쳐 몸으로 얻어야 한다. 체득體得이다.

이와 연관하여 의사는 어떠해야 하는가에 대해 손사막(孫思邈, 581~682)이 쓴 『천금요방千金要方』(652) 중 「대의정성大醫精誠」이라는 글을 보기로 한다.

'대의정성'에서 '대의'는 큰 의사를 말한다. 예로부터 큰 의사는 나라를 다스린다고 하였다. '정'은 의학을 익히는 데에 필요한 정밀함과 정교함을 뜻한다. '성'은 환자를 대하는 의사의 정성스러운 태도, 진심 어린 마음을 말한다. 이 글을 읽어 보면 의사가 된다는 것이 얼마나 어렵고 또 많은 노력을 해야 하는지, 의사의 마음가짐은 어떠해야 하는지를 잘 알 수 있다.

손사막은 어려서부터 도가와 불가의 이론에 깊이 심취하여 손진인孫眞人이라고도 불렸다. 그 스스로가 벼슬을 사양하고 20대부터 은거생활을 하면서 오로지 환자를 고치는 데에만 전념했다. 그의 생년生年을 560년으로 보기도 하는데, 그렇다면 거의 100년 동안 환자를 고치는 데에 평생을 바쳤다는 말이 된다. 그는 약학에도 큰 업적을 남겨 약왕藥王이라고도 불린다. 그의 저서인 『천금요방』도 천 냥의 금보다 소중한 사람의 생명을 살리는 긴요한 처방이라는 뜻이다. 특히 이 책은 부인과 소아를 중요하게 여겨 책의 앞부분에 실었다. 「대의정성」은 고대 그리스의 히포크라테스 '선서'에 해당하는 글이어서 오늘날에도 많이 읽히고 있다.

큰 의사의 지극한 정과 성 (원문은 432~434쪽)

장담張湛(6세기 경 수나라 때의 의사)은 "옛 의학의 고전에 정통하기 어렵다는 말이 전해온 것은 아주 오랜 일이다"라고 말했다. 그런데 병에는 속병은 같으면서도 겉의 증상이 다르게 나타나는 것이 있고 속병은 다르면서도 겉의 증상은 같이 나타나는 것이 있다. 오장육부의 허실虛實과 혈맥血脈, 영기營氣와 위기衛氣가 잘 통하는지 막혔는지는 듣거나 보아서만은 알 수 없는 것이므로 반드시 모든 증상을 진찰한 다음에야 판단해야 한다. 그런데 촌관척의 맥은 부浮, 침沈, 현弦, 긴緊 등의 맥이 뒤섞여 나타기도 하고 수혈兪穴과 경락經絡의 흐름도 사람에 따라 높거나 낮거나 깊거나 얕은 차이가 있다. 또한 피와 부, 근과 골은 두껍고 얇은 것과 딴딴하고 부드러운 차이가 있다. 그러므로 정밀하고 세세한 데 까지도 마음을 써야 비로소 의학의 오묘한 경지에 대하여 말할 수 있다.

그런데 이토록 정밀하고 미묘한 일을 극히 거칠고 얕은 생각으로 알아내려 한다면 위험하지 않겠는가. 만일 실實한데 보태주고 허虛한데 덜어내고, 잘 통하고 있는데도 더 뚫어주고 막혀 있는 것을 오히려 더 막고, 찬데도 더 차게 하고 더운데도 더 덥게 한다면 이는 그 병을 더 위중하게 하는 것이어서 그러고도 살기를 바라지만 내가 보기에는 죽음밖에 없다.

그러므로 의술이나 점치는 것, 기예는 정통하기 어려운 것이어서 귀신에게서 받지 않고서는 어찌 그 오묘한 경지를 얻을 수 있을 것인가. 그런데 세상에 어리석은 사람들이, 의서를 3년간 읽고는 곧 천하에 치료할 수 없는 병이 없다고 말하더니, 병을 3년간 치료해보고는 세상에 쓸만한 처방이 하나도 없음을 알겠다고 한다. 그러므로 배우는 사람은 모름지기 의학의 본원에 대해 넓고도 끝까지 파고들어 정밀하게 하고 부지런히 하여 길에서 주위들은 것을 갖고 (마치 자기 이야기인 양) 길에서 떠들며 의학의 도道를 다 알았다고 하지 말아야 한다. 그것은 자기를 깊이 그르치는 일이다.

무릇 훌륭한 의사는 병을 치료할 때에 반드시 자신의 '신'을 안정시키고 의지를 굳게 하여 어떠한 욕심이나 바라는 바가 없어야 하며 먼저 대자대비한 마음과 측은한 마음을 내어 환자의 고통을 널리 구하겠다는 맹서와 바람이 있어야 한다. 만약 병이 있어 찾아와 병 고치기를 바라면 그 사람의 지위가 높고 낮음과 가난함과 부유함을 묻지 말며 나이 들었거나 어리거나, 곱거나 밉거나 원한을 지었거나 가깝거나 한민족이든 오랑캐든 어리석든 지혜롭든 가리지 말고 모두 평등하게, 아주 가까운 피붙이처럼 여겨야 한다. 또한 앞뒤를 재지 말고 자기 밥그릇이 얼마나 될지 재지 말며 몸과 목숨을 아끼지 말아야 한다. 환자의 고통과 괴로움을 보면 마치 자기가 그런 것처럼 여겨 마음 속 깊이 처참해하며 어떤 험한 일도 피하지 말고 밤이나 낮이나 춥거나 덥거나 배고프거나 목마르고 피로하거나 오직 한 마음으로 환자를 고쳐야 하며 재주를 피우거나 그런 행동거지를 보여서는 안 된다. 이렇게 해야 민중의 큰 의사가 될 수 있으며 그렇지 않으면 환자의 큰 도적이 될 것이다.

예부터 이름난 의사가 병을 고칠 때는 흔히 생명 있는 것으로 목숨을 구했다. 비록 동물은 천하고 사람은 귀하다고 하지만 목숨을 아끼는 데에서는 사람이나 동물이나 똑같다. 남을 손해 입혀 자기에게 이익이 되게 하는 것은 동물도 마찬가지로 걱정하는 바인데 하물며 사람은 어떻겠는가. 살생을 하여 생명을 살리겠다는 것은 생명의 뜻에서 아주 멀리 벗어난 것이다. 내가 이 책 『천금방』에서 생명 있는 것을 약으로 쓰지 않은 것은 바로 이런 이유 때문이다. 맹충(등에)이나 수질(거머리) 같은 것이 죽어서 시장에 나온 것을 사다 쓰는 것은 이런 예에 속하지 않는다. 다만 달걀 같은 것은 아직 생명으로 나뉘지 않은 것이어서 반드시 긴요하게 써야 할 때는 어쩔 수 없이 참고 쓸 수는 있지만 그런 경우에도 쓰지 않을 수 있다면 참으로 지혜로운 사람이겠지만 아무나 그렇게 할 수 있는 것은 아니다.

환자의 부스럼이나 상처가 차마 눈뜨고 볼 수 없고, 피고름을 싸서 악취가 나 모든 사람이 쳐다보기도 싫어할지라도 환자의 부끄러움과 괴로움을 가엽게 여겨 동정하는 마음을 갖고 티끌만큼도 불쾌한 마음을 가져서는 안 된다. 이것이 바로 내 뜻이다.

큰 의사의 풍모는 맑은 신으로 안을 들여다보며〔내시內視〕 의젓하면서도 너그럽고 너무 잘난 체하지도 않지만 어리숙하게 보이지도 않아야 한다. 병을 묻고 진찰할 때는 지극한 마음으로 깊이 생각하여 환자의 형形과 증후를 자세히 살펴서 털끝 하나도 놓치지 말아야 하며 처방을 내리고 침과 약을 씀에는 한 치도 어긋남이 없어야 한다. 병은 빨리 고쳐야 한다지만 치료에 임해서는 미혹되지 말고 오로지 심사숙고하여 생명을 구하는 일에 경솔하게 자신의 뛰어남을 내세워 명예를 얻으려 하지 말아야 하니 그런 것은 참으로 어질지 못한 짓이다.

또한 환자의 집에 가서도 아녀자의 화려한 옷에 눈이 팔려 좌우를 힐끗힐끗 돌아보지 말아야 하며 좋은 음악이 들려와도 못 들은 체 해야 하며 맛있는 음식을 내와도 맛없는 것처럼 해야 하며 좋은 술이 널려 있어도 보지 못한 것처럼 해야 한다. 이렇게 하는 것은 (모두가 즐거운 자리에서) 한 사람이라도 구석에서 울고 있는 사람이 있으면 모두가 즐겁지 않은 법인데, 하물며 환자가 한시도 그치지 않고 고통을 받고 있는데서 의사라는 자가 마음 편히 즐거워하거나 제 잘난 척을 하고 있다면, 이는 사람이나 귀신이 모두 부끄러워하는 일이기 때문이니 지극한 경지에 오른 사람은 하지 않는 일이다. 이상이 의사됨의 본뜻이다.

무릇 의사가 되는 길은, 말을 많이 하거나 희롱하지 말며 시끄럽게 희희덕대지 말아야 한다. 다른 사람과 시비를 가리지 말며 다른 사람들에 대해 논평하지 말며 다른 의사를 헐뜯지 말며 자기를 요란하게 내세우거나 저 잘난 체를 하지 말아야 한다. 우연히 한 가지 병을 치료하고서는 고개를 뻣뻣이 들고 의기양양해서는 방자한 모습으로 천하에 자기밖에 없다고 떠드니 이것이 바로 의사들의 불치병이다.

노자가 "남이 알게 덕을 쌓으면 저절로 다른 사람이 갚

아주고, 남모르게 덕을 쌓으면 귀신이 갚아준다. 남이 알게 악을 행하면 저절로 다른 사람이 갚아주고, 남모르게 악을 행하면 귀신이 해친다"고 하였다. 이 두 가지 경우를 생각해보면 음과 양이 갚고 베푸는 것을 어찌 무시할 수 있을 것인가. 의사라는 사람은 자기의 재주만 믿고 오로지 재물을 도모하는 데 마음을 써서는 안 된다. 다만 환자의 고통을 구하겠다는 마음을 갖고, 저승길을 가다가 스스로 행복한 사람이라고 느끼면 그뿐이다.

또한 환자가 부자이고 높은 지위에 있는 사람이라고 해서 진귀한 약을 처방하여 환자가 구하기 어렵게 하여 자기의 공로와 능력을 내세워서는 안 된다. 그것은 참으로 충서의 도道가 아니다. 병을 구제하겠다는 마음만으로 곡절하게 잔소리를 늘어놓았으니 배우는 사람들은 비천한 말이라고 부끄럽게 여지기 말기 바란다.

오래 사는 사람 일찍 죽는 사람

동의보감에서는 수명의 차이가 부모에 의해 결정된다고 말한다. 처음 태어날 때 부모 모두의 왕성한 기를 받은 사람은 상上이나 중中의 수壽를 누리고, 어느 한쪽만의 왕성한 기氣를 받은 사람은 중하中下의 수를 누리며, 양쪽이 모두 쇠약한 기를 받은 사람은 몸을 잘 가꾼다 해도 겨우 하下의 수를 누릴 뿐이다. 그렇지 않으면 대부분 일찍 죽는다고 말한다. 이렇게 보면 건강은 타고 나는 것이다. 그러면 이런 의문이 들 것이다. 건강이 타고나는 것이라고 한다면 의학은 도대체 무엇 때문에 존재하는 것인가, 약하게 타고난 사람은 어떻게 해야 하는가? 동의보감에서는 이에 대한 답도 마련하고 있다.

아무리 잘 타고 났어도 외부로부터 풍한서습風寒暑濕과 같은 나쁜 기의 침입을 받거나 배고픔과 포식, 지나친 노동으로 몸을 손상시킨다면 일찍 죽을 수밖에 없다. 그렇게 일찍 죽게 되는 요인으로 다음의 세 가지를 든다.

하나는 외부의 나쁜 기운이다. 너무 덥거나 춥거나 습하거나 건조한 것이 모두 나쁘다. 외부의 기운이 지나치게 세거나 갑작스럽거나 때에 맞지 않으면 모두 몸을 해칠 수 있다.

또 하나는 음식을 잘 조절하지 못한 것이 중요한 요인이다. 음식 자체가 아니라 음식의 조절을 말한 것은 그것이 '어떤' 음식인지보다는 '어떻게' 먹는가 하는 것이 더 중요하다는 말이다. 그래서 가장 먼저 지나친 배고픔이나 배부름을 들었다. 외부의 요인과 마찬가지로 음식도 지나치거나 갑작스럽거나 때에 맞지 않는 것이 문제라는 말이다. 그리고 마지막으로 지나친 노동을 들었다. 원문에서는 '노역勞役'이라고 하였으므로 이는 일을 강제로, 억지로 한 것이다.

여기에는 너무 짜게 먹었다든가 운동을 하지 않았다든가 술 담배를 많이 했다든가 하는 말이 없다. 물론 마음가짐에 대한 말도 없다. 마음가짐에 대해서는 뒤에서 더 나올 것이어서 여기에서는 지나가기로 하지만, 특히 지나친 노동(지나친 운동도 여기에 해당한다)에 대해 말하고 있는 것이 특이하다.

전근대의 동아시아에서는 '노동勞動'이라는 말을 좋게 보지 않았다. '노勞'는 열〔火〕이 펄펄 나게〔炊〕 힘〔力〕을 쓰는 것이다. 자기 힘에 부치는 일을 애써 하는 것이다. 영어에서의 노동, 곧 레이버labor 역시 힘든 일,

고역苦役이라는 뜻이 있다. 노동이 새로운 의미를 갖게 되는 것은 근대적 민중의 힘이 자각된 이후의 일이다.

'동動'은 균형을 깨는 일이다. '동'이 깨는 균형은 고정된, 움직이지 않는 균형이 아니라 음양이라는 기가 이루고 있던 균형이다. 자연의 질서다. '동'은 바로 그런 질서를 깨는 것이다. 힘에 부치는 일을 애써하면 몸의 균형이 깨진다. 그래서 한의학에서는 게으름을 경계하는 것만큼 지나친 노동을 경계하고 있다. 운동 역시 마찬가지다. 적절한 일과 움직임은 좋지만 지나친 것은 나쁜 것이다. 이와 연관하여 재미있는 실험이 있다.

소식少食이 좋다는 말은 누구나 들어보았을 것이다. 간단한 쥐 실험으로도 적게 먹은 집단이 더 건강하고 오래 산다는 것을 증명할 수 있다. 동의보감에서도 이를 분명하게 말하고 있다.

"곡기穀氣가 원기元氣를 이기면 그 사람은 살이 쩌서 오래 못살고, 원기가 곡기를 이기면 그 사람은 마르지만 오래 산다."

여기에서 "곡기가 원기를 이긴다"는 말은, 그 사람이 타고난 그릇의 크기를 넘어 음식을 지나치게 많이 먹는 것이다. 반대로 원기가 곡기를 이긴다는 말은 자신의 그릇보다 적게 먹는다는 말이다. 여기에서 중요한 것은 무조건적으로 적게 먹는 것이 아니라 자신의 그릇에 맞게, 그보다 약간 적은 듯이 먹는다는 점이다. 그런데 여기에 운동을 추가하면 어떤 결과가 나올까?

쥐를 네 집단으로 나누어놓고 〔가〕 집단과 〔나〕 집단에는 모이를 많이 주되 〔가〕 집단은 운동을 조금만 하게하고 〔나〕 집단에는 운동을 많이 하게한다. 〔다〕와 〔라〕 집단에는 모이를 적게 주되 〔다〕 집단은 운동을 조금만 하게하고 〔라〕 집단에는 운동을 많이 하게 한다. 어떤 집단의 쥐가 오래 살았을까?

정답은 〔다〕, 곧 모이를 직게 먹고 운동을 적세 한 쥐었나. 아마 많은 사람들은 적게 먹고 운동을 많이 한 쥐가 오래 산다고 생각했을 것이다.

결국 먹는 것이든 운동하는 것이든 지나친 것은 모두 나쁘다는 결론이 나온다. 그러나 수명을 결정하는 요인은 이것만이 아니다.

수명을 결정하는 요인들

동의보감에서는 사람이 오래 잘 살기 위한 조건을 다음과 같이 제시하고 있다.

오래 살려면 첫째, 형形과 기氣가 서로 마땅해야 한다. 형이란 몸의 집, 곧 몸집이다. 그리고 형기라고 할 때의 기란 몸을 채우는 것이다. 곧 몸의 집을 채우고 있는 오장육부를 비롯한 살과 근육 등 몸 안에 있는 모든 요소를 말한다. 그러므로 몸집이 큰 사람은 기가 그만큼 넉넉하게 몸집을 채우고 있어야 한다. 간단히 말하자면 몸집은 큰데 너무 야위었거나 반대로 몸집은 작은데 너무 뚱뚱하면 오래 살지 못한다는 것이다. 비유를 하자면 형과 기가 잘 맞지 않는 것은, 99칸 집에 몇 사람만 산다거나 작은 방 하나에 수십 명이 사는 것과 같다.

한의학에서는 살쪘다는 것을 그 사람이 타고난 몸집과 기의 관계를 비교해서 판단한다. 무조건 키 몇 센티미터에 몸무게 몇 킬로그램이라는 식의 기준은 없다. 그 사람의 몸집, 체격에 맞는 무게가 있는 것이다.

둘째는 피부와 근육의 상태다. 피부는 근육을 잘 감싸고 있어야 한다. 살이 빠져 쭈글쭈글하게 피부가 밀리거나 늘어져 있으면 안 된다. 그러려면 살과 근육이 적당하게 있어야 한다. 근육은 잘 발달하여 근육의 결이 분명하게 드러나면서 단단해야 오래 살 수 있다. 그러나 억지로 근육을 만들어 피부가 팽팽할 정도로 발달시키는 것은 좋지 않다.

셋째는 자신에게 맞게 먹는 것이다. 그러나 무조건 적게 먹는 것이 아니라 자신이 타고난 기를 넘어설 정도로 먹지 말아야 한다. 그 정도를 가늠하는 방법은, 일상적으로 먹어도 살이 더 찌거나 마르지 않을 정도로 먹는 것이다. 사람에 따라 다소 많이 먹어도 살이 찌지 않는 사람이 있는가 하면 조금만 먹어도 살이 찌는 사람이 있다. 또 나이나 병의 상태, 생활방식에 따라 먹는 양이 달라질 수 있다. 그러므로 무조건 적게 먹어서 좋은 것은 아니며 자신의 기에 맞는 양을 가늠할 줄 아는 것이 중요하다.

넷째는 성격이다. 성격이 급하면 맥도 급해진다. 심장의 박동이 빨라지는 것이다. 동의보감에서는, 맥이 완만하면서 느린 사람은 오래 살고 맥이 급하고 빠른 사람은 일찍 죽는다고 말한다. 맥이 느긋해지려면 마음을 잘 다스려야 한다. 굳이 단전호흡이 아니더라도 마음이 고요하면 맥은 안정된다.

다섯째는 호흡의 숫자이다. 동의보감에서는 호흡을 밀물과 썰물이라는 바닷물의 조수와 비교하여, 바다의 수명이 끝이 없는 것은 바다가 하루에 두 번만 숨을 쉬기 때문이라고 말한다. 밀물과 썰물을 바다가 숨 쉬는 것으로 보았다. 반면 사람은 1만 3천 500번 숨을 쉰다고 말한다. 요즈음 사람의 평균 호흡수를 계산해보면, 4초에 한 번 정도 쉰다고 했을 때 대략 2만 1천 6백 번 정도가 된다. 동의보감에서 제시한 숫자보다 거의 두 배가 많다.

호흡이 빨라지는 이유에는 더위와 같은 외부의 조건도 있지만 더 중요한 것은 그 사람이 어떻게 사는가이다. 지나치게 많이 먹거나 무리하게 힘에 부치는 일 또는 운동을 하면 맥이 빨라진다. 더 중요하게는 긴장하거나 조급한 마음이 호흡을 빠르게 한다. 조선시대보다 요즈음 사람들의 맥이 두 배나 빨라졌다는 것은 무엇이든 빨리, 크게, 많이 하려는 마음가짐과 그것을 강요하는 사회구조 때문은 아닐까. 결국 건강과 장수는 단순한 식사와 운동의 문제만이 아니라 바른 마음가짐과 그런 마음을 갖고 살아갈 수 있는 사회구조에도 달려 있는 것이다.

[보론] 사람은 생긴 대로 사는가

관상에서는 사람이 생긴 대로 산다는 전제를 갖고 있다. 사람의 얼굴이나 몸집이 어떻게 형성되는가 하는 데에는 인류가 살아온 환경, 특히 기후와 지리적 조건이 중요하다. 얼굴 생김새에 따라 남방형과 북방형을 나누는 것도 기후와 지리적 조건에 따라 나눈 것이다. 어떤 환경에서 사는가에 따라 먹는 것이 다르고 먹는 것을 구하는 방법이 다르다. 바로 이런 차이가 사람의 꼴을 다르게 만든다.

각기 다른 환경 속에서 서로 다르게 진화된 꼴은 그 자체로는 환경에 적응한 결과일 뿐이다. 이런 꼴이 문제가 되기 시작한 것은, 지배자와 피지배자가 나뉘면서부터, 본격적으로는 땅과 노예를 얻기 위한 침략, 그리고 이에 따른 인류의 이동에서부터 비롯한다. 공동체를 이루고 살던 사람들이 지배자와 피지배자로 나뉘고, 서로 다른 환경에서 서로 다른 얼굴을 갖고 있었지만 따로따로 살고 있던 사람들이 외적 강제에 의해 같은 공간에서 살게 되면서부터 본격적으로 비교되기 시작한다.

그러나 지배자와 정복자의 관점에서 비교가 되기 시작했다는 것이 관상학으로서는 비극이라고 할 수 있다. 관상에서 빈부나 귀천을 중요하게 따지는 것도 이런 전통에서 비롯된 것이다.

이렇게 시작된 관상에서 가장 문제가 되는 것은, 부귀와 빈천에 해당하는 표준 모델이 정해져 있다는 것이다. 부귀의 모델은 당연히 지배자의 그것이고 빈천의 모델은 피지배자의 그것이다. 그러므로 예를 들어 관상에서는 그 사람이 얼마나 공동체의 생활을 잘 할 수 있는지, 남을 잘 배려하는 사람인지에는 관심이 없다.

물론 관상학이 단순한 골격이나 얼굴의 생김새만으로 모든 것을 결정하는 것은 아니다.

관상에서 또 하나 중요하게 여기는 것은 그 사람의 기색氣色이다. 관상은 기본적으로 얼굴을 뜻하는 '상相', 곧 형形을 보지만 그 형을 채우고 있는 기와 그 기가 드러난 색을 함께 보는 것이다. 이는 관상학이 단순한 경험이나 관념적 이론의 차원을 넘어 현실에서의 의학적 근거를 갖기 시작했다는 의미라고 할 수 있다. 올바른 관상은 바로 형과 기의 관계를 파악하는 것이어야 한다. 반면 속류 관상학은 형에 의해 모든 것을 결정한다.

그런데 사람은 환경에 의해서도 영향을 받지만 주체의 행동거지와 마음가짐에 의해서도 영향을 받는다. 환경이라는 외인도 중요하지만 그 외인이 실현되는 것은 몸과 마음이라는 내인을 통해서만 가능하다. 그러므로 그 사람의 행동거지와 마음가짐은 그 사람의 꼴을 만드는 데 외인만큼의 영향을 준다. 이는 외인결정론이라고 할 수 있는 형形 결정론을 거부하는 것이다.

관상학에서도 그러하지만 특히 의학에서는 형과 기의 관계가 중요하다. 동의보감에서도 형만을 갖고 진단을 하는 경우는 없다. 형은 언제나 기와 함께 짝이 되어 고려되어야 하는 개념이다. 동의보감에서 "형과 색이 다르고 장부도 역시 다르니, 비록 겉으로 보이는 증상이 같아도 병은 확연히 다르다"는 말은, 형과 색에 따라 장부도 달라진다는 것을 의미하는 것일 뿐 형과 색에 의해 병이 결정된다는 것은 아니다.

더 중요한 것은 위에서 언급한 "형과 기가 서로 잘 맞아야 한다"는 의미이다. 이는 형에 의해 기를 결정하거나 반대로 기에 의해 형을 재단하는 것이 아니라 어디까지나 형과 기의 상호 관계라는 측면에서 보아야 한다는 말이다. 특히 형[꼴]만 갖고 그 안의 기를 판단하는 우를 범해서는 안 된다. 몸집이나 얼굴이 어떻게 생겼기 때문에 그 안의 기는 어떠할 것이라는 판단은 위험하다는 말이다. 이는 비유하자면 집의 크기나 겉모습만 보고 그 집에서 몇 명이 살고 있는지, 심지어 그 사람들이 행복한지 아닌지를 안다고 하는 것과 같다.

이런 관점의 문제점은 속류 관상학에서 잘 드러난다. 속류 관상학은 그 사람의 꼴만 갖고 건강을 비롯한 그 사람의 과거와 현재와 미래의 모든 것을 판단한다. 특정한 꼴을 갖고 태어난 사람은 그에 따른 운명의 굴레를 벗어날 수 없다는 말은 형식에 의해 내용이 결정된다는 전형적인 결정론이다. 나아가 이런 관점은 사람의 생김에 따라 운명이 결정된다는 운명 결정론과 더 나아가면 사람 사이의 차이를 차별의 도구로 삼는 인종 또는 계급 차별주의의 시작이다.

꼴 자체가 그 사람의 기를 결정하는 것은 아니다. 오히려 중요한 것은 꼴의 변화다. 예를 들면 어떤 사람이 검은 피부를 갖고 있거나 흰 피부를 갖고 있다고 해서 거기에 해당하는 오행 상의 모든 것으로 그 사람을 판단할 수 없다. 중요한 것은 그런 색을 바탕으로 해서 나타나는 변화다. 몸통 역시 마찬가지다. 그 사람이 크거나 작다고 해서, 또한 특정한 동물과 닮았다고 해서 그것으로 모든 것을 판단해서는 안 된다. 중요한 것은 그런 색이나 꼴을 통해 알 수 있는 변화들이다. 그래서 한의학에서는, 의사라면 '변變 자리'를 잘 알아야 한다고 말했다. 변화를 중시한 것이다.

사람의 몸은 하나의 나라와 같다

자연의 우주를 대우주라고 하고 사람의 몸을 소우주라고 하는 생각은 동서를 막론하고 매우 오래된 생각이다. 한 예로 플라톤은 그의 『티마이오스Timaeos』라는 책에서, 우주는 불과 물, 공기, 흙으로 구성되어 있으며 우주의 둥근 모양을 본떠 머리가 둥글게 만들어진 것이라고 말한다.

동아시아에서도 대우주와 소우주를 말하는 전통은 오래되었다. 이런 생각에는 사람도 자연의 하나인 만큼 사람이 움직이는 이치도 자연과 같다는 관점이 들어 있다. 나아가 대우주와 소우주의 이치는 같을 뿐만 아니라, 소우주는 대우주의 질서에 따라야 한다는 뜻도 들어 있다. 이는 매우 중요하다. 왜냐하면 이 말에는 사람이 따라야 할 당위가 제시되어 있기 때문이다. 여기에는 자연은 정복과 다스림의 대상이 아니라 같은 질서 속에서 같이 살아가야 하는 대상, 사람이 따라야 하는 대상이다.

한의학은 여기에서 더 나아가 사람과 사회와의 연관을 말하고 있다. 사람은 자연이라는 환경 속에서도 살아가지만 또 하나의 환경, 곧 사회라는 환경 속에서도 살아간다. 자연의 질서에 어긋나면 자연이 파괴되거나 사람의 몸을 상하게 되는 것처럼 사회 역시 사회의 질서와 어긋나면 사회 질서가 파괴되거나 사람의 몸이 상하게 된다.

사회의 질서와 어긋나서 몸을 상하게 되는 대표적인 경우가 흔히 말하는 스트레스에 의한 신경성 질환이다. 한의학에서는 이를 통틀어 '칠정七情'이라고 한다. 그러므로 자연과 마찬가지로 사회 역시 의학의 중요한 부분이다. 따라서 동의보감에서는 이렇게 말한다.

한 사람의 몸은 나라의 구조와 같다. 가슴과 배가 자리 잡은 것은 궁宮과 실室의 위치와 같고, 팔과 다리가 나뉘어져 있는 것은 성 밖의 땅이 네 곳으로 나누어져 있는 것과 같고, 뼈마디가 나뉘어져 있는 것은 여러 관직이 나뉘어져 있는 것과 같다.

신神은 임금과 같고 혈血은 신하와 같고 기는 백성과 같아서, 자신의 몸을 잘 다스릴 줄 알면 나라를 잘 다스릴 수 있다. 그 백성을 사랑하는 것이 그 나라를 편안하게 하는 방법인 것처럼 자신의 기를 아끼는 것이 자신의 몸을 온전하게 하는 방법이다.

백성이 흩어지면 나라가 망하는 것처럼 기가 고갈되면 몸이 죽는다. 죽은 사람은 살릴 수 없고 망한 나라는 다시 세울 수 없다.

그러므로 지인至人은 우환이 생기기 전에 미리 없애고, 큰 병이 생기기 전에 치료하며, 난리가 나기 전에 다스리지 이미 죽을 지경에 이르러 치료하지 않는다. 사람은 잘 기르기는 어렵고 위험해지기는 쉬우며, 기는 맑아지기는 어렵고 더러워지기는 쉽다.

또한 오장육부와 각 기관은 서로 마땅함을 잃지 않아야 하는데, 그 중에서도 군주의 역할이 제일 중요하다. 군주가 지혜로워야 백성이 편안한 것처럼 군주가 어리석으면 온몸이 위태롭게 되는 것이다. 우리 몸에서 군주는 곧 심장이다. 심장은 마음이다. 마음을 잘 다스리지 못하면 위태로워진다. 그래서 동의보감에서는 경계하고 또 경계하라고 거듭 강조하고 있다.

고대 동아시아에서 심장이 항상 제일 높은 지위에 오른 것은 아니었다. 그것은 고대의 제사에서 희생으로 바치는 동물의 장기가 바뀌어가는 것을 보면 알 수 있다. 심장이 군주의 지위를 차지하게 된 것은 제국이 완성된 이후의 일이다.

제국의 성립은 곧 동서남북이라고 하는 사방四方의 성립이다. 원래 '방'은 은대殷代의 갑골문 용법에 의하면, 은나라에 대립할 정도의 힘을 가진 주변의 나라를 의미한다(가이즈키 시게키 외, 『중국의 역사』, 선진시대). 은나라라고 하는 중앙을 중심으로 네 곳에 위치한 '오랑캐'를 다스리는 체계다. 그 중앙이 바로 심장이며 심장을 둘러싼 사방에 해당하는 것은 팔다리다. 자연스럽게 심장은 본本이 되고 팔다리는 말末이 된다. 이런 상황에서 군주는 권력이나 재력이 아니라 바로 마음으로 다스려야 한다.

마르크스는 사람을 사회적 관계의 총체라고 했다. 그러나 이는 정치,

경제적인 측면에서 말한 것뿐이고 온전하게 말하자면 사람은 사회적 관계와 생물학적 관계의 총체, 그리고 자연적 관계의 총체라고 해야 할 것이다. 이는 평범한 말처럼 보인다. 그러나 우리는 지금까지 사람을 이런 관계의 한 측면에서만 보거나 아니면 이들을 따로따로 떼어서 보아 왔다. 그런 관점의 병폐를 오늘날 끊임없는 전쟁과 환경오염, 빈부격차, 의료의 상품화, 궁극적으로는 인간소외라는 결과에서 확인할 수 있다. 한의학은 사람(생물)과 자연과 사회를 하나로 보는 관점을 제시한다. 그것은 세계를 하나의 기로 보는 관점이다(기일원론). 자연과 사회와 몸을 하나로 보는 의학, 그것이 바로 한의학이다.

심장은 하트가 아니다

어떤 사람은 '똑같은 몸'을 대상으로 하면서 어떻게 한의학과 근대 서양의학이 서로 다를 수 있는지 이해할 수 없다는 말을 한다. 예를 들어 허리가 아프다면 분명히 허리에 있는 신경이나 근육에 이상이 있어서 아픈 것이 분명한데도, 한의학에서는 엉뚱하게도 콩팥(신장)에 문제가 있다느니 담痰이 많다느니 하는 말을 한다는 것이다. 이런 일이 벌어지는 근본적인 이유는 이해의 기준을 특정한 하나로 정했기 때문이지만 다른 한편에서는 근대 서양의학이 동아시아에 도입되면서 번역어로 기존의 용어를 그대로 빌려 썼기 때문이기도 하다.

서양의 용어를 동아시아의 용어로 번역하는 일은 대부분 일본의 에도시대 후반에 집중적으로 이루어지는데, 오늘날 우리가 너무도 자연스럽게 쓰고 있는 사회society나 개인individual, 국가state 등과 같은 말부터 과학science, 이성reason 등과 같은 말에 이르기까지 많은 단어가 이때 만들어졌다. 그러나 이런 말들은 과거의 우리에게는 없었던 것이어서 번

역어를 선택하는 과정에서 큰 어려움
을 겪게 된다.

예를 들어 '쏘싸이어티'라는 말은
너무도 생소하여 당시 에도시대 사람
들은 도대체 이 말이 무엇을 의미하는
지 알 수 없었다(물론 이는 일본에 한정
된 일이 아니라 동아시아의 모든 나라도
마찬가지였다). 왜냐하면 사회라는 것
은 정치적, 경제적으로 독립한 개인이
모여 만드는 것인데, 과거의 동아시아

심장도

에서는 사회는 물론 개인이라는 말도 없었고 그런 '개인' 자체가 없었기
때문이었다. 그래서 없던 말은 새로 조합해서 만들기도 하고 어떤 경우
는 기존의 말을 빌려 쓰기도 했다. 없던 말 중 의학과 연관하여 대표적
인 것은 신경神經, nerve이라는 말이다. 한의학에는 '신경'이라는 개념이
없었기 때문에 새로 만든 것이다. 이런 경우에도 문제가 발생한다. 그것
은 경락을 뜻하는 '경經' 자가 붙어 있어서 마치 경락이 신경인 듯한 인
상을 준다. 실제로 후대에 가면 경락을 신경과 동일시하는 사람들도 나
온다.

그러나 정말 심각한 문제를 야기한 것은 바로 기존의 말을 빌려 쓴
경우다. 하트heart를 심장이라고 한 것이나 리버liver를 간이라고 한 것
등이 그것이다. 하트와 심장은 서로 별개의 것인데도 기존의 용어를 빌
려 쓰다 보니 이제는 하트가 마치 심장인 것처럼 생각하게 되고 반대로
우리의 전통적인 심장이 무엇인지는 잊어버리게 되었다.

일이 이 지경에 이른 이유를 설명하려면 고대 그리스의 철학과 고대
동아시아의 철학을 비교하는 일부터 시작해야 하지만 간추려 말하자면,

동과 서의 이런 차이가 생긴 것은, 고대 그리스에서는 사물을 부분인 원자로 이루어진 것으로 보았고 고대 동아시아에서는 전체인 기로 보았기 때문이다. 또 하나는 고대 그리스에서는 내상을 나와 분리하여 보았고 고대 동아시아에서는 대상을 나와 합일되어 있는 하나로 보았다는 차이가 있다.

　이런 데서 동과 서는 동일한 대상, 예를 들어 심장 하나를 놓고 보더라도 서로 완전히 다른 관점에서 서로 다른 측면을 보았던 것이다. 그럼에도 하트가 심장으로 번역되고 제국주의와 함께 서양의 문물이 동아시아를 지배하게 되면서 이제는 서양의 하트 개념만 살아남아 '심장'이라고 하면 당연히 하트를 뜻하는 것으로 생각하게 된 것이다.

　이런 개념상의 전도顚倒는 너무 일반화되어서 이제는 이런 문제제기가 오히려 이상하게 여겨질 정도가 되었다. 특히 전근대 시대의 과학 중 유일하게 살아남은 한의학에서 이러한 개념의 전도는 매우 심각하다.

　공자는 자신이 권력을 잡으면 제일 먼저 이름을 바로 잡겠다〔正名〕고 했다. 이름과 내용이 명실상부하게 되도록 하겠다는 것은 단순히 용어를 바로잡는 문제가 아니라 정치, 경제, 문화 등 모든 분야의 근본 질서를 새로 만들겠다는 매우 혁명적인 발언이었다. 왜냐하면 이름〔名〕을 바로 잡으려면 그 이름을 차지하고 있던 내용〔實〕을 바로 잡아야 하고 내용을 바로 잡으려면 그 내용이 차지하고 있던 정치, 경제, 문화 등을 둘러싼 권력의 문제가 해결되어야 하기 때문이다. 그러나 정명을 하기 이전에 먼저 바른 이름이 무엇인지부터 아는 것이 순서일 것이다.

오장육부의 내력

한의학에서는 우리 몸의 장부를 사회에 비유하여 심장은 군주와 같은 곳이며 신명神明이 나오는 곳이라고 했다. 심장을 군주에 비긴 것은, 심장이 한 나라의 군주와 같이 다른 장기를 거느리면서 우리 몸에서 가장 주요한 역할을 하기 때문이다.

신명이란 한 생명체가 살아가면서 발휘하는 생명력을 말한다. 여기에는 정신활동이 포함되지만 단순한 정신이 아니라 한 생명체의 운동(정신과 육체 모두 포함)이 가장 높은 경지에 이르렀을 때 드러나는 생명력의 표현이다. 예를 들면 예술이나 종교의 최고 경지에서 이런 신명을 경험하게 되며 좋은 사람과 좋은 자리에서 좋은 놀이를 해도 신명이 난다. 온몸의 기가 제대로 잘 돌기 때문에 나타나는 것이다.

신명이 나오려면 백성에 해당하는 기를 다스리는 심장이 군주로서의 역할을 잘 해야 한다. 어떻게 하면 군주 역할을 잘 하는 것일까. 그것은 심장이 있는지 없는지도 모르는 상태다. 이는 요순堯舜 시대의 백성들이 자신의 임금이 누군지도 몰랐던 것과 같다. 그렇게 되려면 군주는 마음을 비워야 한다. 무언가 업적을 남기겠다는 욕심, 권력을 챙기겠다는 욕심, 건강해야겠다는 욕심마저 버려야 한다. 군주가 나대면 백성이 괴로운 것처럼 심장이 제 역할을 못하면 온몸의 기가 어지러워진다. 반대로 백성이 나대면 군주가 괴로운 것처럼 마음고생을 하면 심장이 나빠진다.

군주를 보좌하는 사람을 재상이라고 하는데, 심장을 보좌하는 기관은 폐이다. 폐는 심장을 덮고 있으면서 심장과 가장 가까운 곳에서 재상과 같은 역할을 한다. 실질적인 통치 행위가 여기에서 나온다.

폐의 가장 중요한 역할은 온몸의 기의 활동을 보고받고 조절하는 역할이다. 이를 한의학에서는 '폐조백맥肺朝百脈'이라고 한다. 폐가 모든 맥의 조회를 받는다는 말이다. '조회'란 고대에 제국의 군주가 사방의 왕들을 불러들여 각국의 상황을 보고받고 점검하며 지시를 내리는 자리였다. 여기에서 빠지는 것은 곧 반란을 뜻한다. 그러므로 모든 왕은 조회에 모여야 한다. 폐는 바로 그런 조회를 받는 기관이다. 모든 몸의 상태, 곧 경락은 폐에 와서 자신의 상태를 보고해야 한다. 그렇기 때문에 진맥을 할 때는 다른 곳이 아니라 바로 폐의 기가 흐르는 폐경肺經에서 맥을 잡으면 온몸의 기의 상태를 알 수 있다.

간은 장군과 같은 기관으로 여기에서 온갖 묘책이 나온다. 장군은 그 자신이 힘도 세어야 하지만 힘보다는 제갈량 같은 지략이 더 중요하다. 어리석은 장군은 제 힘만 믿고 일에 닥치면 화부터 낸다. 간의 기가 제대로 돌지 못하기 때문이다. 거꾸로 화를 내면 간이 상한다. 『삼국지』의 장비가 여러 번 낭패를 본 것도 다 자기 화를 이기지 못했기 때문이다.

담膽은 중정中正과 같은 기관으로 결단이 여기에서 나온다. '중정'은 고대에 과거와 같은 시험을 거치지 않고 인재를 아홉 등급[九品]으로 나누어 천거하던 기관이었다. 그러니 중정에는 온갖 청탁이 난무할 수밖에 없고 청탁으로도 안 되면 압력이 들어온다. 이때 결단이 필요한 것이다. 그러므로 간과 담의 기가 제대로 돌지 못하면 화를 자주 내면서도 그것을 밖으로 드러내지 못하고 머뭇거리게 된다. 소위 스트레스가 쌓이는 것이다. 스트레스가 쌓이면 반대로 간과 담이 나빠진다.

동의보감에서는 전중膻中이라고 했는데, 이는 심포락心包絡의 다른 이름이다. 심포락은 비유하자면 비서실과 같은 기관으로, 기쁨과 즐거움이 여기에서 나온다. 심포락은 한의학에만 있는 개념으로, 심장을 둘러싸고 있는 막을 가리킨다. 심장은 군주와 같은 곳이어서 군주 자체가 움직여서는 안 되기 때문에 심장의 명령을 받아 이를 전달하는 기관으로 심포락이 설정된 것이다. 해부학적으로는 심포락에 뇌와 동일한 신경이 분포하고 있기도 하다.

일반적으로 기쁨이란 마음에서 일어나는 정서의 표현이고, 즐거움이란 몸을 통한 경험에서 나오는 정서의 표현이다. 그러나 어떤 것이든 너무 지나치면 심장을 상하게 된다. 온몸의 기가 제대로 돌면 기쁨이 나오겠지만 이것이 지나쳐 심장을 상하면 자기 의지와 관계없이 끊임없이 웃음이 나온다. 이를 심실증心實症이라고 한다. 그러므로 너무 웃는 것도 병이다.

비위脾胃는 창름倉廩의 기관으로서 다섯 가지 맛이 나오는 곳이다. 창름은 곳간이다. 곡식을 저장하는 곳이 '창'이고 쌀을 저장하는 곳이 '름'이다. 곳간은 물건을 쌓아두는 곳이기도 하지만 물건을 쌓기 위해서는 먼저 비어 있어야 한다. 또한 쌓아놓았다가도 다시 내보내야 한다. 들여놓은 물건이 차 있기만 하고 나가지 않으면 곳간은 곳간으로서의 역할을 할 수 없다. 그러므로 음식물이 들고나는 기관으로 비위를 창름에 비유한 것은 참으로 적확하다.

음식이 비위에 들어와 소화되면 여기에서 다섯 가지 맛이 나온다. 다섯 가지 맛은 요즈음 말로 하자면 영양분이다. 이는 온몸을 움직이게 하는 근본이 되며 더 중요하게는 정精을 만드는 근본이 된다.

대장大腸은 전도傳道의 기관으로 변화變化가 나온다고 했다. 전도는 이끌어서 다른 곳으로 전해주는 것이다. 여기에서 변화가 나온다. 이 '변화'는 음식물이 대변으로 바뀌는 변화다. 소위 영양분을 걸러내는 작용이다. 근대 서양의학에서는 이런 역할을 주로 소장이 맡고 있지만 한의학에서는 대장이 그 일을 한다.

소장小腸은 수성受盛의 기관으로서 '변화된 것[化物]'이 나오는 곳이다. 앞의 「신형장부도」에서 볼 수 있는 것처럼 소장은 위胃의 바로 아래에 있어서 위에서 나온 것을 받아 담는 역할을 하는 곳이 소장이다. 여기에서 '변화된 것'이란 음식물이 소변과 대변으로 갈려 나오는 것을 말한다. 한의학에서는 이를 두고 '청탁을 나눈다'고 한다. 청탁은 쓸모 있는 것과 없는 것을 뜻하기도 하지만 더 중요한 것은 변화된 것을 음양으로 나눈다는 의미이다. 이것도 근대서양의학과는 다른 관점이다. 근대 서양의학에서 소장은 소화와 흡수에 관여하는 기관이다.

신신腎은 작강作强의 기관으로서 여기에서 '기교技巧'가 나온다고 했다. '작강'이란 강함을 만든다는 말인데, 역대의 해석이 엇갈린다. 어떤 사람은 몸을 지탱하는 뼈와 같이 강한 것을 만드는 것이라고 하였고 어떤 사람은 성기능에서의 강함을 뜻한다고 하였다. 후자처럼 해석하면, 여자에게서는 기교가 나오고 남자에게서는 강함을 만드는 것으로 풀이할 수 있다.

삼초三焦는 결독決瀆의 기관으로서 여기에서 '수도水道'가 나온다. '삼초'는 근대 서양의학에는 없는 개념이다. 삼초에서 '초焦'는 태운다는 뜻인데, 물을 태워 액체를 기체로 만들 듯 물이라고 하는 기의 변화와 관련이 있다. '결독'이란 도랑을 터서 물길이 통하게 한다는 뜻이다. 결국 삼초의 작용으로 방광에 모여 있던 소변의 물길이 터져 나올 수 있게 된다.

방광은 주도洲都의 기관으로서 진액津液을 저장하고 기화氣化하면 소변이 나오게 된다. '주도'에서 '주'는 섬처럼 물 가운데에 사람이 살 수 있는 곳을 말하고 '도'는 도읍을 말한다. 모두 사람이 모여들어 사는 곳이다. 그러므로 소변으로 변한 물이 몰려들어 저장되어 있다는 뜻이다. 이것이 삼초의 기화 작용에 의해 소변으로 나오는 것이다.

이 12개의 기관은 서로 마땅함을 잃지 않아야 한다. 마땅하다는 것은 서로와의 관계 속에서 각자가 자신의 역할을 잘 하는 것이다. 어느 하나가 제 역할을 하지 않거나 반대로 너무 강해져도 나라 전체의 균형은 깨진다. 이때 특히 군주의 역할이 중요하다. 그래서 군주가 지혜로우면 12관이 모두 편안해지고 그런 방법으로 양생한다면 장수하고 죽을 때까지 위태롭지 않게 된다. 그런 방법으로 천하를 다스리면 크게 번창한다. 반면에 군주가 밝지 못하면 12관이 위태롭고 도道가 막혀 통하지 않게 되니, 나라에 반란이 일어나는 것처럼 마침내 형形이 크게 손상된다. 이런 상태에서는 병이 생길 수밖에 없다. 그런 상태로 천하를 다스린다면 나라가 크게 위태롭게 된다. 그러므로 늘 경계해야 한다.

왜 단전이 문제가 되는가

동의보감에서는 몸 안의 오장육부를 말한 다음 이어서 우리 몸을 이루고 있는 중요한 것들을 말하고 있다. 제일 먼저 나오는 것은 단전이다.

단전이라고 하면 보통 호흡과 관련되어 쓰는 말이며 위치는 배꼽 아래 세 치 부위에 있다고 알고 있다. 한 치가 3.03센티미터이니 9.09센티미터가 되는 셈이다. 그러나 한의학에서 말하는 길이는 하나로 정해져 있지 않다. 키가 큰 사람도 있고 작은 사람도 있고 심장을 비롯한 장기도 사람에 따라 크기가 다르므로 그 사람에 따라 길이를 다르게 재야 정확한 위치를 알 수 있다. 이를 '동신촌법同身寸法'이라고 한다. 그 사람의 몸에 맞추어 길이를 재는 법이라는 말이다. 가장 쉽게 길이를 재는 방법은 자신의 손가락 네 개를 모아 쭉 폈을 때 가로로 손가락 가운데 부분의 양쪽 가장 튀어나온 곳의 길이를 세 치로 기준 삼는 것이다.

그런데 단전은 배꼽 아래에만 있는 것이 아니다. 단전은 모두 세 개가 있는데, 첫째는 뇌이며 그 이름은 상단전이라고 하고, 둘째는 심장으로 중단전이라고 하고, 셋째는 배꼽 아래로 하단전이라고 한다. 여기에서 중요한 것은 동의보감 이전에는 삼단전을 이와 같이 규정한 예가 별로 없다는 점이다. 단전을 가리키는 단어를 770여 개 조사한 한 연구에 따르면 '뇌호腦戶' 혹은 '뇌혈지경방腦血之瓊房'이라는 단어는 있지만 뇌를 가리키는 경우는 없다(張文江, 常近 編著, 『中國傳統氣功學詞典』). 다만

『운급칠첨雲笈七籤』에서 뇌를 상단전으로 보았을 뿐이다.

더욱 특이한 것은 단전을 셋으로 나누었을 뿐만 아니라 여기에 각각 정기신精氣神을 배속시키고 있다는 점이다. 구체적으로 하단전은 정精, 중단전은 기氣, 상단전은 신神을 주관하는 곳이다. 신은 기에서 생기며 기는 정에서 생긴다. 그러므로 이 세 가지 보물, 곧 정기신만 잘 다스리면 양생은 끝나는 것이다.

단전은 몸의 앞면에 있는 것인데 몸의 뒤, 곧 등에는 앞의 세 단전에 대응하는 삼관三關이 있다. 뇌의 뒷부분이 옥침관이며 등의 중간에 척추를 끼고 있는 것이 녹로관, 꼬리뼈 부분에 있는 것이 미려관이다. 이를 삼관이라고 한 것은 마치 관문처럼 정과 기가 이 통로를 통해 오르내리는 데에 있어서 중요한 지점이기 때문이다. 이는 마치 해와 달이 도는 것처럼 끝없이 순환한다.

동의보감에서 세 개의 단전과 세 개의 관문을 설정한 것은 우리 몸을 흐르는 기로 보았기 때문이다. 그 기는 정과 기와 신으로 나뉘어 작용하기 때문에 정기신에 각각 대응하는 것으로 세 개의 단전과 관문이 설정된 것이다.

이와 같이 동의보감은 처음부터 끝까지 오로지 정기신이라는 세 가지 요소에 의해 구성되어 있으며 동의보감의 모든 내용은 이 정기신을 잘 기르고 그 흐름을 조절하기 위한 것이다. 이것이 바로 동의보감이 90% 이상 다른 의서를 인용하여 이루어진 것임에도 불구하고 독창적이라고 평가받는 이유다. 정기신으로 사람의 몸을 파악하고 그것을 다스리려고 한 의서는 동의보감 이전에는 없었다. 그러므로 동의보감을 부분으로 나누어보거나(예로 간심비폐신을 각각의 분과로 나누는 것) 정기신의 셋이 아닌 정기신혈 등으로 달리 분류하게 되면 그때부터 동의보감은 더 이상 동의보감이 아니게 된다.

필자는 동의보감을 레고 놀이에 비유한 적이 있다. 똑같은 레고 조각을 모아 배도 만들고 비행기도 만들 수 있다. 중요한 것은 레고 조각 하나 하나가 아니라 무엇을 만들 것인가 하는 그 사람의 정신이다. 지금까지 많은 사람들이 동의보감을 보았지만 동의보감의 정신을 본 사람은 많지 않다. 동의보감의 정신을 보지 못하면, 예를 들어 동의보감이 비행기라면, 그 사람은 비행기가 아닌 레고 조각만 보거나 아니면 비행기가 아닌 배를 보게 될 것이다. 정기신이라고 하는 동의보감의 정신을 알지 못하면 굳이 동의보감을 볼 필요조차 없을 것이다.

[보론] 동신촌법의 측량

사는 집은 평坪으로 말해야 그것이 어느 정도의 크기인지 쉽게 이해된다. 이를 평방 제곱미터로 표시하면 정확한 것 같지만 도무지 어느 정도의 크기인지 알 수 없다. 이런 일이 벌어지는 것은 단순히 익숙한 정도의 차이에서 오는 것이 아니다. 그것은 측량의 방법이 측량하는 대상의 특성, 곧 질적인 측면을 포함하는가 아닌가에서 오는 것이다. 예를 들어 똑같은 땅이라고 할지라도 노동의 대상으로 보고 측량할 때와 거기에서 사람이 살아가는 대상으로 보고 측량할 때의 목적은 분명히 다르다. 노동의 대상으로서의 땅은 사람이 그 땅에서 얼마나 일을 할 수 있는지, 산출이 얼마나 나는지를 기준으로 해야 하며 살아가는 공간으로서의 땅은 거기에서 사람이 몇 명이나 살 수 있는지를 기준으로 해야 한다.

논의 넓이를 재는 '마지기'라는 단위가 있다. 소 한 마리가 하루 동안 쟁기질할 수 있는 넓이를 사람 9명이 할 수 있고 이때 쌀 종자 20말을 뿌릴 수 있는데, 이 정도의 넓이를 20마지기라고 한다(강희맹, 『금양잡록』). 그러니까 사람 9명이 하루 동안 쌀 종자 1말을 뿌리는 면적이 바로 한 마지기인 셈이다. 벼로 치면 네 가마가 나오는 면적이다. 그래서 논 몇 마지기라고 하면 거기에는 단순한 넓이만이 아니라 거기에서 일할 사람의 숫자와 생산될 쌀의 양까지 가늠할 수 있게 된다. 대체로 논이면 200평, 밭이면 300평 정도에 해당하는 면적이지만 이 역시 자연이나 노동조건에 따라 달라진다. 예를 들어 평야지대 들녘에서는 논의 경우, 300평을 한 마지기로 한다. 농사짓기가 더 수월하기 때문이다.

살아가는 거주 공간으로서의 넓이에는 또 다른 잣대가 필요하다. 여기에서는 먹고 자고 하는 일상생활을 영위하는 사람의 몸이라고 하는 조건이 필요하다. 한 사람이 두 팔과 다리를 벌리고 누워 있는 정사각형의 공간, 곧 한 사람이 살아갈 수 있는 최소한의 넓이를 한 평이라고 한다. 그래서 몇 평이라고 하면 곧바로 거기에서 몇 식구가 살 수 있겠구나 하는 감이 오며 그 크기가 금방 이해된다.

반면에 평방 제곱미터라는 단위는, 거기에서 사는 사람과의 관계를 배제하고, 다시 말해서 대상의 질적인 측면을 무시하고 오로지 양적인 측면에서만 넓이를 재는 방법이다. 그러므로 이런 단위로 말하면 그 크기가 얼마나 되는지, 거기에서 몇 식구가 살 수 있는지를 알 수 없다.

이런 예는 우리 주위에서 아주 흔하게 발견할 수 있다. 요리 등을 할 때 쓰는 움큼이나 자밤 같은 부피의 단위나 고기의 무게를 잘 때의 근과 금은 따위를 잴 때의 돈, 한 걸음을 뜻하는 보步, 달걀 열 개의 한 꾸러미, 한나절, 반나절, 때 등이 모두 그러하다.

이런 측량법은 동서고금을 통해 일반적인 것이었다. 특히 사람의 몸을 이용한 측량은 가장 보편적인 것이었다. 기원전 3,000년 전 이집트에서는 팔꿈치에서 가운데 손가락 끝까지의 길이를 1큐빗cubit으로 정했다. 이를 다시 28로 나눈 디지트 digit는 손가락 하나의 너비다. 엄지손가락의 폭을 기준으로 하는 것으로는 우리의 촌寸(치)이나 영국의 인치inch가 있다. 발을 이용한 피트feet 같은 것도 있다.

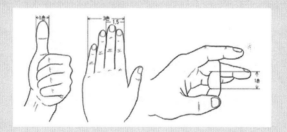

앞에서 본 것처럼 사람의 노동력에 따른 척도도 많다. 프랑스에서는 남자 한 사람이 경작할 수 있는 땅의 넓이를 주르날 journal이라고 하였는데, 이는 하루를 뜻하는 주르jour에서 온 것이다. 경작하는 곡식에 따라서도 노동의 강도 등이 다르므로 곡식에 따라 각각의 주르날 단위가 있었다(로버트 P. 크리스, 『측정의 역사』).

이런 단위는 부피, 무게 등 거의 모든 측량의 분야에서 측량 대상의 다양한 조건에 따라 다양하게 만들어졌다. 이는 측량의 대상과 그 대상의 특성, 그 대상이 맺고 있는 다른 사물과의 관계를 고려한 단위다. 이는 측량의 대상은 물론 그 대상과 관계 맺고 있는 다른 사물을 소외시키지 않는 측량 방법이다. 측량의 대상과 그 대상이 맺고 있는 다른 사물과의 관계를 포함한 측량 방법이다.

고대의 대부분의 건축물이 바로 이런 측량법에 기초하여 이루어졌다는 사실을 상기해보면 이런 측량법이 반드시 단순하거나 낮은 수준의 것이라고는 할 수 없다. 한 예로 청나라의 목공들이 영국의 케임브리지에 가서 목조 다리를 하나 놓았는데 못이나 나사를 전혀 쓰지 않고 놓았다. 뒤에 다리가 낡아서 해체한 다음 다시 조립하려고 순서대로 잘 분해했지만 도저히 원형대로 복원할 수 없어서 할 수 없이 나사와 못을 써서 대충 복원해놓은 일이 있었다. 이는 청나라의 목공들은, 다리에 들어가는 나무 조각 사이의 관계를 잘 알고 그런 관계를 이용하여 다리를 놓았던 것에 비해 영국의 '과학자'들은 그런 관계를 몰랐거나 무시했기 때문에 벌어진 일이었다. 그래서 이 다리는 '수학자의 다리'라고 불린다. 아주 정확한 명명이다.

그러나 이러한 측량 방법은 상품의 교환이 확대되면서 제약을 받기 시작한다. 지역마다 서로 다른 도량형은 소위 말하는 '공정한' 교환, 대규모 교환에 걸림돌이 되는 것이다. 이런 문제는 국가의 형성과 더불어 그런 측량법이 배제됨으로써 해결된다. 상품의 교환에 국가가 개입하면서부터 배제되기 시작하는 것이다. 그리고 이는 제국의 형성과 더불어 더욱 강화되어 제국의 지배하에 있는 모든 사람에게 강요된다.

이제 개별적인 대상에 따라, 그리고 사회에 따라 다양하게 적용되었던 측량의 단위는 모두에게 적용될 수 있는 보편적이고 추상적인 단위로 바뀐다. 오늘날의 미터법으로 통칭되는 도량형이 바로 그것이다.

모든 사물에 보편적으로 적용될 수 있는 단위가 만들어지기 위해서는 먼저 보편이라는 개념이 필요하다. 농사를 짓는 땅이라든가 사람이 사는 집이라든가 하는, 구체적인 장소의 개념은 이제 '공간'이라고 하는 추상적이고도 보편적인 개념으로 바뀌어야 하다. 시간 역시 사람의 주체적인 활동을 포함한 '때'가 아니라 모두에게 보편적으로 적용되는, 시계로 측정되는 '시간'이 되어야 했다.

이를 실현하기 위해서는 인간의 개념에도 변화가 있어야 한다. 이제 신분이나 계급에 따른 사람이 아니라 누구나 상품의 교환에 나서는 보편적인 인간이 되어야 했다. 여기에서 평등이라든가 인권, 자연권 같은 사상이 대두된다. 우리가 오늘날 말하고 있는 평등이나 인권의 기원은 바로 여기에서 출발한다. 그리고 이는 나아가 과학과 철학의 개념에도 변화를 가져왔다. 그래서 우리는 이렇게 말할 수 있다.

"뉴턴의 『프린키피아』(1687)가 출간되었을 즈음, 구체적인 '장소' 개념은 단일하고 균일한 '공간' 개념으로 대체되었다. 이제 자연을 이해하려면 주를 이루는 각 요소의 역할을 이해할 것이 아니라, 이 요소들을 장소에서 분리하여 이들이 세계무대의 시공간에서 차지하는 위치를 이해해야 했다. 추상적 공간은 측정도 추상적으로 해야 한다. 그러려면 인간이 평등해야 할 뿐만 아니라 공간이 추상화되어야 한다. 법 앞에서 인간의 평등, 상품의 소외, 이 두 가지 조건이 충족된 것이다"(로버트 P. 크리스, 『측정의 역사』).

물론 이 과정을 완성하기 위해서는 인간의 소외가 필요하다. 전근대적 신분이나 계급의 속박으로부터 벗어났을 뿐만 아니라 경제적으로도 생산수단으로부터 소외된 인간이 필요한 것이다. 이는 한마디로 근대화, 곧 자본주의가 실현되기 위한 가장 핵심적인 조건이다.

이에 비해 동신촌법은 대상의 양을 재되 그것을 대상 자체의 질質과 분리하지 않는 방법이다. 또한 그 대상이 갖고 있는 다른 사물과의 관계를 분리하지 않는 방법이다.

세 개의 관문

앞에서 본 「신형장부도」에서 가장 중요한 것은 등뼈를 따라 늘어서 있는 옥침관, 녹로관, 미려관이라고 하는 세 개의 관문이다. 그것은 이곳이 정과 기가 오르내리는 길이기 때문이다. 뇌의 뒤에 있는 것을 옥침관이라 하고, 척추를 끼고 있는 것을 녹로관이라 하고, 꼬리뼈에 있는 것을 미려관이라고 한다.

이것들이 무엇을 의미하는지에 대해서는 도교의 「수진도修眞圖」라는 그림을 보면 참고가 된다. 「수진도」는 기를 수련하기 위해 그려진 그림으로 도교의 인체관을 잘 보여주고 있다. 동의보감의 「신형장부도」는 이 「수진도」의 영향을 받아 그려진 것이다.

얼핏 보기에 「수진도」는 「신형장부도」와 많이 다른 것처럼 보이지만 그림을 자세히 보면 정기신을 바탕으로 하고 있다는 것과 각각의 신체 부위가 어떤 지위와 역할을 하고 있는지를 설명하는 문장을 살펴보면 일맥상통하는 점이 발견된다.

먼저 '미려'라는 말은 꼬리에 있는 관문이라는 뜻이다. 『장자』에서는 천하의 모든 물이 빠져 나가는 곳을 미려라고 하였다. 미려관이 있는 곳의 작은 구멍이 여기에 해당한다. 내단內丹의 수련 중 미려는 기 또는 수髓가 위로 올라가는 출발점이다. 동의보감에는 모두 8개의 구멍이 그려져 있지만 「수진도」에는 9개의 구멍이 그려져 있다. 그래서 「수진도」에서는 미려관을 구규九竅라고도 한다 하였고 또 다른 곳에서는 용호혈龍虎穴이라고도 한다 하였다.

그렇다면 동의보감에 그려진 8개의 구멍과 그 가운데의 삼각형 모양의 그림도 그런 구멍의 하나로 보아야 할 것이다. 이렇게 보면 구멍은 모두 9개가 된다. 그 안에는 금으로 만든 솥 곧 금정金鼎이 있고 그 안에는 골수가 들어 있어서 이것이 녹로관을 통해 니환궁으로 올라가 온몸의 골수가 통하게 되는 것이다(戴思博Catherine Despeux, 『修眞圖-道敎與人體』).

「수진도」에서는 녹로관을 협척관夾脊關이라고 하여 그 안에 녹로관이

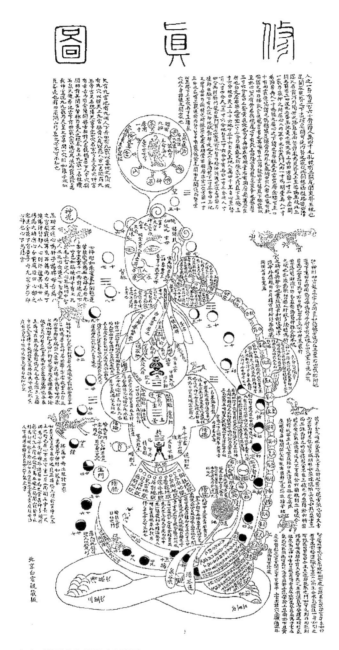

수진도(북경北京 백운관白雲觀)

있는 것으로 보았다. 이는
두 개로 되어 있는데, 오른
쪽 것이 태양太陽이고 왼쪽
것이 태음太陰이다. 양기는
호흡을 따라 올라가고 음기
는 호흡을 따라 내려간다.

옥침관은 옥침혈에 해당
하는 부위인데, 이곳은 침놓

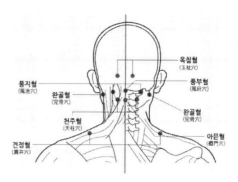

옥침혈의 위치

기가 어려워 철로 만든 벽[철벽鐵壁]이라고도 부른다. 기가 하늘, 곧 뇌
로 올라가는 관문이다.

이 삼관이 북두칠성의 기틀처럼 잘 돌게 되면 정과 기가 위 아래로
도는 것이 마치 은하수가 흐르고 도는 것과 같이 유연하게 된다. 이는
일차적으로는 호흡을 통해 얻을 수 있다. 또 하나의 방법은 단약丹藥을
먹는 것이다. 단약을 먹으면 곧바로 하나의 기가 미묘하게 삼관을 꿰뚫
는다. 삼관을 왔다 갔다 하는 기는 끝이 없고 한 줄기 흰 맥脈이 니환궁
으로 몰려든다. 니환궁 위에는 자줏빛의 솥이 있는데 그 솥 안에는 한
덩어리의 자금단紫金團이 있다. 이것이 침으로 변하여 입으로 흘러들어
가면 향기롭고 달콤하며, 상쾌함이 혀끝에 퍼진다. 이것이 정과 기가 올
바로 오르내려 수와 화가 만나는 경지다. 기 수련에서는 이를 주천화후
周天火候라고 한다.

그러나 이런 경지는 누구나 쉽게 오를 수 있는 것은 아니다. 때로 화
가 수를 만나지 못하여 소위 말하는 화마火魔에 휩싸이기도 한다(주화
입마走火入魔). 그리고 먹기만 하면 되는 그런 단약이라는 것이 현실에서
존재하는지도 의문이다. 많은 사람들이 단약을 만들거나 찾았지만 아직
까지 그런 단약은 존재하는 것 같지 않다. 그러나 무슨 약이 어디에 좋

다고 하면서 한 시대를 유행하는 것을 보면 단약에 대한 욕망은 오늘날에도 별로 달라지지 않은 것 같다.

정기신을 어떻게 기를 것인가

동의보감은, 사람의 몸이 오로지 정기신精氣神으로 구성되어 있으며 이 정기신을 잘 기르는 것이 모든 양생의 근본이라고 말한다. 그러나 정작 정기신이 무엇인지 설명하기는 어렵다. 지금까지 많은 사람들이 동의보감을 말했지만 정작 중요한 정기신에 대해서는 빼놓고 곧바로 동의보감의 가장 실용적인 측면, 곧 어떤 병에 어떤 처방을 쓴다든지 민간요법과 같은 것만을 말해왔다. 이는 동의보감의 근본을 빼놓고 오로지 동의보감의 부분, 이를테면 레고로 만든 비행기는 보지 않고 레고 조각만을 보는 것과 같다. 그런 만큼 정기신에 대해 설명해놓은 글이 드물다.

정기신을 간단하게 말하기는 어렵지만 대체적으로 말하자면 먼저, '정'이란 우리 몸을 이루는 모든 물질을 말한다. 정에는 선천적으로 부모로부터 받은 정(생식의 정)과 후천적으로 음식을 먹어 보충해가는 정(생장의 정)이 있다. 그러므로 생명은 정에서부터 시작되어 자라나기 시작한다.

기는 정이 역할에 따라 나뉘어 작용함으로써 나타내는 기능을 말한다. 정이 눈으로 가서 작용하게 되면 눈으로 볼 수 있고 귀로 가면 귀로 들을 수 있고 손으로 가면 손으로 잡을 수 있고 다리로 가면 다리로 걸을 수 있는 것이 모두 기의 작용이다. 이 기는 하나의 물질에 대응하여 나타나는 개별적인 기능이 아니라 다른 물질들과의 관계에서 드러나는, 서로 영향을 주고받아 나타나는 기능이다.

신은 그런 기의 작용을 통해 드러나는 모든 생명력의 표현이다. 정신

작용은 신의 가장 중요한 표현이다. 그러나 정신만이 아니라 어떤 사람에게서 느껴지는 기운이라든지 움직임이나 말을 통해 드러나서 알게 되는 몸의 상태를 모두 포함한다. 그래서 『주역』에서는, 신은 음기와 양기가 서로 작용을 주고받아 생기는 것인데 아주 묘해서 알 수가 없는 것이라고 했다(陰陽不測之謂神).

신은 넋이라고도 하는데, 음양으로 나뉘어 혼魂과 백魄의 두 가지가 있다. 사람이 죽는 것을 넋이 빠졌다고도 하는데, 혼은 양이라서 하늘로 날라 가고 백은 음이라서 황천으로 떨어져 각자 자신의 근원으로 돌아가는 것이 바로 죽음이다.

정은 몸의 근본이다. 생명을 있게 한 것도 정이고 생명을 유지, 발전시키는 것도 정이다. 이러한 정이 각 부분으로 나뉘어 작용해서 나타나는 것이 기이며 기가 작용해서 나타나는 것이 신이므로 기는 신의 주인이 된다. 그리고 몸은 정을 담고 있을 뿐만 아니라 정에서 나온 기에 의해 드러나는 신이 머무르는 곳이므로 몸은 신의 집이 된다. 간단히 말하자면 정에서 기가 나오고 기에서 신이 나오고 이 모든 것이 머무는 곳이 몸이다. 몸은 정기신의 집이 되는 셈이다.

몸은 신의 집이므로 몸이 없으면 신은 있을 곳이 없다. 몸을 제대로 갖추지 못하면 신이 흩어져 사라지고 만다. 이는 마치 촛불〔몸〕이 다 타고 나면 밝은 빛〔신〕이 사라지는 것과 같고 뚝방〔몸〕이 무너지면 물〔신〕이 없어지는 것과 같다. 그러므로 몸을 잘 가꾸는 일은 모든 양생의 출발점이 된다.

몸은 음식을 먹고 살기 때문에 몸을 잘 가꾸려면 무엇보다 음식을 제대로 먹어야 한다. 또한 잘 먹어야 할 뿐만 아니라 몸을 너무 고되게 해도 안 된다. 음식은 잘 먹었어도 몸이 너무 힘들면 음식에서 만들어진 정이 나뉘어 제대로 작용하지 못하게 된다. 그러면 기가 탁해진다. 기가 탁해지면 기를 먹고 사는 신이 탁해진다. 넋이 몸에 머물 수 없게 되는 것이다. 그래서 동의보감에서는 음식만 잘 먹는 사람은 결국 죽게 될 수밖에 없지만 기를 잘 먹는 사람은 백 년이고 천 년이고 살 수 있다고 말한다. 그 사람의 넋이 온전하기 때문이다.

성인은 양생을 얼마나 잘 한 사람일까?

유교에서는 최고의 경지에 도달한 사람을 성인聖人이라고 한다. 공자가 그러하며 맹자가 그러하다고 말한다. 유교에서의 성인은 기본적으로 공부를 많이 한 사람이다. 이 공부는 당연히 몸과 마음의 공부이므로 성인은 마음만이 아니라 몸도 건강해야 한다. 이런 분들은 오랜 세월동안 동서를 막론하고 높은 존경을 받아 왔다. 그러나 도교로 오면 사정이 달라진다. 도교에서 성인은 순서로 보아 셋째 밖에 되지 않는다. 왜 그러한가?

　이것은 유교와 도교의 관점 차이에서 생긴 것이다. 유교와 도교가 갈라지는 가장 핵심적인 원인은 바로 사회에 대한 관점의 차이이다. 유교는 어떤 상황에서도 사회를 벗어나지 않으려 한다. 유교에서는 내 몸과 마음을 잘 가꾸는 것, 부모에게 효도하는 것, 출세하는 것은 결국 이러한 것을 통해 그 사회의 구조가 유지되고 발전된다는 믿음에서 나온 것이다.

　그러나 도교는 유교와 마찬가지로 몸과 마음을 닦지만 사회에서의 명예나 부와 같은 것은 별 의미가 없다. 물론 그렇다고 도교가 사회를 외면하는 것은 아니다. 다만 자연의 흐름에 거스르는, 출세만을 노리는 사회를 거부할 뿐이다. 노자가 말한 것처럼 도교는, 사람이 자연의 질서 속에 살면서 서로를 부러워하거나 시기하지 않는 사회를 만들려고 한다. 잘못된 사회는 몸만이 아니라 자연까지 망치고 만다. 그런 사회는 바뀌어야 한다.

도교에서 최고의 경지에 도달한 사람은 참사람, 곧 진인眞人이다. 자연의 이치를 모두 깨달아 몸으로 체득한 사람이다. 진인은 정精과 기氣를 호흡하므로 영원히 살 수 있다고 했다. 두 번째로는 지인至人이 있다. 세속을 떠나 정精을 쌓고 신神을 온전하게 하여 참사람의 경지에 이른 사람이다. 세 번째로는 성인聖人이 있어서 자연의 질서에 따라 살면서도 세속을 떠나지 않으려 하며 남들 눈에 벗어나는 일을 하지 않는다. 성인은 욕망을 적절히 조절할 줄 알아서 노여워하는 마음이 없고 무리하게 일을 벌려 몸을 수고롭게 하지 않고 지나친 생각으로 걱정을 만들지 않으며 마음을 비우고 스스로 덕을 쌓아 몸이 쇠약해지지 않고 정과 신도 흩어지지 않는다. 성인은 100세까지는 살 수 있다. 마지막으로 현인賢人이 있다. 현인도 자연의 이치를 깨닫고 거기에 따르려 노력하므로 타고난 수명을 늘릴 수는 있지만 성인만큼 오래 살지는 못한다.

진인과 지인은 어떻게 보면 이 세상 사람이 아니다. 지인은 비록 세속에서 살았지만 결국 세속을 떠났다. 유교는 이런 관점을 이해할 수 없거나 거기에 별 관심이 없다. 사회를 떠난 사람은 이미 사람이 아니기 때문이다. 논의할 의미가 없는 것이다.

그러나 반대로 도교에서는 세속의 명예와 부를 쫓는 사람을 이해할 수 없다. 양귀비의 아름다움도 물고기에게는 무서운 괴물에 불과할 뿐이다. 도교를 극단으로 밀고 가면 한쪽 극단에는 상대주의와 허무주의, 현실도피가 있을 것이고 그 반대의 극단에는 파괴적인 현실 부정, 그야말로 폭력적인 무정부주의가 있을 것이다. 그래서 아마도 세속에 살고 있는 많은 사람들은 성인을 이상적인 사람으로 볼 것이다. 도교에서도 성인은 이상적인 사람이다. 다만 도교는 그것을 넘어서고자 하는 것이다. 초월에의 의지가 도교를 끌고 가는 가장 큰 힘이다. 그리고 그것은 이상 사회를 추구하는 모든 사람의 꿈일지도 모르겠다. 비록 실현될수는 없지만 현실에 안주하지 않고 이상을 향해 끝없이 정진하는 모습, 자연과 사회와 몸이 하나 되어 모두가 행복하게 살 수 있는 현실을 만들어가려는 지난至難한 노력을 도교에서 본다. 그리고 이런 노력을 통해서 동아시아의 과학과 문화는 꽃을 피웠던 것이다.

도교에서 말하는 최고 경지에 오른 진인은 신선과 같은 존재다. 그런데 신선이 되는 것은 가능한 일일까? 가능하다면 어떻게 해야 하는 것일까? 아니 굳이 신선이 될 필요가 있는 것일까?

우리가 어떤 목표를 세우는 것은 반드시 그것을 이루려는 의도도 있지만 설혹 이루지 못한다 할지라도 목표를 이루는 과정에서 더 많은 것을 배울 수 있기 때문에 목표를 세우는지도 모르겠다. 예를 들어 어떤 평범한 사람이 올림픽 금메달을 목표로 하여 열심히 하다보면 금메달은 아니더라도 최소한 건강한 몸과 마음은 얻을 것이다. 그리고 연습과정에서 겪게 되는 숱한 고통과 그것을 극복해내는 의지, 하나씩 기술을 습득하면서 자신을 실현시켜나가는 기쁨, 더불어 연습하는 사람들과의 마음의 교류까지 얻을 수 있다면 올림픽 금메달은 허망한 목표만은 아닐 것이다.

그러나 역시 최고의 경지에 도달하기는 어려운 일이다. 그래서 동의보감에서는 신선을 말하지만 일반인에게 신선이 될 것을 강요하지 않는다. 오히려 동의보감에서는, 도교의 관점에서 보자면 세 번째 등급에 속하지만 세속에서는 최고 경지에 오른 성인을 내세운다. 그것도 일반인(당시로서는 백성들) 수준에서의 가르침을 주고 있다. 성인은 이렇게 말한다.

"외부의 나쁜 기운을 피하는 데에 때를 맞추고 마음을 고요하게 하고 맑게 비워 허무한 상태가 되면 참된 기가 생겨나고 정精과 신神이 안을 지키니 병이 어디에서 오겠는가?"

간단하다. 신선이 되는 첫 관문은 이렇게 간단하다. 그런데 간단하지만 쉽지만은 않다. 먼저 나쁜 기운을 피하는 것부터 살펴보자.

여기에서 '나쁜 기운'은 비정상적인 계절의 변화를 말한다. 겨울에 따뜻하다든지 추위도 너무 춥다든지 하는 식의 비정상적인 변화다. 여름은 더워야 하지만 너무 더우면 견디기 어렵다. 그러나 그렇다고 냉방으로 더위를 없애버리면 그것은 때에 맞지 않는 것이다. 더울 때는 덥게 지내되 비정상적으로 지나친 더위를 피하면 그만이다. 피하는 방법은 그늘이나 냇가와 같이 서늘한 곳으로 가는 것이다. '피서避暑'라는 말이 '더위를 피한다'는 뜻인 것처럼, 피하면 되는 것이지 더위를 없애는 것이 아니다. 겨울도 마찬가지다. 추위를 피하면 되는 것이지 지나친 난방으로 추위 자체를 없애버리면 안 된다. 그것은 때에 맞지 않는 것이다.

'때'란 시간time이 아니라 어떤 일을 하기에 가장 적합한 주객관적인 시기timing를 말한다. 때의 한자어인 '시時'는 가축이 교미하는 때를 뜻한다. 일정한 때에만 교미를 하는 가축이 자신의 때를 놓치면 새끼를 낳을 수 없는 것처럼, 봄에 씨를 뿌리지 않으면 한 해의 농사를 지을 수 없는 것처럼, 모든 일은 때에 맞게 해야 하는 것이다.

다음으로는 마음이다. 여기에서 '허무虛無하다'는 것은 아무런 감정이 없는 상태를 말하는 것이 아니다. 한마디로 말하면 그것은 집착이 없는 상태다. 설혹 감정이 흔들린다 해도 집착하지 않으면 곧 고요하게 된다. 그것은 마치 잔잔한 호수에 돌을 던지면 처음에는 파문이 일지만 잠시 지나면 다시 잔잔한 수면을 유지하는 것과 같다.

집착을 없애려면 욕심이 적어야 한다. 동의보감에서는 욕심을 없애라는 것이 아니라 적게 해야 한다고 말한다. 욕심을 줄이면 힘에 부치는 일을 하지 않으니 몸과 마음이 괴로울 일이 없다. 자기가 먹는 음식을 맛있게 여기며 자기가 입는 옷을 마땅하게 여기며 사람들과 더불어 세속의 기쁨을 누리고 내가 높은지 누가 높은지 상관하지 않게 된다. 노자는 이런 상태를 소박하다고 했다.

욕심이 내 눈을 힘들게 하지 못하며 욕심이 내 마음을 흔들지 못한다. 그럴 때 내겐 두려움이 없어진다. 두려움은 내 것을 지키려는 욕심, 더 많이 가지려는 욕심에서 나온다. 내 것(생명과 건강을 포함하여)을 빼앗길까 두려워지는 것이다. 욕심이 적으니 두려울 것도 적다. 이것이 신선으로 가는 첫 관문이다.

무조건 일찍 자고 일찍 일어나지 마라

동의보감에서는 건강하려면 자연의 질서를 따라야 한다고 했다. 자연의 질서를 따른다는 것은 자연의 기의 흐름을 따르는 것이다. 자연은 봄이 되면 피어나고[生] 여름이 되면 자라나[長] 늦여름이 되면 무르익으며[化] 가을이 되면 거두어들이고[收] 겨울이면 갈무리된다[藏]. 사람도 태어나 자라고 무르익어 거두어들이며 마침내 땅 속에 갈무리된다.

자연의 봄은 양기가 솟아나는 때이다. 겨우내 음기 속에서 움츠리고 있던 모든 것들이 봄의 양기를 받아 생명의 싹을 피운다. 여름이 되면 양기는 최고에 달한다. 만물이 번성해진다. 그러므로 봄과 여름에는 이 양기를 받아들이기 위해 일찍 일어나야 한다. 그리고 늦게까지 최대한 양기를 받아들이기 위해 봄과 여름에는 늦게 자야 한다.

가을은 무성했던 것들이 결실을 맺어 그릇이 가득 차듯 모든 것이 풍성한 계절이다. 그러나 가을은 아직 양기가 남아 있기는 하지만 저녁이 되면 서리가 내려 생명을 죽이는 때이기도 하다. 그러므로 아침에는 일찍 일어나야 하지만 저녁에는 음기를 피하기 위해 일찍 자야 한다.

겨울은 음기가 아침저녁으로 매섭다. 모든 것이 갈무리되고 움츠러드는 때이다. 그러므로 겨울에는 음기를 피하기 위해 일찍 자야 하며 아침에는 해가 떠올라 양기가 퍼지는 때를 기다려 늦게 일어나야 한다.

이것이 자연의 흐름에 따라 자고 일어나는 방법이다. 그러나 이것만이 아니다. 자연의 흐름은 우리의 몸만이 아니라 마음은 물론 행동거지와 옷차림까지도 거기에 맞출 것을 요구한다. 봄에는 모든 것이 새로 피어나듯 나의 마음도 피어나게 해야 한다. 하루의 계획을 아침에 세우는 것처럼 1년의 계획을 봄에 세우는 것이다. 계획은 조심스럽게, 느긋한 마음으로 멀리 내다보며 짜야 한다. 그러려면 행동거지도 느긋해져야 한다. 천천히 넓은 정원을 거닐며 머리를 풀어헤치고 옷도 느슨하게 한다. 모든 것이 살아나는 때이므로 나도 생물을 살려준다. 사회적으로는 상을 주되 벌을 주지 않는다.

여름은 더운 때이므로 나도 더워야 한다. 해를 싫어하지 말며 땀을 흘려야 한다. 화를 내지 말며 모든 것이 무성하게 자라도록 해야 한다. 화를 내면 몸 안에 불이 일어난다. 더운 여름에 불을 때면 지나치게 더워진다. 그것은 양생의 원칙에 어긋나는 일이다. 마음가짐으로는 안으로 침잠하기보다는 밖에 마음을 두어 뻗어나가야 한다.

반면에 가을은 이제 거두어들여야 하는 때이다. 밖을 향했던 마음을 안으로 거두어 편안하게 한다. 가을은 살아 있는 것을 죽이는 때이지만 죽인다는 것은 좋은 일이 아니다. 어쩔 수 없이 죽일지라도 너무 가혹해서는 안 된다.

겨울은 음기는 넘치고 양기는 부족한 때이다. 함부로 양기를 발설해서는 안 된다. 그러므로 겨울에 땀 흘려 운동을 하는 것은 좋지 않다. 지나친 성관계도 양기를 누설하는 일이다. 너무 덥게 난방을 하여 땀이 나게 해서는 안 되며 나만 추운 기를 피하는 정도가 좋다. 모든 것이 갈무리되듯 내 마음도 갈무리하여 드러내지 않는다. 이것이 자연의 흐름에 따라 내 몸과 마음과 행동거지를 다스리는 방법이다. 이러한 사계절의 변화에 따르는 음양의 변화는 모든 것의 시작이며 끝이다. 이를 거스르면 병이 생긴다.

봄에 양생을 잘못하면 봄의 기에 해당하는 간을 상하여 여름이 되면 찬 기운으로 인한 병이 생긴다. 여름에 잘못하면 심장을 상하여 가을이 되면 열이 났다 내렸다를 반복하는 병, 곧 학질이 생긴다. 가을에 잘못하면 폐를 상하여 겨울이 되면 삭지 않은 설사를 하는 병이 걸린다. 겨울에 잘못하면 콩팥을 상하여 봄이 되면 나른하고 늘어지는 병이 생긴다. 봄이 되어 흔히 겪는 춘곤증이라는 것이 바로 이것이다. 그러므로 춘곤증은 봄의 문제가 아니라 겨울의 문제이다. 이것이 자연의 흐름에 따라 내 몸과 마음과 행동거지를 다스리는 방법이다. 이러한 사계절의 변화에 따르는 음양의 변화는 모든 것의 시작이며 끝이다. 이를 거스르면 병이 생긴다.

오늘날 우리는 자연의 시간이 아니라 인간의 시간 속에서 살고 있다. 인간에 의해 정해진 시간에 일어나 일하고 먹고 쉬어야 한다. 그러나 이는 자연의 시간과는 무관할 뿐만 아니라 자연의 질서를 거스르는 일이다. 소위 표준시라는 것은 영국의 산업혁명 과정에서 도입된 것으로(1848년), 노동시간을 정확하게 계산하기 위한 것이었다. 무조건 일찍 자고 일찍 일어나라는 '건강의 원칙'도 그런 맥락에서 나온 것일 뿐, 건강과는 관계없는, 아니 건강을 해치는 원칙일 뿐이다.

병들기 전에 치료한다

자연의 질서를 따르면 병이 생기지 않는다고 했다. 그런데 자연의 질서를 따르려면 먼저 마음부터 다스려야 한다. 욕심이 눈을 가리면 자연의 질서가 보이지 않기 때문이다. 그래서 동의보감에서는 이렇게 말한다.

"옛날의 신성한 의사는 사람의 마음을 다스릴 수 있어서 병이 생기지 않게 했는데, 요즈음의 의사는 오로지 사람의 병만 치료할 줄 알지 사람의 마음을 다스릴 줄은 모른다. 이는 근본을 버리고 말단만을 쫓는 것이며, 병의 근원을 찾으려 하지 않고 그 곁가지만 치료하고자 하는 것이니, 이 또한 어리석지 아니한가? 비록 어쩌다 병이 나아도 이것은 곧 세속의 용렬한 의사가 하는 짓이니 본받을 만하지 못하다."

실제 임상에서 마음을 다스리지 않으면 치료가 어려운 경우를 흔히 접하게 된다. 이는 화병과 같은 정신적인 병만이 아니라 허리가 아프거나 심지어 피부병까지도 마음의 문제에서 비롯된 것이 많다는 말이다. 하다못해 발목을 삐는 것도 아무 때나 삐는 것이 아니고 정신 놓고 걷다가 접질리게 되는 것이다.

화병을 치료하는 대표적인 처방에 소요산逍遙散이 있다. '소요'라는 말은 『장자』의 「소요유逍遙遊」라는 편명에서 따온 것이다. 「소요유」에는 곤鯤이라는 작은 물고기가 변하여 붕鵬이라는 어마 어마하게 큰 새가 되는 이야기가 나온다. 그런데 그 곤이 붕이 되지 못하여 생긴 울화병을 치료하는 약이 바로 소요산이라는 처방이다. 수천 리나 되는 날개로 구만리 하늘을 날아오르려던 꿈이 좌절된 곤의 마음은 어떨까. 그래서 생긴 병을 치료하는 약이다.

그런데 이 처방은 화병만이 아니라 허리가 아플 때도 쓰고 피부병이 생겨도 쓴다(물론 약간의 가감은 있다). 허리가 아프다고, 피부병이 생겼다고 무조건 허리만 보거나 피부만 보는 것은 용렬한 의사의 전형이다.

그러나 근본 원인을 마음에서 찾은 의사도 조금 낫기는 해도 용렬하기는 마찬가지다. 병이 생긴 다음에 치료를 하기 때문이다. 먼저 그 마음을 다스리면 아예 병이 생기지 않을 것이다. 그래야 제대로 된 의사라고 할 수 있다. 그래서 동의보감에서는 "네 병을 치료하고자 하면 먼저 네 마음을 다스려라"라고 말한다.

쉬운 일은 아니지만 그래도 동의보감에서는 그것이야 말로 병을 미연에 막는, 병을 미리 치료하는 유일한 방법이라고 말한다. 그래서 마음속의 모든 의심과 걱정, 모든 헛된 생각과 모든 불평을 버리고 나와 남의 구분도 버리고 오히려 자신의 잘못을 깨닫고 후회해야 한다고 말한다.

세상의 모든 일이 텅 빈 것이며 하루 종일 하는 일도 모두 망상이라는 생각에 이르기는 쉽지 않다. 이를 깨달으면 갑자기 모든 의심이 사라져 마음이 맑아지면서 병도 없어지게 된다고 하지만 아무래도 범인으로서는 도달하기 어려운 경지다.

그래서 동의보감에서는 먼저 몸을 다스리는 일부터 시작하는 것이 좋다고 말한다. 몸을 다스리는 일은 신을 모으는 일에서 시작된다. 이를 도교 용어로는 '응신凝神'이라고 하는데, 간단히 말하면 정좌를 하고 마음을 가다듬어 한 곳에 모으는 일이다. 신이 모이면 기가 모이고 기가 모이면 단丹이 생기고 단이 생기면 몸이 단단해지고 그러면 다시 신이 온전하게 된다.

어렵다고 미루거나 포기하면 기회는 영원히 오지 않는다. 하루에 5분씩이라도 조용한 곳에서 편하게 앉아 눈을 감고 마음을 가다듬어보는 것도 좋을 것이다. 특히 눈을 많이 쓰는 현대인으로서는 가끔씩 눈을 감는 것 자체가 눈의 건강에 큰 도움이 된다. 단 모든 것이 그러하지만 특히 건강관리는 매일 규칙적으로 해야 효과가 있다.

[보론] 편작의 형제들

병이 이미 진행되고 있거나 완성된 다음에 치료하는 것은 참으로 어렵다. 그래서 일단 병이 나면 그것을 막는 것은 큰물을 막는 것보다 어렵다는 말을 한다. 이런 점에서는 병이 생기기 전에 미리 막는 것이 가장 좋은 방법이다. 이런 관점은 한의학에서는 매우 뿌리 깊은 것이다. 『할관자鶡冠子』(전국戰國, 기원전 475~221)에는 이와 연관된 편작의 형제에 관한 이야기가 전하고 있다.

위魏나라의 문왕文王이 편작扁鵲에게 물었다.
"그대 삼형제 중에 누가 가장 잘 치료하는가?"
편작이 대답했다.
"큰 형이 가장 훌륭하고, 그다음이 둘째 형이고, 저는 제일 아래입니다."
문왕이 묻는다.
"그 이유를 들을 수 있겠는가?"
편작이 대답한다.
"저의 큰 형님은 병을 치료할 때 환자의 신神을 보기 때문에 병이 드러나기 전에 병을 없애버립니다. 그러므로 그 이름이 집안 밖으로 나가지 않았습니다. 둘째형은 병이 터럭 끝에 있을 때 치료하기 때문에 그 이름이 마을 밖으로 나가지 않았습니다. 반면에 저는 혈맥을 찌르고 독한 약을 투여하고 살을 갈라 치료하기 때문에 제후에게 간간이 이름이 알려졌던 것입니다."

한의학에서는 진찰을 하기 전에 먼저 환자의 신神에 바탕을 두어야 한다고 말한다. 이를 '본신本神'한다고 한다. 신은 그 사람의 생명력이 드러난 것이므로 환자를 정확하게 진찰하려면 무엇보다도 환자의 신을 잘 보아야 한다. 본신하지 않으면 한의학의 치료는 물론 진찰도 불가능하다. 이는 곧 환자의 주관적 상황을 정확하게 보아야 한다는 말이다.

이에 비해 근대 서양의학은 환자의 주관적 상황이 아니라 객관적 상황을 보아야 한다. 체온이나 혈액의 성분과 구성, 혈압, 각종 영상 장치로 찍은 사진 등을 떠나서는 진단을 할 수 없다.

환자의 신을 본다는 것은 환자의 생명력의 상태를 보는 것이다. 신을 볼 줄 아는 사람은 아주 미미하지만 조금이라도 병이 될 만한 어떤 여지도 볼 수 있다. 그러므로 그런 여지를 아예 없애버릴 수 있다. 예를 들어 마음을 너무 써서 병이 들 것 같으면 마음을 편하게 먹게 한다든가 그런 여건을 만들게 한다든지, 음양의 균형이 깨지거나 담痰과 같은 것이 많아져 병이 들 것 같으면 이런 저런 음식을 더 먹거나 먹지 말라고 한다든지 하는 식으로 치료하는 것이다. 병이 들기 전에 치료했으므로 환자는 자신이 병이 있는지는 물론 병을 치료했다는 것도 모른다. 그러니 그 이름이 밖으로 알려질 리 없다.

편작의 큰형은 바로 그런 신을 볼 줄 아는 의사였다. 반면 둘째형은 병이 막 시작될 때 치료한다. 환자의 신을 볼 줄 모르기 때문이다. 환자는 자신의 병이 있음을 알고 그것을 치료해준 것도 알고 있다. 그러나 병이 커지기 전에 치료했기 때문에 별 대수롭지 않은 것을 치료받은 셈으로 친다. 그러므로 이름이 크게 나지 않는다.

반면 편작은 이미 병이 다 진행된 다음에 치료했다. 침을 놓고 살을 째고 독한 약을 쓴다. 환자는 자신의 병이 중하다는 것을 잘 알고 있고 치료 역시 현란하여 의사가 수고한 줄도 알게 된다. 명의로 이름이 날 수밖에 없다.

그러나 설혹 치료가 잘 되었다고 해도 환자는 이미 망가진 뒤이다. 돌이킬 수 없는 상처를 안고 살아가야 한다. 거기에다 병을 앓으면서 받은 고통과 주위 사람들의 아픔, 경제적 손실까지 생각하면 과연 의학이 어떠해야 하는지를 깊이 따져보지 않을 수 없다.

병은 도道로 치료한다

동의보감은 모든 병이 마음에서부터 시작된다고 본다. 그러므로 마음을 다스리지 못하면 병을 미리 막을 수 없다. 그래서 "옛날의 신성한 의사는 사람의 마음을 다스릴 수 있어서 미리 질병에 이르지 않게 하였는데, 지금의 의사는 오로지 사람의 질병만 치료할 줄 알지 사람의 마음을 다스릴 줄은 모른다. 이는 근본을 버리고 말단만을 쫓고, 그 근원을 찾으려고 하지 않고 그 곁가지만 치료하고자 하는 것이니, 이 또한 어리석지 아니한가? 비록 어쩌다 병이 나아도 이것은 곧 세속의 용렬한 의사가 하는 짓이니 본받을 만하지 못하다"고 말한 것이다.

이런 점에서 보면 아마도 동의보감을 통해서 가장 중요한 구절은 다음의 구절이 아닐까 한다.

"네 병을 고치고자 하거든 먼저 네 마음을 고쳐야 하며, 반드시 네
마음을 바르게 하여 도道에 바탕을 두어야 한다."
欲治其疾, 先治其心, 必正其心, 乃資於道.

마음을 고치려면 마음속의 의심과 걱정, 모든 헛된 생각과 모든 불평, 다른 사람과 나라고 하는 구분을 다 버리고 평생 지은 잘못을 후회하고 깨달아야 한다. 몸도 마음도 모두 내려놓아야 한다. 집착을 버리는 것이다. 이렇게 오래 하면 신神이 모여 자연스럽게 마음이 매우 편안해지고 성정性情이 화평하게 되어, 세상의 모든 일이 모두가 공허空虛이며, 하루 종일 하는 일도 모두 망상이라는 것을 알게 되며, 나 자신의 육신肉身도 모두 헛된 환상일 뿐이고, 화禍와 복이 따로 없으며 죽고 사는 것도 모두 한갓 꿈이라는 것을 알게 된다.

그러면 깨달음이 떨쳐 일어나 갑자기 모든 의문이 풀려져 곧 마음이 자연히 맑아지고 병이 저절로 낫는다. 이와 같이 할 수 있다면 약을 먹지 않아도 병은 이미 없어진다. 이것이 도道로써 마음을 다스리고 병을

치료하는 방법이다. 이는 도교에서 나온 말이지만 불교에서 말하는 깨달음의 경지와 방불하다. 이는 결국 마음을 비우라는 말이다. 병을 가져오는 모든 상념은 결국 마음에서 생긴다. 그러므로 마음을 비우는 것만이 병을 미리 치료하는 길이다.

그 방법의 하나는 마음을 모으는 것이다. 이를 응신凝神이라고 한다. 응신은 호흡을 조절하는 조식調息과 같이 가는 것이다. 조식이 명命을 수련하는 것이라고 한다면 응신은 성性을 수련하는 것이다. 그래서 이 둘을 합하여 성명쌍수性命雙修라고 한다. 호흡을 가다듬으면서 마음을 고요하게 하는 것이다. 응신을 할 때는 마음을 고요하게 하여 고요해지면 눈을 감고 그 마음이 배꼽 아래의 단전에 모이게 한다. 신이 모이면 기가 모이고 기가 모이면 단丹이 생기고 단이 생기면 형체가 견고하고 형체가 견고하면 신이 온전하게 된다.

도를 배우는 데는 늦고 빠름이 없다

정말 아플 때 우리는 간혹 다시 태어나기를 바라기도 한다. 더 이상의 고통과 괴로움이 없는 세상에서 다시 태어나기를 바라는 것이다. 어머니 뱃속에 다시 들어가 깨끗하고 건강한 몸으로 다시 태어날 수만 있다면 얼마나 좋을까.

그러나 이미 몸은 병들고 늙어버려 더 이상 버틸 힘도, 의지도 없어졌다. 그래서 삶이 더 힘든 것일지도 모른다.

그러나 동의보감은 우리에게 희망을 준다. 아무리 늦어도 도를 배워 깨우치는 데는 늦을 것이 없다고 힘주어 말하고 있는 것이다. 아마도 의학의 가장 큰 미덕은 종교와 마찬가지로 위로일 것이다.

옛날에 마자연馬自然이라는 사람이 있었는데 나이가 들어 64세가 되자 죽는 것이 두려워졌다. 그래서 쉬지 않고 열심히 도를 닦았다. 그러나 도를 이루기는 쉽지 않았다. 그런데 지지부진한 속에서 우연히 유해섬劉海蟾이라는 스승을 만나 장수하는 비결을 배워 오래오래 살 수 있었다. 동의보감은 이런 예를 들면서, 마자연이라는 사람은 죽음을 두려워하는 그저 평범한 사람이었지만 그가 장수할 수 있었던 것은 스승을 만나 가르침을 받고 한순간의 깨달음이 있었을 뿐이라고 말한다. 도교의 대표적인 도사인 여동빈呂洞賓(798~?)이나 갈홍葛洪(283~ 343?)도 모두 64세에 스승을 만나, 늦게 배웠지만 신선이 될 수 있었다.

여동빈은 당대唐代의 도사로 팔선八仙의 한 사람이다. 이름은 암嵒이고 동빈은 자이다. 여동빈은 회창연간會昌年間(841~846)에 두 차례 진사시험에 낙방하였는데 이때 그의 나이 64세였다. 그는 실망하여 전국을 유랑하다가 장안長安의 한 술집에서 종리권鍾離權이라는 도사를 만나 도를 깨우쳤다고 한다.

갈홍도 마찬가지다. 그는 어려서부터 도가에 심취했지만 부족한 것을 깨닫고 스승을 찾았다. 그러다 마침내 만난 사람이 정은鄭隱이다. 정은은 서진西晉 때의 방사方士로 자는 사원思遠이다. 모두 64세에 스승을 만나 신선이 되었다. 한마디로 늙음은 도를 배우는 데 아무런 문제가 되지 않는다는 것이다.

동의보감에서는 사람의 수명은 4만 3천 200여 일이라고 했다. 이를 1년 단위로 환산하면 120년이다. 누구나 120세의 수명을 누릴 수 있다는 말이다. 그런데 밤낮으로 쉬지 않고 내 몸에 있는 것을 배설하여 원기가 다 없어지면 죽는다. 죽는다는 것은 곧 내 몸의 양기가 다 없어지고 음기가 가득 찼다는 말이다. 대체로 사람은 64세가 되면 양기가 마르고 음기만 남게 된다. 그래서 타고난 수명의 반 정도만 채우고 죽게 되는 것이다.

그러나 음은 극에 달해야 다시 양으로 돌아간다. 절망의 끝에서 희망이 솟아나는 것과 같다. 모든 사물은 그 발전의 극에 달하면 반대로 돌아간다. 여름이 극성하면 가을이 오고 밤이 깊으면 새벽이 오는 것이다. 『노자』에서는 이를 "되돌아가는 것이 도의 운동이다"[反者道之動]라고 하였다. 훌륭한 스승을 만나 믿음을 갖고 힘써 구한다면 비록 음이 극에 달했다고 해도 다시 양으로 돌아갈 수 있는 것이다. 이는 마치 고목(음기)에 어린 가지(양기)를 접붙이면 다시 싱싱하게 자라는 것과 같다.

늦게 시작해도 도를 이룰 수 있지만 당연히 64세가 되기 전부터 도를 닦기 시작한다면 더욱 좋을 것이다. 64세가 되기 전에 욕망으로 정精을 없애버리고 이런저런 생각으로 신神을 손상시키고 피로가 지나쳐 기氣를 손상시킨다면 그만큼 힘들 것이다. 아직 64세가 되지 않았다면 빨리 시작하면 시작할수록 좋다.

이럴 때 중요한 것이 도를 닦겠다는 마음가짐이다. 그런 마음조차 없다면 아예 시작조차 할 수 없기 때문이다. 그래서 동의보감에서는 이러한 순간의 깨달음, 도를 닦아야겠다는 깨달음이 중요하다고 말한다. 늙었다든지 병들었다든지 하는 것은 구실에 불과하다. 이제라도 시작하겠다는 마음만 있다면 누구나 도를 이룰 수 있다.

그리고 또 하나 중요한 것은 훌륭한 스승을 만나야 한다는 것이다. 스승은 구체적인 도의 방법을 가르쳐주는 사람이라기보다는 배움의 방향을 알려주는 사람이다. 잘못을 고쳐주기도 하지만 내가 느끼고 생각하는 것을 바른 방향으로 끌어내는 사람이다. 그래서 스승이 없는 공부는 잘못된 길로 빠지기 쉽다. 그러나 그런 훌륭한 스승을 찾기는 어렵다. 자칫 엉뚱한 사람을 만나 고생하기 일쑤다. 이럴 때 동의보감은, 비록 사람은 아니지만 글로써 우리의 스승이 되어준다. 말없는 스승, 바로 동의보감이다.

도가의 수련법

동의보감에서는 도가의 수련법에 대해 몇 가지 더 언급하고 있다. 그러나 이는 오랜 수련을 통해 체득하지 못한 사람이 설명해보아도 그 의미를 정확하게 알 수 없다. 또 잘못 전달되어 오히려 피해를 줄 수도 있다. 여기에서는 스승이 없이도 누구나 할 수 있는 방법에 한하여 소개하도록 한다. 먼저 소개할 것은 위 아랫니를 부딪치는 고치법叩齒法이다.

고치법의 시작은 바로 앉는 것이다. '바로 앉는 것'을 정좌正坐라고 하는데, 일반적으로 가슴과 허리를 쭉 편 상태에서 양반다리 또는 무릎 꿇는 자세를 하고 편안하게 앉는 것을 말한다. 허리를 곧게 세우되 가슴이 앞으로 나오지 않게 한다. 머리는 곧게 세우되 턱을 약간 안쪽으로 당기고 어깨는 자연스럽게 늘어뜨린다. 어금니는 가볍게 다물고 혀는 위 입천장에 살짝 붙인다. 손은 자연스럽게 양 무릎에 올려놓아도 좋고 두 손을 펴서 겹친 다음 사타구니 위에 놓아도 좋다. 날이 추울 때는 옷을 덧입거나 얇은 이불로 몸을 감싸준다. 이런 자세로 숨을 쉰다.

숨은 천천히 길게 쉬는데, 숨 쉬는 소리가 나지 않게 한다. 흔히 닭털을 코에 대고 있어도 털이 흔들리지 않게 해야 한다고 하는데, 처음에는 역시 어려운 일이다. 일반적으로 숨을 들이마시면 배가 나오고 내쉬면 배가 들어간다. 이를 순호흡이라고 하는데 초보 단계에서는 순호흡이 좋다. 역호흡은 반대로 숨을 들이마실 때 배가 들어가고 내쉴 때 배가 나오는 것인데, 어느 정도 수준에 이르러 역호흡으로 바꾸는 것이 좋다. 처음에는 바로 앉기도 어렵지만 몇 번 익숙해지면 그야말로 자연스럽게 될 것이다.

바로 앉기, 곧 정좌가 되면 매일 아침 닭이 울 때 일어나 바로 앉는다. 닭이 우는 시간은 계절마다 일정하지 않다. 닭은 매일 같은 시간에

울지 않고 해가 뜨는 시간에 맞춰 운다. 그러므로 닭이 울 때 일어나라는 것은 해가 뜨는 시간에 맞춰 일어나라는 말이다.

바로 앉은 상태에서 입을 다물고 어금니를 벌렸다가 천천히, 너무 강하지 않게 마주 친다. 이 과정은 신을 모으는 과정이다. 수십 번 하다보면 몸이 따뜻해지는 것을 느끼게 된다. 온몸이 편안해지면서 느긋한 느낌이 들 것이다. 그러면 몸의 혈맥이 잘 통하게 된다. 그리고 이때쯤이 되면 입안에 침이 가득 고이게 된다. 그러면 양치질 하듯 침을 머금었다가 단번에 꿀꺽 삼킨다. 삼키는 소리가 크게 날수록 좋다. 이 침은 단전으로 들어가 양기를 보해준다. 이 과정이 끝나면 평소 먹던 보양하는 약물을 먹는다. 이런 약물 중 남녀노소 누구나 장복할 수 있는 것은 경옥고이다. 경옥고는 음양과 기혈을 골고루 보할 수 있는 가장 균형 잡힌 보약이다.

이상의 방법 중 이를 마주치는 것을 고치법이라고 하는데, 동의보감에서는 고치를 마치고는 손을 비벼 열을 내게 하고 머리를 빗고 양치를 하고 손을 씻은 다음 향을 피우고 도교의 경전인 『동장』을 외우고 정원을 이리저리 100보 정도 거닐라고 했다. 해가 열다섯 장 높이로 뜰 때까지 기다렸다가 죽을 먹고, 다 먹은 다음에는 손으로 배를 문지르고 2~300 걸음 걷는다.

이 모든 것을 다 하기는 어렵지만 적어도 고치법만은 실천해볼 필요가 있다. 특히 치아와 잇몸의 질환이 있는 경우는 큰 도움이 된다. 실제 어떤 사람이 잇몸이 다 썩어서 치아가 거의 다 빠질 지경에 이르렀는데, 고치법을 실천하고는 다시 건강한 치아를 되찾은 예가 있다. 그리고 식후 200보를 걷는 것은 소화에 도움을 줄뿐만 아니라 당뇨 등 성인병의 예방에도 효과가 있다.

또 하나의 수련법은 안마이다.

안마는 몸을 누르거나 문질러서 기의 순환을 잘 시키기 위한 도교 수련법의 하나이다. 동의보감에서는 본격적인 안마에 대해서도 언급하고 있지만 여기에서는 누구나 할 수 있는 가장 간단한 안마에 대해서만 설명하기로 한다. 더 깊은 내용을 알고 싶은 분은 직접 동의보감을 읽어보기 바라며, 그런 방법을 수련하려면 먼저 선생님을 찾는 것이 순서일 것이다.

안마를 하려면 먼저 아침에 닭이 울 때 일어나 바로 앉는다(정좌). 고치를 하고 두 손바닥을 마주 비빈다. 이렇게 함으로써 우리 몸의 좌우 음양의 기를 통하게 한다. 30번 정도 비비면 손바닥에서 열이 날 것이다. 열이 있는 상태에서 두 눈에 대고 가볍게 20번 비빈다. 이렇게 하면 무엇보다 눈이 밝아지게 되며 눈이 건조하거나 반대로 눈물이 시도 때도 없이 나는 경우에도 효과가 있다.

이런 방법으로 그다음에는 이마를 비벼주는데, 머리카락이 난 부위까지 쓸어주듯이 14번씩 비빈다. 주름이 없어지고 무얼 바르지 않아도 얼굴에 윤기가 나게 된다.

그다음으로는 가운데 손가락으로 코의 양 옆을 30번씩 비벼준다. 두 손가락을 동시에 쓴다. 그러면 코의 겉만이 아니라 속에서도 열감을 느끼게 되는데, 이는 코를 잘 통하게 하여 냄새도 잘 맡게 하며 비염과 같은 질환에도 효과가 있으며 나아가 코와 연관이 깊은 폐까지 좋게 해준다. 그래서 마른기침을 하거나 가래가 많은 사람에게도 좋다. 마찬가지 방법으로 귓바퀴를 비벼주면 귀가 잘 들릴 뿐만 아니라 귀와 연관이 깊은 콩팥의 기운까지 보태주게 된다.

이는 방법이 약간 서툴다고 해도 거의 부작용이 없고 돈도 들지 않으며 약간의 시간만 내면 되는 최상의 안마이다.

이마는 '하늘의 정원'이며 코는 나라 '가운데의 큰 산'(중악中嶽), 귀는 나라의 '성곽'에 해당하며 각각 우리 몸의 신과 기와 정에 대응하여 동의보감에서 말하는 정기신과 정확하게 맞물려 있다. 지금도 그렇지만 전통적으로 동아시아에서는 머리가 좋다는 것을 총명하다고 표현했다. '총명聰明'이란 귀로 잘 듣고 눈으로 잘 본다는 말이다.

모든 학문은 먼저 대상에 대해 잘 아는 것에서부터 시작한다. 잘 알기 위해서는 구체적인 외부의 대상을 잘 받아들여야 한다. 그런데 우리 감각의 7~80%를 차지하는 것은 시각이다. 인간의 말초신경의 90%가 시신경에 집중된다. 그러므로 잘 본다는 것은 그만큼 구체에 대한 감각이 뛰어나다는 말이 된다.

한편 청각은 가장 추상적인 형식인 소리와 언어를 느끼는 감각 기관이다. 그러므로 가장 구체적인 것을 느끼는 눈과 가장 추상적인 것을 느끼는 귀의 기능이 뛰어나다는 것은 총명하기 위한 전제가 된다. 실제로 임상에서 보면 귀와 눈이 밝은 사람은 치매가 적다.

여기 소개하는 안마는 눈과 귀를 좋게 해준다. 곧 머리를 좋게 하는 방법이다. 머리가 좋다는 것은 단순한 계산이나 앞뒤로 말을 잘 맞추는 것을 뜻하지 않는다. 한마디로 하자면 그것은 지식이 아니라 지혜일 것이다. 지혜란 대상에 대한 정보, 보다 많은, 보다 정확한 정보가 아니라 대상이 맺고 있는 관계를 이해하는 힘이다. 사람과 사람, 사람과 사물, 사물과 사물 사이의 관계를 잘 알고 이해하며 거기에 따라 적절하게 대처할 수 있는 능력이 바로 지혜일 것이다. 아마도 많은 사람에게 나이가 들면서 가장 걱정되는 것은 치매일 텐데, 치매는 여러 가지 이유로 관계에 대한 이해가 떨어지거나 관계를 끊어 버리는 현상이다. 그렇다면 치매를 예방하는, 그리고 치료하는 가장 좋은 방법은 머리를 좋게 하는 것, 곧 눈과 귀를 밝게 하는 것이 될 것이다.

양생의 일곱 가지 비밀

진리는 간단하고 쉽다고 했다. 하루도 빠짐없이 실천해야 하는 양생이 야말로 복잡하고 어렵다면 누구나 따라 하기 어렵다. 그러므로 좋은 양 생법은 간단하고 쉬워야 한다. 이제 가장 간단한 양생법을 소개한다.

첫째는 말을 적게 하는 것이다.

말이란 내 몸 안의 기가 빠져 나가는 것이다. 그러므로 말을 적게 하 면 몸의 기가 잘 보존된다. '말로써 말 많으니 말 않을까' 한다는 속담 도 있는 것처럼 불필요한 말은 사람 사이의 관계도 힘들게 한다.

둘째는 색욕을 경계하는 것이다.

경계한다는 것은 하지 말라는 말이 아니라 조심하고 주의한다는 말 이다. '색'은 일반적으로 섹스를 뜻하지만 고운 모양이나 자태, 아름다 운 그림이나 경치, 좋은 소리도 여기에 해당한다. 색을 경계하면 정精을 잘 기를 수 있다.

셋째는 맛이 진한 음식을 적게 먹는 것이다.

진하다고 해서 반드시 기름이 많이 들어간 음식을 뜻하는 것은 아니 다. 너무 달고 너무 맵고 너무 짠 음식처럼 맛이 진한 음식 모두를 말한 다. 맛이 진한 음식을 적게 먹으면 혈血을 잘 기를 수 있다.

넷째는 늘 침을 삼키는 것이다.

동의보감에서 침은 우리 몸에서 가장 정미로운 액체라고 하였다. 한 의학에서 볼 때, 침은 콩팥에서 만들어진다. 콩팥의 정精이 침으로 변 한 것이다. 이 정은 오장으로 흘러들어가 오장을 살려준다. 그러므로 침 을 잘 삼키면 오장의 기가 튼튼해진다. 반대로 침을 자주 뱉으면 오장 은 물론 근본적으로는 콩팥을 상하게 된다. 실제로 어떤 사람이 체중을 줄이기 위해 하루에 우유 한 팩을 먹고 거기에 침을 뱉어 채웠다. 그렇게 한 달을 하자 체중은 확실하게 줄었지만 이후 그 사람은 평생 허약한 상태로 지내야 했다.

다섯째는 크게 화를 내지 않는 것이다.

살면서 화를 내지 않을 수는 없다. 무조건 화를 참으면 스트레스가 된다. 여기에서 말하는 것은 화를 내더라도 크게 내지 말라는 것이다. 화를 내면 무엇보다도 간을 상하게 된다.

여섯째는 음식을 맛있게 먹어서 위胃의 기를 기르는 것이다.

여기에서 말하는 것은 맛있게 먹는 것이지 맛있는 음식을 먹으라는 말이 아니다. 맛있게 먹는 것은 어떤 음식이든 그것을 달게 먹는 것을 말한다. 『노자』에도 자기가 먹는 음식을 달게 여기라는 말이 나온다(甘其食).

일곱째는 생각을 적게 하라는 것이다.

노심초사勞心焦思라는 말이 있다. 억지로 힘써 생각하여 애가 타는 것을 말한다. 더 많이 가지려는 욕심, 다른 사람이 갖지 않은 것을 가지려는 욕심, 돈과 권력과 명예가 그런 욕심의 대상이며 아름다운 사람, 사랑하는 사람도 그런 대상이다. 그런 대상을 가지려는 욕심과 그것을 지키려는 욕심이 힘써 생각하게 하고 애타게 한다. 그러다 막상 그런 대상을 잃고 나면 큰 슬픔과 분노에 빠진다. 그러면 심장을 상하게 된다.

이상 일곱 가지는 양생을 위해 지켜야 할 가장 기본적인 수칙이다. 그런데 소개하고 보니 간단하기는 하지만 쉽지는 않은 것 같다. 더군다나 오늘과 같은 무한경쟁 사회에서는 이런 수칙을 지킨다는 것이 참으로 어려운 일인 것 같다.

그러나 달리 생각해보자. 위에서 말한 수칙이 어려운 것이 아니라 우리 사회가 어렵게 만들고 있는 것은 아닐까. 위에서 말한 수칙이 올바른 것이라면, 그것이 진정 사람을 살리는 길이라면 우리 사회를 그런 수칙이 지켜질 수 있는 사회로 바꾸는 것이 마땅한 일이다. 작은 의사는 사람을 살리고 큰 의사는 나라를 살린다는 말이 있다. 의료인만이 아니라 나라 사람 모두가 그런 생각을 깆고 하나씩 바꿔간다면 위의 수칙은 지키기에 너무도 간단하고 쉬운 수칙으로 바뀔 것이다.

하지 말아야 할 것들

양생을 하는 가장 기본적인 원칙은 지나침과 모자람이 없게 하는 것이다. 이를 고르다고 한다. 한자로는 '평平'이라고 하는데, '평'은 평균이 아니고 비유하자면 그릇에 물을 채웠을 때 넘치지도 않고 모자라지도 않는 상태다. 걸어도 너무 빨리 걷지 않고 보아도 지나치게 보지 않는다. 먹어도 지나치게 먹지 않고 지나치게 배고프기 전에 먹는다. 늘 움직여 일을 하지만 이것도 지나치게 하지 않는다. 너무 오래 서 있거나 오래 앉아 있거나 오래 누워 있거나 오래 보거나 오래 듣지 않는다.

기쁨도 지나치면 병이 된다. 하물며 화나 슬픔은 더욱 몸을 상하게 한다. 걱정과 근심은 물론 기쁨도 즐거움도 줄인다. 좋아하는 것은 물론 미워하는 것도 줄인다. 지나치면 몸을 상하게 된다. 몸을 '상한다'는 말은, 금방 다쳤다고 느끼는 것이 아니고 오래 쌓이게 되면 수명을 손상시킨다는 말이다.

이러한 원칙 이외에 양생에는 해야 할 것과 하지 말아야 할 것이 있다. 해야 할 것 중의 하나는 잘 때 머리를 두는 방법이다. 동의보감에서는 계절에 따라 머리 두는 방향을 바꿔야 한다고 말한다. 그래서 봄에는 동쪽으로 머리를 두고 가을과 겨울에는 서쪽으로 머리를 두는데, 꼭 피해야 할 방향은 북쪽이다. 현실적으로 계절에 따라 머리 두는 방향을 바꾸기가 어렵다면 최소한 추운 기운이 내려오는 북쪽만큼은 피해야 한다.

또 하나 지켜야 할 것은 머리를 늘 차게 해야 한다는 것이다. 머리는 우리 몸의 모든 양기가 올라가는 곳이다. 자연 상태에서도 햇볕을 직접 받게 되는 머리는 늘 양기가 몰리기 쉽다. 그러므로 머리는 차게 해야 음양의 조화가 맞는다. 메밀껍질로 베개를 만드는 이유도 메밀의 성질이 차기 때문이다. 그래서 머리를 감싸는 너무 푹신한 베개는 건강에 좋지 않다. 또한 온돌과 같이 난방도 방바닥에서 올라오는 방식을 택해야 머리가 자연스럽게 차게 된다.

동의보감에서는 양생의 금기를 이렇게 말한다.

"하루의 금기는 저녁을 배부르게 먹지 않는 것이고 한 달의 금기는 그믐에 술을 많이 먹지 않는 것이고 한 해의 금기는 겨울에 멀리 가지 않는 것이며 평생의 금기는 밤에 불을 켜고 성생활을 하지 않는 것이다."

인류는 원래 두 끼를 먹어왔다. 16세기 중반을 살았던 율곡 이이의 십만양병설은 하루 두 끼를 기준으로 군량미를 계산했다고 한다(십만양병설 자체가 허구라는 지적도 있다). 그리고 1894년에 출간된 이제마의 『동의수세보원』에서도 하루 두 끼보다 더 먹어서 생기는 피해를 말하고 있다. 이를 보면 지금으로부터 100년 정도 전만 해도 하루 두 끼를 먹었다는 말이다.

그러던 것이 산업화와 더불어 세 끼 식사로 바뀌었다. 이는 일정하게 정해진 하루 3교대 공장제 노동 혹은 하루 8시간 노동이라는 조건에 맞추기 위한 것으로 보인다. 자연의 흐름과 몸의 흐름과는 관계 없이 산업화와 더불어 양생의 기준도 자연에서 기계로 바뀐 것이다.

오늘날 성인병이나 각종 암과 같은 질환은 바로 이런 식사의 원칙을 벗어났기 때문에 생기는 것일 수 있다. 150만 년에 걸친 인류의 생물학적 진화와 1~200년 징도의 문화적 진화가 서로 어긋났기 때문에 몸이 망가진 것이다. 그러므로 아침은 넉넉하게, 점심은 약간 적게, 그리고 저녁은 아주 적게 먹는다면 건강을 확보하는 것은 물론 이렇게 먹으면 무엇보다도 몸매가 날씬해진다. 살찐 사람은 살이 빠지고 너무 마른 사람은 오히려 살이 찐다. 각종 성인병과 같은 질환을 막을 수도 있다.

이외에도 금기는 많다. 특히 성생활과 관련된 금기가 많다. 큰 비와 바람, 짙은 안개, 심한 더위와 추위, 심한 눈, 천둥, 번개가 있는 날과, 어두침침한 날에는 모두 성생활을 금하라고 말한다. 화가 났거나 슬프거나 감정이 크게 술렁일 때도 금한다. 술 마신 뒤의 성생활은 금기 중의 금기다. 술을 마시고 성관계를 가지면 오장의 기가 모두 뒤집어 진다. 또한 여성이 임신을 했거나 월경을 하고 있을 때는 성관계를 갖지 않는다.

이걸 다 지키다 보면 1년 중 성생활을 할 수 있는 날은 얼마 되지 않을 듯싶다. 양생의 길은 멀기만 하다. 그러나 이런 것들이 쌓여 조금씩 내 몸을 망가뜨리고 결국에는 몹쓸 병이 되고 나서 후회하는 길을 택할 것인지, 힘들어도 양생의 원칙과 금기를 지킬 것인지는 스스로의 선택이다.

계절에 맞는 양생법

날이 추워지면서 절로 따뜻한 것을 찾게 된다. 특히 음식은 더욱 그렇다. 그런데 더울 때 찬 것을 찾고 추울 때 더운 것을 찾는 것은 자연스러운 일 같지만 사실 그렇지만은 않다.

동의보감에서는 오직 여름 한 철이 양생하기 어렵다고 한다. 왜냐하면 입에서는 찬 것을 찾지만 몸속에서는 오히려 더운 것을 원하기 때문이다. 밖이 더우면 우리 몸속은 상대적으로 차가워진다. 음기가 속으로 숨어 있게 되는 것이다. 이를 복음伏陰이라고 하는데, 이 음기가 몸속에 숨어 있다가 다시 차가운 음기를 만나게 되면 복음이 기승을 부려 탈을 일으킨다. 여름에 찬 음식을 먹고 설사를 하는 경우가 바로 그것이다.

그러므로 여름에는 반드시 더운 음식을 먹어야 한다. 그럼에도 우리의 습관과 입맛은 여름에 냉면을 먹는 것을 자연스럽게 받아들인다. 그러나 이는 자연스러운 일이 아니며 이런 일이 여러 번 계속되면 반드시 몸을 상하게 한다.

외국, 특히 더운 지역의 현지 식당에 가면 뜨거운 차를 내놓는 데 비해 한국 사람들은 얼음물을 찾는다. 얼음물이 준비되어 있지 않은 식당은 난감해하기 일쑤다. 그래서 한국 사람이 자주 가는 식당에서는 얼음을 준비해놓고 아예 처음부터 얼음물을 내온다. 그런데 사람들은 그러고 나서 배탈이 나면 물을 갈아먹어서 그렇다고 생각한다. 오염된 물을 먹어서 배탈이 나기도 하지만 더운 곳에서 찬 물을 먹어서도 배탈이 난다는 데는 생각이 미치지 않는다.

여름의 찬 음식은 무얼 상하게 하는가? 첫 번째로는 위를 상하게 하고 두 번째로는 대장을 상하게 하고 궁극적으로는 콩팥을 상하게 한다. 한의학에서 콩팥은 생식을 담당하는 가장 근본적인 기관이다. 생식을 담당한다는 것은 흔히 말하는 정력과 밀접한 관계가 있다는 말이다. 결국 여름의 찬 음식은 콩팥을 상하게 하는 지름길이다.

이것만이 아니다. 계절과 관계없이 술을 먹고 나서 찬 음료를 먹는 것도 콩팥을 상하게 한다. 술을 먹고 나서는 뜨끈한 음식을 먹어서 땀을 내는 것이 좋다. 콩나물국이 해장에 좋다는 것은 많은 사람들이 알고 있는데, 콩나물국이 해장에 도움이 되는 것은 콩나물 자체도 해장의 기능을 하지만 더 중요한 것은 그것이 뜨끈한 국물이어서 땀을 내기 때문이다. 열을 내는 고춧가루를 쳐서 먹으면 더욱 좋다. 그런데 어리석은 사람들은 콩나물의 해장하는 성분만 빼내어 그것을 차게 해서 먹는다. 그렇게 하면 일시적으로는 술이 깰지 모르지만 근본적으로는 콩팥을 상하게 한다.

그러면 겨울에 찬 음식을 먹는 것은 어떨까? 원래 냉면은 추운 겨울에 얼음이 둥둥 뜨는 동치미 국물에 말아먹었다. 다시 말해서 겨울 음식이라는 것이다. 겨울에 찬 음식을 먹으면 땀구멍을 단단히 막게 된다. 소름이 돋는 것이다. 그렇게 함으로써 밖의 찬 기운이 들어오지 못하게 막는 것이다. 또한 겨울은 밖이 추운데 비해 몸속은 상대적으로 따뜻하다. 그러므로 가끔씩 냉면을 먹는 것은 몸에 별다른 해가 되지 않는다. 그러나 이것도 너무 자주 먹으면 콩팥을 상하게 한다.

그렇다고 해서 너무 뜨거운 음식도 좋지 않다. 특히 겨울에 너무 뜨거운 음식을 먹어서 땀을 흘리게 되면 몸 안의 양기가 빠져나가게 된다. 그래서 설렁탕 같은 음식을 먹을 때에도, 여름에는 땀을 내는 파를 많이 넣어 먹지만 겨울에는 파를 넣지 않고 먹어야 한다. 또한 여름에는 아무리 더워도 배만은 덮고 자야 한다. 배를 차게 하고 거기에 찬 음식까지 먹게 되면 가을이 되어 반드시 학질이나 설사를 하게 된다.

그렇지만 사람들은 차도 아주 찬 것, 뜨거워도 아주 뜨거운 것을 찾는다. 그것은 그 사람의 마음이 들떠있기 때문이다. 한의학에서는 이를 심장의 기능이 지나치게 되어 그렇게 된 것으로 본다. 심장의 기능이 항진된 것이다. 심장 기능이 항진되면서 마음이 들뜨고 들뜬 마음에 치우친 것을 찾게 되는 것이다. 그렇다면 양생의 문제는 결국 음식이 아니라 마음의 문제일 것이다.

그 밖의 양생법들

동의보감이라는 책은 양생법을 다룬 책이라고 할 정도로 양생에 관한 말이 많이 나온다. 이를 체계적으로 정리하기는 쉽지 않다. 양적으로 방대할 뿐만 아니라 동의보감에도 다양한 관점의 이론들이 섞여 있어서, 하나의 원칙을 세워 정리한다는 것은 또 하나의 책을 만드는 일과 같기 때문이다. 그러므로 여기에서는 앞에서 소개했던 양생법과 더불어 자잘하지만 일상적으로 지켜야 할 것들을 몇 가지 소개한다.

첫째, 밥을 먹고 나서는 200걸음을 걷는다.

밥을 먹고 나서 걸으면 소화가 잘 될 뿐만 아니라 당뇨와 같은 병을 예방할 수 있다. 단 걸을 때는 천천히 걸어야 한다. 이 방법은 쉽고도 간단한데다 분명한 효과가 있으므로 반드시 지켜야 한다.

둘째, 배는 자주 문질러 준다.

배를 문지를 때는 손바닥으로 천천히 시계 방향으로 둥글게 문지른다. 장의 운동을 도와주면서 몸 전체의 기를 잘 돌게 해준다.

셋째, 머리는 자주 빗어준다.

머리를 빗을 때는 가능하면 나무로 된 빗을 사용하고 두피까지 자극이 가도록 앞에서 뒤로 끝까지(머리가 끝나는 곳까지) 천천히 빗는다. 한 번에 100번 정도 빗어준다. 머리로 몰리기 쉬운 양기를 흩어주어 탈모를 예방할 뿐만 아니라 전반적인 기의 순환도 원활하게 해준다.

넷째, 배가 부를 때는 서서 소변을 보고 배가 고플 때는 앉아서 소변을 본다.

배가 고플 때는 기가 허해져 있는 때이므로 서서 소변을 보면 기가 더 빠져나가 어지럽거나 심하면 실신할 수도 있다. 이를 배뇨성 현훈이라고도 한다.

다섯째, 콧속의 털을 자주 깎아 준다.

코는 외부의 기가 들어오는 곳이므로 기의 소통을 원활하게 해주기 위해서이다. 유난히 코털이 많은 사람이 있는데, 이는 그 사람의 혈血이 지나치게 왕성하기 때문이다. 혈은 기와 더불어 서로 조화를 이루어야 하는데, 혈이 지나치면 이 역시 바람직한 상태가 아니다. 코털을 깎되 단 코털을 뽑는 것은 금기다. 코털도 어느 정도는 있어야 외부의 나쁜 것들을 막아주는 일을 할 수 있는데, 뽑아버리면 더 이상 자라지 않거나 때로 염증을 일으켜 심각한 병을 만들 수 있다.

여섯째, 음식을 골고루 먹을 것이 아니라 맛을 골고루 먹어야 한다.

아무리 여러 가지 음식을 먹었다고 하더라도 예를 들어 늙은 호박이나 아이스크림, 초콜릿, 사탕과 같이 단 음식만 먹었다면 한의학적으로 볼 때는 한 가지 음식만 먹은 셈이 된다. 맛을 한쪽으로 치우쳐 먹게 되면 반드시 그와 연관된 몸의 부분을 상하게 되고 몸 전체의 균형이 깨져 몸을 상하게 된다. 앞에서도 말했지만 상한다는 것은 바로 그렇게 된다는 말이 아니라 그것이 쌓이면 상하게 된다는 말이다.

동의보감에서는, 신 음식을 많이 먹으면 힘줄을 상하고 쓴 음식을 많이 먹으면 뼈를 상하고 단 음식을 많이 먹으면 살에 해가 되며 매운 음식을 많이 먹으면 정기正氣를 해치고 짠 음식을 많이 먹으면 수명을 줄인다고 말한다. 그럼에도 요즈음의 음식은 모두 달고 맵고 짜다. 식초도 듬뿍 넣어 시큼하게 먹는다. 쓴 커피를 물마시듯 마신다. 좋아하는 맛이 한쪽으로 치우쳐 있을 뿐만 아니라 각각의 맛이 너무 진하다. 음식이 아니라 맛을 골고루 먹어야 한다. 그것도 담백하게 먹어야 한다. 특히 인공 조미료는 단맛에 해당할 뿐만 아니라 모든 맛을 진하게 한다. 몸에 백해무익한 것이므로 절대 먹어서는 안 된다.

일곱째, 아침에 일어나면 바로 묽은 죽을 먹고 저녁은 적게 먹는다.

일어나 바로 죽을 먹는 것은 자고 나서 뱃속이 비어 기가 허해져 있기 때문에 이를 보하기 위한 것이다. 물론 아침식사는 밥을 넉넉하게 먹는다. 어떤 사람은 조반석죽朝飯夕粥, 곧 아침에는 잘 차려진 음식을 먹고 저녁에는 죽을 먹는다는 말이, 일제가 우리 민족을 가난하다고 얕잡아 보기 위해 한 말이라고 잘못 알고 있는데, 조반석죽은 우리 민족이 오랜 동안 지켜온 훌륭한 양생법이다. 이와 반대로 아침을 굶고 저녁을 배불리 먹는 경우가 있는데, 이는 몸을 상하게 하는 지름길이다.

여덟째, 아침에도 그러하지만 저녁에는 반드시 양치를 한다.

양치를 한 다음에는 물 이외에는 아무것도 먹지 않는다.

아홉째, 혼자 자는 것이 뜸을 뜨거나 보약 먹는 것보다 낫다. 이는 성생활을 자제하여 정을 쏟아버리지 않는 것이 몸을 보하는 것보다 낫다는 말이다. 특히 겨울은 정만이 아니라 땀까지 쏟아버리게 되므로 더욱 삼가야 한다.

열 번째, 마음을 다스린다.

이는 마음을 비우는 것이 아니라 욕심을 줄이는 것이다. 동의보감에서는, "돈과 재물이 생기는 데에는 분수가 있으므로 만족하면 이롭고 억지로 얻으려 하는 것은 큰 병이다. 욕심을 적게 하면 결국 얽매이는 것이 없고 신神이 고요하면 저절로 늘 편안하게 되니 도道는 평생 닦아야 한다"고 하였다.

이외에도 앉거나 누워서 바람을 쏘이지 말고 목욕은 따뜻한 곳에서 자주 하라고 하였다.

비늘이 없는 생선이나 들짐승, 날짐승의 고기를 먹지 말아야 한다.

술을 먹어도 저녁에는 취할 정도로 먹지 말아야 한다.

화를 내더라도 특히 새벽에는 화를 내지 말아야 한다.

저녁에 먹는 것보다 아침에 먹는 것이 좋다.

슬픔은 물론 기쁨도 지나치면 안 된다.

9시 반에는 잠자리에 들어 천고天鼓를 울리고 새벽 3시 반에는 일어나 침으로 양치한다.

천고를 울린다는 것은, 두 손바닥으로 양쪽 귀를 가리고 두 번째 손가락을 세 번째 손가락 위에 올려놓았다가 뒤통수를 퉁겨 그 소리를 듣는 것이다. 24번 한다. 침으로 양치한다는 것은, 혀로 입안을 휘저어 침이 충분히 나오면 그 침으로 36번 양치질한 뒤 한 모금을 세 번에 나누어 꿀꺽 소리가 나도록 삼키는 것이다.

땀이 날 때는 바람을 맞고 서 있지 않는다. 땀을 들인 다음 바람을 쐰다.

배가 고플 때는 차를 마시지 않는다. 아침 식사 대신 커피 한 잔을 마시는 경우가 대표적이다. 차는 오래 발효된 것이 아니면 대개 그 성질이 차며 위脾의 기를 깎아 낸다. 배가 고플 때는 위의 기가 허해졌을 때다. 이때 차를 마시면 위를 상하게 된다.

인삼을 함부로 먹어서는 안 된다

정기신은 동의보감에서 말하는 가장 중요한 우리 몸의 구성 요소이다. 그러므로 정기신을 잘 기르는 것이 양생의 핵심이다. 정기신을 잘 기르기 위해 동의보감은 무엇보다도 자연의 질서에 따르며 마음을 다스릴 것을 요구한다.

그러나 살기 위해서는 음식을 먹어야 하고 또한 불가피하게 생기는 병을 고치는 것이 의학이라면 약이 없을 수가 없다. 그래서 양생을 위한 음식과 약이 또한 중요하다.

요즈음 인삼과 홍삼의 열기가 대단하다. 인삼은 삼국시대 이전부터 세계적으로 그 효능이 알려졌고 특히 고려 때는 수출이 본격화되어 인삼은 '고려인삼'이 되었다. 물론 이때의 인삼은 오늘날 흔히 보는 인삼이 아니라 산삼이다. 인삼재배는 허준이 살았던 16세기 중반 정도에 시작되어 영정조에 와서야 일반화되므로 동의보감에서 인삼이라고 하면 당연히 산삼을 가리키는 것이다.

확실히 인삼은 명약 중의 명약이다. 특히 우리 몸의 양기를 북돋아주는 데는 더할 나위 없이 좋은 약이다. 그래서 인삼으로 죽어가는 사람을 살린 일이 한 둘이 아니다. 허준의 대선배이자 훌륭한 스승이었던 양예수는 특히 인삼을 잘 썼던 의사로 유명하다. 오늘날 인삼의 명성과 유행은 양예수와 허준으로부터 시작되었다고 해도 과언이 아니다.

그러나 당시의 인삼은 오늘날처럼 누구나 먹을 수 있는 약이 아니었다. 그리고 그 약효가 매우 강하고 빠르게 나타나는 것이어서 함부로 쓸 수 있는 약도 아니었다. 또한 재배한 것일지라도 오늘날의 인삼과는 그 효과 면에서 현격한 차이가 있었을 것이다.

필자는 할아버지 때부터 한의사 집안이었기 때문에 어려서부터 인삼을 잘 알고 있었다. 1960년대는 경제적으로 어려운데다 인삼은 매우 귀한 것이어서 인삼을 써는 것도 하나의 구경거리가 되었다. 어려서 본 인삼은, 썰면 탁 하는 소리와 함께 튀어나가고 잘린 면에서는 곱고 하얀 가루가 퍼지면서 인삼 특유의 냄새가 났다. 그 냄새는 10미터쯤 떨어진 곳에서도 맡을 수 있었다.

그러나 요즈음의 인삼은 그렇지 않다. 아무리 코에 가까이 대어도 좀체 어렸을 때 맡던 그 냄새가 나지 않는다. 그러다 보니 과거에는 한 돈이면 충분했던 인삼이 이제는 석 돈을 써도 예전 같은 효과가 나지 않는다.

인삼의 약효는 전과 같지 않지만 오히려 그 약화된 약성 때문에 대중화의 길로 나갈 수 있었는지도 모른다. 좋은 약을 누구나 쉽게, 값싸게 복용할 수 있는 것은 어떤 의미로든 좋은 일이다. 그러나 요즈음의 대중화를 보면서 매우 염려스러운 점이 있다. 그것은 인삼의 남용이다. 인삼이 아무리 좋은 것일지라도 그것은 기본적으로 약이다. 약이란 음식에 비해 한 쪽으로 치우친 기운을 갖고 있는 것이다. 음식도 한 가지만 오래 먹으면 병이 되는데 하물며 같은 약을 오랫동안 복용하면 어떻게 될까.

인삼은 양기를 보하는 것이다. 그런데 우리 몸은 정기신으로 되어 있다. 정과 신은 놔두고 기만 보해준다면 결국에는 균형이 깨져 병을 불러올 것임은 자명한 이치다.

인삼은 자연에 비유하자면 태양이다. 바닷물은 놔두고 태양이 좋다고 태양만 자꾸 늘려가다 보면 바닷물은 마르고 땅은 말라 버릴 것이다. 한의학에서는, 예로부터 아이들은 양기 덩어리여서 양기를 보해주는 인삼이나 부자와 같은 뜨거운 약을 함부로 쓰지 말라고 했다. 오히려 바닷물에 해당하는 것, 곧 음기를 보충해주어야 한다고 했다. 그것이 소아 치료의 대원칙이다. 그러므로 특별하게 양기가 부족한 경우를 제외하면, 아이는 물론 어른도 장기간 복용해서는 안 된다. 가뜩이나 양기가 넘쳐 들떠 있는 아이들에게 또 양기를 더하는 것은 불난 집에 기름을 끼얹는 격이다. 그러고는 아이가 산만하다고 정신과 치료를 하거나 심리치료를 시킨다. 인삼은 절대 함부로 먹어서는 안 된다.

정기신을 보하는 경옥고

옛 의서 중에 『양생월령養生月令』이라고 하여, 매월 해야 할 일을 적어놓은 책이 있다. 여기에서는 가을에는 몸을 보하기 위해 대추를 달여 먹으라고 하였다. 추운 겨울을 대비하기 위해서는 소화기[脾胃]를 도와주는 대추가 제격이라는 것이다. 먹는 방법은 대추의 껍질과 씨를 발라내고 중간 불에 졸여서 물기가 다 말라 약간 타서 연기가 날 정도로 졸인 다음 다시 물을 붓고 끓여 먹으면 된다. 만들기가 복잡하면 껍질과 씨만 바르고 그냥 대추만 달여 먹는데, 대추 살이 문드러질 때까지 푹 고아서 찌꺼기를 버리고 먹어도 좋다.

이외에도 『운급칠첨雲笈七籤』에서는 가을에는 신맛을 늘리고 매운맛을 줄여서 간의 기운을 길러야 하는데, 다만 너무 많이 먹지는 말라고 하였다. 가을과 겨울에 너무 맵게 먹는 것이 좋지 않다는 말이다.

동의보감에서는 사람의 가장 기본적인 바탕을 정기신精氣神이라고 보고 이를 세 가지 보물이라고 하여 삼보三寶라고 불렀다. 그리고 정기신을 잘 기르기 위한 보약으로 제일 먼저 경옥고瓊玉膏를 들고 있다. 경옥고는 정기신을 모두 보해주기 때문에 허준으로서는 가장 이상적인 보약, 보약 중의 보약이 아닐 수 없었을 것이다.

경옥고는 남송南宋의 의사인 홍준洪遵(1120~1174)이 편찬한 저서 『홍씨경험방』(1170)에 '철옹선생방鐵翁先生方'으로 처음 소개되었다. 이때 나온 처방 중 인삼이 신라인삼으로 되어 있어서 우리나라의 인삼이 이미 삼국 시대부터 세계적인 명성을 얻고 있었을 뿐만 아니라 중국에서도 일반적인 약재로 사용하고 있었음을 알게 해준다.

이 처방이 소개된 이래로 동아시아에서는 매우 효과가 좋은 보약으로 애호되었지만 실제 경옥고는 궁중과 일부 양반 사이에서만 먹을 수 있는 것이었다. 그것은 경옥고에 인삼과 같은 비싼 약재가 들어가기 때문이기도 하지만 무엇보다도 만들기가 매우 까다로웠기 때문이다.

경옥고는 인삼, 백복령, 꿀, 생지황의 네 가지 약으로만 이루어진 보약인데, 경옥고 만드는 법을 동의보감에 따라 재구성해보면 다음과 같다.

1. 먼저 인삼(6년근 24냥)과 백복령(48냥)은 곱게 갈고 꿀(10근)은 한 번 끓어오르게 하여 찌꺼기를 걸어낸다. 생지황(16근)은 찧어서 즙을 낸다.

2. 위의 약들을 한 데 섞어서 잘 반죽한다.

3. 반죽된 약을 도자기에 담아 기름 먹인 종이로 주둥이를 잘 싸매고 구리로 된 솥에 넣어 중탕을 하는데, 주둥이로 물이 들어가지 않게 한다. 이때 불은 너무 세도 안 되고 너무 약해도 안 된다. 센 불을 무화武火라고 하고 약한 불을 문화文火라고 하고 중간 불을 문무화文武火라고 하는데, 옛날에는 문무화를 얻기 위해 뽕나무 섶(잔가지)만 땔감으로 썼다. 이렇게 3일 밤낮을 땐다. 불을 땔 때 간혹 장작을 쓰는 경우가 있는데 이는 약효를 떨어뜨리고 쓴맛이 나게 하므로 반드시 잔가지만 써야 한다.

4. 3일 뒤 약을 꺼내 기름 먹인 종이로 다시 주둥이를 단단히 봉해서 우물에 하루 동안 담가놓는다. 이는 화독을 없애기 위한 것이다. 이 과정에서 쓴 맛이나 흔히 말하는 화독내라는 것이 없어진다.

5. 약을 꺼내 다시 하루밤낮으로 중탕한다. 이렇게 함으로써 약은 충분히 숙성되어 부드럽고 향기로운 맛과 냄새가 나게 된다.

6. 이 약을 만드는 동안 개나 닭소리가 들려서는 안 되며 약재에 쇠붙이가 닿아서도 안 된다.

이런 과정을 거쳐야 하기 때문에 경옥고는 일반인들이 접근하기 어려운 고가의 약이 되어 버렸다. 그리고 재료로 들어가는 생지황은 1년 중 가을(10월)에만 한 번 나기 때문에 경옥고를 만들려면 가을을 기다려야 했다. 그래서 지금도 경옥고는 1년에 한 번만 만드는 보약이 되어버렸다.

그러나 허준 선생은 경옥고를 평생 복용하는 것이 좋다고 했다. 과장된 표현이겠지만 동의보감에서는 경옥고를 27년 동안 먹으면 수명이 360살에 이를 수 있고 64년 동안 먹으면 수명이 500살에 이를 수 있다고 하였다. 그러니까 허준 선생의 입장에서는 경옥고는 한 번 먹고 마는 것이 아니라 평생 복용해서 우리 몸의 보배인 정기신을 잘 기르고 그럼으로써 누구나 질병 없이 오래 살 수 있기를 바랐던 것이다.

경옥고의 효능은 매우 많지만 몇 가지만 소개하기로 한다.

1. '정'을 채워주는 경옥고

   동의보감에 의하면 경옥고는 몸의 가장 기본이 되는 물질인 '정精'을 채워 준다. 정이란 오늘날 말하는 생식 호르몬을 포함한다. 따라서 남녀의 생식기능을 활성화시켜주는 효과가 있다. 특히 여성의 경우, 정을 잘 관리해주면 폐경기나 폐경 이후 몸의 균형을 잡을 수 있다.

2. '기'를 키워주는 경옥고

   경옥고는 기를 키우며 고르게 해준다. 그래서 기력이 떨어진 사람이나 특히 위장 기능이 약한 사람에게 도움이 된다. 경옥고를 먹으면 공복감이 없어진다는 것은 위장의 기능을 튼튼하게 해주었기 때문이다. 따라서 이런 원리를 다이어트에도 활용할 수 있다. 적게 먹어도 공복감이 없고 무엇보다도 파괴된 영양의 균형을 맞출 수 있기 때문에 다이어트의 부작용을 최소화할 수 있다. 경옥고는 다이어트 식품으로도 좋다는 말이다.

3. '신'을 충만하게 하는 경옥고

   한의학에서 '신'이란 정신을 포함한 모든 생명력의 발현을 말한다. 그러므로 신을 충만하게 한다는 것은 항상 맑은 정신으로 정열적인 삶을 살 수 있게 해준다는 의미이다.

한마디로 경옥고는 정기신을 모두 보해줌으로써 노인을 다시 젊어지게 한다고 한다. 요즈음으로 말하자면 항노화 효과가 있다는 것이다. 그래서 동의보감에서는 흰머리가 검어지며 빠진 이가 다시 생기고 걸어다니는 것이 말이 달리는 것과 같아진다고 했다.

경옥고는 질병의 치료에도 탁월한 효과가 있다. 그래서 동의보감에서는 경옥고를 다섯 제로 나누면 반신불수(중풍 후유증) 환자 다섯 사람을 구할 수 있고 이 약을 열 제로 나누면 노채(勞瘵, 폐결핵) 환자 열 사람을 구할 수 있다고 하였다. 실제 최근의 실험 논문에 의하면 결핵균에 대한 일정한 효과가 확인되었으며 폐암에도 효과가 있고 심장질환에도 활용될 수 있으며 피로회복에도 좋은 효과가 있고 노화에 대한 항산화 효과를 갖고 있고 이외에도 다양한 효과가 속속 밝혀지고 있는 중이다.

일반적으로 경옥고는 노인과 허약한 사람들에게 좋으며 중풍 후유증 환자, 수면이 부족한 수험생, 운동선수, 술 담배를 많이 하는 사람에게 좋으며, 만성 위장 질환, 폐결핵 등 만성 소모성 질환, 임산부의 산후조리, 큰 병을 앓고 난 뒤의 몸 보양, 소아의 발육부진, 중년 남성의 기력 회복 등에 효과가 있는 것으로 알려져 있다.

특히 중년 여성의 경우 일반적인 건강만이 아니라 기미가 없어지면서 화장이 잘 받는다든지 붓기가 빠지면서 살도 같이 빠진다든지 하는 부수적 효과를 보는 경우가 많다.

다이어트로 굶는 경우가 있는데, 이때에도 경옥고를 복용하면 공복감을 줄이고 몸에 필요한 최소한의 영양 균형을 잡아줄 수 있으므로 다이어트를 할 때 보조 식품으로도 안성맞춤이다.

다만 간혹 경옥고가 잘 맞지 않는 경우도 있다. 이는 체질로 보면 대개 태양인(간혹 소양인)인 경우에 해당하는데 태양인의 숫자가 매우 적은 만큼 일반적으로는 그렇게 흔한 경우가 아니다. 이런 경우에는 인삼이 아니라 홍삼 경옥고를 복용해보는 것도 좋을 것이다. 이외에 몸에 열이 많거나 평소 인삼이 잘 받지 않던 사람은 경옥고를 먹을 때 몸의 반응을 보아가면서 먹는 것이 좋다.

경옥고는 정기신을 기른다는 점에서 가장 완벽한 보약이다. 보통 하루에 두 번, 허약한 정도에 따라 세 번까지도 먹을 수 있으며, 한 번에 한 숟가락씩, 따뜻하게 데운 술이나 끓인 물에 타서 먹는다. 술로 먹을 경우에는 정종과 같은 곡주가 좋다. 먹을 때 파, 마늘, 무, 식초, 신 음식 등은 많이 먹지 않는 것이 좋다.

국내 건강식품 시장의 규모가 3조를 넘는다고 한다. 미국의 경우, 영양제 하나의 시장도 20조가 넘는다고 한다. 그 영양제의 상당 부분을 한국 사람들이 소비할 것으로 추측된다. 뼈에 좋다고, 눈에 좋다고, 간에 좋다고, 비타민은 무조건 좋다고 각종 영양제와 건강식품을 먹는다. 이런 상황이라면 차라리 경옥고를 전 국민에게 무상으로 공급하는 것이 의료비와 건강을 위한 지출을 줄이는 지름길이 될 것이다. 경옥고는 생명을 온전하게 해주어 병 자체가 생기지 않게 하기 때문이다. 아마도 그런 이유 때문에 경옥고가 보급되는 것을 반대할 사람이 있을지도 모르겠다. 경옥고가 전 국민의 보약이 되기를 기대해본다.

정기신을 기르는 음식

동의보감의 특징 중 하나가 한두 가지 음식 혹은 약물로 병을 다스릴 수 있게 했다는 점이다. 이를 '단방單方'이라고 하는데, 보통 민간요법이라고 한다. 단방의 전통은 한의학에서는 매우 오래된 것이다. 아마도 인

『신농본초경』

류가 탄생하면서부터 시작되었다고 보는 것이 맞을 것이다.

최초의 약물학 저서인 『신농본초경神農本草經』은 약물을 다루고 있지만 어찌 보면 음식에 대한 저작으로도 볼 수 있다. 이는 음식과 약의 근원이 같기 때문이다. 이를 의식동원醫食同源이라고 하는데, 이는 음식과 약물을 기와 미로 이해하기 때문에 가능한 말이다. 원래 넓은 의미에서의 기는 어떤 사물이 다른 사물에 어떤 영향을 미치는지를 말하는 것이다.

그런데 음식이나 약물을 말할 때는 이를 다시 기氣(좁은 의미에서의 기)와 미味로 나누어, 이 좁은 의미에서의 기로 한열온량과 같이 열과 관련된 측면을 나타낸다. 어떤 음식을 먹었을 때 사람으로 하여금 열을 내게 하는가 아니면 춥게 만드는가를 차고 더운 기로 나타낸 것이다. 예를 들어 "돼지고기(의 기)는 차다"고 말하는 것은 돼지고기의 물리적 온도가 찬가 더운가를 말한 것이 아니라 돼지고기를 먹으면 내 몸에 찬 효과가 나타난다는 말이다.

기미에서의 '미'는 말 그대로 맛이다. 그러나 이 맛도 단순히 혀에서 느껴지는 맛이라기보다는 몸에서 나타나는 효과를 말한다. 실제 인삼을 먹어보면 약간 쓴 맛이 나는데도 "인삼은 달다"고 하는 것은 인삼이 우리 몸에 들어가 단맛과 연관된 비위脾胃에 작용하는 효과를 말한 것이기 때문이다.

근본적으로 약이란 음식과 같은 것이다. 다만 약은 음식에 비해 기미가 더 강한 것이다. 이런 의미에서 과거에는 약을 독毒이라고 하였다. 여기에서의 '독'은 오늘날 말하는 독성이 아니라 "그 사람 참 독하다"라고 할 때의 용법과 같이 세다, 강하다는 뜻이다. 사람이 먹을 수 있는 것 중에 기미가 고르기 때문에 오래 먹어도 몸에 큰 지장이 없는 것은 음식이 되었고 기미가 치우쳐서 오래 먹어서는 안 되는 것은 약이 되었다.

음식을 약으로 쓸 때는 독을 강하게 하기 위해 대부분 말려서 쓴다. 말리면 기미가 강해지기 때문이다. 예를 들어 오징어는 날로 먹으면 냄새도 별로 없고 맛도 담백하다. 그러나 오징어를 말리면 강한 냄새와 함께 독특한 맛을 느낄 수 있다. 도라지도 마찬가지다. 날로 먹으면 음식이 되지만 말려 먹으면 길경桔梗이라는 약이 된다.

한의학은 어떻게 보면 너무 쉽다. 몸이 차면 더운 음식이나 약을 먹으면 되고 반대로 몸이 더우면 찬 음식이나 약을 쓰면 된다. 어떤 음식의 성분이 무엇이고 열량이 어떻고 하는 것은 별로 중요하지 않다. 그 음식이 찬가 더운가, 단가, 쓴가, 한마디로 그 음식의 기미가 어떤지가 중요하다. 그래서 한의학에서는 음식을 골고루 먹으라고 하지 않고 맛을 골고루 먹으라고 한다. 예를 들어 음식을 골고루 열 가지를 먹었는데 모두 단맛이 나는 음식을 먹었다면 한의학의 관점에서는 한 가지 맛만 먹은 셈이 된다.

중요한 것은 음양의 조화다. 양기만 넘치고 음기가 모자라면 병이 된다. 반대도 마찬가지다. 맛도 그러하다. 한의학에서 모든 맛은 신맛, 쓴맛, 단맛, 매운맛, 짠맛의 다섯 가지로 나뉘는데 이 맛을 치우치게 먹으면 몸의 기도 치우치게 되는 것이다.

물론 음식이나 약을 기미로만 나누는 것은 아니다. 모든 음식과 약은 제작기 오장육부와 연관하여 작용하는 곳이 다르다. 심장으로 들어가는 것이 있고 간으로 들어가는 것이 있다. 여기까지 알고 나면 이제 나

스스로 내 몸을 다스릴 수 있는 길을 반 이상 알게 된 것이다. 나머지는 그 병이 무슨 병인지, 어떤 장부와 연관이 있는지만 알면 된다. 동의보감이 대중성을 획득하고 있다는 말은 동의보감이 바로 이런 이치로 되어 있기 때문에 누구나 쉽게 알 수 있기 때문이다. 그런 전형적인 예가 바로 단방이다.

황정의 미로

정기신을 보하고 조절해주는 가장 좋은 약은 경옥고다. 그러나 경옥고를 늘 먹기 어려운 사람에게 경옥고 버금가는 것이 있다. 그것이 바로 황정黃精이다. 황정은 동의보감에서 정기신을 보하는 약물로 가장 먼저 소개되고 있을 뿐만 아니라 약물학의 가장 오래된 고전인『신농본초경 神農本草經』에서도 상품上品으로 소개되고 있다.『신농본초경』에서 상품이란 정기精氣를 늘려 타고난 수명 자체를 늘려주는 약이다. 황정은 예로부터 '구궁救窮'으로도 불린 것처럼 구황식품 중의 하나이기도 하다.

동의보감에서는 황정을 오래 먹으면 몸이 가벼워지고 얼굴빛이 좋아지며 늙지 않고 배고픈 줄도 모르게 된다고 하였다. 경옥고에 비하면 다소 효과가 떨어지기는 해도 그에 버금가는 효과가 있다는 말이다. 보통은 뿌리를 약으로 쓰지만 단방으로 쓸 때는 줄기와 꽃, 열매까지 모두 쓸 수 있다.

그러나 황정이 무엇인지에 대해서는 다소 복잡한 논의를 거쳐야 한다. 동의보감에서는 황정을 '죽댓뿌리' 곧 죽대(큰댓잎둥굴레)의 뿌리라고 하였다. 북한에서는 옥죽황정이라고 하여 옥죽(낚시둥굴레=죽대둥굴레)을 쓰고 있으며 중국에서는 층층갈고리둥굴레를 쓰고 있다.

황정은 넓게 말하자면 둥굴레다. 그러나 둥굴레의 종류가 매우 많아

여러 문헌에 나온 황정의 다양한 모습

서 어떤 식물을 가리키는 것인지 분명하지 않다. 이를 분명하게 하는 것은 쉽지 않다. 그것은 식물 자체도 자연이어서 늘 변하고 있기 때문이다. 돌연변이도 있을 수 있고 수분과정에서 새로운 종이 생기기도 하고 환경의 변화에 적응하여 진화하기도 한다. 토양과 같은 환경에 따라 전혀 다른 모습을 띄기도 한다. 둥굴레의 경우만 해도 그렇다. 그냥 둥굴레도 있고 층층둥굴레(수레둥굴레), 층층갈고리둥굴레, 왕둥굴레, 산둥굴레, 용둥굴레, 퉁둥굴레. 각시둥굴레(애기둥굴레, 각씨둥굴레), 무늬둥굴레 등이 있고 지역에 따라서도 제주, 목포, 한라둥굴레가 있고 사람의 이름을 붙인 것도 있다. 이렇게 이름이 많은 것은 지역에 따라 둥굴레 자체가 진화했기 때문이다. 여기에 옥죽玉竹(위유萎蕤)과 잔대도 무엇인지 헛갈리기 때문에 과연 어느 것이 동의보감에서 말한 황정, 곧 죽대인지 알기 어렵다. 그러나 더 어려운 것은 분류의 기준을 어떻게 잡는가 하는 것이다.

오늘날 많이 쓰이는 분류는 린네로부터 시작된 것이다. 이는 생식을 기준으로 분류하는 방식이다. 다시 말해서 서로 교배를 해서 2대가 나올 수 있는가를 기준으로 한 것이다. 교배를 해서 2대가 나오면 같은 종으로 간주한다. 이는 대상을 생산을 위한 것으로 본 것이다. 그러나 동의보감 나아가 한의학의 분류는 그와 다르다. 동의보감의 분류는 오로지 대상을 기르는 관점에서 본다. 하나의 대상이 다른 대상에게 어떤 영향을 미치는지, 어떤 효과를 가져오는지를 기준으로 나눈 것이다. 그렇기 때문에 오늘날의 분류법으로는 서로 전혀 다른 종일지라도 같은 효과를 가져오면 같은 것으로 분류한다. 음양과 오행의 분류가 바로 그런 것이다. 음적인 효과를 가져오면 그것이 동서남북과 같은 방향이 되었든 동식물이 되었든 색깔이 되었든 모두 같은 효과를 가져오면 그것을 모두 음으로 분류한다. 오행도 마찬가지로 같은 효과를 가져오는 것끼리 목화토금수라고 하는 오행으로 분류한다.

황정도 마찬가지다. 분명히 동의보감은 기존의 황정(대개는 중국산)을 우리 것으로 바꾸었을 것이다(반대의 가능성도 있다. 우리가 쓰고 있는 황정을 중국에서 잘 자라는 다른 것으로 바꾸었을 수도 있다). 왜냐하면 현재 중국에서 쓰고 있는 황정은 우리나라에서 잘 자라지 않기 때문이다. 그 과정에서 황정과 같은 효과를 내는 죽대, 우리나라에서 잘 자라는 죽대가 선정된 것이다. 향약이 된 것이다. 이렇게 중국 약재를 향약화하기 위해서는 유전자나 성분분석이 아니라 실제 한의학의 임상 경험에 바탕을 두어야 한다. 병의 원인이 다르고 증상이 다르고 체질이 다른 모든 경우에 실제 써봐야 한다. 이는 한 두 사람의 힘으로 될 수 있는 것이 아니다. 수많은 사람의 수많은 경험이 쌓여야 한다. 그 작업이 바로 고려로부터 조선 중기까지 이어졌으며 이를 집대성한 것이 바로 동의보감이다.

황정 먹는 법

황정이 무엇인지에 대해서는 논의가 분분하지만 필자는 동의보감에 따라 황정은 죽대라고 본다. 죽대는 큰댓잎둥굴레(Polygonatum lasianthum MAXIMOWICZ var. coreanatum NAKAI, 정태현, 이우철)인데, 조선모화황정 朝鮮毛花黃精이라고도 부르기도 하고 『방약합편』에서도 황정을 죽대라고 한 것처럼 우리에게는 죽대를 황정으로 써온 전통이 있다.

한의학계에서는 층층둥굴레, 진황정滇黃精, 낭사황정囊絲黃精을 모두 황정이라고 보기도 하고(『본초학』) 진황정만을 황정으로 보기도 하고(이상인) 위의 둥굴레 종류 이외에 퉁둥굴레, 갈고리층층둥굴레, 각시둥굴레, 용둥굴레, 죽둥굴레도 황정으로 보기도 하고(강병수) 갈고리층층둥굴레, 진황정, 층층둥굴레만을 황정으로 보기도 한다(안덕균).

그런데 중국에서 황정으로 쓰는 층층둥굴레나 갈고리층층둥굴레는 우리나라에는 자연산이 없고 일부 재배하거나 대부분은 수입하고 있다(강병수). 원래 우리나라에 없었다는 말이다. 그냥 둥굴레는 전국 각지에서, 죽대는 남부지역에서, 다른 둥굴레 종류도 대부분 우리나라에서 자라는 데 비해 중국에서 쓰는 황정은 중국, 몽골, 만주, 평양 등 북부지역에서만 자란다. 그렇기 때문에 동의보감에서는 우리나라에 없는 황정을 죽대로 바꾼 것이다.

그러므로 황정은 전통적으로 써왔던 죽대와 중국에서 쓰는 층층둥굴레(갈고리 포함), 북한에서 쓰는 낚시둥굴레와 위에서 언급된 둥굴레를 모두 황정으로 쓸 수 있다. 그냥 둥굴레라고 하는 것도 자연산은 황정으로 쓸 수 있다. 자연산 둥굴레는 편황정片黃精이라고도 할 만큼 효과가 좋은 것이다(다양한 둥굴레에 대한 정보는 국가생물종지식정보시스템에서 얻을 수 있다).

황정은 오행 상 토土의 정수를 품은 풀이어서 토의 색인 '황黃' 자를 써서 황정이라고 했다. 옛날부터 황정을 귀하게 여겨서 지금으로부터 약 2천 년 전인 한나라 말기에 나온 『명의별록』에서도 초부草部에 제일 먼저 나온다. 도교에서는 산삼보다 더 좋은 상서로운 풀로 지초芝草를 들고 있는데, 바로 이 황정이 그런 지초의 하나라고 말한다. 물론 이는 최소 10년 이상 된 자연산을 말한다.

동의보감에서는, 황정을 먹을 때는 뿌리를 캐서 깨끗이 씻은 다음, 팔팔 끓는 물에 충분히 삶아서 쓴 즙을 없애라고 했다.

캘 때는 『향약채취월령』에서 아직 잎이 나기 전인 음력 1월에 캐라고 하였다. 약효가 가장 좋을 때를 잡은 것이다. 봄에 캐게 되면 뿌리의 정이 잎으로 올라가 버리기 때문에 효과가 적다. 가을도 아직 정이 잎에 남아 있기 때문에 온전한 황정의 정을 얻을 수 없다. 땅이 얼어 캐기 힘들지만 황정의 정이 가장 온전하게 보존되어 있을 때인 음력 1~2월이 가장 좋다(이때는 땅의 음기가 가장 많을 때이기도 하다).

다음으로 씻을 때는 흐르는 계곡의 물에 씻으라고 하였다. 이는 황정이 갖고 있는 쓴 맛을 버리기 위한 것이다. 이것을 솥에서 아홉 번 쪘다가 아홉 번 말리기를 반복하는데, 말릴 때는 땡볕에 말린다(이는 황정에 양기를 불어넣는 과정이다). 이를 구증구폭九蒸九曝이라고 하는데, 이렇게 함으로써 약효가 변하면서 효과도 크게 늘어난다. 찌는 시간은 양에 따라 다르지만 매번 푹 익을 정도로 찐다. 이렇게 만든 황정을 다섯 돈씩(약 20그램) 물에 달여 먹는다. 구증구폭한 황정은 인삼보다 그 효과가 더 낫다고도 한다. 무엇보다 거의 부작용이 없다는 것이 장점이다.

방법은 간단한 것처럼 보이지만 실제 만들기는 쉽지 않다. 특히 말리기가 어렵고 황정이 준비되었다고 해도 만드는 데 몇 달이 걸리기 때문에 무엇보다도 정성이 필요하다.

이렇게 만들기가 힘들면 보다 간단한 방법도 있다. 『향약집성방』에서는 황정을 캐서 맑은 물에 깨끗이 씻은 다음 16시간 동안 쪄서 칼로 얇게 썰어 햇볕에 말려 쓴다고 했다. 역시 먹을 때는 다섯 돈씩 물에 달여 먹는다. 아무래도 앞의 방법에 비해 효과는 다소 떨어지겠지만 이 역시 좋은 효과를 볼 수 있을 것이다.

정기신을 기르는 석창포

황정에 이어 정기신을 기르는 식물로 나오는 것이 석창포石菖蒲다. 그냥 창포라고도 하는데, 머리를 감는 데 쓰는 꽃창포와는 다른 것이다. 석창포는 산골짜기 물이 많은 곳에서 자라는데, 특히 흐르는 물가의 돌 사이에서 다발로 모여 자란다. 그 모양이 울창하게 우거진 부들〔포황蒲黃〕 같은데, 돌 사이에서 난다고 하여 석창포라는 이름이 붙었다. 수창포水菖蒲, 구절석창포라는 것도 있는데, 이시진李時珍의 『본초강목本草綱目』에서는 오로지 석창포만 약으로 쓴다고 하였다. 뿌리 한 토막에 아홉 개의 마디가 있는 것이 좋은 것이며 뿌리가 땅 위로 올라와 푸르게 변한 부분은 쓰지 않는다.

음력 5월에서 12월 사이에 뿌리를 캐는데, 햇볕에 말린다. 처음 캤을 때는 속이 비어 있고 부드럽지만 말리고 나면 속이 단단해진다. 마디를 잘라 보면 가운데의 색깔은 붉고 씹어보면 맵다.

석창포가 총명탕의 주요 재료라고 하여 머리를 좋게 한다는 말 때문에 석창포에 대한 관심이 높아졌는데, 이는 상당한 근거가 있는 말이다. 근대 서양과학의 연구에서도 석창포는 기억력이나 학습능력을 높이고 치매와 건망증에도 효과가 있는 것으로 밝혀졌고 암에도 좋다는 보고가 있다.

석창포

　동의보감에서는 석창포가 '심장의 구멍을 열어준다'고 했는데, 이는 노폐물인 담痰이 심장의 구멍을 막으면 정신이 혼미해지고 심하면 쓰러지기까지 하므로 이를 막아준다는 말이다. 또 석창포는 오장의 기를 보하고 눈이나 코, 귀, 입, 요도와 항문까지 그 작용을 원활하게 해주며 총명하게 하면서 건망증도 없앤다고 하였다. 생 석창포를 찧거나 말린 석창포를 달여 머리를 감으면 비듬이 없어지고 피부에 바르면 아토피와 같은 가려움증, 관절의 통증, 입안이나 피부의 헌데도 좋은 효과가 있다.

　잎과 꽃은 달여서 차로 먹으면 좋다. 잎은 끓는 물에 살짝 데쳐서 덖은 다음 말렸다가 쓰면 되고 꽃은 그냥 말렸다가 차로 마시면 된다.

　단순히 머리를 좋게 하기 위해서가 아니라 정기신 모두를 좋게 하기 위해 석창포를 먹는 방법은 다음과 같다.

　먼저 석창포 뿌리를 캐서 쌀뜨물에 하룻밤 담갔다가 햇볕에 바싹 말린 다음 곱게 찧어 가루를 낸다. 찹쌀 죽에 졸인 꿀과 석창포 가루를 넣고 오자대의 환약을 만든다. 졸인 꿀이란, 따온 꿀을 한 번 끓어오르게 하여 위에 뜨는 거품을 거둔 것을 말한다. '오자대'란 환약의 크기를 재는 단위인데, 벽오동의 씨앗만한 크기를 말한다. 약 7밀리미터 정도의 크기다.

　동의보감에는 찹쌀죽과 꿀 등의 비율에 대해서는 별다른 언급이 없다. 이는 예를 들어 칼국수를 만들 때의 상황을 떠올려보면 이해가 쉬울 것 같다. 한마디로 찹쌀죽과 꿀은 밀가루를 반죽하는 물에 해당한다고 보면 된다. 찹쌀죽과 꿀이 중심이 아니라 석창포 가루가 중심이다. 되기를 가늠하면서 찹쌀죽으로 반죽하고 꿀은 양념처럼 넣으면 된다. 물론 꿀이 좀 더 들어간다고 해서 약효에 큰 변화가 오지는 않는다. 마치 된장국을 끓일 때 호박이나 파를 좀 더 넣는다고 해서 된장국이 아닌 것이 아닌 것과 같다.

이렇게 만든 환약을 햇볕에 잘 말린다. 이 역시 석창포에 양기를 불어 넣는 과정이다. 먹을 때는 술로 먹는데, 아침에는 서른 알, 저녁에는 스무 알을 먹는다.

이렇게 먹으면 석창포는 정기신을 보하는 명약이 된다. 그냥 석창포를 삶아 먹는 경우도 있는데, 석창포는 막힌 것을 강하게 뚫어주기 때문에 석창포 하나만 너무 오랫동안 먹으면 안 된다. 또한 평소 식은땀을 잘 흘리는 사람도 먹으면 안 된다. 반드시 동의보감에서 말한 방법대로 먹어야 한다.

> 석창포 술 만드는 법
> 생 석창포 뿌리를 짜서 낸 즙 다섯 말과 찹쌀 다섯 말로 지은 밥과 누룩가루 다섯 근을 골고루 섞어 술 빚는 방법대로 담가 술이 익으면 맑게 거른다. 이 술을 오래 먹으면 신명이 통하고 오래 살 수 있다. 단, 아침저녁으로 소주잔으로 한 잔씩만 먹는다.

정기신을 보하는 감국화

흔한 식물일수록 지역마다 이름도 제각각이고 모양새도 다양하다. 감국화甘菊花가 그 대표적인 식물이다. 그냥 국화 또는 감국이라고도 하는

감국화

데, 황금빛 노란 꽃이 피
며 맛이 단 국화라고 하여
감국화라는 이름이 붙었
다. 흔히 들국화라고 하는
것은 구절초다. 또 관상용
국화도 감국화가 아니다.
감국은 키가 크고 붉은 줄
기가 올라가 끝이 갈라지
면서 그 끝마다 작은 꽃이 많이 달린다. 반면에 구절초는 줄기가 녹색
이고 줄기 끝이 갈라지지 않고 한 송이만 핀다. 씹어보면 감국은 맛이
달고 구절초는 쓰다.

　감국은 꽃도 예쁘지만 향기가 좋아 예로부터 말린꽃을 이불 한 귀퉁
이나 베개 속에 넣어 향기를 즐겼다. 이렇게 하면 감국의 은은한 향기가
눈을 밝게 하며 머리를 맑게 하고 마음을 편하게 하기 때문에, 잠을 잘
못 자는 사람에게도 아주 좋은 약이 된다. 또 벌레나 곤충의 피해를 막
기 위해 말린꽃을 천정 한구석에 매달아두기도 했다. 특히 우리나라 감
국은 예로부터 아름답기로 유명해서 신라나 고려의 감국이 중국에서 많
은 사랑을 받았다고 하며, 일본의 국화는 백제의 왕인王仁이 전해준 것
이라고 한다. 일본 황실의 꽃이 바로 이 감국이다.

　한중일 모두에 감국과 연관된 옛이야기가 많이 있다. 그 내용은 대개
국화가 나쁜 일을 면하게 하며 장수하게 한다는 것이다. 그래서 중양절
인 음력 9월 9일에는 감국으로 만든 술을 먹으며 지내는 풍습이 있고
환갑잔치 같은 때에는 감국을 바쳐서 장수를 기원하기도 했다. 또 주위
에 감국이 많이 피어 있는 샘물을 먹으면 오래 산다고 한다. 이런 물을
국화수菊花水라고 하는데, 동의보감에서는 이를 먹으면 각종 풍을 없애

고 늙지 않게 한다고 했다.

감국은 그 성질이 약간 차서 열을 내리며 독을 풀어주는 효과가 있다. 간을 튼튼하게 해주며 눈도 밝게 해준다. 그래서 감기에 걸려 열이 나면서 머리가 아프고 어지러울 때 감국을 차로 먹으면 좋다. 꽃망울이 막 벌어지려고 할 때 꽃을 따서 그늘에 말려 쓰는데, 대개 향이 좋은 꽃은 햇볕에 말리지 않고 그늘에 말려야 향이 잘 보존된다. 감국을 볶게 되면 감국의 찬 기운이 없어져 오래 먹어도 좋은 약이 된다.

머리가 자주 아프고 비듬이 많으면 감국으로 머리를 감으면 좋다. 감국꽃잎을 한번 끓어오르게 끓이면 노랗게 맑은 물이 우러나온다. 이 물을 미지근하게 식힌 뒤 머리를 감으면 머리카락이 빠지거나 하얗게 쇠는 것을 예방하고 머리카락이 튼튼해진다.

감국은 종류가 매우 많은데, 약으로 쓰는 것은 늦은 가을에 핀 것이 좋고 또 맛을 보아 쓴 것은 쓰지 않고 단 것만 쓴다. 노란 것이 상품이고 흰 것은 노란 것만 못하다. 약재상에서 살 때는 소금에 절였는지를 확인해야 한다. 소금에 절였던 것을 쓰려면 물에 담가 소금기를 빼내야 한다. 가능하면 쓰지 않는 것이 좋다.

동의보감에서는 감국화를 먹으면 몸이 가벼워지고 늙지 않는다고 했다. 싹과 잎, 꽃, 뿌리까지 모두 먹는다고 했는데, 이는 자연산일 경우에 해당한다. 재배한 것은 꽃만 쓴다. 그늘에 말려 찧어서 가루를 낸 다음 술에 타서 먹거나 꿀로 알약을 만들어 두 돈씩(8그램 정도) 먹는다.

감국화로 술을 만드는 법
감국화, 생지황, 구기자나무뿌리 껍질(지골피) 각 다섯 되(각각 물의 1/20 정도 되는 분량)에 물 열 말(약 180리터)을 넣고 끓여서 물이 반이 되게 졸인다. 여기에 찹쌀로 지은 밥 다섯 말(약 90리터)과 누룩가루

를 넣고 고르게 섞어 술이 다 익으면 맑게 걸러 따뜻하게 해서 먹는
다. 이때는 흰 국화를 쓰는 것이 더 좋다.

그 밖의 여러 약재들

동의보감에서는 정기신을 보하는 약으로 모두 23종을 싣고 있다. 앞에
서 소개한 황정과 석창포, 감국화 이외에도 천문동, 생지황, 창출(삽주뿌
리) 등 여러 가지가 나오는데, 약재를 구하기 어렵거나 만드는 법이 복
잡한 것은 제외했다. 여기에서는 누구나 쉽게 구할 수 있고 만들기 쉬운
것에 한정하여 「신형」에 나오는 단방을 소개하기로 한다(소개에서 빠진
것은 토사자, 하수오, 송진=송지, 회화나무열매=괴실, 측백엽, 순무씨=만청
자다). 이 중에 하나라도 골라 꾸준히 실천해보면 좋을 것이다.

백화초

백초화百草花는 비교적 구하기도 쉽고 만들기도 쉬운 약이다. 백초화란
말 그대로 온갖 꽃이다. 봄이나 가을의 들판에서 저절로 자라는 온갖
풀의 꽃을 따서 그늘에서 말린 다음 찧어서 가루를 낸다. 이를 두 돈씩
(약 8그램) 술에 타서 먹는다. 혹은 꽃을 말리지 말고 날로 찧어서 즙을
낸 다음 이 즙을 달여서 술로 만들어 먹어도 좋다.

가장 쉬운 방법은 꽃을 말려 그대로 술에 담가 충분히 우려내어 먹는
것이다(약 20~30일 정도). 꽃을 발효시켰다가 잘 숙성시켜 술로 만들어
먹으면 더 좋다. 만에 하나 있을 수 있는 부작용도 없애고 여러 가지 좋
은 효과가 더 생긴다. 술을 먹을 때는 아침저녁으로 밥을 먹기 전에 소
주잔으로 한 잔씩 먹는다.

구기자

구기자枸杞子와 지골피地骨皮는 구기자나무의 붉은 열매와 뿌리껍질인데, 열매와 잎은 효과가 같으므로 함께 쓸 수 있다. 어린잎은 국을 끓이거나 나물로 해먹어도 좋다. 열매와 껍질은 말려서 가루 내어 꿀로 알약을 만들어 먹거나 술에 담갔다가 먹는다.

복령

복령茯苓은 소나무 뿌리에서 난다. 20년 이상 된 소나무를 늦가을이나 겨울에 벌채를 하면 뿌리에서 줄기로 올라가지 못한 수지樹脂가 뿌리에 모이게 된다. 이렇게 6, 7년 정도 지나면 소나무 뿌리에 고구마 모양의 복령이 생긴다. 하나의 복령을 만드는 데 거의 30년이 필요한 셈이다. 복령에는 백복령과 적복령이 있는데, 여기에서는 백복령을 쓴다. 껍질을 벗긴 백복령에 말린 흰 국화를 섞어 곱게 가루 내어 먹거나 알약을 만들어 먹는다. 복령을 껍질을 벗겨 술에 한 달 정도 담갔다가 꺼내 그늘에서 잘 말려 찧어서 곱게 가루 내어 하루에 세 번, 세 돈씩(약 12그램) 물로 먹는다. 시중에서 구할 때는 먹어보아 쓴맛이 없는 것을 고른다. 간혹 표백제를 쓴 것이 있기 때문이다.

오가피

오가피는 뿌리와 줄기를 달여서 술을 빚듯이 빚어서 먹고 차로 먹어도 좋다.

오디

뽕나무 열매인 오디는 검게 잘 익은 것을 따서 햇볕에 말려 곱게 가루 내어 꿀로 알약을 만들어 먹거나 술을 빚어서 먹는다.

연밥

연밥은 껍질과 속의 심을 버리고 찧어서 가루 낸 다음 죽을 끓여 먹는다. 가루 내어 술이나 음료에 타서 먹어도 좋다.

잣과 검은깨

잣과 검은 참깨도 죽을 쑤어 먹으면 좋다. 특히 참깨는 가루 내어 꿀과 같은 양으로 섞어서 알약을 만들어 먹으면 더욱 좋다.

젖

사람의 젖은 갓난아기만 먹는 것이 아니고 약으로도 쓰였다. 젖을 먹으면 오장을 보하고 뽀얗게 살찌고 피부가 매끄러워진다고 했다. 달착지근한 냄새가 나는 젖이 좋은 젖인데, 은으로 만든 그릇에서 한 번 확 끓어오르게 달여 새벽 4~5시에 뜨거울 때 먹는다. 먹을 때는 젖을 머금은 뒤 손가락으로 콧구멍을 막고 입술을 다물고 이빨을 붙인 상태에서 양치질 하듯 젖과 침이 잘 섞이게 한다. 그다음 코로 숨을 들이마셔 그 기가 머릿속으로 들어간다고 생각한다. 그리고 천천히 젖을 삼킨다. 보통 다섯 모금 혹은 일곱 모금씩 먹는다.

죽

흰죽은 보통 별다른 영양이 없을 것처럼 생각되지만 그렇지 않다. 특히 아침에 일어나서 바로 먹는 흰죽은 격막을 잘 움직이게 하며 위胃의 기를 길러서 진액이 잘 생기게 한다. 그래서 조선의 왕들은 일어나자마자 흰죽을 먹었던 것이다. 저녁에 문드러질 정도로 걸쭉하게 쑤어놓았다가 먹는다.

베고 자기만 해도 오래 사는 신침

병들지 않고 오래 사는 것은 모든 사람이 바라는 바이지만 그렇게 살도록 노력하는 사람은 적다. 오히려 알약 하나로 그런 문제가 해결되기를 바라는 것이 인지상정인지도 모르겠다. 그런데 알약을 먹을 필요도 없고 그냥 잠만 자면서도 오래 살 수 있다면 금상첨화가 아니겠는가. 이런 바람을 채워줄 비법이 있다. 그것이 바로 귀신같이 좋은 베게, 곧 신침神枕이다. 이 신침과 관련해 다음과 같은 이야기가 있다.

옛날 태산 밑에 한 노인이 살았는데 한나라 무제가 동쪽을 순례하던 중 밭에서 김을 매는 한 노인을 보았는데, 등 위로 몇 척 높이나 되는 흰 빛이 어리고 있었다. 그러자 무제가 이상하게 여겨 물어보았다.

"그대는 도술을 하는가?"

그러자 노인은 다음과 같이 대답하였다.

"제가 85살 때 쇠약하고 늙어 죽음이 드리워졌으며 머리가 하얗고 이가 헐었는데, 어떤 도사가 저에게 대추를 먹고 물을 마시면서 곡식을 끊으라고 하면서 신침 만드는 방법을 가르쳐주었습니다. 그 속에는 32가지의 약물이 들어가는데, 그중 24가지 약물은 좋은 것으로 24절기에 해당합니다. 8가지 약물은 독이 있는 것으로 팔풍八風에 해당합니다. 그래서 제가 이를 만들어 베어보니 다시 젊어지고 하얀 머리가 검게 되고 빠진 이가 다시 나며 하루에 300리를 갈 수 있게 되었습니다. 지금 제 나이가 180세로, 세속을 떠나 산에 들어가지는 못하고 자손들이 그리워 다시 곡식을 먹기 시작한 지 이미 20여 년이 지났는데도 신침의 힘이 남아 있어 도로 늙지는 않고 있습니다."

무제가 그의 얼굴을 보니 50세 정도로 보였다. 주위 사람들에게 확인해보니 모두 그러하다고 하였다. 이에 무제가 신침 만드는 방법을 전해 받고 베개를 만들었지만 곡식을 끊고 물만 마시는 것은 따르지 못했다.

그래서 결국 무제는 죽었지만 신침은 만들어 베었던 모양이다. 사실 신침은 만들기가 쉽지 않다. 음력 5월 5일이나 7월 7일에 산 속에 있는 측백나무를 베어서 베개를 만든다. 길이는 한 척 두 치, 높이는 네 치, 가운데 빈곳의 용량은 한 말 두 되로 하며, 속이 빨간 측백나무로 두께가 두 푼인 뚜껑을 만드는데, 뚜껑은 치밀하게 만들어 꼭 맞아야 하고 열고 닫을 수 있어야 한다. 또 뚜껑 위에 세 줄로 구멍을 내는데 한 줄마다 40개의 구멍을 뚫어 120개의 구멍을 좁쌀만 한 크기로 낸다. 이렇게 만든 베개에 다음의 약을 넣는다.

천궁, 당귀, 백지, 신이, 두형, 백출, 고본, 목란, 천초, 계피, 건강, 방풍, 인삼, 길경, 백복령, 형실, 육종용, 비렴, 백자인, 의이인, 관동화, 백미, 천초, 미무.

이 24가지 약재는 24절기에 해당한다. 더 들어가는 독이 있는 8가지는 팔풍八風에 해당된다. 오두, 부자, 여로, 조협, 망초, 반석, 반하, 세신이다. 이상 32가지 약물 각 한 냥씩이 필요하다. 이 32가지의 약물을 각각 썰어, 독약을 밑에 넣고 그 위에 나머지 약으로 베개 속을 채운다. 그리고 베로 베갯잇을 입힌다. 이 베개를 100일 베면 얼굴이 반지르르해지고 1년을 베면 몸속의 병 하나하나가 모두 낫고 몸 전체에서 향기가 나며, 4년을 베면 흰머리가 검게 변하고 빠진 이가 다시 나며 귀와 눈이 밝아진다. 베개를 베고 나면 가죽자루로 싸 두었다가 잘 때 벗겨내고 벤다.

이 신침이 효과가 있는 이유에 대해서는, 다음과 같이 설명할 수 있을 것이다. 대개 병은 모두 몸에 흐르는 양맥陽脈을 따라 오기 때문에 결국 양맥이 모이는 머리에 집중되게 된다. 그러므로 24절기, 곧 1년 내내 나쁜 기운을 없애주는 이 신침을 베면 모든 병을 막을 수 있다는 것이다. 그러나 그렇게 하려면 신침을 베면서 모든 음식을 끊고 대추와 물만 먹어야 한다는 단서가 딸려 있다. 일상생활을 할 수 없다는 것이다.

확실히 여러 약재를 넣은 베개를 베면 건강에 좋은 것은 사실이다. 그러나 그것만으로 모든 것을 해결할 수는 없다. 머리는 늘 시원하게 해야 하므로 너무 푹신하지 않으면서 최소한 메밀껍질이라도 넣은 베개 정도면 충분하다. 더 중요한 것은 일상생활을 하면서 지켜야 할 양생의 원칙이다.

노인을 모시는 법

늙는다는 것을 한자로는 '노老'라고 한다. 갑골문에서 '노'는 나이가 들어 백발을 날리며 구부정하게 손을 내밀고 있는 모습으로 묘사된다. 머리가 날린다는 것은 사회적 활동을 할 수 없다는 뜻이며 허리가 굽은 것은 이제 생산적 활동을 할 수 없는 상태라는 뜻이다. 그리고 무언가를 바라면서 손을 내민 모습은 이 사람이 부양을 받아야 하는 상태라는 것을 뜻한다.

갑골문 老

동의보감의 편차를 살펴보면, 부인과와 소아과를 별도의 편으로 잡지 않고 잡병편의 한 항목으로 다루고 있다는 것을 알 수 있다. 자궁에 해당하는 '포胞' 역시 「부인」 항목이 아니라 내경편의 한 항복으로 들어가 있다. 노인에 관한 내용은 아예 내경편의 한 항목인 「신형」에 부록으로 들어가 있다. 동의보감이 의학의 모든 분야를 다루는 종합의서의 성격을 갖고 있기 때문에 부인과나 소아과 혹은 노인의학을 전적으로 다루는 다른 의서와는 비교할 수 없지만 적어도 당시 성별, 연령별에 따른 사람의 구분과 각각의 비중이 오늘날과 달랐음을 보여준다.

편작은 떠돌아다니면서 의사생활을 한 편력의遍歷醫인데, 가는 곳마다 그 마을에서 어떤 층을 귀하게 여기는가에 따라 소아과 전문의, 부인과 전문의로 역할을 바꾸었다. 여기에서 시대와 사회에 따라 의학도 변할 수밖에 없을 것이다.

동의보감이 편찬되던 16세기는 사화와 당쟁이 시작되는 시기였다. 순수하게 혈연에 기초한 가문의 비중보다 이해관계와 이념에 기초한 붕당의 비중이 커지는 시기이며, 이는 달리 말하자면 정치와 사회에서 남성의 주도권이 강화되기 시작한 시기라고도 할 수 있을 것이다(여기에서 말하는 '남성'은 정확하게 말하자면 권력을 갖고 있으면서 사회적 활동이 가능한 사람, 곧 양반 남자이다). 부인과 소아, 노인의 비중이 상대적으로 줄어들 수밖에 없는 시기라는 말이다.

그러나 동의보감에서 부인과 소아, 노인을 별도의 편으로 설정하지 않았다는 것은 다른 측면에서 보면, 동의보감은 사람을 오로지 정기신을 중심으로 보고 있다는 강한 표현이기도 하다. 동의보감을 자세히 살펴보면 각 편의 여러 항목에서 부인이나 소아, 노인에 관한 언급이 자주 나오기 때문이다. 보기에 따라서는 산만하고 체계가 없어 보인다. 그러나 사람의 정기신을 다스린다는 관점에서는 이러한 동의보감의 편제가 더 적절한 것으로 보인다. 성별, 연령별의 차이보다 정기신 상태의 차이가 더 중요하기 때문이다.

이런 점에서 동의보감에서 노인에 관한 내용을 「신형」의 부록으로 다룬 것은 적절한 것으로 보인다. 여기에서는 먼저 노인이 어떤 상태인지, 그렇게 된 원인은 무엇인지를 말한다.

사람에게는 쌍으로 되어 있는 콩팥 사이에 하나의 움직이는 기, 곧 신간동기腎間動氣가 있어서 이것이 몸의 상중하 삼초三焦를 돌아다니며 정기신을 활발하게 한다. 콩팥은 정精이 저장된 곳이다. 이 정을 기초로 기가 작용하게 되는데, 이런 기의 작용을 부추기는 것이 바로 신간동기이다. 이것은 후천적인 정이 나오는 음식을 소화시키는 것은 물론 외부의 나쁜 기운도 막는다. 나아가 신神도 주관하여 온갖 생각을 가능하게 한다.

그런데 나이가 들어 정이 말라버리면 정을 기초로 만들어지는 혈血도 말라버린다. 신간동기가 제대로 작동하지 못하는 것은 말할 필요도 없다. 그러면 울어도 눈물이 나오지 않고 도리어 웃으면 눈물이 나오게 된다. 코에서는 콧물이 흐르고 귀에서는 매미가 운다(귀울음증, 이명耳鳴). 밥을 먹을 때는 침이 마르고 도리어 잠이 들면 침이 흐른다. 소변과 대변도 제멋대로 나온다. 낮에는 졸리고 밤에는 누워도 정신이 말똥말똥해진다. 이것이 바로 노인이다. 그 원인은 근본적으로는 정이 말라버렸기 때문이며 직접적으로는 혈이 말라버렸기 때문이다. 그러므로 노인의 병은 그 원인이 다르므로 젊은이의 병과 달리 치료해야 한다. 같은 병이라고 해도 젊은이에게 쓰는 약을 노인에게 쓸 수 없다는 말이다.

동의보감의 관점에서 보면 노인은 정기신의 가장 바탕이 되는 정이 말라버린 사람이다. 정이 말라 콩팥 사이에서 나오는 신간동기가 제대로 작용하지 못한다. 신간동기는 비유하자면 생명의 불이라고 할 수 있

다. 몸의 상중하 삼초를 돌아다니면서 생명의 불을 지피는 것이 바로 신
간동기라고 할 수 있다. 바로 이런 생명의 불이 꺼져 가는 것이다. 그러
므로 노인의 치료 역시 이를 염두에 두어야 한다. 그래서 예를 들어 감
기가 걸려 열이 난다고 해도 찬 약으로 열을 치는 방법을 함부로 써서
는 안 된다. 찬 약은 대개 맛이 쓴데, 오로지 열만을 내리는 약은 가뜩이
나 허약한 노인의 상태를 더욱 약하게 만든다. 황금, 황련, 황백과 같은
약이 그런 약들이다.

한의학에서는 양약 중 해열제로 쓰는 아스피린 같은 약을 대표적인
쓰고 찬 약으로 본다. 그러므로 노인에게 이런 약을 함부로 써서는 곤
란하다. 당장은 열이 내려 몸 상태가 좋아지는 듯 보이지만, 가뜩이나
꺼져가는 생명의 불을 꺼버리는 결과를 가져오기 때문이다.

또한 노인에게 함부로 땀을 내거나 토하거나 설사시키는 약을 써서
도 안 된다. 땀을 낸다는 것은 몸의 열을 발산시킨다는 뜻이다. 땀을 내
는 방법은, 전쟁에 비유하자면 성벽을 둘러싸고 쳐들어온 적과 격렬하
게 싸워 몰아내는 방법이다. 이는 약에만 해당하는 말이 아니다. 노인의
경우는 운동이나 사우나 등으로 함부로 땀을 내는 것도 나쁘다. 어떤
경우든 노인은 땀을 내는 데 신중해야 한다.

땀만이 아니라 노인을 토하게 하면 기가 거꾸로 치솟기 때문에 기의
흐름이 어지러워진다. 설사를 시키면 기가 아래로 빠져나가기 때문에
가뜩이나 기력이 쇠약한 기를 더욱 약하게 한다. 그러므로 노인은 너무
차거나 너무 뜨겁지 않은 약, 그러면서 몸의 기를 조화시켜주는 약을 써
야 한다. 이런 약을 화평和平한 약이라고 한다. 말 그대로 평화로운 작
용을 하는 약이라는 뜻이다.

노인은 병이 있다고 해서 그 병을 무조건 쳐내기보다는 먼저 몸을 잘
보양하는 것이 원칙이다. 그러나 그렇다고 해서 무조건 몸보신하는 약

이나 음식을 써서는 안 된다. 고기와 같이 너무 기름진 음식이나 흔히 맛있다고 하는 맛이 진한 음식은 약해진 노인의 비위脾胃를 더욱 힘들게 한다. 그런 음식은 노인이 소화시키기 어렵다. 그렇게 소화되지 못한 음식은 노폐물이라고 할 수 있는 담痰을 만든다. 이 담은 중풍이나 치매, 당뇨 등 온갖 병을 만드는 근원이 된다. 그러므로 노인의 경우는 항상 비위의 기를 키워주면서 몸을 보해야 한다.

그런 처방 중에 대표적인 것이 보중익기탕補中益氣湯이다. 이 처방은 뒤에 다시 소개하기로 하고 여기에서는 먼저 각병연수탕却病延壽湯에 대해 알아보기로 한다.

각병연수탕却病延壽湯

인삼, 백출 각 한 돈
우슬, 백작약 각 일곱 푼
진피, 백복령, 산사육, 당귀, 감초 각 닷 푼
생강 세 쪽

동의보감에서는 이 약이 노인을 보양하는 가장 빠른 방법이라고 했다.

이 처방은 일반적으로 노인을 보양할 뿐만 아니라 소변이 적어지면서 자주 보는 것도 치료하는 효과가 있기 때문에 일석이조의 효과가 있다. 다만 소변이 정상적으로 나오면 그만 먹어야 한다. 그러나 이 처방이 아무리 노인의 몸을 보한다고 해도 함부로 써서는 곤란하다. 몸의 상태에 따라 처방을 바꾸어야 할 경우도 있기 때문이다. 더군다나 동의보감에서는 계절에 따라서도 약을 달리 써야 한다고 요구하고 있다. 그래서 이 처방에다 봄에는 천궁을 더하고 여름에는 황금, 맥문동을 더하고 가을과 겨울에는 당귀를 늘려 써야 한다고 말한다. 얼마를 더하고 뺄지는 몸의 상태만이 아니라 계절까지 고려해야 한다는 말이다. 반드시 한의사의 진단과 처방에 따라 써야 한다.

노인에게 좋은 음식

옛말에 노인을 모시려면 한여름에도 불을 때야 한다고 했다. 노인은 기본적으로 양기가 떨어져 있는 상태이기 때문이다. 그러나 그렇다고 해서 양기를 올리는 음식, 예를 들어 보신탕이나 장어와 같이 보통 정력식품이라고 하는, 콩팥의 기운을 늘리는 음식만 먹는 것은 오히려 손해가 될 수 있다. 노인은 콩팥과 더불어 비장의 양기도 함께 떨어지기 때문에 아무리 좋은 음식을 먹는다고 해도 그것을 제대로 소화해내지 못한다.

양기에는 콩팥의 양기만 있는 것이 아니라 비장의 양기도 있다. 한의학에서 비장은 우리 몸에 들어온 음식을 소화시켜 나온 영양분을 온몸으로 골고루 보내는 곳이다. 그러므로 설혹 소화가 되었다고는 해도 비장의 기가 제대로 작용하지 못하면, 만들어진 영양분이 온몸에 공급되지 못하여 음식을 먹은 보람이 없어지게 된다. 그러므로 비장의 양기를 잘 기르는 것이 중요하다. 그런 의미에서 동의보감에서는 사람의 젖이나 우유를 먹는 것이 노인에게 제일 좋다고 말한다.

과거에는 유모가 따로 있었고 유모가 아니더라도 젖을 구하는 데 큰 어려움은 없었다. 그러나 지금은 여러 가지 이유로 산모의 젖이 부족한 경우가 많고 무엇보다도 아이를 적게 낳기 때문에 젖을 구하기가 어렵다. 모유은행이 있지만 아무나 구할 수 있는 것도 아니고 또 부대비용이 만만치 않다. 그래서 소개하기 주저되는 점이 없지 않지만, 모유의 장점과 다양한 효과를 소개한다는 의미에서, 그리고 풍성한 모유의 미래를 생각하면서 소개하기로 한다.

　모유를 먹을 때는 병이 없는 부인의 젖 두 잔과 좋은 청주 반잔이 필요하다. 젖과 청주의 비율이 4대 1인데, 젖과 술을 합하여 한 모금에 다 마실 수 있는 정도의 양, 보통 커피 잔 하나 정도가 되게 하면 된다. 이 두 가지를 은이나 돌로 만든 그릇에 담아 한번 확 끓어오르게 달여 너무 뜨겁지 않을 때 단숨에 마신다. 매일 새벽 4~5시 사이에 한 번 먹는다.

　모유의 장점에 대해서는 더 말할 필요도 없지만, 혹시 노인이 모유를 먹는 것에 대해 문화적인 거부감을 느끼는 사람이 있을 수 있다. 그러나 이 지구상에서 이유기가 지났어도 젖을 먹는 유일한 동물, 자기 종의 젖이 아닌 다른 종의 젖을 먹는 유일한 동물이 바로 사람 아닌가. 아기에게 줄 젖을 가로채는 것이 아니라 남는 젖을 먹는 것이라면 이는 바람직한 일이 아닐 수 없다.

　모유보다 손쉬운 방법은 우유를 먹는 것이다. 그런데 우유는 한의학의 관점에서 보면 찬 음식이다. 그래서 일사병으로 열이 나면서 갈증이 심할 때 우유를 약으로 썼다. 그러므로 우유는 함부로 먹을 것이 아니다. 우유를 음식으로 먹으려면 반드시 한번 끓여 찬 기운을 없애야 하며 따끈하게 덥혀서 먹어야 한다. 특히 노인을 보양하기 위해 우유를 먹을 때는 다음과 같이 해서 먹는다.

　우유 한 되(약 1.8리터)에 쌀눈을 약간 넣고 죽을 쑨다. 쌀눈을 '약간' 넣으라고 했는데, 우유 한 되에 쌀눈 한, 두 줌 정도 넣으면 된다. 처음에는 불을 세게 해서 우유가 끓어오르면 불을 약하게 하여 천천히 저어주는데, 쌀눈이 문드러질 정도로 푹 끓인다. 쌀눈 대신 싸라기를 넣어도 된다. 쌀눈이나 싸라기는 잘 익지 않으므로 미리 물에 불렸다가 넣으면 좋다.

　이 죽을 늘 먹는데, 아침에 일어나서도 먹고 식사 중간에도 출출한 기미가 있으면 간식처럼, 음료수처럼 먹는다. 역시 먹을 때는 따끈하게 덥혀서 먹어야 한다. 동의보감에서는 이것이 노인을 보양하는 데 가장 좋은 방법이라고 했다. 이 우유죽을 먹으면 모든 병을 고치며 노쇠해지는 것을 막는다고 했다.

최근 밝혀진 바에 의하면 쌀눈에는 탁월한 항암작용이 있다고 한다. 각종 면역에 관여하고 해독작용도 하며 노폐물을 없애주는 효과도 있다고 한다. 중풍과 치매, 암에도 효과가 있다는 말이다. 이런 우유죽을 우리는 몇백 년 전부터 먹어왔다.

제5부
내경편 「정문精門」

정이란 무엇인가

'정精'은 슳은쌀을 말한다. 도정搗精한 쌀이다. 깨끗하고 부드러우며 곱다. 자세하다는 뜻도 있다. 아주 작고 분명하면서도 정밀하다는 말이다. 정수精髓essence라는 뜻도 있다.

'정'은 푸를 '청靑'에 쌀 '미米' 자를 더한 글자다. '청'은 막 돋아난 새싹처럼 생명의 푸른빛이다. 날 '생生'과 붉을 '단丹' 자가 합쳐졌다. '단'은 우물[井] 속에 단사丹砂가 들어가 있는 모양이다.

단사는 인주印朱와 같은 붉은 빛을 띠고 있어서 주사朱砂라고도 하며 수은을 만드는 재료로 쓰인다. 도교에서는 이를 이용하여 불사의 약을 만든다고 했다. 한의학에서는 독이 있어서 매우 신중하게 사용하지만 정신을 안정시키는 데 탁월한 효과가 있다. 정신병을 비롯한 각종 정신질환에 쓸 수 있다. 외용약으로는 매독을 비롯한 피부질환에도 좋은 효과가 있다. 이처럼 단사는 무엇보다도 정신을 맑게 하고 불로불사의 단을 만드는 재료이기 때문에 도교에서 가장 중요하게 여기는 약이다. 그러나 다량으로 먹거나 오래 먹으면 부작용이 있다.

'정'이라는 말에는 가장 좋은 것, 근본이 되는 가장 중요한 것, 가장 정미精微로운 것, 정수精髓, 무언가에서 추출된 핵심적인 것essence이라는 의미가 있다. 한의학, 특히 동의보감에서 정은 사람을 만드는 출발점이 되기 때문에 가장 근본적인 것이다. 이 정은 남자와 여자의 신神이 만나 이루어지는 것이다. 구체적으로 말하면 남녀의 교합에서 생기는 것이다. 이는 선천적으로 부모에게서 받는 정이다. 부모의 정을 받아 비로소 사람의 몸이 생긴다. 이는 생식을 통해 생기는 것이기도 하며 다시 그 정으로 생식을 할 수 있는 것이어서 생식지정生殖之精이라고 한다.

부모에게서 받은 정이 선천적인 것이라면 후천적으로 만들어지는 정도 있다. 후천적으로 우리가 먹는 음식에서 만들어지는 정은 후천지정後天之精이라고 한다. 영양분의 총칭이라고도 할 수 있을 것이다. 이렇게 보면 정이란 한마디로 사람의 몸을 만드는 가장 기본적인 물질이라고 할 수 있을 것이다.

이렇게 생긴 정은 뼛속으로 스며들어 골수腦髓와 뇌를 보충해준다. 골수는 뼈를 채워 뼛속을 흐르는 정이다. 이것이 뇌로 모이기 때문에 동의보감에서는 뇌를 수해髓海, 곧 골수가 모이는 바다라고 하였다. 한의학에서 뇌가 중요한 것은 사고를 하는 기관이기 때문이 아니라 골수가 모이는 곳이기 때문이다.

정이 부족하면 허리나 정강이 같이 큰 뼈가 저리고 아프게 되며 머리도 어지럽고 귀도 울리게 된다. 눈도 침침해져 잘 보이지 않게 된다. 유정遺精이라고 하여 자신도 모르게 정이 흘러내리게 된다. 이런 증상이 계속되면 결국 몸이 허약해질 수밖에 없다.

그러므로 정은 가장 귀한 것이지만 우리 몸에 있는 정은 매우 적어서, 다 합해야 한 되 여섯 홉에 불과하다(3리터 미만). 그것도 16세가 되어 정이 아직 한 번도 빠져나가지 않았을 때의 분량이다. 그런데 이 정은 성교 등을 통해 빠져나갈 때마다 여섯 홉씩 없어진다. 보충해주지 않고 빠져나가기만 한다면 정이 부족해질 것은 당연한 이치다.

그런데 정과 기는 서로를 길러주는 관계에 있다. 기가 흩어지지 않고 잘 흐르면 정은 가득 차게 되고 반대로 정이 가득차면 기도 왕성하게 움직이게 된다. 정이 부족해지면 기가 잘 돌지 못하게 되며 나아가 제멋대로 흩어져버린다. 그러면 병이 생기고 병이 생기면 몸이 위태롭게 된다. 그러므로 정을 잘 보존하는 것이 중요하다. 정이란 남에게 베풀면 사람을 낳고 자신에게 베풀면 나를 살아가게 한다. 그러하니 아기를 낳기 위해 버리는 것도 마땅치 않은데, 하물며 헛되이 버려서야 되겠는가.

정은 보물과 같다. 보물을 잘 감춰야 하는 것처럼 정도 잘 감춰야 한다.

한마디로 정이란 우리 몸을 만드는 가장 기본적인 물질이다. 동의보감에서는 이 정에 기와 신神을 합한 정기신을 가장 중요한 보물로 여겨 이를 삼보三寶라고 부른다. 그러면 정기신 셋 사이의 관계는 어떤 것일까.

정이란 우리 몸을 만드는 가장 바탕이 되는 물질이라고 했다. 그런데 우리 몸은 단순히 정만으로 구성되어 있지 않다. 심장도 있어야 하며 폐도 있어야 한다. 눈과 귀와 코도 있어야 하며 손과 발도 있어야 한다. 그러므로 정은 여러 갈래로 나뉘어 각각의 역할에 맞는 일을 하게 된다. 그런 일을 하는 것이 바로 기이다.

우리가 일상적으로 쓰는 말 중에 '기분氣分'이라는 말이 있다. '분分'이란 나눈 몫을 말한다. 자기가 해야 할 몫이 바로 '분'이다. 심장은 심장대로, 눈은 눈대로, 손은 손대로 각각 자신이 맡은 몫을 해내야 한다. 각자가 그런 몫을 잘 하고 있으면 기분이 좋은 것이고 그렇지 않으면 기분이 나쁜 것이다.

기분이 좋아지는 경우를 생각해보면, 첫째는 몸이 건강할 때 기분이 좋다. 적당한 피로를 느끼며 깊은 잠에 들었다가 가벼운 느낌으로 일어나면 기분이 좋다. 좋은 음식을 먹어도 기분이 좋다. 사랑하거나 사랑을 받아도 기분이 좋다. 아름다운 그림이나 음악을 들어도 기분이 좋다. 몸과 마음 모두가 기분에 영향을 줄 수 있다. 몸의 상태, 정확하게는 기의 상태가 좋으면 기분이 좋다.

반면에 마음의 상태도 기분에 영향을 준다. 기분이 나쁘면 소화도 되지 않고 심장 박동이 빨라지거나 심하면 쓰러지기도 한다. 한의학에서 몸과 마음을 하나로 본다는 것은, 단순하게 몸과 마음을 분리하지 않는다는 의미가 아니라 몸과 마음이 서로 직접적인 영향을 주고받고 있어서 떼려야 뗄 수 없는 관계에 있다는 것을 말하는 것이다. 왜냐하면 몸과 마음은 모두 하나의 기이기 때문이다.

기가 우리 몸이 살아가면서 필요한 모든 기능을 담당하는 것이라면 '신'은 그런 기능을 통해 드러나게 되는 생명현상이다. 정을 바탕으로 기가 흐르고, 그럼으로써 신이 드러나는 것이다. 그 대표적인 것이 정신작용이다. 그러나 신은 정신만이 아니라 그 사람이 내는 화나 웃음 속에서도 드러난다. 몸의 꼴에서도 드러나며 그 사람의 눈빛이나 얼굴의 색, 나아가 움직임 속에서도 드러난다.

신이 온전한 사람은 정신이 맑고 몸도 가벼우며 다른 사람이나 사물과의 관계에서도 '자연스러운' 관계를 맺는다. 물이 흐르다 돌을 만나면 물이 돌을 내치거나 넘어서지 않고 감싸고돌아 흐르는 것과 같은 관계를 맺는 것이다. 이를 '인순因循'이라고 한다. 나무나 돌을 깎되 그것이 갖고 있는 결을 어기지 않고 따라가듯이, 자연의 이치 곧 사물의 본성에 따라[因] 좇아가는 것[循]이 바로 '인순'이다. 도교에서는 이를 가장 중요한 운동의 원칙으로 여긴다. 동의보감 역시 인순을 가장 중요한 양생의 원칙으로 삼는다.

정이라는 물질에서 기가 나뉘고 그런 기가 인순하면서 흘러 드러나게 되는 것이 신이다. 정은 이 모든 것을 가능하게 하는 근원이라는 의미에서, 비유하자면 정은 부모와 같은 것이며 기는 그 자식들이며 신은 그렇게 하나의 가족을 이루어 드러나게 되는 그 집안의 분위기雰圍氣이다. '분위기'란 어떤 사물을 둘러싸고[圍] 안개[雰]처럼 모든 공간을 가득 채우고 있는 기이다. 안개처럼 가뭇하고 어렴풋하지만 모든 곳에 스며들어 있어 분명하게 느껴지는 기를 말한다.

이 셋은 일방적으로 정-기-신으로 전개되는 것이 아니라 서로 영향을 주고받는 관계에 있다. 부모가 자식을 낳았어도 그 자식에 의해 부모의 기분이 좋거나 나빠질 수 있는 것과 같다. 신도 마찬가지다. 집안 분위기가 나쁘면 자식은 물론 부모도 기분이 나빠진다. 이 정기신을 이해하지 못하면 누구도 동의보감의 세계에 들어갈 수 없다. 왜냐하면 동의보감은 오로지 이 정기신에 의해 구성된 책이기 때문이다.

정은 잘 간직해야 한다

정은 생명을 낳고 기르는 가장 근본적인 물질이다. 이 정이 모여 있는 곳이 바로 콩팥이다. 콩팥이 하는 가장 큰 일은 정을 저장하는 것이다. 소변을 거르는 것이 아니다. 콩팥은 근대 서양의학의 장기臟器 개념인 키드니kidney가 아닌 것이다. 콩팥은 정을 저장하는 곳이기 때문에 『황제내경』에서는 콩팥을 봉장封藏하는 기관이라고 했다. 닫아서 감춘다는 뜻이다. '봉'이란 흙을 높이 쌓아 올리는 것이다. 흙을 쌓아 안에 있는 것이 밖으로 나오지 못하게 하는 것이다. 그래서 무엇이 나오지 못하게 '봉한다', '밀봉한다'고 한다.

그런데 이 정이 그냥 콩팥에 갇혀 있기만 해서는 오장육부의 기가 움직일 수 없다. 기가 움직일 물질적 근거가 없기 때문이다. 그러므로 이 정은 오장육부로 골고루 가야 한다.

이 기의 작용은 음과 양으로 나뉜다. 원래 양기는 적극적이면서 활발하게 움직이는 것, 밖으로 드러나는 것이다. 그러나 밖으로 나가기만 하면 양기가 다 빠져나가 없어지게 되므로 몸 안에 양기가 남아나지 않는다. 그러므로 양기는 은밀하게 감추어져 있어야 견고해져서 자기 몫을 할 수 있다. 또 그래야 짝이 되는 음기도 있을 수 있고 자기 몫도 다 할 수 있다. 음양이 합쳐야 비로소 기가 온전하게 된다. 집안으로 비유하자면, 남편[양기]이 밖으로만 나돌면 아내[음기]도 집을 나가는 것과 같다.

그러면 집안 자체[기]가 없어져 콩가루 집안이 되는 것이다. 그러므로 음기는 몸[집] 안에서 그득한 상태를 유지해야 하고 양기는 잘 감추어져야 한다. 이럴 때 비로소 정과 신이 올바로 다스려진다. 음기와 양기가 서로 떨어지게 되면 정과 기도 곧 끊어진다. 이런 상태가 되려면 음은 양을 부리고 양은 음을 지켜야 한다. 이는 실에 돌[양]을 매달아 돌릴 때 중심[음]을 잘 잡고 있지 못하면 돌이 날아가 버리는 것과 같다. 돌은 밖으로 돌면서 자기 영역을 만들어 지키지만 중심을 놓치면 돌이 만들어 놓은 그 영역 자체가 없어진다. 인류의 오랜 전통인 모계중심 사회의 흔적이 여기에도 남아 있다. 이는 봉건사회에서도 마찬가지다. 남성이 밖으로 드러나는 정치나 사회활동의 중심인 것처럼 보이지만 사실은 봉건사회의 근간인 제사를 주관하는 여성(이 여성을 주부主婦라고 한다)이 없이는 봉건사회 자체가 존립할 수 없는 것과도 같다.

금쇄선단金鎖仙丹은 이럴 때, 곧 정과 기가 견고하지 못하여 자신도 모르게 정이 흐르거나(유정) 너무 빨리 정이 나오거나(조설) 소변이 잦거나 전반적으로 기력이 약할 때 쓰는 약이다. 여기에 주로 사용되는 것이 바로 연꽃이다. 연꽃 꽃술(연화예蓮花蕊 혹은 연수蓮鬚)과 연자(심을 뺀 씨앗. 보통 연자육이라고 한다), 가시연밥이 그것이다. 제대로 만들려면 금앵자가 더 있어야 하지만 그냥 위의 것들을 살짝 볶아 가루 내어 먹어도 좋다. 먹을 때는 그냥 따뜻한 물에 먹어도 되지만 소금 끓인 물에 다섯 돈씩(약 20그램) 타서 먹는 것이 좋다. 빈속에 먹는다. 위의 약 중 한 두 가지만 먹어도 좋다.

이런 약을 늘 먹는 것도 좋지만 이는 소 잃고 외양간 고치는 격이다. 정을 아끼는 일이 우선이다. 동의보감에서는, 40세 이전에 제멋대로 한 짓이 많으면 40세 이후에 기력이 갑자기 쇠퇴함을 느끼게 된다고 했다. 그러면 여러 가지 병이 생겨 오래도록 낫지 않고 결국은 목숨을 구할 수 없게 된다. 그러므로 40세 이전에 욕망을 자제하는 것은 정을 보존하는 데 매우 중요한 일이다. 그러나 대부분 40세 이전에는 정의 중요성을 모르거나 알더라도 자제하기 어렵다. 몸이 망가지고 나서야 원인을 찾는다. 찾는다고 해도 대개는 근시적인 원인을 찾는다. 그래서 병원을 찾거나 각종 영양제를 먹거나 보약을 먹거나 헬스클럽을 찾는다.

동의보감에서는 한 번 욕망을 참으면 불을 한 번 끄는 것이며 대신 기름을 한 번 더하는 것이 된다고 말한다. 그러나 욕망을 참지 못하면 불이 꺼져가고 있는데 기름을 덜어내는 일이 될 것이니 어찌 삼가야 하지 않겠는가라고 묻고 있다.

그러나 욕망을 참는다는 것은 쉬운 일이 아니다. 그래서 오죽하면 축양비방縮陽秘方이라는 처방까지 나왔다. 끓어오른 욕망을 시들게 하는 처방이다. 이 약으로 욕망이 일어날 때마다 왼쪽 발바닥 가운데를 문지르면 욕망이 시들게 된다는 것이다. 수련을 하는 사람들 중에는 스스로 거세를 하는 사람까지 있다고 한다. 그러나 그렇게 한다고 욕망이 사라질지는 의문이다. 욕망이란 결국 마음의 문제이기 때문이다. 그리고 동의보감에서 정을 함부로 쏟지 말라고 한 것은 욕망 자체를 없애라는 말이 아니기 때문이다.

정을 모으는 방법

중국 북경에는 조양구朝陽區가 있다. 공항에 내려 북경 시내로 가려면 반드시 거쳐야 하는 행정구역이다. 북경에서 가장 큰 구역이며 인구도 많고 경제도 발달했다. 특히 한국인들이 많아서 우리에게는 더 친숙한 곳이다. 그런데 처음 조양구라는 이름을 들었을 때 묘한 느낌이 왔다. '조양'이란 적어도 내게는 그렇게 내놓고 쓸 말이 아니었기 때문이다.

그런데 나중에 알고 보니 요령성에도 조양이라는 이름의 도시가 있고 길림성의 강 이름에도 있고 일상생활에서도 여기저기 많이 쓰이고 있다.

아는 사람은 알겠지만 '조양'이란 아침의 햇볕이나 해를 말하지만 다른 뜻으로는 남성의 성적인 양기陽氣라는 말로, 새벽이 되어 남성이 일어나는 현상을 뜻한다. 영어로는 모닝 이렉션morning erection이라고 한다.

이는 남자라면 성적 자극과 관계없이 일어나는 것으로, 태아 때부터 시작되는 것으로 알려졌다. 근대 서양의학적인 원인은 아직 정확하게 밝혀지지 않았지만 대체로 주기적으로 팽창과 수축을 반복해서 음경 조직의 팽창력을 유지하기 위한 생리적 반응으로 본다. 8시간 잘 때 평균 4~5회 정도 일어나고 1회에 20~30분 정도 지속된다. 소변이나 꿈과는 별 관계가 없다. 나이가 들어감에 따라 줄어들기 시작하므로 갱년기를 진단하는 중요한 지표 중의 하나로 쓰인다고 한다.

그러나 한의학에서는 조양을 이렇게 설명한다. 사람도 자연이므로 사람의 몸 역시 자연의 흐름에 따르는데, 자연의 양기가 일어나기 시작하는 자시子時(대체로 밤 11시 반에서 다음날 새벽 1시 반 사이)에 이 양기와 상응하여 일어나는 것이라는 말이다. 사실 자시는 음기가 극에 달한 때이다. 극에 달했으므로 이제 다른 질적 변화가 온다. 그 변화는 바로 양기가 솟아나는 것이다. 이에 상응하여 양물陽物인 남자의 양물이 같이 솟아나는 것이다. 이렇게 자연과의 교감을 통해 솟아난 양기는 그 사람의 몸 상태에 따라 곧바로 시들기도 하고 아침에 일어날 때까지 지속되기도 한다.

동의보감에서는 정을 함부로 쏟지 말라고 하여 남성이 일어나는 것을 시들게 하는 방법도 제시하였다. 그러나 이 처방은 정을 함부로 쏟지 않게 하기 위한 처방이지 욕구 자체를 없애기 위한 처방이 아니다. 동의보감에서 말하고자 한 것은 정을 넉넉하게 갖고 있어서, 소위 말하는 정력(정의 힘)은 강하되 정을 함부로 쏟지 않아야 함을 말한 것이다. 그러므로 거세를 한다든지 무조건 욕망을 없앤다든지 하는 것은 동의보감의 정신과는 거리가 멀다.

동의보감에서는 양기를 최대한 모을 것을 요구한다. 이는 사람을 양기 덩어리로 보기 때문이다. 태어나 자라면서 이 양기는 극에 달하고, 극에 달한 다음에는 다시 쇠퇴의 길을 걷다가 마침내 양기가 다 없어지면 음만 남아 음물陰物인 땅으로 돌아가는 것이 사람이다. 그러므로 양기는 없애야 하는 것이 아니라 소중하게 보존해야 하는 것이다.

그런 양기가 넉넉하다는 것, 그것이 자연의 흐름과 하나 되어 잘 흐르고 있다는 것을 보여주는 현상이 바로 조양이다. 그러므로 정을 함부로 쏟아 몸이 망가지면 조양도 점점 늦어진다. 자시에 일어나던 것이 축시에 일어나고 축시에 일어나던 것이 인시에 일어나고 더 심하면 아예 일어나지도 못하게 된다. 그 원인은 타고난 바탕이 부족하거나 후천적으로 음식 등을 통해 잘 보충하지 못했거나 정을 함부로 쏟아버린 데 있다.

그래서 동의보감에서는 이렇게 정이 부족한 사람을 위해 정을 수련하는 비결을 제시하고 있다. 자연의 양기가 일어나는 자시에 일어나 옷을 걸치고 앉아 손바닥을 비벼 열이 나서 뜨거워지면 한 손으로는 남성을 감싸 쥐고 다른 한 손으로는 배꼽 부위를 감싸 덮고 정신을 몸 안에 있는 콩팥에 집중하는 것이다. 이를 오랫동안 연습하면 정이 왕성해진다고 말한다.

그러나 이것도 쉬운 일은 아니다. 그래서 보다 쉬운 방법도 가르쳐준다. 서역사람들이 하는 것처럼 잠자리에 들 때마다 손으로 남성을 감싸서 따뜻하게 하는 것이다. 중동의 사막 지대에서는 소변을 보고 난 뒤 뜨거운 조약돌로 남성을 씻는다고 하는데, 이것도 같은 이치라고 할 수 있다. 물론 이렇게 하는 이유는 모두 정을 넉넉하게 보존하기 위한 것이지 욕심껏 쓰기 위한 것은 아니다.

정을 보충하는 방법

선천적인 정과 후천적인 정 중에서 선천적인 것은 부모로부터 받는 것이다. 그러므로 건강한 자식을 보려면 부모부터 정을 잘 관리해야 한다.

건강한 자식을 두어 잘 기르려는 것은 모든 동물의 본능이다. 그래서 좋은 상대를 만나기 위한 동물들의 싸움은 때로 목숨을 걸기도 한다. 좋은 상대를 만났다고 해도 문제는 여기에서 그치지 않는다. 알이 잘 부화하도록 식음을 전폐하고 돌보다가 죽어가는 동물도 있다. 심지어 자신의 몸에 알을 낳아 부화한 새끼들이 자신을 먹게도 한다. 새끼들이 하나둘 태어나면서 어미 혹은 아비는 힘이 빠져, 혹은 껍질만 남은 채 물에 둥둥 떠간다.

어찌 보면 사람도 동물과 크게 다를 바가 없는 듯싶다. 좋은 상대를 만나기 위한 노력과 자식이 태어나면서 자식에 쏟는 사랑을 보면 모든 생명이 다 같은 이치로 살아가는 것 같다.

그런데 산업화가 급속하게 진행되면서 점차 가족의 비중이 줄어들고 따라서 자녀의 비중도 줄어드는 경향이 보인다. 노동집약적인 생산방식과 위계에 의한 가족 공동체가 중심이 되어 농사를 짓던 농경사회에서, 고도로 분업이 진행되어 전체와 분리된 부분으로서의 개인 노동이 중심이 되는 근대 산업사회로 바뀌는 과정에서 나타나는 현상이다. 그러면서 몸에 대한 생각도 바뀌고 있다. 자녀를 생산하기 위한 부모로서의 몸이라는 측면보다는 나를 위해 즐기는 개인의 몸이라는 측면이 두드러지고 있는 것이다. 그러다 보니 임신과 출산을 전후한 시기를 제외하면 자신의 몸 상태가 자녀에게 어떤 영향을 미치는지 별 관심이 없다. 특히 남자는 임신을 하지 않기 때문에 더욱 그런 경향이 커진다.

그러나 정이라는 것이 하루아침에 만들어지는 것도 아니고, 동의보감에서 말하는 정이 넉넉한 상태를 유지하기 위해서는 더더군다나 오랜 시간과 노력이 필요한 일이다. 자식은 부모의 정을 받아 태어나는 것이 분명한 일임에도 자신의 정이 어떤 상태인지에 대해 관심이 없다는 것은 결국 자녀에 대해 관심이 없다는 말과 같다. 태어날 자녀의 정에 대해 아무런 관심이 없다는 말이다.

아무리 자녀를 사랑을 한다고 해도 부모가 부실하여 넉넉한 정을 받지 못하고 태어난 아이는 허약할 수밖에 없고 잔병치레도 많을 수밖에 없다. 과거에는 그리 흔하지 않았던 아토피 피부염이나 면역관련 질환이 유아에게 많아지는 것도 이런 사정과 무관하지 않다. 아토피를 옛날부터 태열胎熱이라고 불렀던 것처럼 이런 병은 대부분 부모로부터 온 것이다.

내 몸은 나만의 몸이 아니다. 한 예로 성인남성은 경제활동을 하는 경제인이기도 하지만 가정에서는 한 아내의 남편이며 자녀에게는 아버지이다. 남편으로서의 몸과 아버지로서의 몸이 내 안에 있다. 한마디로 내가 맺고 있는 사회관계만큼의 몫이 내 몸 속에 존재하는 것이다.

그러나 부모로부터 부실한 정을 받고 태어났다고 해도 너무 낙심할 필요는 없다. 선천적인 정은 어쩔 수 없다고 해도 후천적인 정을 잘 기르면 되기 때문이다.

정이 부족하면 음식으로 보충하면 된다. 후천적인 정은 육식이 아니라 곡식에서 생긴다. 고기와 같이 너무 맛이 진한 음식은 정을 보할 수 없고 오직 담백한 맛만이 정을 보할 수 있다. 특히 인류가 오랫동안 먹어왔던 오곡은 맛이 치우치지 않아 정을 잘 기를 수 있다. 이런 곡식 중

대표적인 것이 쌀이다. 이때 말하는 쌀은 물론 현미를 말한다. 현미에는 쌀눈이 붙어 있고 쌀겨층이 남아 있다.

그런데 이런 현미 중에서도 정을 만드는 데 제일 좋은 부분이 따로 있다. 밥이나 죽을 끓이면 걸쭉한 밥물이 흘러들어 엉기게 된다. 바로 이것이 정을 만드는 데 가장 좋은 부분이다. 이를 먹어본 사람은 그 효과를 안다. 그런데 이는 압력솥으로 밥을 지으면 생기지 않는다. 압력솥은 현미의 영양을 파괴할 뿐이다.

정의 병, 유정遺精

콩팥은 정을 저장할 뿐만 아니라 정이 함부로 나가지 않도록 잘 닫아놓는 일을 맡아보는 곳이다. 그런데 정이 갇혀 있기만 해서는 필요할 때 쓸 수가 없다. 그래서 적절한 때에 정을 내보내는 일이 중요하다. 닫힌 것을 풀어 쏟아질 수 있게 하는 일은 간이 담당한다. 콩팥과 간이 서로 밀고 당기는 작용을 함으로써 정은 적절하게 저장되어 있거나 나갈 수 있게 되는 것이다. 그런데 이런 작용이 일어나게끔 하는 것은 무엇일까?

세상을 음양으로 보면 우리는 그것을 수水와 화火의 관계로 바꾸어 볼 수 있다. 수는 음의 대표이며 화는 양의 대표이다. 그런데 여기에서 주도적인 역할을 하는 것은 화다. 노자老子가 음을 주도적인 것으로 보는 데 비해 한의학에서는 양을 주도적인 것으로 본다. 사계절의 변화를 비롯한 자연의 변화를 화, 곧 태양의 힘을 바탕으로 하여 이루어지는 것으로 보는 것이다.

화는 열이 극심한 것이다. 이 열은 넓은 의미에서 말한 것이며 이는 다시 두 가지로 나뉜다. 하나는 습한 기운을 머금은 열로, 이를 '무더위', 곧 서暑라고 하고 다른 하나는 건조한 열로, 이를 '더위', 곧 그냥 열熱이라고 한다. 이때의 '열'은 좁은 의미에서의 열이다. 무더위는 같은 더위라고 해도 습한 음기를 갖고 있다. 양이면서 음을 포함하고 있는 것이다. 그러므로 '서'(무더위)는 양의 특성상 타오르면서 올라가지만 함부로, 헛되이 움직이지 않는다. 반면에 '열'(더위)은 음을 포함하지 않으므로 헛되이 움직이기 쉽다. 그래서 '서'의 화(서가 극심한 것)를 군주와 같은 화라고 하여 군화君火라고 부르고 열의 화(열이 극심한 것)를 재상과 같은 화라고 하여 상화相火라고 부른다. 군주는 함부로 움직이지 않고 대신 재상이 일을 맡아보는 것과 같다. 군화는 부리고 상화는 부림을 받는 관계이다.

군화는 심장에 있다. 반면에 상화는 콩팥과 간에 있다. 이 상화는 모두 심장의 군화에 연계되어 있다. 그래서 우리가 외부의 사물을 대하게 되면 먼저 심장의 군화가 움직이게 되고 그러면 상화가 움직여 구체적인 반응을 하게 된다.

정이 나오는 것도 마찬가지다. 군화가 먼저 감응을 하면 상화가 나서서 정을 내보내게 된다. 그런데 이 상화가 제멋대로 움직이게 되면 시도 때도 없이 정이 나오게 된다. 재상이 임금을 제치고 제멋대로 권력을 농단하는 것이다. 이렇게 함부로 움직이는 것을 망동妄動한다고 한다. 한의학에서는 상화망동相火妄動이라는 표현을 자주 쓰는데, 바로 이와 같은 상황을 말하는 것이다.

정이 육체적 자극과 관계없이 시도 때도 없이 흘러나오는 것을 유정遺精이라고 하는데, 오줌으로 나오는 것을 요정尿精이라고 하고 보거나 듣기만 해도 정이 나오는 것을 누정漏精이라고 한다. 유정이 되는 것은 심장의 기가 허약하여 군주의 역할을 제대로 못하거나 콩팥에 저장된 정이 부족하여 콩팥의 기가 허약해졌기 때문이다. 군주가 허약하면 재상이 제멋대로 돌아다니게 된다. 상화가 망동하게 되는 것이다. 또한 콩팥의 기가 약해지면 닫고 저장하는 일을 제대로 할 수 없다. 그래서 정이 흘러나오는 것이다.

유정은 심장과 콩팥 모두에 문제가 생긴 것이지만 근본 원인으로 말하자면 심장의 문제라고 할 수 있다. 심장이 문제라는 것은 바로 마음이 문제라는 말이다. 전근대의 동아시아에서 어느 사상을 막론하고 마음의 수양이라는 문제를 제일 앞에 내세운 것은 바로 이런 이유 때문이었다.

영원한 생명이라는 구원의 문제를 외부에서 찾지 않고 자신의 내부에서 찾는 전통은 그러므로 동아시아에서는 매우 자연스러운 것이었다. 그리고 이는 순수하게 정신적인 문제가 아니라 몸의 문제와 직결되어 있는 것이었다. 몸과 마음을 닦아 영원한 생명을 얻으려는 갈구가 바로 양생과 수양의 문제로 제기된 것이다. 몸은 망가졌지만 정신은 구원을 받을 수 있다든지, 반대로 몸은 건강한데 정신은 구원받지 못한다든지 하는 것은 모두 올바른 양생과 수양의 결과가 아니다. 올바른 양생과 수양을 이룬 사람은 몸과 마음이 모두 건강한 사람이다. 그런 사람을 우리는 신선이라고 부른다.

정의 병, 몽정

어떤 병에 대해 처방이 많다는 것은 그만큼 치료할 가능성이 크다기보다는 치료가 그만큼 쉽지 않다는 뜻이다. 증상은 비슷해도 병의 원인이 다양하면 처방도 많아지게 된다. 또한 음식과 같이 일상적으로 접해야 하며 거기에 대한 욕심 역시 일상적으로 일어나는 것이 원인이 되면 치료가 되었다고 해도 다시 재발할 가능성이 크다. 그러므로 처방이 자꾸 많아지는 것이다.

정과 관련된 처방 역시 적지 않은 분량이다. 음식에 대한 욕심도 그러하지만 정에 대한 욕심 역시 자제하기 어려울 뿐만 아니라 일상적으로 일어나는 것이기 때문일 것이다. 어떤 통계에 의하면 젊은 남자의 경우, 수십 초에 한 번 꼴로 성욕을 느낀다고도 한다.

정이 육체적 자극과 관계없이 낮에 흐르는 것을 유정이라고 한다면 밤에 잠을 자면서 정을 쏟는 것을 몽정이라고 한다. 대개 성적인 꿈을 꾸면서 나오게 되는데, 때로 분명하지 않거나 성과 관련 없는 꿈을 꾸면서도 나올 수 있다. 몽정은 정을 쏟지 않은 건강한 상태의 청소년이라면 한 달에 한두 번 정도 일어나는 것이 자연스러운 일이다. 이는 마치 항아리에 물이 넘쳐 흘러나오는 것과 같은 것이어서 병이 아니며 따라서 치료를 할 필요가 없다.

몽정의 원인 중 다른 하나는 심장의 기가 약하여 콩팥의 기를 다스리지 못하고 그러면 콩팥의 정을 닫고 저장하는 기능이 떨어져 나오는 것이다. 성과 관련된 정신적인 자극으로 양기가 제멋대로 움직여도 몽정을 하게 된다. 모두 심장의 기가 제대로 역할하지 못했기 때문이다. 이는 항아리가 기울어져서 물이 나오는 것과 같아서 항아리를 제대로 세워주면 된다.

세 번째 몽정을 하는 원인은 몸이 전체적으로 허약하고 원기元氣가 소모되어 심장과 콩팥이 모두 제 역할을 하지 못하는 것이다. 이는 항아리 자체가 깨져서 물이 흘러나오는 것과 같아서 가장 위험한 경우다. 사람의 몸을 이루는 가장 근원적인 정이 모두 없어질 수 있기 때문이다. 이때는 어지럽거나 귀에서 소리가 나거나 허리에 힘이 없고 손발이 차거나 식은땀이 절로 나는 경우가 많다.

몽정을 하는 또 하나의 원인은 기가 억눌렸을 때이다. 생각은 무궁하나 원하는 바를 얻지 못한 경우, 기가 한 곳에 몰려 제대로 흐르지 못하게 되면 몽정을 할 수 있다. 스트레스도 몽정의 원인이 될 수 있다는 것이다.

몽정의 원인이 다양한 만큼 몽정을 한다고 하여 무조건 몸을 보해서는 안 된다. 혈기 왕성한 젊은이의 몽정에 혈기를 더해주는 보약을 쓰면 오히려 더욱 심해질 수도 있다. 이는 물이 넘치는 항아리에 물을 더 붓는 격이다. 기울어진 항아리에 물을 부어도 마찬가지 결과가 나올 것이다. 깨진 항아리는 근본적으로 항아리를 고쳐야지, 그야말로 밑 빠진 독에 물을 붓는 격이 된다. 주둥이가 막혔다가 쏟아지는 물은 막힌 것을 뚫어주어야지 막힌 데에 또 물을 부어서는 안 된다. 그 밖에 습열濕熱이나 습담濕痰으로 인한 경우는 그것을 빼주어야 한다. 그러므로 시도 때도 없이 정이 흐른다고 해서 무조건 보하는 것은 참으로 무모한 일이다.

유정은 낮에 나오는 것이고 몽정은 밤에 나오는 것이며 소변을 따라 나오는 것은 요정尿精 혹은 백음白淫이라고 하지만 근본적인 원인을 따지면 모두 심장, 곧 마음의 문제라고 할 수 있다. 이유는 다양하지만 군주에 해당하는 심장의 군화가 재상에 해당하는 콩팥의 상화를 제대로 다스리지 못한 것이다. 상화가 망동한 것이다. 그러므로 유정이나 몽정이 있을 때는 먼저 몸의 상태가 어떤지를 먼저 살펴야 한다. 그리고 그 원인에 따라 때로는 보하고 때로는 덜어내는 방법을 써야 한다. 그러면서 마음을 같이 다스려야 한다. 그러나 무조건 참으라고만 할 수는 없는 일이다. 욕망은 자제하되 적절하게 충족되어야 한다. 맛있는 것만 먹어서도 안 되지만 허기진 배는 채워야 하기 때문이다.

비아그라는 필요 없다

우리나라만이 아니라 전 세계적으로 남성의 정력을 높이기 위한 노력은 그칠 줄 모르는 것 같다. 세계적인 비아그라 선풍을 보면 정력제를 찾는 것이 비단 우리나라에 한정된 것이 아님을 알 수 있다.

정력제라고 하는 것은 대개 남성의 양기를 올려주는 효과가 있다. 보신탕이나 장어 등이 그러하다. 생식을 담당하는 콩팥의 힘, 그 중에서도 콩팥의 양기를 길러주는 것이다.

원래 비아그라는 심장약으로 개발하던 과정에서 뜻하지 않게 발견한 효능을 약으로 만든 것이라고 한다. 비아그라를 복용하고 나서 나타나는 부작용은 상화가 망동했을 때의 증상과 정확하게 일치한다. 심장이 두근거리거나 얼굴일 붉어지거나 머리가 아프거나 어지러우며 귀에서 소리가 나기도 하고 잘 듣거나 보지 못하기도 하며 손과 발바닥에 열감이 있고 가슴이 답답하면서 열이 나는 느낌이 있으며 성욕이 들끓게 되는 것이 바로 상화가 망동한 증상이다. 비아그라는 양기를 올려주는 약이다. 그것도 매우 강하게 올려주는 약이다. 비유하자면 비아그라는 꺼져가는 불에 기름을 뿌려 불타오르게 하는 약이다. 그런데 비아그라는 콩팥과는 관계없이 오로지 상화만을 움직이는 약이다. 이렇게 타올라 망동하는 상화는 심장의 군화까지 움직이며, 심하면 심장을 죽게 할 수도 있다. 재상이 망동하여 군주를 죽이고 나라를 망하게 하는 꼴이다.

식약청 자료에 의하면 의약품 부작용으로 보고된 것 중 60% 이상이 비아그라 부작용이었으며 더 심각한 것은 그런 부작용 중 15% 이상이 예상하지 못했던 부작용이라는 사실이다.

우리는 미국의 의약품 관리가 매우 엄격한 것으로 알고 있다. 그러나 실제 미국에서는 중국을 비롯한 전 세계의 거의 모든 약품이 비교적 자유롭게 유통되고 있음을 쉽게 확인할 수 있다. 미국의 식품의약국FDA은 이런 약품들에 대해 일일이 성분을 분석하거나 생산 혹은 유통허가를 내주지 않는다. 다만 그런 약품들에 대해 주의 깊게 관찰한다. 대부분 그런 약들은 미국의 백인이 아닌 유색인종들이 소비하는 것이어서, FDA에서는 어떤 부작용이 나타나는지를 관찰할 뿐이다. 그러다가 문제가 심각해지면 유통을 금지시킨다. 유색인종을 내상으로 일종의 임상시험을 하는 셈이다. 비아그라가 나왔을 때 미국 남성의 79%가 자기는 복용하지 않겠다는 반응을 보인 것도 이런 관행과 무관하지 않은 것 같다.

한의학에서는 아무리 정의 힘, 곧 정력이 떨어졌다고 해서 상화만을 움직여 정력을 일으키려 하지 않는다. 정을 넉넉하게 채워주거나 막힌 곳을 뚫어주거나 담과 같은 노폐물을 빼주거나 해서 정이 제대로 작용할 수 있게 해주는 것이 치료의 원칙이다. 특히 몽정은 단순히 정력이 떨어졌기 때문에 생기는 것이 아니어서 함부로 정력을 키우려다가는 병을 더 키우는 결과가 된다. 동의보감에서는 그런 임상사례를 들고 있다.

한 의사가 일찍이 어떤 남자를 치료했는데, 몽정을 하면서 소변으로 정이 흘러 뿌옇고 아랫배에서 기가 위로 치밀어 올라왔다. 매일 허리에서 열이 나는데 묘시(卯時, 새벽 5시 반)에 시작하여 유시(酉時, 오후 5시 반)에야 열이 꺼졌다. 허리에서 열이 나기 시작하면 손과 발이 차고 성기에 기운이 없어지는데, 허리에 열이 물러나면 성기에 기운이 돌고 손발이 따뜻해졌다. 또한 아침에는 방귀가 많이 나오고 저녁에는 트림을 많이 하며 10여 일에서 20여 일마다 반드시 유정이 있었다. 그런데 다른 의사들은 자꾸 정이 흘러나오니까 무조건 그것을 막는 처방을 썼다. 그러나 나는 이 사람에게 억눌려 뭉친 것이 있음을 알고 먼저 설사시키고 그런 다음에야 비로소 양기를 올리는 처방을 썼다. 그러나 함부로 양기만 올리면 위험하므로 음기를 늘려주는 처방을 함께 썼다. 마침내 병이 다 치료되었다. 병의 근본 원인을 먼저 없애고 양기를 보해준 것이다.

한의학에서도 비아그라에 비견할 만한 약이 있다. 부자附子가 그것이다. 양기를 올리고 소위 정력을 강하게 하는 데는 부자만한 약이 없다.

그러나 부자는 독이 있어서 사약으로 쓰일 정도로 효과가 강한 약이다. 그래서 부자를 쓸 때는 독이 없어지도록 충분히 가공해야 하며 그러고 도 쓸 때는 신중에 신중을 기하여야 한다.

용골 이야기

정이 시도 때도 없이 흐를 때 쓸 수 있는 약 중에 용골龍骨이라는 것이 있다. 이 약은 수렴시키는 힘이 강한 약이다. 그래서 정만이 아니라 땀 이 절로 흐르는 경우에도 쓸 수 있을 뿐만 아니라 흐트러진 마음도 다 스린다. 소위 정신과의 중요한 약이라고 할 수 있다. 민간에서는 용골을 갈아 상처가 난 곳에 발랐다. 용골이 수렴을 잘 하므로 지혈효과도 있 기 때문이다. 상처나 헤진 데가 오래도록 낫지 않는 경우에도 좋은 효과 가 있다.

용골은 용의 뼈라는 말인데, 고대의 포유동물인 매머드(mammoth, 맘 모스)나 무소, 삼지마三趾馬(Hipparion, 조랑말 비슷한 세 발굽 동물) 등의 치아나 뿔, 골격 뼈 등이 땅에 묻혀 화석이 된 것이다. 용골은 한의학에 서는 없어서는 안 되는 중요한 약재 중의 하나인데, 이 용골이 유명하게 된 데는 다음과 같은 사연이 있다.

1899년 중국 북경에 살던 왕의영王懿榮(1845~1900)이 병이 나서 달인 당達仁堂이라는 한약방에서 약을 지어왔는데, 거기에 들어 있던 용골이 라는 약재에 무슨 글자 비슷한 것이 있어서 이를 확인해본 결과 그것이 바로 갑골문이었다는 것이다. 왕의영은 놀라움을 금치 못해 한약방을 찾아가 그 약을 판 사람에게 자신을 찾아와 주도록 당부했다. 마침내 약을 판 사람이 왕의영을 찾아와 다시 많은 갑골문을 팔았고 이렇게 해 서 갑골문이 세상에 알려졌다는 것이다. 이 이야기는 갑골문이 발견된

용골

최초의 기록으로 알려졌고 그 극적인 내용으로 인해 많은 사람에게 감동을 주었다.

그러나 이 이야기는 1931년 이전에는 용골과 관련된 이야기가 없다는 점, 같이 용골을 보았다는 사람의 글에도 이런 이야기가 전혀 나오지 않는다는 점, 당시 북경에서 용골을 구입했다는 달인당이라는 한약방이 없었다는 점, 또한 용골을 약으로 쓸 때는 모두 가루를 내어 쓰기 때문에 원천적으로 글자를 알아 볼 수 없다는 점 등으로 위의 이야기는 신빙성이 없다고 본다(양동숙, 『갑골문해독』).

그러나 이런 증거 말고도 한의학을 이해하고 있는 사람이라면 위의 이야기가 거짓임을 금방 알아차렸을 것이다. 왜냐하면 한의학에서 말하는 용골은 갑골문의 주요 재료인 거북과는 아무 관계가 없기 때문이다. 용골은 위에서 말한 대로 고대 포유류의 뼈가 화석으로 된 것일 뿐이다. 그럼에도 이 이야기는 세계적으로 널리 퍼졌고, 마치 한의사들이 무지하여 그 귀중한 용골을 약으로 썼다는, 역사상 학술계에 씻지 못할 죄를 지은 것처럼 이야기되기도 하였다.

용골에 관한 이런 조작된 일화가 유포된 것을 보면 갑골의 발굴과 관련하여 밝힐 수 없는 어떤 비밀이 있었기 때문은 아니었는지 하는 의문이 든다. 또한 당시의 한의학 비하 풍조와도 일정한 연관이 있을 것이다.

용골은 고대의 화석인만큼 귀한 약재다. 그러나 그 효과는 뛰어나다. 동의보감에서도 정과 신을 다스리는 약재로 자주 등장한다. 그러나 현재 유통되는 용골은 대부분 진품이 아니다. 진품이 있다 해도 약재로서의 가치보다 골동품으로서의 가치가 더 크기 때문에 그것을 약으로 쓸 사람은 별로 없을 듯하다.

갑골문

인류의 자산은 오래될수록 값어치가 있다. 거기에는 자연과 인류가 살아온 역사의 흔적이 남아 있고 옛사람들의 이야기가 들어 있기 때문이다. 용골을 보존해야 하는 것은 당연한 일이다. 그러나 다른 한편으로 석유 같은 것은 어떻게 보아야 할까. 석유에도 지구가 탄생하면서 겪은 거의 모든 역사가 들어 있다. 그러나 우리는 석유를 일상적으로 태워버리는 것에 대해서는 아무런 문제의식을 갖지 않는다. 생명을 살리는 일에 써도 마땅치 않은데, 하물며 나의 편의와 이익을 위해 쓰는 것, 그럼으로써 자연은 물론 인간 스스로도 해치게 하는 데 쓰는 것은 어떨까.

한의학에서는 용골이 없으면 모려牡蠣라고 하는 약재로 대체해서 쓴다. 모려는 흔한 굴껍질 가루다. 물론 용골과 모려의 효과 차이는 분명히 있다. 그러므로 완전한 대체품은 아니다. 그래서 모려로 대체할 때는 다른 약재를 더 추가해서 쓴다. 한의학에서 용골을 모려로 대체하는 지혜를 석유에도 적용할 수는 없을까. 아니 우리 삶의 방식 자체를 다른 것으로 대체해나갈 수는 없는 걸까.

정을 보하는 약과 음식-숙지황과 오미자

정을 보하는 약이나 음식은 매우 많다. 약 중에 동의보감에서 제일 먼저 내세우는 것이 인삼고본환人蔘固本丸이다. 이 약은 천문동과 맥문동, 생건지황과 숙지황으로 만드는데, 만들기가 쉽지 않을 뿐만 아니라 소화에 장애가 있는 경우가 있다. 또한 체질도 고려해야 하므로 누구나 스스로 판단하여 쓰기에는 어려움이 있다. 그다음으로 소개하는 것은 경옥고다. 경옥고에 대해서는 앞에서 소개했으므로 여기에서는 생략한다.

단방으로 처음 나오는 것이 숙지황이다. 숙지황은 생지황을 생지황 즙에 담갔다가 술을 부어 찌고 햇볕에 말리기를 9번 해서 얻어지는 것이다. 이렇게 하면 생지황은 윤기가 도는 검은 색으로 변하며 그냥 먹어도 맛이 있다. 동의보감에서는 약으로 보하는 데는 생지황이나 숙지황만한 것이 없다고 했다. 그러나 이것 역시 만들기가 쉽지 않고 시간이 많이 걸리는 단점이 있다. 시중에 유통되는 것은 대부분 9번까지 찌지 않고 캐러멜 등으로 색깔만 낸 것이다. 이런 숙지황은 효과가 없을 뿐만 아니라 소화 장애를 일으켜서 오히려 손해를 본다. 제대로 만든 숙지황은 알약으로 만들어 먹거나 술에 담가 먹으면 좋다.

오미자五味子는 단맛, 쓴맛, 짠맛, 신맛, 매운맛의 다섯 가지 맛이 난다고 해서 오미자다. 그러나 정확하게 말하면 신맛은 오미자의 살인 육肉에서 나고 단맛은 껍질에서 나고 나머지는 씨에서 나오는 맛이다. 주로 폐와 심장, 콩팥에 작용하는 약이기 때문에 이런 장기와 관련된 질환에 좋은 약으로 쓰인다. 예를 들면 오래된 천식이나 기침, 가래 등 폐 질환에 좋으며 혈압을 조절해주어서 고혈압이나 저혈압 모두에 좋고 심장을 튼튼하게 하는 등 심장에 좋으며 유정을 치료하고 정력을 높여주며 소변을 잘 보게 하는 등 콩팥에 좋다.

이외에도 몸에 진액을 늘려서 갈증을 없애고 낮에 흘리는 식은 땀이나 자면서 흘리는 도한盜汗에도 좋다. 평소 설사가 잦은 사람에게도 좋다. 피로회복, 기억력을 높이는 데도 좋다. 최근에는 오미자가 면역력을 높여주며 항균작용도 있어 폐렴이나 이질 등에도 효과가 좋다고 알려졌다.

숙지황

간 기능도 개선하는 효과가 입증되었다.

보통 말린 오미자를 찬물에 우려내 차로 마시지만 오미자의 진정한 효과를 얻으려면 고膏로 만들어 먹어야 한다.

오미자고를 만들려면 먼저 오미자 한 근(600그램)을 깨끗하게 씻어 하루 동안 찬물에 담근다. 열매는 주물러서 즙을 내고 씨는 버린다. 이를 삼베 보자기로 걸러, 우려낸 물과 함께 솥에 넣은 다음 겨울에 딴 꿀 두 근(1.2킬로그램)을 넣고 은근한 불로 달이면 고약처럼 된다. 눌지 않게 저으면서 거품이 떠오르면 걷어준다. 한 숟가락씩 끓인 물에 타서 빈속에 먹는다.

오미자 자연산은 알이 고르지 못하여 보기에는 좋지 않지만 효과는 재배산에 비해 훨씬 낫다. 서리를 맞기 전에 딴 것을 올서리라고 하고 서리를 맞고 나서 딴 것을 늦서리라고 하는데, 늦서리가 좋다. 오미자는 충분히 숙성하여 자홍색을 띄는 것을 써야 한다. 색이 옅거나 허연 부분이 남아 있는 것은 덜 익은 것으로 오미자로서의 효과가 없다. 오미자를 말리면 약간 검은 색이 돌면서 윤기가 나는데, 오래 묵으면 아주 검붉은 색이 되며 윤기가 없어진다. 이런 것은 쓸 수 없다. 말랐어도 윤기

가 도는, 검은 자홍색을 띠어야 한다. 겉에 흰 가루가 묻어 있으면 오래 묵은 것이다. 쓰지 않는다.

자연산 오미자는 주로 태백산 근처에서 많이 자라며 남쪽에서 나는 것을 남오미자라고 하고 제주에서 자라는 것은 검은 색을 띤다고 하여 흑오미자라고 한다. 어느 것을 써도 좋다.

오미자는 수렴시키는 작용이 커서 기침이 막 시작되었을 때나(이때는 어느 정도 기침을 해야 한다) 열이 나면서

오미자

기침을 하거나 호흡이 곤란해지거나 감기 초기에 열이 한참 오를 때는 먹지 않는다.

정을 보하는 약과 음식-구기자

정은 우리 몸을 만드는 물질적 기초이면서 콩팥에 저장되어 있다. 이 정은 오장육부에 공급되어 각 장부의 기를 만드는 물질적 기초가 된다. 콩팥 역시 이 정에 의해 기를 만들게 되는데, 이 기는 다시 음과 양, 곧 신음腎陰과 신양腎陽의 기로 나뉜다. 이중에서 콩팥의 역할을 주동적으로 해내는 것은 양기인 신양이다. 양기가 음기를 움직여 살아나게 하는

것이다. 이 신양은 콩팥만이 아니라 온
몸의 양기를 추동하는 주체이기도 하
다. 그러므로 그저 콩팥의 기를 보한다
(보신補腎), 혹은 정을 보한다고 할 때에
도, 엄밀하게 말하면 음양을 나누어보
아야 한다. 약이나 음식에는 이 둘을 모
두 보하는 것도 있지만 음양의 어느 한
쪽을 주로 보하는 것도 있다.

구기자

구기자枸杞子는 바로 이런 신양과 신
음을 모두 보하는 약이다. 그래서 동의보감에서는 구기자가 음에 해당
하는 정과 양에 해당하는 기를 모두 보한다고 했다. 그러나 굳이 경중
을 나누자면 신음을 보하는 효과가 더 우세하다고 할 수 있다. 그래서
구기자를 '음 중의 양'이라고도 한다.

구기자는 약간 검은 빛이 돌면서 붉은 빛이 나는 것, 통통하게 살이
오른 것, 씹어보면 점성이 많고 약간 찌그러진 것이 좋은 구기자다. 중
국에서 쓰는 것은 영하寧夏 구기자라고 하여 검은빛이 거의 없고 단맛이
강하다. 중국에서는 이를 상품으로 친다.

구기자는 열매가 익어가면서 껍질에 점액성분이 나와 벌레가 많이 낀
다. 그래서 농약을 쓰는 경우가 많다. 농약이 염려되면, 물에 소금을 묽
게 타서 구기자를 넣고 가볍게 씻어 햇볕에 말린 다음 살짝 볶아서 쓰
면 좋다.

원래 구기자는 싹과 잎, 뿌리를 모두 약으로 썼다. 그러나 지금은 부
위별로 구분하여 쓰고 있다. 특히 구기자의 뿌리껍질은 지골피地骨皮라
고 하여 용도가 다른 약재로 쓴다. 지골피는 그 성질이 차서 열이 나는
경우에 좋다. 반대로 평소 몸이 찬 사람에게는 좋지 않다.

구기자는 주로 간과 콩팥에 작용하는 약이다. 그래서 흔히 말하는 정력 보강에 좋으며 간에도 좋은 약이 된다. 고혈압에 좋고 콜레스테롤 수치를 낮춰주는 등 혈관 질환에도 좋은 효과가 있는 것으로 알려졌다. 항노화 효과도 밝혀졌고 피부미용에도 좋다. 혈당 수치도 낮춰주므로 당뇨가 있는 사람이 오래 먹으면 좋다. 이외에도 살균효과가 있어서 면역력을 높여주며 피로 회복에도 좋은 효과가 있다.

특히 구기자는 간에 작용하여 눈을 밝게 해준다. 간의 정도 보충해주고 눈도 좋게 해주는 것이다. 또 마음을 편안하게 해주는 효과도 있다. 그러므로 수험생이나 공부를 하는 사람이 먹으면 좋다. 간혹 아이들에게 정력을 높여주는 약이나 음식을 꺼려하는 경우가 있다. 그러나 머리가 좋아지려면 무엇보다도 정이 넉넉해야 한다. 그래야 머리에 뇌수가 충분히 모여 머리가 맑아진다. 정이 부족하면 늘 머리가 맑지 않고 기억력이 떨어진다. 그리고 정이 넉넉해야 성욕을 자제하기 쉽다. 정이 부족하여 상화가 망동하게 되면 끝없이 성욕을 느끼게 된다.

구기자는 몸에도 좋지만 무엇보다 맛이 좋다. 동의보감에서는 알약을 만들어 먹거나 술에 담가 먹는다고 하였다. 차로 만들어 먹어도 좋고 술에 담가먹어도 좋고 발효를 시켜 효소로 만들어 먹어도 좋다.

구기자는 진도와 청양이 유명한데 진도가 원산이다. 진도의 어떤 마을 우물가에 큰 구기자나무가 있었다고 한다. 그 우물물은 구기자의 기를 받아서인지 그 물을 마시면 웬만한 병은 다 나았다. 그런데 심한 가뭄이 들어 물을 구할 수 없게 되자 사람들이, 구기자가 우물물을 다 빨아먹는다고 하여 나무를 베어버렸다. 그러나 나무를 베어버리고 나자 오히려 우물물이 완전히 말라버렸다는 이야기가 전해온다. 구기자는 단순히 좋은 약일 뿐 아니라 마을과 생명을 지키는 신령스러운 나무이기도 했다는 것이다.

정을 보하는 약과 음식-동물성 약재들

정을 잘 기르기 위한 인간의 노력은 식물만이 아니라 동물이나 광물에도 관심을 갖게 했다. 특히 광물에 대한 관심은 아주 오래 전부터 있어서, 소위 '단丹'을 만들려는 시도가 끊임없이 있어왔다. 대개는 수은을 재료로 만드는데, 수은은 알다시피 치명적인 부작용을 일으킬 수 있다. 과거에 매독 등의 치료제로 수은을 쓴 적도 있었지만 그 부작용이 커서 지금은 사용이 금지되어 있다. 역사상 많은 사람들이 수은 부작용으로 고생하거나 죽어갔다. 죽림칠현竹林七賢이라고 하는 사람들도 이 수은 부작용으로 죽었다고 보기도 한다.

동의보감에서는 물론 수은과 같은 광물을 이용하여 단을 만드는 것은 소개하지 않는다. 그러나 역시 광물을 포함한 다양한 약을 소개하고 있다. 그중의 하나가 굴껍질, 곧 모려牡蠣다.

모려는 주로 유정을 치료하는 약으로 쓰인다. 몸이 허약한데 오히려 열이 나는 경우에 쓴다. 열이 나지만 감기 초기와 같은 열이 아니라 미열이다. 그 기는 차고 맛은 짜다. 주로 콩팥에 작용하지만 간이나 담膽에도 작용한다. 유정을 치료하려면 굴껍질을 불에 달구어 담금질을 하여 가루 내서 쓴다.

잠자리도 쓴다. 한약 이름은 청령蜻蛉이라고 하는데, 볶아서 가루 내어 먹는다. 정이 새어나가는 것을 막아준다.

사마귀의 알집도 약으로 쓴다. 한약 이름은 상표초桑螵蛸라고 하는데, 뽕나무에 달린 미얀마재비, 오줌싸개, 어영가시 등의 알집을 쓴다. 알이 들어 있는 것이 아니라 알집이 오래되어 딱딱하게 굳은 집을 쓰는 것이다. 유정에도 좋지만 노인들이 소변을 지리는 경우에도 좋다. 역시 볶아서 가루 내어 먹는다.

이런 약들은 주로 유정을 막는 데 쓰는데, 곤충 중에 정을 보하는 것이 있다. 그것은 누에나방이다. 한약 이름은 원잠아原蠶蛾인데, 수컷으로 아직 교배하지 않은 것만 쓴다. 누에도 쓰는데, 백강잠白殭蠶이라고 한다. 누에는 살아 있는 것을 쓰는 것이 아니라 백강잠균이라고 하는 균에 의해 감염되어 죽어 뻣뻣하게 굳은 것을 쓴다. 누에는 여러모로 쓸모가 많다. 누에가 허물을 벗고 나온 것을 잠퇴蠶退라고 하고 그런 알이 붙어 있는 종이를 잠퇴지蠶退紙라고 한다. 모든 독을 없애고 각종 출혈에 이 종이에 삼씨기름을 발라 태워서 쓴다.

과거에 궁형(宮刑, 생식기를 자르는 형벌)을 잠실蠶室에서 하고 거기에 가두었다고 한다. 이를 잠실궁형이라고 하는데, 아마도 잠퇴지를 바로 구해 출혈을 치료를 할 수 있었기 때문이 아닌가 한다.

개고기는 아마도 가장 대중적인 보신 식품일 것이다. 1874년 프랑스의 한 신부는 '조선에서 제일 맛있는 고기는 개고기'(『조선교회사』)라고 했을 만큼 맛으로도 사랑받는 음식이다. 개고기는 맛이 짜고 기는 따뜻하다. 맛이 짜므로 콩팥에 들어가 콩팥의 기를 보하는 데 뛰어나다. 말그대로 정력식품의 대표라고 할 수 있다. 누런 개를 써야 하는데, 갖은 양념을 하여 푹 고아서 먹는다. 개고기는 구어먹지 말고 행인(杏仁, 살구씨)이나 마늘과 같이 먹지 말라고 했다. 행인과 같이 먹으면 효과가 줄어들게 되고 마늘과 같이 먹으면 미치게 되기 때문이다. 요즈음에는 부추와 같이 먹는데, 이것 역시 바람직하지 않다. 마늘이나 부추나 모두 열이 많은 음식이어서 가뜩이나 더운 개고기의 열을 부채질하기 때문이다.

그러나 굳이 동물성이 아니더라도 정을 보하는 방법은 또 있다. 그것은 가시연밥과 참깨, 부추씨다.

가시연밥은 감인芡仁이라고 하는데, 말려서 가루 내어 먹는다. 부추씨(구자韭子)도 살짝 볶아서 가루 내어 먹는다. 참깨는 검은 참깨를 써야

하는데, 검은 참깨의 기는 덥지도 차지도 않아서 고른(平) 반면 흰 참
깨는 약간 차다. 검은 참깨를 술에 반나절 동안 찐 다음 햇볕에 말려 가
루 내어 먹는다. 가루 내어 졸인 꿀에 반죽하여 알약으로 만들어 먹으면
더 좋다.

보약의 대명사 녹용

녹용은 보약의 대명사라고 할 만큼 잘 알려져 있다. 그러나 녹용만큼
잘 모르는 것도 없을 것이다. 학계에서도 논란이 분분하다. 아마도 녹
용의 효과가 좋고 귀한 만큼 고가이기도 해서 녹용을 둘러싼 이권이 만
만치 않기 때문일 것이다. 그래서 아주 오래전부터 녹용은 밀수의 대상
이 되어 왔고 또 위품僞品도 많다.

조선시대에 우리나라에서는 사냥을 통해 얻은 녹용을 모두 조정에
바쳐야 했으므로 일반인은 먹을 수 없는 것이었다. 일반인에게 녹용이
보급되기 시작한 것은 일제 때부터라고 할 수 있다. 그러나 이 '일반인'
도 사실은 권력과 재력이 있는 친일파에 한정되었다. 그러므로 녹용이
대중화되기 시작한 것은 해방 이후의 일이라고 볼 수 있다. 특히 각 지
역의 유지라고 하는 사람들은 녹용을 짝으로 들여다 놓고 먹는 경우가
많았다고 한다. 그러나 이들의 욕심이 지나쳤는지 어린아이에게 과도하
게 녹용을 먹이거나 부자 같은 약과 함께 먹여 고열이 나면서 뇌를 손
상시키는 일도 적지 않았던 듯하다. 그래서 녹용을 많이 먹으면 바보가
된다는 속설이 나왔을 것으로 보인다.

녹용은 사슴의 뿔이다. 그런데 사슴의 종류가 많고 또 어떤 환경에
서 무엇을 먹고 어떻게 자라는가에 따라서 효과의 차이가 많다. 뿔을
자르는 시기와 건조하는 방법에 따라서도 차이가 난다. 가장 좋은 조

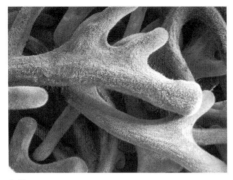
녹용

건은 추운 곳에서 야생으로 자란 경우다. 사슴에 따라 나르지만 뿔이 나서 한참 자랄 때 자르는데, 뿔을 더 크게 하려고 늦게 자르면 효과가 많이 떨어진다. 저절로 떨어진 것은 낙각落角이라고 하여 녹용으로 쓰지 않으며 사슴에 따라서는 암컷도 뿔이 나는 경우가 있는데(알라스카 순록), 이 역시 쓰지 않는다. 털이 많이 빠지거나 거의 없는 것은 낙각일 가능성이 많다. 쓰지 않는다.

녹용으로는 전통적으로 매화록(꽃사슴sika deer)과 미록麋鹿(고라니사슴, 레드 디어red deer, 엘크elk)을 썼다. 꽃사슴의 뿔을 매화록梅花鹿이라고 한다. 백두산 주위에 야생하는 사슴을 '백두산 사슴'이라고 부르는데, 이것이 효과가 가장 좋다.

그중에서도 4, 5월경에 낙각이 되고 난 뒤 새로 자란 뿔이 가장 효과가 좋은데, 혈관이 많고 아직 굳어지지 않아 부드러운 융단 같은 껍질에 덮여 있다.

흔히 러시아산 원용이라고 하는 것을 최상으로 치는데, 러시아 자연산의 경우, 사슴 자체가 좋기보다는 자라고 먹는 것이 좋고 무엇보다도 자연적으로 동결 건조되므로 효과가 좋은 것으로 보인다. 그러나 효과에 비해 너무 고가다.

자른 녹용을 말리는 방법에 따라서도 효과의 차이가 크다. 녹용에는 붉은 피와 노란 점액질이 들어 있는데, 피는 껍질(테두리) 쪽에 몰려 있어 붉고 그 안쪽은 진한 노란색이다. 안쪽이 너무 붉은 것은 사슴 혹은 다른 동물의 피로 물들였을 가능성이 많다.

녹용은 끝에서부터 자라기 때문에 밑으로 내려갈수록 각질화가 진행되어 뼈처럼 단단해진다. 제일 끝 부분을 기름분골(tip), 그다음을 분골, 그다음을 상대, 중대, 하대로 부르며 완전히 각질화가 된 부분은 녹각이라고 한다.

보통은 햇볕에서 자연적으로 말리는데, 동결건조가 가장 좋다. 열풍건조를 한 것은 효과가 많이 떨어진다.

이렇게 보면 일반 소비자가 어떤 조건에서 나는 어떤 종류의 사슴인지, 뿔을 언제 잘랐는지, 어떤 부위인지, 어떻게 건조했는지, 어떻게 보관되었는지를 알기는 어렵다. 특히 썰어놓은 것을 보고 사슴의 종류를 알기는 거의 불가능하다. 그러므로 한의사의 조언을 받든가 허가받은 유통업체에서 판매하는 것을 고를 필요가 있다. 특히 날것을 구입한 경우, 냉동 보관을 한다고 해도 최대 3개월을 넘지 않는 것이 좋다.

보약으로 다른 약과 함께 달여 먹을 때는 반드시 자신의 체질이나 몸의 상태에 따라 먹어야 하므로 한의사의 진단이 있어야 하며, 정을 보하는 목적으로 먹을 때는 불에 구워서 가루 내어 먹거나 알약으로 만들어먹는다.

내 몸에 맞는 보약

정을 보하는 약은 매우 다양하다. 동의보감에 소개된 것 이외에도 몸에 좋다는 이유로 많은 사람들이 다양한 약과 음식을 먹고 있다. 그런데 중요한 것은 그런 약이 모두에게 좋은 것만은 아니라는 사실이다. 어떤 사람에게는 보약이 되지만 어떤 사람에게는 독이 될 수도 있다. 실제 임상을 하다보면 약이나 음식을 잘못 먹어 병을 얻는 경우를 적지 않게 볼 수 있다.

왜 다른 사람들에게 좋다는 것이 내게는 맞지 않는 것일까?

병을 앓고 있거나 특별히 몸에 이상이 있지 않는다면 그것은 체질의 차이 때문에 생기는 것이다. 동의보감에서는 그래서, 겉으로 드러난 증상은 같아도 병이 다를 수 있고 병이 같아도 그 사람의 오장육부가 다를 수 있기 때문에 치료 역시 달라야 한다고 말했다.

정을 보하는 약이나 음식 중에는 서늘한 것도 있고 따뜻한 것도 있고 아주 뜨거운 것도 있다. 여기에서 차다, 덥다는 말은 그 약재의 물리적 온도를 말한 것이 아니라 그것이 다른 것에 미치는 영향이 어떠한가를 말한 것이다. 예를 들어 돼지고기가 차다고 한다면 그것은 돼지고기를 먹었을 때 우리 몸이 차게 된다는 말이다. 이는 돼지고기의 물질적 구조를 말한 것이 아니라 돼지고기의 '기'를 말한 것이다.

마찬가지로 어떤 약이 달다거나 쓰다고 하는 것도 단순히 입에서 느껴지는 맛이라기보다는 그것이 몸에 미치는 영향, 효과를 말한 것이다. 예를 들어 인삼은 '달다'고 하지만 실제 인삼을 먹어보면 오히려 약간 쓴맛이 난다. 인삼이 달다고 한 것은 인삼이 오행 상으로 토에 해당하여 토에 해당하는 단맛과 역시 토에 해당하는 장기인 비장脾臟에 작용한다는 의미가 들어 있기 때문이다.

몸에 좋은 약이나 음식은 무한하게 많지만 그것의 맛과 기(이를 기미氣味라고 한다)를 알면 굳이 그 성분이 무엇이고 그런 성분이 어떤 작용을 하는지를 일일이 알지 않아도 그것에 대해 알 수 있다. 그것이 내 몸에 미치는 영향을 알 수 있다는 말이다. 그러기 위해서는 무엇보다도 내가 먹는 것이 내 몸에 어떤 효과를 가져오는지에 대해 잘 알아야 한다. 그러려면 내 몸이 반응하는, 변화하는 것에 대해 주의 깊게 살펴야 한다. 내 몸의 소리를 잘 들어야 하는 것이다. 누구에게는 좋은 것이 내 몸에는 나쁠 수도 있다. 반대의 경우도 마찬가지다. 내 몸의 반응을 잘 살피는 것이 중요한 일이지, 남이 하는 소리가 중요한 것이 아니다.

그러나 우리는 많은 경우, 남의 말을 따른다. 남의 말 중 대표적인 것이 소위 말하는 '과학', 정확하게 말하자면 서양의 근대과학 중 과학주의에 입각한 '과학'이고 다른 하나는 광고다.

'과학'은 물질의 구조와 기능에 대해 분석한다. 그러나 그것은 물질 자체에 대해 말한 것뿐이고 그것이 다른 사물과 어떤 관계에 있는지, 그리고 무엇보다도 사람과 어떤 관계에 있는지, 특히 개개인에게 어떤 관계에 있는지는 말하지 않은 것이다. 충분한 임상실험을 통해 신약을 개발하지만 실제 임상에서 쓸 수 있는 신약은 손에 꼽을 정도로 드물다. 그리고 신약으로 인정받았다고 해서 모두에게 쓸 수 있는 것도 아니다. 사람마다 차이가 있기 때문이다. 그래서 어떤 경우는 심각한 부작용이 나기도 한다. 이는 대상을 물질 자체로만 보고 그것이 사람과 어떤 관계가 있는지를 소홀하게 보았기 때문에 나타나는 일이다.

'과학'이 이성적인 차원에서 말한다면 광고는 감성적인 차원에서 말한다. 설명할 필요가 없는 것이다. 그저 느끼게 만들 뿐이다. 때론 '과학'의 권위에 기대지만 그것 역시 감성으로 포장된다. 그러므로 사람들은 더 이상 이성적이건 감성적이건 판단할 여유가 없게 된다. 그저 따를 뿐이다.

정력에 좋다고 하는 것이 모두 내게 좋은 것만은 아니다. 남이 좋다고 하면 무조건 따를 일이 아니라 그것이 내 몸에 어떤 영향을 미치는지, 효과를 주는지, 한마디로 그것의 기는 무엇인지를 따져볼 필요가 있다.

정을 보하는 기공

몸에 대한 관심이 커지면서, 혹은 병을 앓으면서 기공氣功이나 요가를 찾는 사람들이 많아졌다. 요가는 인도에서 유래한 것인데, 기공과는 기를 조절하는 방법이 다르다. 이는 서로의 철학이 다르기 때문이다. 철학이 다르므로 세상과 몸을 보는 눈이 다르다. 따라서 세상과 몸을 다스리는 방법이 다르다.

'기공'이라는 말은 진晉나라 때의 허손許遜이 편찬한 것으로 알려진 『정명종교록기공천미淨明宗敎錄氣功闡微』에 처음 나오지만 오늘날의 기공 개념과는 차이가 있다.

오늘날 쓰고 있는 기공이라는 말은 1950년대에 나온 말이다. 1949년에 세워진 중국 하북성 북대하北戴河의 당산공인의원唐山工人醫院 내에 1957년 당산기공요양원이 신설된다(1958년에 하북성 북대하 기공요양원으로 명칭 변경). 기공은 바로 여기에서 『상한론』으로 저명한 한의사인 유도주劉渡舟(1917~2001)를 고문으로 하여 그의 제자인 유귀진劉貴珍(1920~1983)에 의해 일반화되었다고 할 수 있다. 유귀진은 전래의 여러 수련법을 정리하여 1956년부터 이를 내양공內養功이라는 이름으로 임상에 응용하여 그 효과를 확인하였고 이는 이후 중국 전역에 퍼지게 되며 나아가 세계로도 퍼져나갔다. 북대하(베이다이허)는 오랜 전통을 자랑하는 대표적인 휴양지인데, 1953년부터 지금까지 공산당 최고위 간부들의 비밀회의 장소로도 유명하다.

오늘날 기공이라고 부르는 것을 과거에는 도인안교導引按蹻라고 하였다. '도인'은 끌어들인다는 말로, 호흡과 연관된 수련법이며 '안교'는 몸을 주무르거나 비비거나 기타 여러 가지 동작을 포함한 수련법이다. 기를 수련하는 방법에는 이외에 방중房中과 무술이 더 있다.

중국에서는 1979년 이후 두 차례에 걸쳐 전국의 기공 고수를 모아 논쟁을 하게 하였다. 그리고 그 결과를 정리하여 전국에 보급하였다. 중국에서는 어디를 가든 아침이면 집단적으로 기공 하는 모습을 쉽게 볼 수 있는데, 이것이 바로 그때 논쟁의 산물이다. 마치 과거에 우리가 했던 국민체조와 같은 의미를 갖고 있다고 할 수 있다. 그러나 이 둘의 가장 큰 차이는 국민체조가 근골의 운동이라고 하는 물리적인 측면에 치중한 반면 기공은 기를 다스리는 데 치중한다는 점이다. 물론 기공에도 근골의 운동은 포함되어 있다. 이런 근골의 운동에서도 국민체조가 절도 있는 기계적 운동이라고 한다면 기공은 부드러운 흐름을 이어가는 운동이라는 차이가 있다. 또한 기공은 국민체조와 달리 몸과 더불어 마음의 수양을 중시한다. 그것도 고요한 마음의 수양이다.

기공에서 '공'은 정과 성을 다하여 공을 들인다는 뜻이다. 정신 수양을 더 중요하게 여기거나 몸의 움직임을 더 중요하게 여기거나, 외단이나 내단 중 어느 것을 중시하는가에 따라 도교에는 다양한 학파가 나뉘었다. 이중 동의보감이 채택한 것은 정신 수양을 중시하는 상청파上淸派의 도교이다.

동의보감에서는 정을 보하고 정이 흐르는 것을 막는 도인법을 소개하고 있다. 그 방법은 아래와 같다.

바로 앉아 한 손으로는 성기를 감싸 쥐어 올리고 다른 한 손으로는 배꼽 부위를 둥글게 돌

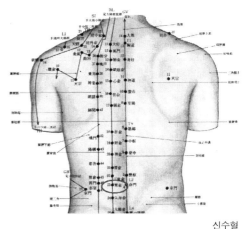

신수혈

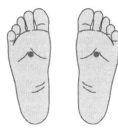
용천혈

리며 마찰하는데, 좌우로 돌리는 방향을 바꾸어 오랫동안 마찰한다. 이렇게 한 다음 신수腎腧 부위와 앞가슴, 옆구리 아래, 용천湧泉을 차례로 문지른다. 다만 명치 밑을 문질러서는 안 된다.

신수는 제2, 제3 요추극상돌기사이에서 양옆으로 각각 2치(손가락 두 개 정도) 되는 곳이다. 대체로 배꼽 반대쪽에 있다고 보면 된다. 두 손을 허리 뒤로 돌려 등뼈를 만졌을 때 자연스럽게 닿는 부위이다. 용천은 발가락을 구부렸을 때 가운데 움푹 들어간 곳이다. 손바닥으로 마찰하는 것이므로 정확한 위치를 모른다고 해도 충분히 자극을 줄 수 있다.

제6부

내경편「기문氣門」

한의학의 기

한의학을 처음 접하는 사람들은 한의학의 논리를 이해하기 어렵다고 한다. 많은 사람들이 한의학은 설명이 두루뭉술할 뿐만 아니라 귀에 걸면 귀걸이, 코에 걸면 코걸이라는 식으로 되어 있다고 말한다. 필자 역시 처음 한의학을 접하고, 어렵기는 마찬가지였다. 그래서 많은 방황을 하기도 했다. 그러나 뒤에 깨달은 것은, 그 방황이 내가 한의학의 철학을 이해하지 못했기 때문이라는 사실이었다.

우리는 전통을 말하고 역사를 말한다. 그러나 실제 우리가 말하는 전통과 역사는 오늘의 관점에서 바라본 전통과 역사에 불과하다. 정확하게 말하면 근대 서양의 관점에서 본 것이다. 우리는 일제에 의해 강제로 자본주의화가 진행되었으며 이와 더불어 일제가 받아들인 서양식의 근대 역시 강제로 주입되었다. 이는 해방 이후 미군정에 의해 더욱 강화된다. 이런 과정은 사고에 있어서도 서양의 근대를 받아들이게 했다. 이질적인 두 문화가 부딪치면서 처음에는 저항도 있었고 뒤섞임도 있었다.

그러나 70년대의 급격한 산업화는 이러한 서양의 근대를 실현할 경제적 기초를 만들었으며 80년대를 지나면서는 전면적으로 전개되었다. 이제 우리는 더 이상 전근대적인 사고방식을 갖고 있지 않으며 전근대적인 생활과 문화를 누리고 있지도 않다. 그래서 몸은 한국 사람이지만 나머지 모든 것은 서양의 근대를 그대로 빼어 닮았다. 우리의 집은 그냥 집이 아니라 '한옥'이며 옷도 '한복'이고 의학도 '한의학'이다. 우리는 서양보다도 더 근대화된 것이다.

서양의 근대화는 서양의 근대 과학에 의한 변화다. 서양의 근대 과학은 우리 삶의 모든 생산과 소비를 장악하고 전근대의 잔재를 일소하였다. 이는 우리의 삶의 방식과 사고방식을 근대적인 것, 과학적인 것으로 바꾸었다는 말이다. 소위 선진국이라고 하는 서양의 대중에게, 미신으로 여겨지는 전근대적 문화가 의외로 많이 남아 있음에 비해 우리는 새마을 운동을 통해 그런 '잔재'마저 일소하였다. 한때 상대를 비판할 때 쓰는 상투적인 문구 중에 '썩어빠지고 나태하고 안일하고 전근대적인'이라는 말이 있었다. 아마도 일제에 의해 조센징을 욕하는 말로 시작된 것으로 보이지만 이제 이런 말은 더 이상 쓰지 않는다. 전근대적인 요소가 사라졌기 때문이다. 우리는 서양보다도 더 과학화된 것이다.

이제 서양의 근대라는 것은 우리에게 숨 쉬는 것같이 너무도 자연스러운 것이어서 더 이상 내가 그렇게 생각하며 살고 있다는 것조차 알아채지 못한다. 필자 역시 3대째 한의학을 하고 있지만 대학을 다니고 사회생활을 할 때까지 전혀 의식하지 않았다. 철저하게 근대화되고 서양화된 사고방식과 삶의 방식에 빠져 있었다. 그러다 한의대에 다시 들어가 한의학을 접하면서 너무도 생소한 사고방식과 삶의 방식을 접하고는 당황할 수밖에 없었다.

한의대에 들어간 많은 학생들이 초기에 느끼는 당혹감도 한마디로 말하면, 한의학은 '과학적'이지 않다는 자각, 근대적이지 않다는 자각에서 시작된 것이다. 아니 사실은 자신이 '과학적'이고 근대적임을 자각했기 때문이다. 이는 마치 한 번도 거울을 보지 않았던 사람이 어느 날 문득 거울을 보고 자신을 보게 된 것과 같은 경험일 것이다.

한의학은 분명 전근대에 생긴 것이고 그것도 동아시아라고 하는 독특한 자신의 문화 속에서 탄생한 것이다. 한의학은 당대 과학의 총체이며, 거기에는 한의학 고유의 철학이 들어 있다. 그 과학은 동아시아 전근대의 과학이며 그 철학은 근대 서양철학의 용어로 말하자면 기의 인식론이며 음양오행의 논리학이며 기 일원론의 세계관이다. 그러므로 기와 음양오행에 대해 모른다면 한의학을 이해하기는 거의 불가능하다.

한의학의 철학을 이해하지 못하고 한의학을 이해한다면 그것은 근대 서양의 철학으로 재해석된, 근대 서양의 과학으로 재구성된 것일 것이다. 그 대표적인 것으로 일본의 한의학, 특히 『상한론傷寒論』을 들 수 있다.

일본의 『상한론』은 에도시대 이후 근대 서양의 철학과 과학에 의해 재구성된 것이다. 일본의 『상한론』은 우리나라에서는 일제 때 주로 의사와 약사에 의해 수용되었는데, 이들은 근대 서양의 과학을 배운 사람들이었기 때문에 이들이 일본의 『상한론』을 쉽게 이해하고 받아들일 수 있었을 것이다. 그렇다면 동의보감에서는 기를 어떻게 말하고 있는지, 한의학의 기의 세계로 들어가 보자.

기란 무엇인가

동의보감은 정기신이라는 세 가지 보물로 사람이 이루어졌다고 본다. 정기신의 가장 기본적인 발생논리는 다음과 같이 정리할 수 있을 것이다.

생명을 태어나게 할 뿐만 아니라 태어나서 자라는 것과 생식을 가능하게 하는 것은 정이다. 정은 사람의 몸을 만드는 가장 근본적인 물질이다. 이 정이 오장육부와 같이 다양한 역할이 나뉘어 작용하는 것이 기이며 이런 기의 작용으로 드러나는 생명 현상이 바로 신이다. 그러므로 발생순서로 말하면 정에서 기가 나오고 기에서 신이 나오는 것이라고 할 수 있다. 정-기-신의 순서로 생성되는 것이다.

그런데 「기문氣門」의 첫 머리에는, "기는 정과 신의 뿌리이다"라고 하였다. 이는 기-정-신의 순서로 말한 것이다. 그렇다면 위에서 말한 정-기-신의 발생순서와 맞지 않는다. 이런 점에서 어떤 사람은 동의보감의 이론적 정합성에 대해 의문을 갖기도 한다. 그러나 사태는 여기에서 그치지 않는다. 이어지는 「신문神門」에서는 신이 온몸의 군주라고 말한다.

모든 사물의 운동은 동시적이다. 이는 당구대의 당구알처럼 하나를 맞히면 다른 하나가 움직이는 물리적 관계가 아니라 화학이나 전기와 같이 동시에 모든 것이 변한다는 말이다. 정기신의 발생과정 역시 동시적인 것이다. 최초에는 생명을 가능하게 하는 정이 있어야 하지만 그 이후의 과정은 동시적으로 일어나는 것이다. 정기신이라는 발생과정은 그것을 다만 논리적으로 파악한 것이다.

여기에서 중요한 것은, 한의학은 마치 국가처럼 군주가 주인이 되고 그 아래 신하가 있고 백성이 있는 일정한 위계질서를 상정하고 있지만, 그 위계는 언제나 중심이 바뀔 수 있는 위계라는 사실이다. 일반적으로 심장이 군주와 같은 지위를 차지하지만 그것은 언제나 바뀔 수 있다. 그 사람의 몸의 상태에 따라, 병의 상태에 따라 어떤 때는 간이 중심이 되기도 하며 어떤 때는 폐가 중심이 되기도 한다. 이를 유동적인 위계질서라고 부를 수 있을 것이다. 이런 논리가 가능한 것은 한의학이 오행이라고 하는 논리체계를 갖고 있기 때문이다. 오행五行은 목화토금수라는 다섯 가지의 과정 혹은 단계[行, phase]가 상생과 상극이라고 하는 관계 속에서 하나의 원운동을 하는 것으로 전제하고 있다. 거기에서는 어느 하나의 행이 영원한 중심일 수 없다. 서로는 서로에 대해 주인이면서 동시에 신하가 된다. 부모이면서 동시에 자식이 되는 것이다.

그러므로 정을 중심으로 보면 정-기-신의 순서가 되지만 기를 중심으로 놓고 보면 기-정-신이 된다. 아니 이런 순서가 중요한 것이 아니다. 중요한 것은 서로가 서로에게 운동의 근원이 되면서 동시에 서로의 운동을 추동하는 힘이 되기도 하다는 것이다. 정과 기의 관계만 살펴보면, 정은 기가 없으면 운동할 수 없고 기는 정이 없으면 운동할 수 없다. 정은 기에 의해 운동하며 기는 정에 의해 운동한다. 신과 다른 것과의 관계도 마찬가지다.

이런 관계를 단순히 상관相關관계correlative relation라고는 할 수 없다. 한의학에서 말하는 관계는 대등한 입장에서 이것도 저것도 서로 관계가 있다는 의미가 아니라, 어느 것이 중심이 되어 부모와 자식 혹은 군주와 신하와 같은 관계를 갖게 된다는 의미이며 이런 중심은 자연과 사람과 사회와의 연관 속에서 언제나 변화한다. 물론 이 모든 것은 서로 동시적으로 영향을 주고받으면서 변화한다. 이런 논리를 이해하지 못하면 한의학은 영원히 알 수 없는 것이 되어버린다.

기는 몸을 움직이게 하는 것이다. 심장이 뛰고 폐로 숨을 쉬고 팔다리를 움직이며 눈으로는 보고 귀로는 듣는다. 이 모든 것이 기의 작용이 아닌 것이 없다. 아니 사람 자체가 하나의 기이다. 그 기는 고정되어 있지 않고 흐른다. 흐르지 않는 것은 기가 아니다. 그렇게 쉬지 않고 흐름으로써 몸을 움직일 뿐만 아니라 다른 사람 혹은 사물에 일정한 영향을 미친다.

기氣라는 글자는 기운을 뜻하는 '기气' 자와 쌀 '미米' 자로 이루어졌다. '기气' 자는 상형문자로 구름이 흘러가는 모양을 그린 것이다.

구름만이 아니라 아지랑이가 피어오르는 모습과도 닮았다. 바람에 펄럭이는 깃발로도 보인다. 밥을 지을 때 나오는 김 같기도 하다. 그 어느 것이든 그 자체를 눈으로 확인할 수는 없지만 분명하게 작용하는 어떤 힘이 있어서 그 힘에 의해 움직이는 것을 묘사한 것이다.

기 개념의 형성과정의 초기에는 바람 '풍風'이라는 글자가 기의 역할을 하였다. 바람은 어디선가 불어와 모든 곳을 감싸는 것이다. 바람은 변화를 가져오는 것이다. 봄의 따뜻함도 바람이 있어야 하며 겨울의 추위도 바람이 있어야 한다. 따뜻함이나

상형문자 气

차가움 그 자체로는 다른 대상에 영향을 줄 수 없다. 그것이 기가 되었을 때에만 영향을 미치는 것이다. 차가움은 '한기寒氣'가 되어야 하는 것이며 따뜻함은 '온기溫氣'가 되어야 하는 것이다. 그러므로 바람을 기로 이해한다는 것은 바람 그 자체가 하나의 힘이면서 그것이 다른 대상에 일정한 영향을 미치는 것으로 이해하는 것이다. 그래서 『황제내경』에서는 풍을 모든 병의 근원이라고 말한다. 이때의 '풍'은 오행 상의 풍이 아니라 사실상 기를 뜻하는 것이다.

기는 '기炁'로도 쓴다. 엄밀하게 말하면 '기炁'는 선천의 기이고 '기氣'는 후천의 기이다. 『관윤자』 「육비편六比篇」에서 '하나의 기로 만물을 낳는다'(以一炁生万物)라고 한 것이 그런 예이다. 원래 이 두 글자는 구분이 없었으나 당대唐代에 이르러 도교가 국교로 채택되어 발전하면서 선천과 후천의 기를 구분하기 위해 사용된 것이다.

기는 초기에 풍이나 정기精氣(『관자』, 『회남자』) 등으로 쓰이다가 뒤에는 기氣라는 글자로 정해진다. 동아시아 전근대의 인식은 전적으로 이러한 기의 개념에 입각한 것이다. 그러므로 많은 문헌에서는 '기'를 생략하고 쓰는 경우가 많다. 특히 한의학에서는 그저 '심장'이나 '간'이라고 해도 그것은 장기로서의 심장이나 간이 아니라 심장의 '기'이며 간의 '기'를 의미한다. 그럼에도 한의학 고전 문헌에 나오는 심장이나 간을 해부학적 의미에서의 심장이나 간과 동일시하는 경우가 있다. 그래서 간에 열이 있다는 것을 간염과 같은 것으로 보기도 하고 간이 크다는 것을 해부학적인 장기의 크기가 크다는 것으로 이해하기도 했다. 이런 해석은 한의학과 관계가 없다. 그것은 일본의 『상한론』처럼 근대 서양과학의 관점에서 새로 해석된 또 하나의 의학이라고 할 수 있을 것이다.

이와 같이 기란, 눈으로 볼 수는 없지만 분명하게 작용하는 것, 그런 힘을 말한다. 근대 서양과학의 개념으로는 에너지, 물리학의 힘과 비슷한 것으로 볼 수 있고 서양, 특히 그리스에서는 프뉴마Pneuma가 이 와 비슷한 개념일 것이다. 그러나 이런 개념과 기의 가장 중요한 차이 는, 기는 에너지나 힘, 프뉴마 그 자체가 아니라 그런 것에 의해 다른 대 상에 미치는 효과를 말한다는 데에 있다. 다시 말하면 기는 어떤 사물과 다른 사물과의 관계 속에서 드러난 힘을 말한다는 데에 있다.

이는 앞에서도 말했지만, 기를 음양오행의 틀 속에서 파악했기 때문 이다. 음양으로 나누어 본다는 것은 그것이 다른 사물과의 관계 속에서 음적인 영향을 미치는지 양적인 영향을 미치는지를 나누어 본 것이다. 그래서 어떤 사물을 음이라고 하면 이는 그 사물이 다른 어떤 사물과 의 관계 속에서 음적인 힘을 발휘한다는 것, 상대에게 음적인 영향을 미 친다는 말이 된다. 나아가 그 음은 다른 모든 양적인 것 또는 음적인 것 과 관계를 갖게 됨으로써 우주적인 보편적 연관을 갖는 것이 된다. 나아 가 그 기가 오행 중의 어떤 기인지를 말하게 되면 그 관계는 음양이라는 두 측면이 아니라 발전의 다섯 가지 속성이라는 측면에서 파악하는 것 이 되며, 여기에 오행의 상생과 상극을 포함하면 그 관계는 셀 수 없을 정도로 무한하게 확대된다. 이를 거꾸로 말하면, 어떤 대상을 특정한 기 로 파악하게 되면 그 순간 그 대상은 우주의 모든 대상과 일정한 관계 를 갖는 대상으로 변하게 된다는 말이다.

기는 음식에서 나온다

우리 몸에서 기는 어떻게 생기는가? 동의보감의 논리에 따르면 그것은 정에서 생기는 것이다. 그러면 정은 어떻게 생기는가? 선천적인 정은 부 모로부터 받는 것이지만 후천적인 정은 우리가 먹는 음식에서 생긴다. 음식 중에서도 곡식에서 생긴다. 그러므로 기는 곡식에서 생기는 것이다.

곡식이라고 하면 보통 오곡五穀이라고 하여 쌀, 보리, 조, 콩, 기장 등을 가리킨다. 오곡의 '오五'는 반드시 다섯을 의미한다기보다는 모든 것이라는 말이다. 그러므로 주식으로 먹을 수 있는 대부분의 곡식이 포함되며 이는 시대와 사회에 따라 다양한 곡식이 오곡의 대표로 선정되었다.

그런데 동의보감에서는 기가 육식 등의 음식에서 생긴다고 하지 않았다. 이는 중요한 지적이다. 곡식이란 무엇이기에 기를 만드는 원천이 될 수 있는 것일까?

동의보감의 「탕액편」에서는 곡식을 이렇게 설명하고 있다.

"하늘과 땅 사이에서 사람의 성性과 명命을 기르는 것은 오로지 곡식뿐이다. 곡식은 토土의 덕을 갖추었으며 중화中和하는 기를 얻은 것이기 때문에 그 맛이 담담하면서도 달고 그 성질은 화평하다. 몸을 크게 보하면서도 잘 빠져나가니 오래 먹어도 질리지 않는다. 이것이 사람에게 크게 이로운 까닭이다."

음식이 되려면 먼저 먹을 수 있어야 한다. 그것도 오랫동안 먹을 수 있는 것이어야 한다. 그러려면 몸에 들어가 해를 끼치지 않을 뿐만 아니라 도움이 되어야 하고 거기에서 그치지 않고 잘 빠져나가야 한다. 맵고 짜고 달고 시고 쓴맛과 같이 한쪽으로 치우친 맛은 당장에는 입에 좋을지 모르나 오래 먹을 수 없다. 이는 단순한 맛의 문제가 아니라 각각의 맛에는 오장육부의 어느 하나의 기를 더해주는 효과가 있기 때문에 어느 하나의 맛을 오랫동안 먹으면 몸의 균형이 깨지기 때문이다. 너무 더운 음식, 너무 찬 음식도 마땅하지 않다. 어떤 음식이 덥다, 차다고 하는 것은 그것이 사람의 몸에 미치는 영향을 말한 것이므로 어느 한쪽의 음식을 오래 먹으면 몸이 차지거나 더워지는 병이 생긴다. 그러므로 모든 것이 중화된 맛, 곧 담담한 맛이어야 하며 덥지도 차지도 않은 음식이어야 한다. 그리고 모든 것이 중화된 것이므로 오행의 중앙에 해당하는 토의 맛, 곧 단맛을 띠게 된다. 이처럼 담담하면서도 단맛을 내는 것이 바로 곡식이다. 이런 음식만이 사람의 성과 명을 기를 수 있다.

'명'은 하늘이 부여한, 선천적인 수명이다. 그러므로 명을 늘린다는 것은 타고난 수명을 늘리는 일이 된다. '성'은 그렇게 타고난 명을 구체적으로 실현시키는 것이다. 그래서 명으로 100세를 타고 났어도 성을 어떻게 가꾸느냐에 따라 50세도 못살 수 있고 100세를 다 채울 수도 있다. 그러므로 성을 잘 가꾼다는 것은 사는 동안 건강하게 살 수 있게 하는 것이다. 이런 성과 명을 기르는 것은 오로지 곡식밖에 없다.

그래서인지 공자는 고기를 먹어도 밥보다 많이 먹지는 않았다고 했다(『논어』「향당」). 이는 몸의 기를 살리는 길이기도 하고 화평한 기를 유지하는 길이기도 하다. 그러나 우리는 대개 외식을 하게 되면 고기만 먹고 밥은 잘 먹지 않으려한다. 뷔페 같은 곳에 가면 이런 경향은 더 두드러진다. 고기로 배를 채우는 것이다. 이는 바람직한 습관이 아니다. 고기를 먹더라도 반찬으로 먹어야 한다. 이런 의미에서 밥과 반찬을 따로 먹는 우리의 음식문화는 참으로 바람직한 것이다. 밥을 기본으로 하고 여기에 탕이나 여러 반찬이 따르기 때문에, 기를 만드는 곡식을 충분히 섭취하면서도 반찬의 다양한 기로 내 몸에 다양한 효과를 줄 수 있다.

그럼에도 빵으로 밥을 대체하거나 심하면 시리얼로 대체하는 경우도 있다. 야채가 좋다고 아침부터 간단한 샐러드를 먹는 경우도 있다. 아침을 커피 한 잔과 토스트 정도로 해결하는 사람도 있다. 심지어는 고기로만 배를 채우는 사람도 있다. 이런 식사는 곡식이 주가 되지 않았기 때문에 성과 명을 기를 수 없을 뿐만 아니라 반찬의 다양한 기도 얻을 수 없다. 이런 것은 대개 서양, 특히 미국의 하층민들이 먹는 식사다. 소위 선식이라고 하는 것도 마찬가지다. 곡물이 들어 있기는 하지만 반찬이 없는 것이다. 이런 것보다는 차라리 김밥 한 줄이 더 훌륭한 식사가된다. 김밥은 오행의 기를 온전히 갖고 있는 드문 음식이다.

　오행은 목화토금수木火土金水를 말하는데, 이를 색으로 보면 청적황백흑靑赤黃白黑이고 맛으로 보면 신고감신함辛苦甘辛鹹이다. 각각의 색깔은 각각의 기를 갖고 있다. 맛도 마찬가지다. 그러므로 음식을 골고루먹어야 한다는 것은 바로 이런 색과 맛을 골고루 먹어야 한다는 말이다. 그러나 현실적으로 늘 이렇게 골고루 먹기는 어렵다. 그런데 김밥에는 이 다섯 가지 색이 모두 들어 있다. 김밥의 속은 다양하지만 일반적으로 많이 들어가는 속과 그 속이 대표하는 색깔을 중심으로 살펴보면,

　먼저 시금치의 푸른색은 목木에 해당하여 간의 기를 도와준다.
　당근은 붉은 색으로 화火에 해당하여 심장의 기를 도와준다.
　노란 달걀지단과 단무지는 토土에 해당하여 비위의 기를 도와준다.
　흰쌀밥은 금金에 해당하여 폐의 기를 도와준다.
　마지막으로 이 모든 것을 싸고 있는 검은 김은 수水에 해당하여 콩팥의 기를 도와준다.

　이렇게 보면 김밥은 간단하지만 음식의 색을 제대로 갖추고 있다는점에서 완전식품이라고 할 수 있다. 다만 시중에서 판매되는 김밥은 대개 단맛이 강하다. 인공조미료와 함께 설탕을 넣었기 때문이다. 어떤 이는 설탕을, 마치 당의정의 코팅처럼 음식의 맛을 감싸버려 맛을 느낄 수없게 만든다고 말한다(황교익, 『미각의 제국』). 설탕이 들어감으로써 완벽했던 오행음식을 단맛에 치우친 편벽된 음식으로 만들어버리고 만 것

이다.

또한 김밥 속의 재료도 다양하게 하여 다양한 맛을 맛볼 수 있는 것은 좋지만 위에서 든 재료를 빼고 엉뚱한 것을 넣게 되면 오행의 조화가 깨진다. 그러므로 가능하면 위의 속을 기본으로 하고 입맛에 따라 다른 속을 더 넣는 것이 바람직할 것이다.

음식이란 무엇인가

『중용』에서는, 음식을 먹지 않는 이는 없지만 맛을 아는 이는 드물다고 했다(『중용中庸』 제4장). 그러나 지금은 맛은 둘째 치고 먹는 방법부터 많은 문제가 있다. 비빔밥도 비비기 귀찮아서 비비지 않고 반찬처럼 먹는 사람도 있다. 반대로 밥과 반찬을 구분하는 것이 귀찮아서 한 그릇에 모두 넣고 대충 비벼먹거나 무조건 국에 말아 먹는 사람도 있다. 생선을 발라먹기 귀찮아서 잘 먹지 않는 사람도 있다. 반찬을 골고루 먹기 귀찮아서 한 가지 반찬, 예를 들어 찌개 하나만 계속 먹는 사람도 있다. 밥 먹기가 귀찮아서 하루에 필요한 영양분을 알약 한 알로 만들어 먹을 수 있으면 좋겠다고 하는 사람도 있다. 이런 사람들은 음식이 무엇인지 모르는 사람들이다.

음식은 입으로만 먹는 것이 아니다. 음식은 무엇보다도 먼저 눈으로 먹는다. 음식의 색깔을 맛보고 윤기를 맛본다. 김이라도 나면 그 김을 맛본다. 또한 음식은 냄새로 먹는다. 골목길을 돌아설 때 길모퉁이 카페에서 퍼져 나오는 커피의 냄새를 맛보고 김이 무럭무럭 나는 만두의 냄새를 맛보고 자장면의 진한 냄새를 맛본다. 젓가락으로 혹은 손으로 집으면서 그 촉감을 느끼며 먹는다. 씹으면서 그 질기거나 부드러운 정도, 딱딱한 정도, 따스함이나 차가움 같은 온도의 정도와 촉촉함의 정도 같은 다양한 자극을 느끼면서 먹는다. 씹을 때의 소리를 들으며 먹는다. 얼굴 근육이 움직이는 것을 느끼며 먹는다. 씹으면서 맛이 느껴지면 음식을 혀로 쉬으면서 먹는다. 부위에 따라 변하는 맛을 음미하기 위해 음식을 혀나 입안의 여기저기로 옮겨가며 먹는다. 죽처럼 혹은 덩어리로 씹혀진 상태를 음미하며 먹는다. 목구멍으로 넘기면서 그 느낌을 먹는다. 위에 들어가 배가 불러가는 것을 느끼면서 먹는다. 그리고 마지막으로는 대변과 소변을 보면서 내가 먹은 결과를 확인한다. 이것이 먹는 것이다. 그야말로 몸과 마음을 모두 쓰는 총체적인 운동이다.

이와 같이 음식을 먹으면서 우리는 정신적으로 육체적으로 다양한 운동을 하게 된다. 이런 자극이 몸과 마음의 발달에 중요한 역할을 할 것은 분명하다. 그러나 이것만이 아니다. 우리의 밥상은 밥과 국 혹은 탕이 있으면서 반찬이 한꺼번에 올라온다. 제한된 반찬을 서로 나누어 먹게 되어 있는 것이다. 그런데 밥상 주위에는 어른도 있고 아이도 있다. 그러므로 우리가 밥을 먹게 되면 단순히 밥만 먹는 것이 아니라 반찬을 먹는 데에도 일정한 질서가 있음을 알게 되고 남을 위해 양보하는 법도 배우게 된다. 음식을 통해 사람 사이의 관계를 알게 되고 서로를 아끼고 배려하는 법을 배운다.

반찬이 제한되어 있을 뿐만 아니라 어른 아이 할 것 없이 먹을 수 있는 것이 같이 올라오므로 아이는 어른들이 먹는 음식이 어떤 것이고 먹는 법은 어떤지를 배운다. 밥을 먹으면서 음식에 대해 이런저런 이야기가 오가면서 내 입맛을 객관화하는 법도 알게 된다.

숟가락, 젓가락 쓰는 법과 생선을 바르는 법, 밥과 국 혹은 탕을 먹는 순서, 반찬을 적절히 덜어 간을 맞추는 법, 어른 음식의 맛을 배운다.

그런데 요즈음은 이유기가 시작되면서부터 개인 밥상을 차려주는 경우가 많다. 음식도 아이가 먹을만하다고 생각되는 음식, 좋다고 하는 음식만 따로 차려준다. 수저가 아니라 스푼 혹은 포크를 쥐어준다.

이렇게 혼자, 어린 음식을 먹고 자란 아이가 학교에 가면 급식이 기다리고 있다. 급식을 통해 아이는 개인 식반에 아이들이 좋아한다고 생각되는 음식, 튀김과 같이 조리가 빠르고 보관이 편한 음식, 최대한 저렴한 재료로 만들어진 음식, 그런 재료의 결함을 감추기 위한 조미료와 설탕이 듬뿍 들어간 음식을 먹게 된다. 음식을 준비하고 만들 시간이 없는 집에서는 햄버거나 프라이드치킨, 피자, 라면을 자주 먹게 되고 학원이나 태권도 등으로 식구들과 같이 식사할 기회도 줄어든다. 학교를 졸업하면 이제는 식당의 음식을 먹어야 한다. 모두가 그런 것은 아니지만 대부분의 식당, 특히 프랜차이즈화 된 식당의 음식은 위에서 말한 최악의 조건을 모두 갖추었다.

맛도 하나 같이 맵고 달고 짜다. 그러면서 이들은 소비자 탓을 한다. 조미료가 들어가지 않으면 손님이 맛없다고 하고 달지 않으면 먹지를 않는다고 한다.

동의보감에서는 기는 곡식에서 생긴다고 했다. 『중용』에서는, "음식을 먹지 않는 이는 없지만 맛을 아는 이는 드물다"고 했다. 곡식을 주식으로 먹으면서 반찬의 다양한 맛을 알아야만 성과 명을 모두 잘 기를 수 있다. 제대로 먹고 맛을 알기 위해 먼저 해야 할 일이 많다.

[보론] 음식과 기

동아시아의 전근대에서 모든 것은 기이다. 하늘도 땅도 기이다. 풀도 나무도 흐르는 물도 불어오는 바람도 모두 기이다.

모든 것은 기가 짐짓 모였다가 흩어지는 것이다. 기가 모여 사람을 만들고 기가 모여 만물을 만든다. 그리고 다시 흩어 진다.

음식은 기이다. 음식을 먹는 사람도 기이다. 각각의 기와 기가 서로 교감하여 새로운 기를 이룬다. 이런 교감을 통해 음식은 이제 더 이상 음식이 아니고 사람은 이제 더 이상 음식을 먹기 전의 사람이 아니다. 사람은 생물학적인 존재만도 아니고 사회적 존재만도 아니고 자연적 존재만도 아니다. 사람은 스스로 자기의 몸과 맺고 있는 생물학적 관계, 사회와 맺고 있는 사회적 관계, 그리고 자연과 맺고 있는 자연적 관계, 이 세 가지 관계 전체를 통해 비로소 사람이 된다.

음식은 사람과 관계를 함으로써 음식으로서의 기를 실현시킨다. 사람도 음식과 관계함으로써 자신의 기를 실현시킨다. 이런 관계를 통해 서로를 완성한다. 그러므로 음식은 곧 사람이고 사람은 곧 음식이다. 음식이 없으면 사람이 없고 사람이 없으면 음식이 없다.

사람이 먹는 것은 기이다. 사람이 먹은 음식이 사람의 기를 만든다. 사람이 먹는 음식에 따라 그 사람의 기가 달라진다. 찬 음식을 많이 먹으면 찬 기운이 많아지고 더운 음식을 먹으면 더운 기운이 많아진다. 탁한 기를 갖고 있는 음식을 많이 먹으면 몸의 기가 탁해진다. 음식은 사람을 만드는 것이다.

음식 역시 사람에 의해 먹힘으로써, 곧 자신을 부정함으로써 자신을 실현시킨다. 예를 들어 짠 맛을 갖고 있는 음식은 사람 혹은 동물에게 먹힘으로써 자신의 짠맛이라는 기를 실현하는 것이다. 그러므로 음식은 단순히 혀에서 느끼는 쾌감이나 영양營養의 대상이 아니다. 또한 특정한 영성靈性의 대상만도 아니다. 음식이 곧 사람이고 사람이 곧 음식이다. 모두 하나의 기일 뿐이다. 서로를 존재하게 하는 근거가 되는 기일 뿐이다.

음식에서 쾌감을 느끼거나 영양을 분석하거나 특별한 관념적인 의미를 부여하는 것은 사람의 의식이다. 그것은 음식에 대한 인위적인 분류다. 따라서 사회가 다양한 위계로 분열되면서 그 분류에도 일정한 위계가 세워진다.

먼저 맛있고 맛없는 음식이 나뉜다. 누구는 맛있는 음식을 먹을 수 있고 누구는 먹을 수 없다. 영양도 마찬가지다. 누구는 영양가 있는 음식을 먹을 수 있고 누구는 먹을 수 없다. 필요에 따라서는 특정한 영양성분을 반드시 먹어야 하기도 한다. 영적인 차원에서도 마찬가지다. 시대와 사회, 도덕이나 종교 혹은 풍습과 같은 것에 따라서도 어떤 음식은 먹을 수 있고 어떤 음식은 먹을 수 없다. 돼지고기나 개고기가 그 대표적인 예이다. 여기에 민족주의나 제국주의가 더해지기도 한다.

물론 음식도 그 자체로 존재하는 것은 아니기 때문에 누가 언제 어떻게 먹는가에 따라서도 달라진다. 먼저 음식은 어떤 음식과 같이 먹는가에 따라서 달라진다(음식의 사회적 관계). 소위 음식 궁합이라고 하는 것이 그것이다. 같이 먹으면 해가 되는 음식들이 있고 서로 도움을 주는 음식도 있다. 또한 자연적 환경에 따라서도 달라진다(음식의 자연적 관계). 같은 음식이라고 해도 춥거나 더운 정도와 습기의 다소 등에 의해 음식과 사람이 맺는 관계도 달라진다. 찬 음식을 추운 곳에서 먹는 것과 더운 곳에서 먹는 것은 다르다. 사람에게 다른 효과를 미친다. 이는 곧 그 음식의 기가 변한다는 말이다.

여기에 그 음식을 먹는 사람의 몸의 상태와 그 사람이 맺고 있는 사회적 관계의 상태에 따라서도 음식의 기는 달라진다. 그러므로 음식에는 그 음식을 둘러싼 사람의 수만큼 많은 역사와 문화와 자연이 들어 있게 된다.

그러나 음식은 그저 하나의 기일 뿐이다. 사람을 만드는 기일 뿐이다. 그것은 단순한 쾌감의 대상이 될 수 없을 뿐만 아니라 사람을 '기르는' 영양분석의 대상이 될 수 없다. 또한 영적인 대상으로 한정되어서도 안 된다. 더군다나 음식이 자본이나 민족의 이익을 위한 수단이 되어서는 안 된다.

오늘날 음식의 분배와 교환을 둘러싼 갈등이 심화되는 것은 물론 사회의 구조에서 오는 것이지만 다른 한편으로는 음식에 대한 그릇된 생각에서 오는 것이 많다. 음식은 그저 하나의 기일 뿐이라는 생각이 없이는 오늘의 음식 문화를 돌아볼 수도 없고 나아가 새로운 음식의 문화도 만들 수 없을 것이다.

여러 가지 기

기가 곡식에서 생긴다고 할 때, 여기에서 말하는 기는 넓은 의미에서의 기이다. 이 기는 다시 여러 가지 기로 나뉜다. 그래야 몸에서 필요로 하는 여러 작용을 할 수 있기 때문이다.

먼저 곡식이 위로 들어오면 소화가 되어 진액津液이 된다. 요즈음 말로 하자면 영양분이 될 것이다. 이것은 폐로 가서 맑은 것은 영기營氣가 되고 탁한 것은 위기衛氣가 된다. 폐는 호흡을 비롯한 우리 몸의 기를 다스리는 곳이면서 동시에 진액과 같은 수분을 다스리는 일을 맡고 있다.

영기는 맥 속에 있으면서 몸 안에서 몸을 운영하는 기이다. 영營이란 특정한 지역을 둘러싸고 빙 둘러앉은 것을 말한다. 군대가 성 안에서 진을 치고 있는 모습과 같다. 물론 그렇게 둘러앉는 것은 그 안에서 먹고 사는 일을 꾸려나가기 위해서이다. 그래서 '영' 내에서는 늘 분주하게 일이 일어난다.

영기는 혈血로 변하여 운행한다. 진액이 폐로 가서 폐가 호흡한 맑은 기와 합하여 혈이 된 것이다. 그래서 흔히 영혈營血이라고도 한다. 영기는 맥 속에서 몸 안을 돌면서 영양분을 골고루 나누어주는 일을 맡고 있다.

위기는 몸 밖을 지키는 기이다. '위'는 호위하는 것이다. 군대가 성을 지키듯 몸 밖의 나쁜 기를 막는 것이다. 위기는 살과 살 사이, 살과 뼈 사이〔분육分肉〕를 덮혀주는 일도 하며 땀구멍을 여닫는 일도 한다. 그러므로 위기에 문제가 생기면 땀이 절로 나거나 반대로 땀이 나지 않는 병이 생긴다.

위기는 단순히 몸을 지키는 것만이 아니라 유기체와 외부 환경과의 통일을 유지하는 역할을 한다. 몸의 바깥과 안을 구분하지만 그런 구분과 동시에 외부의 기를 몸 안으로 받아들이거나 몸 안의 기를 밖으로 내보내는 일을 하므로 위기는 몸 안과 몸 밖의 통일을 유지하는 역할을 하게 되는 것이다. 위기가 잘 노는 사람은 살결이 부드럽고 땀구멍이 작으면서 촘촘하다. 반대로 위기가 잘 돌지 못하면 살결이 거칠고 땀구멍이 크다.

위기가 몸 밖을 지키기 위해서는 먼저 나와 남을 구분해야 한다. 이는 마치 군대의 정찰대가 아군과 적군을 구분할 수 있어야 군대를 지킬 수 있는 것과 같다. 이는 면역immunity과 같은 개념이다. 면역은 내가 아닌 것을 인식하는 일이다. 자아와 비자아를 구분하는 것이다. 그래서 이 면역 체계에 문제가 생기면 나를 적으로 인식할 수도 있고 반대로 적을 나로 인식할 수도 있다. 면역이 떨어지면 감기와 같이 외부의 나쁜 기운에 쉽게 감염될 수 있다. 반대로 면역이 너무 강하면 알레르기나 천식, 아토피와 같은 자가 면역질환이 생긴다. 이렇게 보면 한의학에서는 오늘날 면역질환이라고 부르는 질병을 이미 2천 년 전부터 위기라는 개념으로 치료해왔다고 할 수 있다.

영기와 위기는 쉼 없이 우리 몸을 돌고 있다. 낮에는 위기가 양의 부위로 25바퀴, 밤에는 음의 부위로 25바퀴, 모두 50바퀴를 돈다. 이를 일주一周한다고 한다. 반면 영기는 위기와 마찬가지로 50바퀴를 돌지만 밤낮이나 음양의 구분이 없이 하루 종일 돈다. 몸에 영양을 공급하는 일에 밤낮과 음양이 없는 것이다. 이렇게 각각 일주하여 위기와 영기는 다시 만난다. 이는 뫼비우스의 띠와 같이 연결되어 끝없는 순환을 이룬다.

이를 두고 영국의 과학사가인 니덤Joseph Needham(1900~1995)은, 한의학에서는 혈액의 순환을 서양보다 1천 년이나 앞서서 발견한 것이라고 평가했다. 물론 이는 니덤의 착각과 과장이 포함된 주장이다. 왜냐하면 한의학에서 말하는 맥은 근대 서양의학에서 말하는 혈관과는 별개의 것이며, 맥 속을 흐르는 영혈이라는 것도 혈액과는 다른 개념이기 때문이다. 한의학에서 말하는 맥은 혈관과 같은 폐쇄된 파이프가 아니다. 그것은 산맥과도 같이 기와 혈이 자유롭게 드나들 수 있는 열린 체계이다. 또한 영혈이라고 했지만 그것은 혈액이라기보다는 차라리 기에 가까운 개념이다. 그러므로 영기와 위기의 순환이라는 것도 사실은 기의 순환이지 혈액의 순환은 아니다. 순환의 순서도 근대 서양의학의 그것과는 다르다.

기는 곡식에서 만들어지기 때문에 '기氣'라는 글자는 운기 '기气' 자에 쌀 '미米' 자를 더해 만들었다. 이 기는 특히 상초라고 하는 기에 의해 온몸에 펼쳐진다. 그래서 피부를 따뜻하게 해주고 온몸을 채우면서 터럭도 윤택하게 해준다. 이는 마치 안개가 만물을 촉촉하게 적셔주는 것과 같다. 이것이 바로 기이다.

그래서 이 기를 잘 다스리면 기가 굳건해지는데, 욕심을 절제하고 수고로움을 적게 하면 숨이 길면서 느긋해지고, 반면에 욕심이 많고 억지로 힘을 써서 피로하게 되면 기가 적어지고 숨이 차게 되니, 기가 적으면 몸이 약해지고 몸이 약해지면 병이 생기며 병이 생기면 생명이 위태로워진다. 이것이 기를 잘 다스려야 하는 이유다.

앞에서도 말했지만 자연을 대우주라고 하고 사람을 소우주라고 하는 전통은 오래 된 것이다. 그런데 동서고금을 막론하고 이런 비유가 나오는 이유는 무엇일까? 그것은 사람의 몸도 하나의 자연이며 사람이 자연의 질서에 바탕을 둔 것이라면 사람은 자연의 질서에 맞춰 살아야 한다는 전제가 깔려 있기 때문일 것이다. 물론 서양에서의 자연은 곧 신이라고 할 수 있는 것이어서, 거기에서 사람이 소우주라는 말은, 곧 사람은 신의 뜻에 따라 살아야 한다는 결론을 내기 위한 이론적 장치이기도 했다.

한의학에서 말하는 기는 밤과 낮처럼 다시 음과 양으로 나뉜다. 이 중 양기는 운동을 주관할 뿐만 아니라 사람이 알고 깨닫고 움직이는 것과 귀로 듣고 눈으로 보고 입으로 말하고 냄새를 맡는 것을 주관한다. 이 모두가 양기의 작용이다. 소화가 되는 것도 양기의 작용이다. 활동을 통해 사람이 살아 있음을 확인하는 것은 모두 양기의 작용이다.

양기는 아침에 눈을 뜨면 눈에서부터 나오기 시작한다. 눈에서 나온 양기는 머리로 올라갔다가 뒷목을 따라 내려간다. 등을 따라 내려가다 새끼발까락 끝까지 이른다. 이것이 가장 큰 양기의 흐름이지만 곳곳에서 곁가지를 내어 온몸에 흐르게 된다. 그럼으로써 우리는 보고 듣고 말할 수 있게 되는 것이다.

낮 동안 몸을 25바퀴 돈 양기는 음이 시작하는 곳에서 돌기를 마치고 음이 그 기를 이어받는다. 그러면 음기도 몸을 25바퀴 돌아 다시 눈에서 양기와 만난다. 아침이 된 것이다.

도가, 특히 노자가 음을 중요하게 여긴 반면 한의학에서는 양을 중요하게 여긴다. 양기는 마치 하늘의 태양과 같다. 하늘에 태양이 없으면 모든 사물이 죽는 것과 같이 사람에게도 양기가 없어지면 곧 죽음이 기다리고 있다. 그러므로 양기는 없어서는 안 되는 것이지만 태양이 제자리를 돌 듯 양기도 제자리에서 돌아야 한다. 만일 한 번이라도 자기가 있어야 할 자리를 벗어나면 양기가 흩어져 돌지 못하게 된다. 이는 마치 물이 제 길을 찾지 못하고 넘치면 흩어져버려 돌지 못하는 것과 같다. 그러면 사람의 신神이 없어진다. 보고 듣고 말하는 모든 것이 불가능해진다.

양기가 제자리를 돌지 못하게 되는 원인은 여럿인데, 그 중의 하나는 음기가 양기를 잘 부리지 못했기 때문이다. 음기가 넉넉하지 못하면 양기는 제멋대로 다니게 된다. 비유하자면 마누라가 집안일은 하지 않으면서 바가지만 긁고 남편을 잘 다스리지 못하여 남편이 밖으로 나도는 것과 같다.

또 다른 원인은 양기를 함부로 요동치게 했기 때문이다. 양기를 요동치게 하는 요인으로는 지나친 운동이나 일, 과다한 음주, 지나친 성생활, 정신적 흥분 등을 들 수 있다. 동서고금의 모든 종교나 명상 등에서 고요한 몸가짐과 마음가짐을 요구하는 것은 다 이런 이유 때문이다.

자연의 질서에 따라 사람의 몸 역시 양에 해당하는 낮에는, 양기가 양에 해당하는 몸의 겉을 주관한다. 아침이 되면 양기가 생겨나 한낮에는 양기가 왕성하고 저녁에는 양기가 쇠약해져 땀구멍이 닫힌다. 이것이 자연의 질서라고 한다면 사람 역시 아침에는 서서히 운동을 준비하고 한낮에는 왕성하게 활동하고 저녁이면 활동을 거두어들여야 한다. 저녁에는 함부로 요동치지 말고 밖에 나가 안개나 이슬을 맞지 않아야 한다. 이는 양기인 위기가 아침에 생기기 시작하여 낮에는 양의 부위를 돌지만 저녁이 되면 음의 부위를 돌아 그 작용이 드러나지 않기 때문이다. 그렇다면 사람도 마찬가지로 저녁이 되면 활동을 거두어 이제 침잠하는 시간을 맞이해야 한다. 아침, 점심, 저녁마다 자연의 기가 변하듯 사람도 때에 맞춰 지켜야 할 도리가 있는 것이다.

그러나 양기가 작용할 때 사람도 활동하고 양기가 숨어들 때 사람도 숨어들어야 함에도 불구하고 사회가 산업화되면서 사람들은 2교대로 밤과 낮을 바꾸거나 3교대와 같이 하루를 셋으로 나누어 무조건 적응해야 한다. 이는 분명 건강한 사회가 아니다. 아니 건강을 파괴하는 사회이다. 사람이 소우주라는 의미를 다시 생각해보아야 할 것이다.

그런데 우주와 사람과의 관계를 대우주와 소우주의 관계라고 보는 데에는 우리가 생각하는 것 이상의 엄밀한 근거가 있다. 대우주와 소우주라는 비유는 선언적인 것이 아니라 과학적인 근거를 갖고 있다는 말이다. 다만 과거와 우리는 세계관이 다르고 우주관이 다르고 인생관이 다를 뿐이다. 자연은 같지만 자연을 보는 우리의 눈이 달라진 것이다. 그것을 사람들은 '과학'이라는 잣대로 말하지만, 그것은 과학의 문제가 아니라 과학을 보는 관점의 문제다. 근대로 이행하면서, 그리고 지금에 이르기까지 과학은 크게 변해왔으며 따라서 과학에 대한 우리의 관점도 크게 변해왔다. 그러므로 오늘날 우리가 '과학'이라고 부르는 것에 대한 이해 없이 오늘의 자연에 대해 말할 수 없는 것과 마찬가지로 동아시아 전근대의 과학, 특히 시간과 공간에 대한 이해 없이는 한의학을 이해할 수 없다.

한 예로 '천원지방天圓地方'이라는 말을 살펴보자. '천원지방'이란, 하늘은 둥글고 땅은 모났다는 말이다. 따라서 대우주와 소우주의 비유에 의하면, 하늘에 해당하는 사람의 머리는 둥글고 땅에 해당하는 사람의 발은 모나게 생겼다. 여기에서 '하늘'이란 우리가 눈으로 보는 자연의 하늘을 말하는 것이 아니다. 여기에서의 '하늘'은 시간이다. '땅' 역시 자연의 땅이 아니라 공간을 말한다. 동아시아 전근대의 시간은 순환하는 시간이다. 그래서 '둥글다'는 말도, 그 모양이 둥근 것을 말한 것이 아니라 시간의 원형 운동의 둥글음을 말한 것이다. 반면에 동아시아의 공간은 모난, 곧 정방형의 공간이다. 이는 종교에 기인하는 기하학적으로 구성된 공간이다(그라네, 『중국사유』).

동아시아 전근대의 시간과 공간은 서로 결합되어 있다. 예를 들어 봄은 동쪽이라는 공간과 결합되어 있다. 이는 하늘에서도 마찬가지이다. 하늘은 땅과 마찬가지로 28개의 영역으로 나뉜다. 그리고 그 영역은 각각 특정한 시간, 계절과 결합되어 있다. 그러므로 동아시아에서 천문학天文學이라고 할 때, 그것은 별이나 태양, 달의 운행에 관한 학문이라기보다는 그런 운행에 의해 구분되는 하늘의 무늬(文), 곧 시간적 공간에

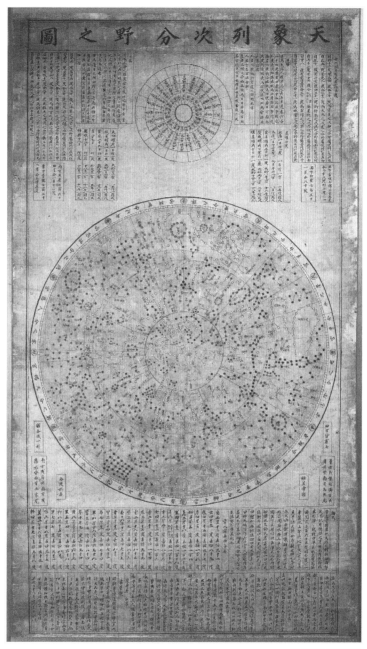

천상열차분야지도

관한 학문이라고 할 수 있다.

'28수二十八宿'는 고대 천문학의 별자리 이름이다. 하늘을 네 방향으로 나누고 각 방향마다 일곱 개의 별을 배속시켰다. 동쪽의 7수〔東方七宿〕는 각角, 항亢, 저氐, 방房, 심心, 미尾, 기箕이고 북쪽의 7수는 두斗, 우牛, 여女, 허虛, 위危, 실室, 벽壁이며 서쪽의 7수는 규奎, 루婁, 위胃, 묘昴, 필畢, 자觜, 삼參이고 남쪽의 7수는 정井, 귀鬼, 류柳, 성星, 장張, 익翼, 진軫이다. 여기에서 28이라는 숫자가 설정된 이유는 달의 운행과 관계가 깊다. 달이 차고 기우는 것은 약 29.5일을 주기로 하지만 달이 한 점에서 다시 그 점으로 돌아오는 데는 27.3217일이 걸리며 이를 올림하면 28일이 된다. 이렇게 매일 밤 달의 위치를 알기 위하여 민중과 친근한 별자리 28개를 선정한 것이다(야부우치 기요시, 『중국의 천문학』).

동의보감에서는 이런 시간과 공간의 관점에서 사람에게 28맥이 있는 것은 바로 하늘의 28수宿를 닮은 것이라고 말한다. 그런데 사람이 숨을 한번 내쉴 때 맥박은 두 번 뛰고 맥의 기氣는 세치〔三寸〕를 간다. 숨을 한번 들이마실 때도 이와 같다. 따라서 한번 호흡할 때〔一呼吸, 一息〕 맥의 기는 여섯 치를 간다. 열 번 숨 쉴 때 여섯 척尺을, 27번의 호흡에 한 장 6척 2치를 운행하고 해(혹은 하늘)는 이분二分을 움직인다. 270 호흡을 할 때 기는 16장 2척을 운행하니 전신을 상하, 좌우, 전후로 운행하여 일주一周가 된다. 이때 물시계인 누각漏刻은 2각二刻을 가고 해는 23분二十分을 움직인다. 따라서 사람이 1만 3천 500번 호흡을 하면 기는 인체를 50번 돌게 된다.

누각은 고대의 시계이다. 배가 불룩한 모양을 한, 구리로 된 병인 동호銅壺에 물을 가득 담고 그 밑바닥에 구멍을 내어 물이 떨어지게 한다. 동호에는 100개의 줄이 새겨져 있으며 일각一刻은 다시 60개로 나뉘어져 있다. 하루 낮과 밤을 100각으로 계산한다.

이와 같이 대우주와 소우주는 엄밀한 논리에 의해 운동하고 있다. 그런데 우리 몸의 근원을 이루는 원기元氣는 느리고 온화하여 실같이 가늘게 오고, 나쁜 기인 사기邪氣는 거세게, 마치 홍수처럼 온다. 따스한 봄은 언제 왔는지 알 수 없게 도둑처럼 오고 홍수는 막을 새도 없이 거칠게 몰려오는 것이다. 몸의 기를 잘 다스리는 일이 얼마나 어려운 것인지 알 수 있을 것이다.

기를 만드는 근원-단전

기가 흐르는 길을 경맥이라고 한다. 경맥은 몸의 위, 아래, 앞, 뒤, 오른쪽 왼쪽으로 모두 28맥이 있다. 간심비폐신의 오장에 심포心包가 더해져 육장이 되고 오장육부의 육부, 곧 담, 소장, 위, 대장, 방광, 삼초의 육부에 각각 경맥이 있으므로 모두 12경맥이다. 이것이 오른쪽 왼쪽에 각각 있으므로 24경맥이 된다. 여기에 양교맥陽蹻脈, 음교맥陰蹻脈, 독맥督脈, 임맥任脈이 더해져 28맥이 된다.

몸 안으로 들어온 음식물은 소화되어 정이 되고 이것은 폐로 가서 맑은 것은 위기가 되고 탁한 것은 영기가 된다. 위기는 몸의 밖을 지키고 영기는 오장육부를 비롯한 온몸에 영양을 공급한다. 영기가 영양을 공급해주지 않으면 우리는 몸을 쓸 수 없다. 그래서 영기는 폐의 경맥을 따라 흐르기 시작하여 간의 경맥에 이르기까지 오장육부는 물론 몸통과 팔다리 어디에도 미치지 않는 곳이 없다. 이렇게 영기는 밤낮 없이 온몸을 매일 50바퀴씩 돈다. 하루라도, 아니 한 시라도 쉬어서는 안 된다.

영기의 흐름을 살펴보면, 폐에서 나온 기는 대장-위-비-심-소장-신-심포-삼초-방광-담-간-폐의 순서로 흐른다. 폐에는 별도로 독맥과 임맥을 거쳐 다시 폐로 오는 순환이 있다. 이는 폐에서 시작하여 다시 폐로 돌아오는 순환운동, 원운동이다.

이를 보면 한의학에서의 장기臟器는 해부학적으로 보이는 실체라기보다는 마치 폐에서 발원한 물줄기가 흘러가다가 심장이라는 곳에서 짐짓 작은 연못을 만들고 다시 흘러 소장이라는 연못을 만들어 나가는 흐름의 한 과정처럼 보인다. 이렇게 만들어진 오장육부라고 하는 연못은 다시 자신의 새로운 물줄기를 내어 자신만의 독자적인 운동을 한다. 예를 들어 간은 하나의 물줄기를 눈[目]에 내어 자신의 기를 내보내 볼 수 있게 하며 외부의 기 역시 눈을 통해 받아들이게 된다.

그러나 위기는 다르다. 위기의 역할은 기본적으로 몸을 지키는 것이다. 그러므로 사람이 활동하는 시간 동안에는 몸의 겉에서 몸을 지켜야 한다. 반대로 밤이 되면 몸 안으로 들어가 오장육부를 지키게 된다. 그래서 사람이 자고 일어나는 데 따라 낮에는 양의 부위인 몸의 겉을 흐르고 밤이 되면 몸 안으로 들어가 50바퀴를 돌게 되며 아침이 되어서야 폐의 경맥에서 양기와 다시 만난다. 이는 태양이 낮에는 하늘을 돌다가 밤이 되면 땅 속으로 들어가는 것과 같다.

위기와 영기를 각각의 역할에 따라 구분하는 방식을 보면 한의학의 형성에 고대의 전쟁이 미친 영향이 큰 것으로 보인다. 고대의 전쟁은 낮에만 하는 것이었기 때문에 이는 위기의 역할과 일치한다. '영위營衛'라는 단어 자체가 이미 군사용어이며 각각의 하는 일 역시 군대의 그것과 닮았다. 나아가 한의학의 치료라는 개념 역시 병법에서 차용한 것일 가능성이 크다.

그런데 이런 기를 만드는 근원은 바로 신간동기腎間動氣에 있다. '신간동기'란 두 개의 콩팥 사이에 있으면서 끊임없이 운동하는 진기眞氣를 말한다. 오장장부와 경맥의 활동, 호흡, 삼초의 기화작용이 모두 신간동기의 작용에 의해서만 올바로 이루어질 수 있다. 그래서 신간동기를,

기를 만드는 근원〔생기지원生氣之原〕또는 생명의 근원이라고 한다. 나쁜 사기를 물리치는 귀신같은 존재다〔수사지신守邪之神〕.

이처럼 기를 만드는 근원은 배꼽 아래의 기해氣海와 단전丹田에 있다. 단전은 배꼽 아래 세 치 되는 곳에 있다. 손가락 네 개를 모아 곧게 폈을 때 그 넓이가 세 치다. 바로 세 치 되는 곳에 단전이 있고 배꼽과 단전 그 중간이 기해다. 기해와 단전은 모두 호흡의 중심이 되는 곳이다.

동아시아의 도교를 비롯한 무술이나 음악, 무용에 이르기까지 모두 호흡을 중요시하고 호흡에서도 단전을 중요시하는 이유는 바로 여기에 있다. 우리 몸의 모든 기를 만드는 근원이기 때문이다. 그런데 사람이 생명을 받으면 어머니의 자궁 안에서 자란다. 이때는 탯줄을 통해, 어머니의 호흡을 따라 기를 받을 뿐이다. 호흡은 기를 호흡하는 것이다. 그러므로 태아에게 자신의 호흡은 없다. 그러다가 이윽고 태어나 탯줄을 자르게 되면 호흡이 시작된다.

'호呼'는 내쉬는 숨이다. 내쉬는 기는 하늘과 서로의 기를 주고받는다. '흡吸'은 들이마시는 숨이다. 들이마시는 기는 땅의 기와 서로 주고받는다. 호와 흡을 통해 나는 비로소 하늘과 땅의 기와 온전하게 소통하는 것이다. 그러나 이때 또 하나의 중요한 변화가 생긴다. 그것은 한 점의 '참으로 신령한 기'가 배꼽 밑에 모이게 되는 것이다. 기해와 단전이 바로 그곳이다. 여기가 바로 '기를 만드는 근원'이며 이를 신간동기라고 한다. 숨은 코로 쉬지만 그것을 가능하게 하는 것은 바로 신간동기이다. 이 기는 호흡만이 아니라 사람의 모든 욕심도 주관한다. 욕심이란 무엇인가.

아름다운 것을 보려는 눈의 욕심
좋은 소리를 들으려는 귀의 욕심

향긋한 냄새를 맡으려는 코의 욕심

맛난 것을 맛보려는 혀의 욕심

쾌감을 느끼려는 몸뚱이의 욕심

권력이나 명예를 얻으려는 마음의 욕심

이 여섯[眼耳鼻舌身意]을 불교에서는 육욕六欲이라고 한다. 한마디로 사람이 갖고 있는 모든 욕망의 총체다. 이 육욕은 모두 기의 작용에 의한 것이다.

기는 모든 것에 앞선 것이다. 이 기는 호흡에 의해 우주와 소통한다. 하늘과 땅의 기가 서로 갈마드는 것처럼 사람도 호흡에 의해 하늘과 땅의 기와 하나가 된다.

『주역』에서는 한 번 닫히고 한 번 열리는 것을 '변變'이라 하고 그 오고감이 끝이 없는 것을 '통通'이라고 한다고 하였다. 하늘이 열려 낮이 되고 하늘이 닫혀 밤이 되는 것은 모두 이러한 '변통'의 작용이다. 사람에게서는 호흡이 그러한 변통이 되는 셈이다. 동의보감에서는 이를 설명하면서 『주역』과 더불어 정이程頤와 주희朱熹를 인용하고 있다. 이는 당시 주자학이 조선의 사상계에 일반화되고 있음을 보여주는 대목이기도 하다.

불교와 유교에서 기와 호흡에 대해 이렇게 설명하고 나서 동의보감은 이제 본격적인 도교의 관점을 제시한다. 한 번 내쉬고 한 번 들이쉬며 기가 위아래로 왔다 갔다 하는 것을 깨달아, 이 과정이 오래되면 신神이 모이게 된다. 그러면 호흡이 제 자리를 찾게 되고 거기에서 변화가 생기게 된다.

숨을 내쉬면 기가 나가니 이는 양陽이 열리는 것이며, 들이쉬면 기가 들어오니 음이 닫히는 것이다. 이는 사람의 음양과 자연의 음양이 같다는 것을 보여준다. 그래서 호흡의 상하 운동을 잘 다스려 그것이 몸을 돌아 쉼 없이 돌 수 있게 하면 열리고 닫히며 오고가는 변통의 오묘함이 내 몸에서 실현되는 것이다. 이는 신과 같은 존재가 주재하는 것이 아니라 아무도 맡아 다스리는 이 없이 자연히 그러한 것이다.

한편 『장자』를 쓴 것으로 알려진 장주莊周는, "진인은 발뒤꿈치로 호흡하고 보통 사람은 목구멍으로 한다"고 하였다. 발뒤꿈치로 호흡한다는 것은 숨이 길어 발뒤꿈치까지 미친다는 뜻이며 목구멍으로 숨을 쉰다는 것은 숨이 짧아 숨이 목구멍까지만 미친다는 뜻이다. 기가 단전을 중심으로 한 하초에 있으면 숨이 길고 멀리까지 가며 기가 가슴 부위인 상초에 있으면 짧고 촉급하게 된다. 그러므로 기는 신간동기에서 나와 온몸으로 퍼지는 것이지만, 마치 돌을 실에 매어 돌릴 때, 돌은 멀리 나가려하지만 그 중심은 실을 잡고 있는 손에 있듯이, 기는 하초의 신간동기에 중심을 두고 돈다.

이로써 동의보감은 불교에서 말하는 육욕의 근원이 기이며 기는 호흡의 뿌리가 되어 대자연의 호흡과 하나 되어 음양으로 작용한다는 유교의 관점을 아우르고 있다. 그리고 마지막으로 도교의 관점에서 신간동기에 근원을 둔 길고 느긋하며 긴 호흡의 중요성을 강조한다.

숨을 쉬지 않는 사람은 없지만 숨을 길게 쉬어 발뒤꿈치까지 미치게 하는 사람은 드물다. 대개는 목구멍에서 할딱이며 쉴 뿐이다. 우리가 보고 듣고 느끼는 모든 것이 기의 작용이며 숨 쉬는 것 역시 기의 작용이다. 그리고 기는 다시 호흡에 의해 하늘과 땅의 기와 서로 소통한다. 흔히 숨 쉬기 만큼 쉽다고 하지만 제대로 숨 쉬기는 간단치 않은 일이다.

태식법

호흡은 하늘과 땅의 기와 서로 소통하는 깃이다. 그 호흡은 길고 느릴수록 좋다. 그 느림이 확장되면 결국에는 무호흡과 같은 상태까지 갈 수 있다. 이런 호흡을 태식胎息이라고 한다. 어머니의 뱃속에 있을 때처럼 숨을 코로 쉬지 않는 방법이다.

태식이 언제부터 시작되었는지는 분명하지 않지만 도교가 일정하게 종교의 형태로 발전하면서 도교의 가장 중요한 수련법의 하나로 자리잡은 것은 분명하다. 도교만이 아니라 불교를 비롯한 유교 등에서도 태식이 도입되어 다양하게 발전되어 왔다. 불교에서는 달마의 호흡법이 유명하다. 그러나 불교는 물론 도교에서도 태식법 자체가 중요한 것은 아니다. 태식법은 불교로 치면 깨달음 혹은 선禪에 이르는 하나의 방법일 뿐이며 도교에서도 그것은 신선에 이르는 하나의 방법에 불과할 뿐이다.

그러나 태식 자체는 많은 사람들에게 무언가 신기한 것, 신비한 것으로 간주되어 온 것 같다. 동의보감에서도 갈홍葛洪은 매년 한 여름철에 깊은 물밑으로 들어가 열흘이 되면 다시 나왔다는 기록을 전하고 있다 (『포박자』「내편」. 원문에는 하루 동안 들어가 있던 것으로 되어 있다).

사람이 어머니 뱃속에 있을 때는 입과 코로 호흡하지 않고 탯줄을 통해 호흡하게 된다. 탯줄은 태아의 배꼽에서 시작한다. 배꼽은 임맥任脈이 지나는 곳이다. 앞에서 본 것처럼 단전은 이 배꼽의 3치 아래에 있는데, 단전 역시 임맥 위에 있다. 태아는 어머니의 임맥任脈에 연결되게 되는데, 그 임맥은 폐와 통하고 폐는 코와 통하므로 어머니가 숨을 내쉬면[呼] 태아도 내쉬며 어머니가 들이마시면[吸] 태아도 따라서 들이마시게 된다. 그리고 태아에서 그 기는 모두 배꼽을 통해 왔다 갔다 하는 것이다.

이를 보면 임신 중 어머니의 호흡이 얼마나 중요한지를 알 수 있다. 어머니의 호흡과 태아의 호흡은 하나이기 때문이다. 임신 중 심한 운동을 하거나 일을 많이 하거나 감정이 격해져서 호흡이 가빠지면 태아도 호흡이 가빠진다. 어머니의 숨결이 그대로 태아에 전달되는 것이다. 그러므로 어머니가 올바르게 호흡해야 태아도 올바르게 호흡할 수 있다.

코는 생명이 생겨나서 살아가는 출발점이며, 정과 혈이 함께 합쳐지는 근본은 배꼽에 있다. 그러므로 사람이 처음 생명을 받았을 때는 오직 어머니와 탯줄로만 서로 연결되어 있으니, 숨쉬기[調息]를 처음 배울 때는 반드시 그 기가 배꼽에서 나오고 배꼽으로 들어가 없어진다는 것을 생각하며 극히 세밀히 조정해야 한다. 그 후 입과 코를 사용하지 않고 뱃속의 태아처럼 배꼽으로만 호흡하기 때문에 이것을 태식이라 한다.

처음에 태식은 숨을 한 모금 마시고 배꼽으로 호흡을 하면서 81 혹은 120까지 숫자를 센 다음 입으로 숨을 토하는데, 극히 가늘게 하여 기러기 털을 입과 코 위에 붙이고 숨을 내쉬어도 털이 움직이지 않을 정도가 되어야 한다. 이것을 더욱더 연습하고 헤아리는 숫자를 늘려서 1천이 되면, 거의 무호흡 상태에 도달한다. 그러면 노인이 다시 젊어지고 하루가 지나면 하루만큼 더 젊어진다.

태식은 태아가 어머니 뱃속에 있을 때처럼 호흡[氣]이 자유로워서, 위로는 기관氣關에, 아래로는 기해氣海에 이르지만 코와 입의 기를 빌리지 않기 때문에, 숨을 막아 호흡하지 않고도 깊은 물속에 들어가 열흘이 되어도 안 나올 수 있는 것이라고 하였다. 여기에서 '기관'은 보통 땀구멍을 가리키는데, 특정한 부위라기보다는 기가 드나드는 관문이라는 뜻이며 '기해'는 바다와 같이 기가 모여 저장되는 곳을 말한다.

그러나 태식은 단순한 호흡운동이 아니다. 태식에서 중요한 것은 호흡 자체보다는 마음을 안정시키는 것이다. 신神을 고요하게 하여 마음을 안정시켜서 어지러운 생각이 일어나지 않게 하는 것이다.

기를 조절하는 비결

동이족이라고도 하는 팽조彭祖는 800년을 살았다고 하는 전설 속의 사람이다. 그래서인지 팽조의 이름을 빌린 것이 많다. 호흡에서부터 방중술에 이르기까지 팽조는 거의 모든 도교 수련의 시조로 받들어진다. 전해지지 않지만 『팽조경彭祖經』과 같은 책도 있다.

사실 여부는 알 수 없지만 호흡에 관한 팽조의 말이 전해져온다. 그것은 조기결이라고 하는 호흡법에 관한 것이다. 팽조는 말한다.

신神을 고르게 하고 기를 이끄는 방법은, 밀실에서 문을 닫고 침대에 편안하게 눕는데 자리를 따뜻하게 하며 베개를 2치 반 높이로 베고 몸을 바르게 하고 누워 눈을 감고 들이마신 숨을 가슴에 가둔다. 곧 숨을 멈추는 것이다. 그리고 숨을 내쉬는데, 코끝에 기러기 털을 붙여 움직이지 않게 한다.

이러한 방법으로 호흡을 300번 하게 되면, 귀에는 소리가 들리지 않고 눈에는 보이는 것이 없고 마음에는 생각이 없어져 무無의 상태가 된다.

이와 같이 하면 추위와 더위가 함부로 침범하지 못하고 벌이나 전갈의 독도 들어오지 못하여 360살을 살게 되니 이렇게 되면 진인에 가깝다.

팽조와 더불어 당나라 초기에 실제 살았던 사람으로 손사막孫思邈

(581~682)이 있다. 손사막의 나이는 어떤 기록에 의하면 적어도 120세 이상을 산 것으로 보고 있다. 그의 저작으로 전해지는 『손진인양성서孫眞人養性書』에서는 호흡에 대해 다음과 같이 말하고 있다.

사람의 몸은 허무한 것이지만 떠다니는 기[遊氣]가 있으니, 이 기를 호흡하는 이치를 알면 아무 병도 생기지 않는다. 따라서 몸을 잘 기르는 사람은 모름지기 조기調氣하는 방법을 알아야 한다. 조기하는 방법은, 한밤중에서부터 정오까지는 기가 생겨나므로 조기하고, 정오 이후 한밤중까지는 기가 죽으므로 조기하지 않는다. 조기하는 시간에는 침상을 두텁고 부드럽게 하여 똑바로 위를 보고 눕고, 베개의 높이는 낮게 하여 몸과 수평이 되도록 하며, 팔은 펴고 다리는 쭉 뻗고, 양손은 주먹을 꼭 쥐되 몸으로부터 4~5치 떨어지게 하고, 양다리 사이는 거리가 4~5치가 되도록 벌린다.

이렇게 하고 여러 번 이를 부딪치고[고치叩齒] 고인 침을 삼키고 코로 공기를 들이마시어 배로 들어가게 한다. 충분하면 멈추고 남은 힘이 있으면 다시 이 방법을 쓰는데, 기를 들이 마시고 오래 머물러 가슴이 답답하면 입으로 아주 조금씩 가늘게 숨을 다 토해 내며, 한참 있다가 코로 가늘게 서서히 공기를 마시고 앞의 방법대로 기를 내보낸다. 입을 다물고 마음속으로 숫자를 세는데, 귀에 아무 소리도 들리지 않게 하고 1000까지 셀 수 있다면 신선에 가까워진 것이다.

만약 날씨가 흐리고 바람과 비, 큰 추위나 더위가 있으면 조기를 하지 말고 닫아야 한다.

이 두 가지 방법 모두 크게 어려울 것이 없다. 또한 수련 과정에서 나타날 수 있는 여러 부작용도 거의 없다. 진리는 늘 간단하다. 다만 그

실천이 어려울 뿐이다.

노자의 호흡법

고전에 대한 해석은 참으로 다양하다. 그런 다양성을 가능하게 하는 것
이 바로 고전인지도 모르겠다. 고전은 단순한 지식이 아니라 삶과 자연
의 총체를 담고 있는 것이므로 그만큼 다양한 해석이 가능할 것이다. 그
런 고전 중의 하나가 바로 『노자』다.

　노자라는 사람에 대한 논란도 많지만, 그가 썼다는 『노자』에 대한 해
석은 더욱 더 논란이 많다. 우리나라에서는 주로 위魏나라 시대의 왕필
王弼이라는 사람의 주석이 도입되면서 정설로 자리 잡았다. 조선시대에
는 노장老莊을 배척하는 분위기 속에서 『노자』에 대한 연구는 그다지 활
발하지 못했다. 그러나 이와는 다른 『노자』의 해석도 있었다. 그것이 바
로 동의보감이다.

　1973년 중국 마왕퇴馬王堆에서 발굴된 한대의 묘에서 나온 『노자』라
는 책은 이름이 『덕도경』으로 되어 있었으며 오늘날의 『노자』와는 많이
다른 모습을 하고 있었다. 이를 계기로 『노자』에 대한 연구가 세계적으
로 일어났다.

　『노자』에 대한 최초의 본격적인 연구는 동한東漢 시대의 『노자하상공
주老子河上公注』라는 책이다. 이 책은 도교의 관점에서 『노자』를 해석한
것으로, 『노자』를 기의 수련을 위한 책으로 보고 있다. 이런 해석은 도
교를 중심으로 퍼져나갔고, 우리나라에서는 김시습을 비롯한 내단파內
丹派 계열에 전해졌다. 동의보감은 바로 이런 계통을 잇는 책이다. 왕필
의 현학玄學에 기초한 해석과 도교의 관점에서의 해석이 얼마나 차이가
나는지는 다음의 번역을 보면 알 수 있다. 『노자』 제6장의 한 구절이다.

"골짜기의 신은 죽지 않으니 이것을 현빈이라고 한다. 현빈의 문은 천지의 뿌리이어서 겨우겨우 이어지는듯하면서도 쓰는 데 힘들지 않다."

谷神不死, 是謂玄牝, 玄牝之門, 是謂天地根, 綿綿若存, 用之不勤.

여기에 대한 왕필의 주를 보면 매우 현란하다.

"곡신이란 골짜기 가운데의 빈 곳이다. 형태나 그림자가 없고 거스르거나 어기지 않으며 낮은 곳에 처해 움직이지 않고 고요함을 지켜 시들지 않으니, 만물이 그것으로 인해서 이루어지되 그 형상을 보이지 않으니 이는 지극한 존재이다." (임재우, 『왕필의 노자』)

그러나 『하상공주』의 해석은 완전히 다르다. 동의보감에서는 이 구절을 다음과 같이 해석하고 있다.

"내쉬는 숨은 오래 묵은 기를 내보내는 것이기 때문에 사기死氣라고도 하며, 들이마시는 숨은 새로운 기를 마시는 것이기 때문에 생기生氣라고도 한다. 따라서 노자가, '현빈玄牝의 문은(코를 현문玄門이라 하고 입을 빈호牝戶라 한다) 천지의 근본으로, 숨을 쉴 때는 끊어지듯 이어지듯 하게하며, 숨을 쉬되 고생되게 하지 마라'고 하였으니, 이는 사람의 입과 코가 천지의 문과 같아서 음양과 삶과 죽음의 기를 들이고 내보낼 수 있다는 말이다."

여기에서 인용된 주석은 『하상공주』의 그것이다. 사실상 고전의 해석을 두고 어느 것이 맞다든가 틀리다든가 하는 판단은 큰 의미가 없을 수도 있다. 고전이 고전인 이유는 바로 오늘의 관점에서 늘 재해석될 수 있는 것이기 때문이다.

호흡이 중요한 것은 정과 신이 흩어지지 않게 하기 위한 출발점이기 때문이다. 그래서 사람이 걷거나 뛰게 되면 숨이 급하여 목이 쉬고 너무 많이 자면 숨이 거칠어지고 코를 골게 되므로 오직 좌정坐靜하여 수련하면 숨이 고르고 부드러워질 수 있을 것이다. 그래서 동의보감에서는 이렇게 말한다.

"사람은 16살부터 정기精氣가 점점 줄어드는데, 남녀의 정욕이 정기를 해칠 뿐만 아니라 어떤 일을 대하여 보고 듣고 말하고 움직이는 모든 것이 정기의 근원을 소모시킨다. 따라서 불가佛家에서 면벽面壁하고 선가仙家에서 좌관坐關하는 것은 모두 기본적으로 자기 수련의 토대를 쌓고 고행하여 이 신기神氣가 소모됨을 막고자 함이니, 바로 이것이 장생의 방법이다."

고전에 대한 다양한 해석은 그만큼 우리 사유의 세계를 넓혀준다는 데에 의미가 있다. 그러나 진리는 간단하고 쉬운 것, 누구나 실천할 수 있는 것이어야 하지 않을까. 그렇다면 지금까지 절대 다수를 차지했던 『노자』에 대한 현학적인 해석은 원래 『노자』의 생각에서 너무 벗어난 것은 아닐지 생각해본다.

기는 폐가 주관한다

기는 신간동기에서 생겨나지만 기를 전체적으로 주관하는 것은 폐다. 모든 기를 폐가 주관한다고 하여 '폐주기肺主氣'라고 하는데, 여기에서

'주主'는 원래 등잔 위의 불꽃을 뜻하는 글자다. 가장 중심이 되는 것, 주체라는 뜻이다. 나아가 군주와 같이 최고의 권력을 갖은 사람이나 노예를 부리는 사람이라는 뜻으로도 쓰인다. 여기에서 주관한다든지 결정한다는 뜻이 나왔다.

한편 권력은 권력에 따른 책임도 져야 한다. 책임지는 일도 '주'이다. 이런 용법으로는 주사主事가 있다. 그러므로 폐가 기를 주관한다는 말은 폐가 기에 관한 모든 일을 어떻게 할 것인지 주장하고 결정하며 그런 일을 주관하고 나아가 책임도 지고 있다는 뜻이다. 그러므로 폐는 모든 기의 역할을 나누어주고 감독하는 일도 맡아야 한다. 이를 '폐조백맥肺朝百脈'이라고 한다. 폐가 모든 맥의 조회朝會를 받는다는 말이다.

'조회'란 고대에 제후들에게 분봉을 주던 봉건제에서 나온 말이다. 천자가 동서남북의 각 지역에 제후를 세워 다스리게 하는데, 그냥 두면 지나치게 세력이 커져 반란을 일으킬 수 있다. 그러므로 일정한 시기(대개 봄)에 모든 제후국의 왕을 불러들여 그간의 사정을 듣고 물으며 다시 지시를 내리는 것이 조회다. 이런 전통이 이어져 제후국의 각 왕실에서도 모든 관리들이 왕 앞에 모이는 조회를 갖게 되었고 이것이 후대로 가면서 각 공공기관과 민간시설로도 퍼져나갔다.

조회는 기본적으로 봉건제를 유지하기 위한 제도이며 천자의 권력을 확인하는 제도이면서 동시에 제후와의 소통을 위한 제도다. 그래서 이 과정은 천자가 먼저 제후의 말을 들어 제후국의 사정을 파악하는 것으로부터 시작되었다. 물론 가장 중요한 것은 반란의 기미를 파악하는 것이었다. 제후들은 자신이 다스리는 나라의 모든 사항을 보고해야 한다. 그래서 요즈음으로 치자면 제후들은 조회를 통해 자신의 정치, 경제적인 상황만이 아니라 전투용 비행기의 보유 대수, 농축 우라늄의 존재여부 등을 모두 알려주어야 했던 것이다. 만일 제후가 조회에 나오지 않으면 그것은 매우 심각한 상황으로 이어졌다.

조회는 주종관계이기는 했지만 천자는 조회를 통해 제후국의 어려운 사정을 들어주기도 했다. 그래서 경제사정이 어려운 나라에 대서는 경제원조가 이루어지기도 했다.

한때 학교에서 조회를 너무 오래 하는 바람에 학생들이 일사병으로 쓰러지는 일이 자주 있었다. 그리고 그런 조회는 대개 일방적인 훈시나 자기 과시로 채워지기 일쑤였다. 가뜩이나 시대착오적인 제도를 끌고 들어오면서도 정작 학생들의 사정에는 전혀 귀를 기울이지 않는, 그러면서 오로지 자신의 권위를 극대화하는 기회로 삼는, 원래의 조회와는 동떨어진 제도로 만든 셈이다.

폐는 온몸의 기로부터 조회 받음으로써 온몸의 기의 상태를 파악한다. 그리고 폐는 군주인 심장을 대신해서 일을 맡아보는 재상과 같은 존재이기 때문에 심장에서 요구하는 것을 각각의 기에 지시를 내린다. 폐가 온몸의 기를 주관하려면 폐에는 온몸의 기를 받아들일 뿐만 아니라 온몸에 기를 퍼뜨릴만한 기세가 있어야 한다. 그래서 폐는 땅을 향해 돌진하며 날개를 한껏 펼친 매처럼, 양쪽의 두 귀[枼]가 포진하고 가운데는 여기저기 기를 내보내기 위해 늘어진 작은 엽葉이 있으며 기가 잘 드나들 수 있게 24개의 구멍이 나란히 나 있다는 것으로 그려진다. 구멍이 24개인 것은 24절기와 상응하기 위해서이다. 이처럼 한의학에서의 '해부도'는 실제의 장기 모습을 그린 것이 아니라 그것의 상象을 그린 것이다.

폐는 기를 주관할 뿐만 아니라 기를 저장하기도 한다. 그러므로 기가 너무 많으면 숨이 가쁘고 기침을 하며 기가 치받아 오르게 된다. 가슴과 얼굴도 붉어진다. 반면 기가 부족하면 호흡이 술술 빠지고 목소리에 힘이 없어진다. 특히 두 젖꼭지 사이의 가운데를 전중膻中이라고 하는데, 여기는 폐의 기가 머무는 방과 같은 곳이다. 그래서 숨이 가빠지면 전중 부위가 뻐근하게 아프기도 하다. 숨이 찰 때, 나도 모르게 가슴 가운데로 손이 가는 이유는 바로 이 때문이다. 기의 바다를 다스리기 위한 것이다. 그래서 숨이 찰 때는 손바닥으로 가슴의 한 가운데, 곧 기의 바다인 전중을 중심

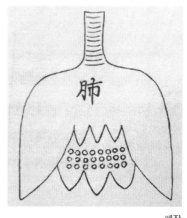

폐장

으로 쓰다듬어주면 많은 도움이 된다. 손을 펴서 손바닥을 가슴에 대고 전중을 중심으로 시계 방향으로 천천히 비벼준다.

기를 알아보는 법-진맥

한의학에서 진단하는 것을 그저 '맥을 본다'고 할 정도로 진맥은 진단의 중요한 방법이다. 그러나 맥을 보기 위해서는 단순히 그 방법만 알았다고 해서 진단을 제대로 할 수는 없다. 그것은 손끝에서 느껴지는 미묘한 맥의 변화를 느껴야 하기 때문이다. 이는 마치 바이올린의 플랫과 각 현의 음을 알고 어디를 짚으면 어떤 소리가 난다는 것만 알아서는 제대로 된 연주를 할 수 없는 것과 같다. 현을 짚는 손가락 끝의 감각이 중요한 것이다. 그래서 맥을 배우는 사람 중에는 손끝을 가는 사람도 있다고 한다.

　현악기를 연주해본 사람은 모두 경험해본 일이지만, 처음 현을 짚을 때는 손가락 끝이 아프고 물집이 잡히며 나중에는 딱지가 져서 떨어져 나가게 된다. 이런 일이 여러 번 반복되다 보면 나중에는 손가락 끝

진맥하는 모습

이 말랑말랑해지면서 아프지도 않고 더 이상 물집도 잡히지 않는다. 그러면서도 감각은 아주 예민하게 된다. 맥을 잡으려는 사람도 손가락 끝이 아주 예민해야 한다. 바로 이런 상태를 만들기 위해 손을 가는 것이다.

그런데 손끝을 간다고 해서 아무 곳이나 가는 것이 아니다. 손가락 마디를 지나 손가락 끝으로 가면서 살은 손톱 쪽으로 굽게 되는데, 그 구부러지는 곳을 '목目'이라고 한다. 말 그대로 맥을 보는 눈이다. 맥을 볼 때는 그냥 손가락으로 보는 것이 아니라 바로 이 손가락의 눈, 곧 '목'으로 보는 것이다. 맥을 '본다'고 하는 이유도 이 눈을 통해 맥을 '보는 것'이기 때문이다. 현악기를 짚을 때도 이 '목'으로 짚는다. 바이올린의 현을 짚는 것과 똑같은 부위가 '목'이다. 바로 이곳의 감각을 예민하게 하기 위해 가는 것이다. 물론 손을 간다고 해서 감각이 과연 얼마나 예민해질지는 의문이다.

그러나 '목'의 감각이 예민해졌다고 해서 맥을 다 알 수 있는 것은 아니다. 느낌을 정확하게 받았다고 해도 그것을 다른 느낌과 구분할 수 있어야 한다. 이는 바이올린을 켜서 나온 어떤 음을 들었다고 해도 그 음이 무슨 음인지, 다른 음과의 관계는 어떤지를 알아야 하는 것과 마찬가지다.

맥을 보기 위해서는 손목 위 폐경肺經이 지나는 부위를 잡는다. 폐경을 잡는 것은 폐가 모든 맥의 조회를 받으므로 폐경의 상태만 알면 온몸의 기의 상태를 알 수 있기 때문이다.

그런데 고전에서는 맥에 대해 구체적으로 설명하기보다는 비유를 통해 설명해놓았다. 예를 들면 다음과 같은 식이다.

"부맥浮脈은 맥을 짚은 다음 살짝 들어보면 맥의 뛰는 힘이 넉넉하게 느껴지고 꾹 누르면 모자라게 느껴진다. 마치 새 등위에 난 깃털 위로 실바람이 하늘하늘 불어가는 것 같으며 물 위에 떠 있는 나무를 누르는 것 같다."

마치 한 편의 시를 읽는 것 같다. 그러므로 이 문장을 정확하게 이해하려면 시상詩想에 대한 느낌이 있어야 한다. 그리고 이런 시의 느낌을 내가 손가락을 통해 느낀 것과 일치시켜야 하며 나아가 다른 맥과도 비교할 수 있어야 한다.

이처럼 맥을 보는 과정은 참으로 지난한 과정일 수밖에 없다. 그래서 한의계에서는 예로부터, 맥 보는 법을 창안했다고 하는 왕숙화王叔和 이래 맥을 아는 이가 하나도 없다는 자조 섞인 말조차 내려오고 있다. 그 래서인지 일본에서는 일찍부터 맥을 '과학화'하기 위한 노력이 경주되어 왔다. 그 결과 나온 것이 여러 가지 원리에 의한 맥진기라는 것이다. 맥을 보는 부위에 단자만 올려놓으면 한 눈에 알 수 있는 그래프로 맥상이 나오고 거기에 따른 진단까지 내려지므로 사용하기에 매우 쉽다. 그러나 이는 이를테면 바이올린을 기계로 켜는 것과 크게 다를 바가 없다.

진짜 문제가 되는 것은, 과연 맥진기를 통해 알게 되는 것이 고전에서 말하는 맥인가 하는 것이다. 요골동맥의 물리적 혹은 전기적 반응을 보는 것과, 온몸의 기가 와서 조회하는 맥으로서의 폐경肺經의 맥을 보는 것이 같은지 어떤지의 문제다.

또 하나 문제가 되는 것은, 한의학의 진단은 환자와의 교감을 전제로 하고 있다는 점이다. 다시 말하면 진단이 객관화되어서는 아예 진단을 시작할 수도 없다는 데에 있다. 한의학에서 보려는 것은 기의 운동, 곧 관계에서의 변화이지 물질의 운동이 아닌 것이다.

기는 만병의 근원이다

인내의 정도를 넘어서는 아픔을 겪어본 사람은 그 생각만으로도 고통스럽다. 공포를 느낀다. 누구나 아픔을 피하고 싶지만 아픔은 피할 수 없다. 그런데 어떤 사람은 아픔을 진화의 산물로 보기도 한다. 다시 말해서 사람이 생존하기 위한 하나의 전략이라는 것이다. 실제로 아픔을 느낄 수 없다면 우리는 더 큰 위험을 미리 막을 수 없다. 아프기 때문에 아픈 곳을 자세히 살펴보게 되고 원인이 무엇인지를 알아 치료할 가능성이 생기는 것이다. 그래서 병 중에서도 아무런 증상 없이, 곧 별다른 아픔 없이 진행되다가 갑자기 돌이킬 수 없는 지경에 이르게 되는 병이 가장 무서운 병이라고 할 수 있다. 그런 아픔은 왜 생기는 것일까?

한의학에서는 아픔을 '통하지 않기 때문에 아픈 것'이라고 말한다〔불통즉통不通則痛〕. 거꾸로 말하면, '통하면 아프지 않다'는 것이다〔통즉불통通則不痛〕. 통한다는 것은 무엇인가. 그것은 기가 잘 통하는 것이다. 기가 막히면 아프게 되고 기가 잘 통하면 아프지 않다.

아픔〔痛〕이란 어느 한 곳에 정해진 것이 아니라 온몸의 어디든 아플 수 있다. 그래서 아픔이란 두루두루 통하는 것이라고 했다〔『석명釋名』〕. 나쁜 기운이 맥을 따라 온몸의 어디든 통하지 않는 곳이 없기 때문에 모든 곳이 아플 수 있다는 말이다. 이렇게 기가 막혀서 아픈 것을 기병氣病이라고 한다. 기병을 일으키는 원인은 크게 보아 외부의 원인(외인)과 내부의 원인(내인)으로 나눌 수 있다.

외인은 몸의 밖에서 오는 것으로, 풍한서습風寒暑濕을 들 수 있다. 풍風으로 기를 상하면 통증이 생기고, 찬 기운[寒]으로 기를 상하면 몸이 떨리며 무더위[暑]로 기를 상하면 열이 나면서 가슴이 답답한 증상이 생기며, 습한 기운[濕]으로 기를 상하면 몸이 붓고 배가 불러 오며, 건조한 기운[燥]으로 기를 상하면 대소변이 잘 나오지 않게 된다.

반면에 몸의 안에서 생기는 병의 원인은 대부분 칠정七情이라고 하는 데서 온다. 칠정이란 마음의 상태, 곧 정서情緖다. '정情'이란 두 사물 사이의 관계에서 드러나는 각 사물의 성性이다. '성'이란 타고날 때부터 갖고 있는 그 사물의 바탕, 근본이다. 그것이 다른 사물과의 관계를 통해 드러나게 될 때, 그것을 정이라고 부른다. 예를 들어 사람과 사람 사이에서 드러나는 것을 인정人情이라고 하고 사물과 사람 사이에서 드러나는 것을 물정物情이라고 하고 일과 사람 사이에서 드러나는 것을 사정事情이라고 한다. 그래서 우리는 일상적으로 "인정이 없다"든가 '물정을 모른다'거나 '사정을 봐달라'든가 하는 말을 하는데, 이는 모두 나에게 잠재되어 있던 나의 본성, 곧 성이 다른 사물과 만나 드러나게 되는 것이다.

칠정은 사람과 사람 사이에서 드러나는 인정의 일종이다. 인정 중에서도 그 사람이 일정한 기간 동안 지속적으로 갖고 있는 마음의 상태를 말한다. 희노우사비공경喜怒憂思悲恐驚이 바로 그것이다. 기뻐하고 화내고 근심하고 골몰이 생각하고 슬퍼하고 놀라고 두려워하는 정서다. 이런 칠정의 어느 하나에 치우쳐 있으면 기가 잘 흐르지 못하게 된다. 예를 들어 너무 기뻐하면 기가 늘어져버린다. 너무 화를 내면 기가 위로 치솟기만 한다. 너무 근심하거나 골몰이 생각하면 기가 맺혀버린다. 너무 슬퍼하면 기가 점점 소모되어버리며 두려우면 기는 가라앉아 버리며 놀라면 기가 어지러워진다. 이렇게 해서 생긴 병을 칠기七氣라고 한다.

그래서 장종정張從正은, "모든 병은 기에서 생기며 모든 통증은 기로 말미암은 것이다"라고 하였다. 이는 마치 물고기가 물에서 살듯이 사람은 기 속에서 사는 존재이며, 물이 탁하면 물고기가 마르듯이 기가 혼란스러우면 사람은 병이 생긴다. 경락이 이미 이 사기를 받아 장부에 전하여 들어가게 되면 그 장부의 허실과 한열에 따라 병이 생기며, 병은 또한 서로 변화를 미쳐 다른 병을 만드니 그 변화가 매우 광범위하다. 그래서 병은 통하지 않는 곳이 없다고 하는 것이다.

이렇게 보면 결국 아픔이란 내 몸의 기가 잘못 흐르고 있다는 사실을 보여주는 가장 분명한 증거다. 그렇다면 기의 흐름에 문제가 생긴 것을 보지 못하고, 그 근본 원인을 알지 못하고, 그저 아픔만을 탓하거나 아픔만을 없애려고 하는 것이 더 큰 병이 아니겠는가.

너무 편해서 생기는 병

일본의 에도시대는 봉건제가 완성되어 무사계급의 강력한 권력을 통하여 전국이 통일된 때이다. 경제적인 성장과 더불어 문학에서의 하이쿠〔俳句〕, 그림에서의 우키요에〔浮世畵〕 등 일본 문화가 꽃피기 시작한 시기이기도 하다.

그러나 당나라가 그러했듯이 번영의 뒷그림자는 어둡다. 하층에서는 힘겨운 노동이 일상화되는 반면 상층에서는 복에 겨운 병이 생기는 것이다. 그 대표적인 것이 '기가 막힌 병'이다.

에도시대의 상층에서는 풍성한 산물로 기름지게 먹고 비스듬히 누워 각종 유희를 즐기는 것이 유행했다. 흰쌀밥도 유행하여 오늘날 각기병이라고 불리는 병도 많이 생겼다. 이런 음식들을 한의학에서는 고량진

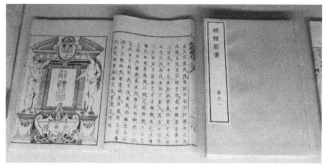

『해체신서』

미膏粱珍味라고 한다. 기름지며 부드럽고 곱게 가공한, 맛이 진한 음식이
라는 뜻이다. 이런 음식은 소화가 잘 되어 몸에 들어가면 곧바로 흡수되
게 된다. 당뇨의 바탕이 되는 것이다. 그런 음식을 먹고 움직이지 않고
곧바로 음주가무를 즐기는 생활이 이어졌다. 이런 생활은 기의 흐름을
막아버린다.

　일기유체설一氣留滯說은 이런 병을 설명하기 위해 나온 이론이다. '일
기유체설'이란, 병은 오직 기가 제대로 흐르지 못하고 한 곳에 머물러
막히기 때문에 생긴다는 말이다. 그런데 일본에서는 기가 막힌 것을, 맥
을 통해 진단하기보다는 몸의 어딘가에 기가 뭉쳐 있는 것을 찾는 방향
으로 나갔다. 기를 물질적인 것으로 이해했기 때문이다. 그리고 이렇게
물질적으로 뭉친 것을 주로 배에서 찾았다. 그래서 일본의 진단은 맥을
잡는 데에서 배에 뭉쳐 있는 것을 살피는 방법, 복진腹診으로 나가게 된
다. 기가 흐르는 경락이라는 개념이 배제되고 실체로서의 기를 찾는 방
향으로 나아간 것이다.

　이런 흐름은 당시 도입된 네덜란드의 의학에 영향을 받은 것이다. 특
히 네덜란드어로 번역된 해부학 책을 다시 일어로 번역한 『해체신서解
體新書』는 의학만이 아니라 다른 모든 학문 분야에 충격을 주었다. 마치

한 방울의 기름이 호수에 떨어져 호수 전체를 뒤덮어버리듯, 근대적 사고방식이 의학은 물론 사회의 모든 분야로 퍼져나갔다.

일본의 한의학은 이를 계기로 진통적인 한의학의 기 개념을 버리고 물질적 실체로서의 몸을 파헤치기 시작한다. 이후 일본의 의학은 『상한론』을 고수하는 고방파古方派가 되었든 금원사대가의 이론을 이어간 후세방파後世方派가 되었든 이들의 이론에서 전통적인 기의 개념은 찾아보기 어렵게 된다.

잘 먹고 움직이지 않아서 생기는 대표적인 병이 바로 노권勞倦이다. 피곤해서 말하는 것조차 싫어하고 움직이면 숨이 차고 땀이 나며 가슴이 답답하면서 불안해하는 등의 증상이 나타난다. 동의보감에서는 이를 이렇게 설명한다.

이런 증상은 이유 없이 생기는 수가 있으니, 반드시 무겁거나 가벼운 일을 하거나 하루 종일 날래게 일을 하여서만 생기는 것은 아니다. 한가한 사람에게 이 병이 많이 생기는데, 한가하게 즐기는 사람은 거의 기력을 쓰지 않고 배불리 먹고 나서 앉거나 누워 있으므로 경락이 통하지 않고 혈맥이 막혀 그러한 것이다.

그러므로 귀한 사람은 몸은 즐거우나 마음이 괴롭고 천한 사람은 마음은 한가하나 몸이 고달프다. 귀한 사람은 즐기고자 하는 욕심이 때도 없이 생기고 혹은 범하지 말아야 하는 것을 탐하고 진수성찬을 먹고 마신 후 곧 잠자리에 눕는다. 따라서 모름지기 항상 힘을 써야 하는데, 다만 지나치게 피로하지 않게 하여 영위營衛를 소통시키고 혈맥이 고르게 잘 통하도록 힘써야 하니, 이는 마치 흐르는 물이 더러워지지 않고 문의 지도리에는 좀이 슬지 않는 것과 같다.

이처럼 너무 편안하면 기가 막히고 또한 기가 뭉치게 된다. 증상이 가벼울 때는 운동을 하면 곧 낫지만 심할 때는 귤피일물탕橘皮一物湯을 쓴다. 귤피일물탕은 귤껍질 하나만 쓰는 처방이라는 뜻으로 아주 간단하다.

귤피(귤껍질) 한 냥을 깨끗이 씻어 새로 길어 온 물로 달여서 먹는다. 여기에서 귤껍질은 말린 것이며 오래 묵히지 않은 것을 말한다. 오래 묵으면 진피陳皮가 된다. 피로하다고 무조건 보약을 먹거나 영양제를 먹을 생각을 하기보다는 내 생활부터 돌아보아야 한다. 결국 병이란 내가 만드는 것이기 때문이다.

일곱 가지 기병

기쁘고 화나고 슬프고 하는 일곱 가지 정서를 칠정七情이라고 하고 칠정이 지나쳐서 생긴 병을 칠기七氣라고 한다. 이는 단순한 감정상의 이상반응으로만 나타나는 것이 아니라 실제 몸의 증상으로 이어진다. 이런 병을 흔히 신경성 질환 혹은 정신질환이라고도 하지만 이는 잘못된 표현이다.

'신경성'이라는 말은 원래 정식 병명은 아니다. '신경성神經性'을 말 그대로 하자면 귀신들린 병이라는 말인데, 대부분 원인을 알 수 없는 경우에 쓴다. 귀신은 알 수 없는 것이므로 '신경성'이라는 말은 이런 의미에서는 정확한 표현이다.

원래 '신경성'이라는 말은 동아시아가 근대화되면서 생긴 말이다. 근대 이전의 동아시아에는 신경이라는 말 자체가 없었고 따라서 신경에 이상이 생겨 생긴 병이라는 개념도 없었다. 그러나 제국주의에 의한 근대화가 진행되면서 근대 서양의 문물을 받아들인 상층에서는, 정신적인 문제에서 오는 피로나 두통, 소화불량 같은 증상의 원인을 신경성이라는 말로 표현했고 그런 병을 앓는 것 자체가 피식민지인과 자신들을 구분하는 특권으로 간주했다.

'정신질환'이라는 말도 병의 원인이 마치 그 사람의 정신 자체에서 나오는 것처럼 오해하게 한다는 점에서 적절한 표현이 아니다. 특별한 경우를 제외하고 정신은 그 자체로 문제가 되지 않는다. 뇌신경이 문제로 되는 것은 뇌신경 자체가 아니라 뇌신경과 외부와의 관계, 곧 사람과의 관계가 맺어졌을 때이다. 문제는 항상 사람 사이에서 드러나는 것이다.

치매의 경우도 그렇다. 나이가 들어 뇌신경이 손상되는 것이 정상적인 변화과정임에도 그것을 병으로 보는 것이다. 치매는 늙어감에 따라 그 사람이 갖고 있던 여러 관계를 끊어버린 것일 뿐 그 자체가 병이라고 할 수는 없다.

돈이나 명예가 문제가 되는 것도, 자연이 문제가 되는 것도, 사랑마저도 모두 사람과 사람 사이의 관계에서 나온 것이다. 그러므로 칠정은 사람관계 곧 사회관계에서 생기는 병이라고 할 수 있다.

그런데 칠정에 의해 병이 되면 가장 먼저 생기는 것이 바로 담痰이다. 담이란 코와 가래와 같이 눈에 보이는 것과 눈에 보이지 않는 것이 있는데, 한마디로 하자면 비생리적 노폐물이라고 할 수 있다. 담은 기본적으로 혈액 순환이 잘 되지 않아서 생긴다. 혈액은 기와 짝이 되어 흐르는데, 칠정이 지나쳐 남편에 해당하는 기가 잘 흐르지 못하게 되면 부인에 해당하는 혈도 같이 흐르지 못하게 되어 노폐물이 쌓이게 되는 것이다. 그러면 담이 솜이나 엷은 막처럼 뭉치게 된다. 이것이 목구멍을 막으면 뱉어도 나오지 않고 삼켜도 내려가지 않는다. 이를 한의학에서는 매핵기梅核氣라고 한다. 매화 씨 같은 것이 목에 걸려 있는 느낌이 드는 것이다.

그러나 실제 목구멍을 들여다보면 아무것도 없다. 그럼에도 본인은 그런 느낌을 받는다. 더 심해지면 배가 불러와서 음식을 먹을 수 없게 되며 기가 위로 치받아 숨이 몹시 차게 된다. 이것이 오래 쌓이면 명치와 복부에 덩어리가 생겨서 아프게 되며 그 통증은 죽을 것 같이 아프다. 오늘날로 치면

반하半夏

위암을 비롯한 각종 암이 여기에 해당한다고 할 수 있다.

이럴 때 필요한 약이 바로 반하半夏다. 반하는 한 여름인 하지夏至에 잎이 돋는다고 하여 반하라고 하며 우리말로는 '끼무릇'이라고 한다. '끼'는 장끼의 끼다. 꿩을 말한다. 꿩이 반하의 뿌리를 즐겨 먹기 때문에 붙은 이름이다. '무릇'이라는 이름은 그 뿌리가 마치 무릇과 같이 생겨서 붙었다. 반하는 암에도 현저히 유효한 반응을 보이는데, 담을 치료하는 대표적인 약물이다.

그러나 반하에는 독이 있다. 그래서 복잡한 가공과정을 거쳐야 한다. 이런 가공과정을 수치修治라고 하는데, 수치를 하지 않은 반하를 함부로 쓰면 위험하다. 반하를 먹어서 혀에 싸한 느낌이 있으면서 목구멍이 아프면 수치를 제대로 하지 않은 것이므로 먹어서는 안 된다. 각종 출혈이 있거나 땀을 많이 흘리거나 갈증이 심하거나 임신 중에는 먹지 않는다.

반하는 독성이 있어서 역사상 독살의 수단으로도 이용되었다. 한 예로 문종의 죽음을 둘러싼 논란이 그러하다. 음력 5월, 문종의 종기에 꿩고기를 자주 먹게 하여 결국 문종이 죽었다는 것이다. 반하의 독이 가장 강한 한 여름에 꿩이 반하를 많이 먹게 되는데, 꿩에 들어간 반하의 독

이 문종을 죽음에 이르게 했다고 보기도 한다.

한의학의 여러 문헌에서는 꿩고기를 많이 먹으면 종기가 생길 수 있
나는 지적을 하고 있다. 그러나 문종이 꿩고기를 여름에 먹었다고 해서
꿩이 먹은 반하의 독이 곧바로 문종에게 갔을 것이라는 추측은 무리가
있다. 오히려 꿩고기를 좋아하던 문종을 자제하게 하지 못하고 종기에
나쁜 영향을 줄 수 있는 꿩고기를 자주 올렸던 데에 문제가 있다고 보
아야 할 것이다. 똑 같은 것이라도 누가 어떻게 먹느냐에 따라 독이 되
는지 약이 되는지가 갈리는 셈이다.

아홉 가지 기병

칠정에 의한 병을 일곱 가지로 나누어 칠기라고 하는데, 이를 아홉으로
나누어 구기九氣로 보기도 한다. 일곱으로 나누든 아홉으로 나누든 각
각의 원인에 따른 기의 변화는 같다. 곧,

> 지나치게 화를 내면 기가 올라가고
> 너무 즐거워하면 기가 늘어지고
> 너무 슬퍼하면 기가 소모되고
> 너무 두려워하면 기가 아래로 가라앉고
> 너무 차가우면 기가 수렴만 되고
> 너무 뜨거우면 기가 빠져나가고
> 너무 놀라면 기가 어지러워지고
> 너무 과로하면 기가 없어지고
> 이런 저런 생각이 많으면 기가 맺히게 된다.

이와는 조금 다른 관점에서 아홉 가지의 기, 곧 구기九氣로 나누기도 한다. 그것은 격기膈氣, 풍기風氣, 한기寒氣, 열기熱氣, 우기憂氣, 희기喜氣, 경기驚氣, 노기怒氣, 산람장기山嵐瘴氣이다. 여기에서 말하는 구기의 특징은 정서적인 것만이 아니라 풍이나 한열, 산람장기와 같은 외인을 포함하고 있다는 것이다. 산람장기는 주로 무더운 남쪽에서 습기가 열에 의해 쪄져서 생기는 병으로, 전염성이 강한 나쁜 기운을 말한다.

이런 것들이 모이고 쌓이면 마치 그릇을 엎어놓은 것 같은 덩어리[積聚]가 되어 가슴과 배가 찌르는 듯이 아프며, 이런 증상이 생기면 곧 죽을 것만 같다.

치료는 원인에 따라 하는데, 간단하다. 기가 올라가 있으면 누르고 아래에 있으면 올리고 차가우면 덥게 하고 뜨거우면 식히고 놀란 것은 평안하게 하고 피곤하면 온화溫和하게하고 맺힌 것은 풀어준다. 너무 즐거워하면 두려워하게 하여 누르고 너무 슬퍼하면 기쁘게 해서 누르는 것이다.

치료 방법으로는 침과 약도 있지만 정서적인 방법도 중요하다. 너무 즐거워하면 두렵게 만든다고 한 것이 그런 치료법의 하나이다. 그렇지만 이런 병은 결국 사람 사이의 관계에서 나온 것이기 때문에 사람 사이의 관계에서 생긴 문제를 해결하는 것이 보다 근본적인 것이다. 설혹 침이나 약 혹은 정서적인 방법으로 치료를 했다고 해도 사람 사이의 문제가 해결되지 않으면 그 병이 다시 재발될 수 있기 때문이다.

그리고 가장 중요한 것은 내가 그런 상태에 빠지지 않도록 노력하는 것이다. 살다보면 온갖 궂은 일이 생긴다. 화나는 때도 있고 슬플 때도 있고 한 가지 생각에 사로잡혀 잠을 못 이루기도 한다. 어쩔 수 없는 일이다. 그러나 어떤 정서가 생겼다고 해서 거기에 치우쳐 빠져 있으면 안 된다. 호수에 던진 돌이 파문을 일으키지만 어느 정도 시간이 지나면 다시 고요한 수면을 유지하는 것처럼, 내 마음도 그렇게 다스릴 수만 있다면 칠기나 구기에 빠지는 일은 없을 것이다.

기에 맞다-중기

모든 병은 기에서 생긴다고 할 정도로 기와 연관된 병이 많다. 따라서 처방도 많다.

기는 특히 사람의 정서와 깊은 관련이 있다. 그래서 갑자기 특정한 정서가 폭발하게 되면 그 기의 기운에 맞게 된다. 이를 중기中氣라고 한다. 여기에서 '중' 자는 적중했다, 맞았다는 뜻이다. 중풍이라는 말에서도 맞았다는 뜻으로 쓰인다. 풍이라는 기에 맞은 것이다. 여기에서의 '풍'은 밖에서 부는 바람이 아니라 몸속에서 생긴 바람이다.

중기와 중풍은 그 증상이 비슷하다. 갑자기 침을 흘리고 까무러치며 입을 악다문다. 그러나 중요한 것은 이를 중풍과 혼돈해서는 안 된다는 점이다. 왜냐하면 중기를 중풍으로 보고 중풍에 해당하는 치료를 하면 죽음에 이를 수도 있기 때문이다.

중풍과 중기의 가장 큰 차이점은, 중풍은 맥이 부浮하고 몸은 따뜻하며 입에 담연痰涎이 많다는 것이다. 담연이란 게거품 같은 것이다. 반면에 중기中氣는 맥이 침沈하고 몸이 차며 입에 담연이 없다. 중풍에 중기 약으로 치료해서는 크게 손상됨이 없으나 중기에 중풍 약을 쓰면 곧 부작용이 난다.

중기로 쓰러지는 이유는 무엇일까. 사람이 갑자기 너무 즐거워하면 양陽을 상하고, 갑자기 몹시 화내면 음陰을 상하며, 걱정과 근심으로 마음이 답답하면 대개 기가 치밀어 오르게 되기 때문에 쓰러지는 것이다. 서로 싸우다가 감정이 극에 달하여 화를 내다가 쓰러지기도 한다.

보통 중풍으로 쓰러졌을 때는 우황청심환이라는 약을 쓴다. 이때 약이 목에 걸려 막히지 않게 하는 것이 중요하다. 반면에 중기에는 급히 소합향원을 개어 흘려 먹이고 깨어나면 증상에 따라 치료해야 한다. 혹은 먼저 생강 달인 물을 흘려 먹이면 깨어나 목숨을 구할 수 있다. 그러나 아무런 치료를 하지 않아도 저절로 낫기도 한다. 기병은 기로 인한 병이기 때문에 기가 제자리로 다시 돌아가기만 하면 병이 낫는 것이다.

중기와 중풍의 또 다른 차이점은, 중풍은 대개 치료가 어렵지만 중기는 잠시 있다 곧 깨어난다는 점이다. 그렇지만 중풍이나 중기의 근원은 같다. 모두 분노로 인하여 생긴다. 사람의 정서 중에서 오직 화내는 것이 제일 심하여 갑자기 병이 생기는 원인이 된다.

기로 인한 병 중에는 상기上氣라는 것도 있다. 기가 위로 올라간다는 말이다. 우리가 일상적으로 쓰는 '상기되었다'는 것이 바로 이런 경우인데, 여기에서는 그런 증상이 심하여 병적으로 된 경우다. 나쁜 기운이 폐에 있으면 열이 올랐다 내렸다를 반복하고 기가 위로 치솟는다. 병이 폐에 있으므로 기가 위로 넘치면 가쁜 숨을 몰아쉰다. 결국 상기라는 것은 내쉬는 숨이 많고 들이마시는 숨이 적어 숨이 가쁜 것이다. 흔히 눈이 어두워지면서 어지럽고 허리와 다리에 힘이 빠지며 마치 죽을 것 같다.

반면에 하기下氣라는 것도 있다. 기가 아래로 빠져나간다는 말인데, 방귀가 그것이다. 유난히 방귀를 자주 뀌는 사람이 있는데, 보통은 장에 문제가 있기 때문으로 생각한다. 그러나 하기의 원인은 심心에 있다. 심의 기가 부족하게 되면 기가 위로 오르지 못하고 아래로 내려가기 때문이다. 또한 장과 위가 막혀 맺히면 곡기가 안에서는 생기는데 장과 위의 밖으로 소통하지 못하므로 자주 트림을 하거나 방귀를 뀌게 된다.

한편 단기短氣는 기가 짧아 숨이 서로 이어지지 않는 것이다. 마치 기가 위로 치미는 것 같으나 실제로 기가 위로 치미는 것은 아니며, 호흡이 비록 빠르나 서로 이어지지 않는다. 천식과 비슷하지만 어깨를 들먹거리지 않고, 신음하는 것 같지만 통증은 없어 실로 분별하기 어렵다. 한마디로 하자면 단기는 숨이 급하고 짧으면서 촉박한 것이다.

소기少氣는 기가 적어서 말하기가 힘든 것이다. 폐는 기를 저장하는데, 기가 부족하면 호흡이 약하고 소기하게 된다. 이는 폐의 기가 약하기 때문에 생긴다. 더불어 콩팥은 기를 생기게 하는 근원이기 때문에 콩팥의 기가 약하면 기력이 적고 말을 하면서도 계속 숨을 들이쉬며 뼈가 시리고 몸이 늘어져 움직일 수 없게 된다.

소기는 형形과 기氣가 다 없어진 증후이다. 형이란 기가 사는 집이고 기는 그 집을 채워주는 것이다. 집이 없어지고 거기 살던 사람이 없어진 것과 같다. 위급한 증상의 하나다. 소기가 되면 말에 힘이 없고 겁이 많아지며 하루 종일 했던 말을 되풀이한다. 소기가 되는 원인에는 여러 가지가 있지만 그중의 하나는 말을 많이 하는 것이다. 말을 하게 되면 기가 빠져 나가게 되는데, 이것이 자주 반복되면 소기가 된다.

단 하나의 약물만 쓰지만 민간요법으로가 아니라 본격적인 치료약으로 쓰는 경우가 있다. 이를 단행單行이라고 하는데, 하나의 약물만으로도 충분한 효과를 가져오기 때문에 이렇게 쓸 수 있는 것이다. 인삼은 대표적인 보기약일 뿐만 아니라 단행의 대표적인 약이기도 하다. 이렇게 인삼 하나만을 달여 먹는 것을 독삼탕獨參湯이라고 한다.

인삼은 이런 증상을 치료할 수 있는 아주 좋은 약이다. 물론 동의보감에서 말하는 인삼은 산삼을 말한다. 인삼의 재배는 동의보감의 시대보다 일찍 시작되었지만 재배 인삼이 임상에까지 쓰이게 되는 것은 적어도 1~2백 년은 더 기다려야 한다. 지금의 인삼이 과거의 산삼은 물론 당시의 재배 인삼에도 비할 바는 되지 못하지만 그렇다고 현재 쓰이는 인삼의 효과가 없는 것은 아니다. 현재의 인삼에도 소기를 치료할 수 있는 충분한 효과가 있다. 다만 동의보감에서 말하는 효과를 보려면 햇수로 친 6년근이 아니라 실제 6년 이상 재배한 인삼을 써야 하며 양도 늘려 써야 한다. 임상적인 경험에 의한 것이지만 필자는 동의보감에서 쓴 양의 최소 3배에서 5배 정도의 인삼을 써야 과거의 효과가 나는 것으로 본다.

동의보감에서는 인삼고人蔘膏가 정과 신, 그리고 기를 보해주는 가장 중요한 약물이라고 말한다. 동의보감에서는 이를, 사람이 타고난 원기를 무하유지향無何有之鄕으로 돌릴 수 있는 왕도王道라고 표현하였다. '무하유지향'이란 『장자』에 나오는 말로, 세상의 번거로움이 없는 허무한 이상향을 말한다. '허무한 이상향'이란 욕망이나 집착이 없는, 타고난 이상적 상태를 말한다. '왕도'는 패도覇道와 상대되는 말로, 무리하게 힘을 쓰거나 이치를 거스르지 않는 방법으로 다스리는 것을 말한다. 결국 인삼고는 사람을 원래의 순수한 상태로 되돌릴 수 있는 가장 좋은 약이라는 말이다.

인삼고를 만드는 방법은 다소 복잡하지만 그렇게 어렵지는 않다. 인삼 한 근을 썰어 사기로 된 냄비에 넣고, 물은 약보다 손가락 하나만큼 더 올라오게 붓고 세지도 약하지도 않은 불로 달여, 물이 반이 되면 그 물은 다른 곳에 따라둔다. 다시 약 찌꺼기는 앞의 방법대로 세 번 달여 인삼을 씹어도 아무 맛이 나지 않으면 그만둔다. 다시 끓여 놓은 물을 사기 냄비에 넣고 고膏가 되도록 고아, 하루에 다섯이나 여섯 숟가락씩 먹는다. 이 방법이 다소 복잡하다면 그냥 인삼 하나만을 달여서 먹어도 좋다. 달일 때는 진하게 달여서 먹는다.

인삼고나 독삼탕은 반드시 먼 곳에서 흘러 내려온 물에 달여서 먹어야 좋은 효과가 있다. 멀리서 흘러온 물을 장류수長流水 혹은 천리수千

里水라고 하는데, 자연 상태의 장류수는 오르내림을 반복하고 많은 구
멍과 웅덩이를 거쳐온 것이다. 장류수를 쓰는 이유는 장류수가 먼 곳에
서 끊어지지 않고 이어 내려온 물이기 때문에 기로 인해 막혀 끊어진 기
를 이어서 잘 흐르게 한다는 의미가 있을 것이다. 또한 장류수는 허약한
것을 보하는 효과도 있다. 요즈음에는 이런 장류수를 구하기가 쉽지 않
다. 또 여름에는 각종 오염 물질이나 벌레도 신경 써야 한다. 많은 한계
는 있지만 요즈음으로 치면 수돗물이 바로 이런 물에 해당한다고 볼 수
있다. 수돗물을 정화하여 쓰는 방법이 그나마 차선일 것이다.

황기黃芪도 소기에 효과가 있으나 인삼만은 못하다. 그래서 황기를
쓸 때는 인삼과 다른 약재를 함께 넣어 쓴다.

기가 막힌 병-기통

동의보감에서는 모든 병은 기에서 생긴다고 말한다. 이는 사람 자체가
하나의 기이기 때문에 당연한 말인지도 모른다. 몸속에 나쁜 기가 생기
거나 아니면 나쁜 기가 밖에서 들어와 기의 흐름을 막기 때문에 병이 생
기는 것이다. 그렇다면 결국 병이란 내 몸의 기와 나쁜 기가 함께 있기
때문에 생기는 것이다. 그래서 『내경』과 거의 같은 시기에 만들어진 사
전인 『석명釋名』에서는 "병이란 더불어 있는 것이다. 내 몸의 정기正氣와
나쁜 기가 피부와 몸속에 더불어 있는 것(病, 竝也. 與正氣竝在膚體中也)"이
라고 정의하였다.

한편 기는 몸속을 흐르되 늘 피와 함께 돈다. 기는 양이고 피는 음이
다. 그래서 피는 기의 짝이라고 말한다(血者, 氣之配). 기가 남편이고 피가
아내가 되는 셈이다. 피와 함께 돌고 있는 기가 다른 나쁜 기로 인해 제
멋대로 돌거나 막히게 된다. 그러면 아프게 되고 그것이 뭉치면 적취積

聚나 현벽痃癖이 되며, 막혀서 가슴 위로 거슬러 올라가면 비만痞滿과 찌르는 듯한 통증이 생긴다.

'적취'는 뱃속에 덩이가 생겨 아픈 병을 말한다.『의방유취』에서는 기가 쌓인 것이 '적'이고 기가 모인 것이 '취'이며 적은 오장에 생기고 취는 육부에 생긴다고 하였다. 또한 적은 음기이고 한 곳에 생기기 때문에 통증도 일정한 곳에 나타나며 경계가 뚜렷하지만 취는 양기이고 한 곳에 생기지 않고 왔다 갔다 하기 때문에 아픈 곳도 일정하지 않다고 하였다.

'현'은 배꼽 양측에 끈 모양의 근육 덩어리가 솟아올라 팔뚝 또는 손가락 크기로 되거나 활시위나 가야금 줄같이 가늘어지는데, 그 크기는 일정하지 않고 혹 아프기도 하고 통증이 없기도 하며 켕기기도 하는 것이다. '벽癖'은 단단하게 맺힌 덩어리를 뜻한다.

'비만痞滿'은 가슴과 복부에 기가 몰려 맺힌 것이 풀리지 않는 것을 느끼는 자각 증상이다. 명치 밑이 더부룩하거나 그득한 감을 느끼는 병증으로 가슴과 배에 기가 잘 통하지 못하여 막힌 감을 느끼는 것은 '비痞'이고 그득한 감을 느끼는 것은 '만滿'인데 그것이 늘 같이 나타나므로 비만이라 부른다. 명치 밑이 거북하고 속에 무엇이 차 있는 듯한 느낌이 위주이고 통증이나 배가 불어나는 것과 같은 형태상 변화는 없다.

기가 막히는 부위에 따라서도 병이 다르게 된다. 한의학에서는 몸을 상중하 세 부분으로 나누어 각각 상초, 중초, 하초라고 한다. 기가 상초에서 막히면 가슴이 답답하고 아프게 된다. 이럴 때는 귤껍질을 차로 달여 먹으면 도움이 된다. 기가 중초에서 막히면 배와 옆구리가 찌르듯이 아프게 된다. 기가 하초에서 막히면 허리가 아프고 산가疝瘕가 생기게 된다. '산가'란 아랫배가 화끈 달면서 아프고 요도구로 흰 점액이 나오는 것을 말한다. 혹은 아랫배가 불룩하게 두드러지며 밀면 움직이면서 아픈 것을 말한다. 그 아픔이 허리와 등에까지 뻗치기도 한다. 그만 큰 병이 더 깊다.

기가 몸의 겉에서 막히면 온몸이 찌르는 듯이 아프고 혹은 붓기도 한
다. 습열로 기가 막히면 가슴이 답답하고 아프게 된다. 이런 병은 대개
칠정이나 음식이 막혀서 담음痰飮이 되기 때문에 생긴 것이다. 병이 처
음 생길 때는 막힌 것을 뚫어주고 기를 잘 돌게 해야 하지만 오래된 것
은 화火를 내려 병의 근본을 제거해야 한다.

기병이 주로 칠정이나 음식에서 온다고 한다면 기병을 예방하는 법
은 간단하다. 정서가 한 쪽으로 치우치거나 하나에 집착하지 않도록 하
고 음식은 담백하게 먹는 것이다. 그러나 마음을 다스린다는 것은 쉬운
일이 아니다. 음식에 대한 욕심을 버리는 것도 쉬운 일이 아니다. 나 혼
자 산다면 어떻게라도 해볼 수 있을 것이다. 그러나 우리는 늘 사람을
만나야 하고 그 속에서 음식을 먹어야 한다. 결국 사람의 문제, 사람과
의 관계라는 문제를 해결해야 한다. 문제는 간단하지만 해결하기는 쉽
지 않은 이유가 바로 여기에 있다.

기가 거슬러 오르는 것-기역

기가 거슬러 오르는 것을 기역氣逆이라고 한다. 기역이 있는 환자는 배
나 다리 등 몸의 아래에서 무언가가 위로 올라가는 느낌이 든다고 말한
다. 이는 양陽의 부위에 있어야 할 맑은 기가 음陰의 부위에 있고, 반대
로 음의 부위에 있어야 할 흐린 기가 양의 부위에 있으며, 영기營氣는 맥
을 따라 잘 흐르지만 위기衛氣가 거꾸로 돌게 되고 그러면 맑은 기와 흐
린 기가 서로 간섭하여 가슴속이 어지럽고 답답하게 되는 것이다.

따라서 기가 심心에서 어지러워지면 답답하고 말없이 고개를 숙이고
가만히 엎드려 있게 되며, 폐에서 어지러워지면 가슴을 앞뒤로 움직이면

서 숨을 헐떡이며 가슴을 손으로 누르고 숨을 내쉬게 되며, 장腸과 위胃에서 어지러우면서 토하거나 설사를 하게 되며, 팔과 정강이에서 어지러워지면 손발이 차가워지며, 간에서 어지러워지면 어지럽고 머리와 옆구리가 아프고 가슴이 답답해지며, 머리에서 어지러워지면 기가 거꾸로 올라가 머리가 무겁고 어지러우면서 쓰러진다.

이렇게 올라가는 기는 모두 화火에 속한다. 타오르는 것이 화의 속성이다〔염상炎上〕. 설혹 환자 스스로는 차가운 느낌이 올라간다고 말해도 그것의 본질은 화이다. 다만 화가 올라가다가 중간에 상화相火를 끼게 되어 그 열이 심해져서 오히려 수水처럼 되어 차게 느끼는 것이다. 환자가 스스로 춥다고 느끼는 것이지, 진짜로 찬 것은 아니다.

기가 막혀서 생기는 병에는 기가 몰려 있기 때문에 생기는 것도 있다. 이를 기울氣鬱이라고 한다. '울'은 글자 모양도 그렇지만 무언가가 무성하여 빽빽하다는 말이다. 너무 울창鬱蒼하고 무성하다보니 막혀서 통하지 않게 된 것이다. 한여름 잡초가 우거지면 너무 빽빽하게 들어차 걸을 수 없다. 바로 이와 같은 상황이 몸속에서 벌어진 것이다. 이렇게 기가 몰려 생기는 기울을 치료하는 대표적인 처방이 교감단交感丹이다.

'교감'이란 서로가 느낀다는 말인데, 단순히 느낄 뿐만 아니라 서로에게 작용하여 질적인 변화가 일어나는 것이 교감이다. 여기에서 교감의 주체는 수水와 화火이다. 원래 수는 아래로 내려가는 것이고 화는 위로 올라가는 것이다. 그러나 수와 화가 만나 작용을 하게 되면 수는 올라가고 화는 아래로 내려온다. 이것이 교감이다. 이를 『주역』에서는 수화기제水火旣濟라고 표현했다. 햇볕이 내려 쪼이면 물이 수증기가 되어 올라가게 되는 자연현상도 그러한 수화기제의 한 예이다. 화에 해당하는 햇볕이 내려오고 수에 해당하는 물은 올라간다. 그러나 여러 가지 이유로 교감이 되지 않으면 병이 생기게 된다. 수가 내려가기만 하고 화는 올라가기만 하여 기가 몰리는 것이다. 이런 상태를 『주역』에서는 수화 미제水火未濟라고 하였다.

공적이거나 사적인 일로 감정이 울적하고, 명성과 이익을 잃어 정신이 억눌려 잘 통하지 않아 괴로워하며, 칠정으로 손상되어 밥맛이 없고 얼굴이 누렇게 뜨고 몸이 마르고 가슴이 답답한 증상이 대표적인 기울의 증상이다. 이런 증상은 대개 처음에는 가끔씩 나타나며 그것도 매우 약하게 느껴진다. 그러다가 점점 횟수가 늘고 증상도 심하게 느껴진다. 수가 올라가지 못하고 화는 내려가지 못하여 수는 수대로 아래에 몰려 있고, 화는 화대로 위에 몰려 있기 때문이다. 교감단은 바로 이런 상황에서 수水를 올라가게 하고 화火가 내려오도록 함으로써 치료를 하는 것이다.

한의학에서는 몸에서 열이 날 때 무조건 열을 내리는 약을 쓰지 않는다. 단순히 열만 많을 경우에는 찬 약을 써서 열을 꺼주면 되지만 수가 모자라 화가 떠오른 경우에는 수를 보충해주어 수와 화가 서로 교감하게 하면 열은 자연히 떨어지게 된다. 이를 자음강화滋陰降火라고 하는데, 만일 이런 경우 수를 보충하지 않고 화만 끄게 되면 병은 더 깊이 들어간다. 수화水火의 불균형을 더욱 악화시키기 때문이다. 그러면 병은 골수까지 들어가게 된다. 그러므로 무모한 해열제의 남용이나 얼음 혹은 알코올을 이용한 해열은 매우 위험할 수 있다. 실제 한 어린아이가 원인 불명의 열로 해열제를 쓰면서 알코올 찜질을 반복하다 결국 백혈병으로 발전한 것을 치료한 사례가 있다.

기가 모자라도 병이 된다

병이란 내 몸의 정기正氣와 나쁜 사기가 같이 있는 것이다. 정기가 부족해지면 상대적으로 사기가 많아진다. 한의학에서는 기본적으로 병을 정기가 부족해서 생기는 것으로 본다. 근대 서양의학에는 없는 보약이라는 개념이 한의학에는 있는 이유다.

어떤 사람은 한의학이 보약 장사일 뿐이라고 비난한다. 크게 틀린 말은 아니다. 그러나 이는 한의학에 대한 이해가 없기 때문에 나온 일면적인 말이기도 하다. 병을 어떻게 보는가에 따라 치료법은 달라진다. 무엇을 병이라고 보고 그것을 어떻게 진단하는가에 따라 치료법도 달라진다.

한의학에서는 병을 정기와 사기가 같이 있는 것으로 본다. 사기는 아무 때나 몸에 들어오는 것이 아니라 정기가 부족할 때 들어온다. 그래서 정기가 부족하면 병이 되는 것이다. 그러므로 사기를 없애는 방법도 좋은 치료법이지만 정기를 보해주는 치료법이 보다 근본적인 것이 된다. 병을 사기로만 보는 근대 서양의학으로서는 정기를 보해준다는 데에 생각이 미치지 못한다. 그러므로 오로지 사기를 막거나 죽이는 데에만 관심이 있다.

그러나 한의학의 최고 고전인 『황제내경』에서는, 사기가 있는 것은 모두 정기의 부족 때문이라고 말한다. 정기가 충실하면 사기가 들어오지 못한다. 정기가 부족할 때 사기가 들어오게 된다.

이런 예는 주변에서 흔히 볼 수 있다. 아버지가 무좀이 있는데 그 아버지의 양말이나 신발을 같이 신은 어린 자식은 무좀에 걸리지 않는다든지 집안 식구 모두가 감기에 걸렸는데도 어떤 사람은 감기에 걸리지 않는다든지 하는 것이 그런 예이다. 그러므로 보하는 약, 보약은 한의학적 치료에서는 없어서는 안 되는, 필수불가결한 약이 된다.

기가 부족한 것도 몸의 부위에 따라 증상이 다르다. 몸의 상부上部에서 기가 부족하면 뇌腦가 가득 차지 못하게 되어 귀가 몹시 울리며 머리는 힘이 없어 기울어지고 눈이 어둠침침해진다. 중부中部의 기가 부족하면 대소변에 병적 변화가 생기고 장腸에서는 심하게 소리가 난다. 하부下部의 기가 부족하면 위궐痿厥이 생기며 정신이 흐릿해진다.

그러므로 상부의 기가 부족하면 기를 밀어 올려서 기를 보하여 상부의 기를 왕성하게 해주고 하부의 기가 부족하면 기를 모아서 하부로 내려가게 한다. 음양이 모두 허하면 불로 치료한다. 여기에서 불로 치료한다는 것은 뜸을 말한다.

기가 끊어지는 경우

기로 생기는 병 중에서 가장 중한 병은 기가 끊어진 것이다. 기가 끊어지는 데는 음양과 내외의 구분이 있다.

오장의 정기는 눈에 연결되어 있는데 오장의 음기가 모두 끊어지면 목계目系가 뒤틀리고, 목계가 뒤틀리면 눈이 뒤집어지므로 흰자위만 보인다. 여기에서 목계는 눈과 다른 장기와 연결된 맥락이다. 눈에 연결된 목계가 뒤틀리므로 눈이 뒤집어지는 것이다. 눈이 뒤집어지면 오지五志가 먼저 죽는다. 오지는 다섯 가지 정서로, 이는 음이 주관하는 것인데 음이 모두 끊어졌기 때문에 오지가 죽는 것이다. 오지가 죽으면 늦어도 하루 반 안에 죽는다.

육부六腑의 양기가 모두 끊어지면 음과 양이 서로 분리되고 음과 양이 분리되면 주리腠理가 열려 절한絶汗이 곧 나오니, 이러한 증상이 아침에 나타나면 저녁에 죽고 저녁에 나타나면 다음날 아침에 죽을 것임을 알 수 있다. 절한은 구슬만한 크기의 땀이 맺혀서 흐르지 않는 땀이다.

육부의 기가 바깥[外]에서 끊어지면 상기上氣하고 다리가 위축되며, 오장의 기가 안[內]에서 끊어지면 설사가 멈추지 않고 심하면 팔다리를 마음대로 움직이지 못한다. 또 만약 양기가 먼저 끊어지고 음기가 후에 다 말라 없어지면 그 사람은 죽는데, 몸 색깔은 반드시 푸를 것이다. 음기가 먼저 끊어지고 양기가 그 뒤에 다 말라 없어지면 죽게 되는데, 몸 색깔은 반드시 누렇고 겨드랑이 밑이 따뜻하고 명치끝에는 열이 있다. 모두 기가 끊어져 죽음이 임박한 증상이다. 치료하지 못한다.

모든 병은 미리 막아야 한다. 병이 든 다음에는 이미 늦은 것이다. 그러므로 동의보감에서는 이렇게 말한다.

기를 잘 다스리려면 오래 누워 있지 마라.
더러운 기를 가까이 하지 마라.
빈속일 때는 시체를 보지 마라. 시체를 볼 때는 술을 마셔야 한다.
전염병이 있는 환자의 집에 들어갈 때는 전염되지 않도록 주의해야
한다.

뒤에 성홍열과 같은 전염병의 전문가가 될 허준의 입장에서 전염병을 특히 강조한 것이 눈에 띤다.

기에 좋은 음식-인삼과 강황

기를 다스리는 약 중에 대표는 역시 인삼이다. 인삼은 누구나 알고 있고 또 대부분 먹어본 경험이 있을 것이다. 그러나 인삼의 학명 파낙스 Panax(모든 것=Pan, 의약=Axos)처럼 인삼이 만병통치약인 것은 아니다. 그 단적인 예가 동의보감의 「정문精門」의 단방에는 인삼이 없다. 「기문氣門」에 나온다. 인삼은 정을 다스리는 것이 아니라 기를 다스리는 약이라는 말이다.

인삼

강황

동의보감의 관점에서는 정기신을 모두 다스려야 하는데, 이런 점에서 보면 인삼은 완전한 약이 아니다. 그러나 기를 보하는 데는 인삼만한 약이 없다. 인삼은 오장의 기를 모두 보하기 때문에 다른 어떤 약보다도 효과가 뛰어나다.

인삼의 기는 따뜻하다. 인삼은 몸을 덥게 한다. 그러므로 특히 추운 지역에서 없어서는 안 되는 약이다. 반면에 강황은 인삼처럼 기를 다스리면서 성질이 따뜻하기 때문에 역시 몸을 덥혀주는 효과가 있다. 기를 보하는 데 인삼이 최고라면 기를 다스리는 데는 강황薑黃이 최고다. 여기에서 기를 다스린다는 것은 기를 잘 돌게 한다는 말이다. 특히 음식이 체한 것처럼 기가 체했을 때 아주 좋은 효과가 있다. 바람[風]이나 찬 기운[寒], 습한 기운[濕]을 잘 몰아내기 때문에 특히 무더운 지역에서 없어서는 안 되는 약이다.

무더운 지역(습기가 많으면서 더운 지역)에 바람이나 습한 기운은 많을지 몰라도 찬 기운은 없을 것으로 생각되지만 사실은 그렇지 않다. 찬 지역에서는 늘 찬 기운을 접하므로 몸을 보호하기 위해 피부의 땀구멍이 작고 치밀하다. 반면에 더운 곳에서는 열기를 내보내기 위해 땀을 흘려야 하므로 땀구멍이 크고 거칠다. 그렇기 때문에 무더운 곳에서 사는 사람들은 대개 조금만 찬 기운을 접하면 거기에 곧 감촉된다. 추위에 약

한 것이다. 반면에 추운 곳에서 사는 사람들은 어지간한 추위도 견딜
수 있다. 그래서 무더운 지역에서 풍한습의 피해가 오히려 크다.

또한 무더운 곳에서 살면 상대적으로 몸 안은 차게 된다. 음기가 숨
어 있게 되는 것이다. 이를 숨어 있는 음기라고 하여 복음伏陰이라고 한
다. 그래서 몸 안에 찬 기운이 들어가면 음기와 음기가 만나 커져서, 소
화가 잘 되지 않고 설사를 하는 등 피해가 크다. 그렇기 때문에 무더운
곳에 사는 사람들은 아무리 더워도 찬 물을 먹으려 하지 않는다. 반면
에 추운 곳에서 사는 사람들은 찬 물을 먹어도 크게 피해를 보지 않는
다. 바로 이런 이유로 추운 곳에서 사는 사람과 무더운 곳에서 사는 사
람은 먹는 것도 다르며 먹어야 하는 약도 다르게 된다. 그런 대표적인
예가 바로 인삼과 강황이다.

인삼은 우리나라가 원산지이다. 우리나라에서도 고도가 높거나 만주
처럼 서늘한 지역에서 자란다. 반면에 강황은 인도와 동남아시아가 원
산지이다. 무더운 곳에서 자라는 것이다. 우리나라에서도 재배되지만
주로 진도와 같은 남쪽에서 자란다.

강황은 황금빛 생강이라는 의미로 강황이라는 이름이 붙었다. 잘 알
고 있는 카레의 원료이다. 그러나 여기에서 말하는 카레는 인스턴트 카
레가 아니라 인도 본래의 카레를 말한다. 기가 체한 경우에 좋으며 기와
한 짝인 혈도 다스리기 때문에 월경과 관련된 질환에도 좋은 효과가 있
다. 또 풍한습을 몰아내므로 흔히 관절염이라고 하는 데에도 효과가 있
다. 그 밖에 항암이니 다이어트니 주독을 풀어준다느니 하는 것은 부수
적인 효과라고 볼 수 있다.

강황의 가장 중요한 효과는 바로 체한 기를 풀어주어 잘 돌게 하는
것과 풍한습을 몰아내는 것이다. 그러므로 강황은 아무래도 무더운 여
름에 먹는 것이 좋다. 그러므로 가을과 겨울에는 인삼이 적당하고 여름

에는 강황이 적당하다고 할 수 있다. 물론 그 사람의 몸 상태에 따라 필요하면 인삼이든 강황이든 언제나 먹어도 좋다.

기를 다스리는 음식들

기를 보하는 약 중에 인삼과 더불어 대표적인 것이 황기黃芪다. 인삼이 오장의 기를 모두 보하는 데 비해 황기는 주로 위기衛氣를 보해주는 효과가 크다. 위기는 몸의 겉에서 외부의 나쁜 기를 막아주는 기다. 특히 위기가 약해서 식은땀을 잘 흘리는 사람에게 좋다. 황기는 피부가 희면서 살은 쪘지만 기가 약한 사람이 먹으면 좋다. 반대로 피부가 검으면서 여간해서는 땀을 잘 흘리지 않는, 기가 실한 사람에게는 좋지 않다.

기를 보하는 음식으로는 역시 사람의 젖만한 것이 없다. 동의보감에서는 젖이 모든 약의 으뜸이라고까지 말하고 있다.

소고기 역시 기를 보하는 좋은 음식이다. 소고기는 기만이 아니라 혈도 보하므로 일거양득이다. 소고기 중에서도 위가 더욱 좋은데, 흐물흐물할 정도로 푹 고아서 먹는다. 큰 병을 앓고 난 뒤나 기가 심하게 약한 경우 좋은 효과를 볼 수 있다. 소의 위는 첫 번째가 양洋, 두 번째가 벌집, 세 번째가 천엽千葉 혹은 처녑, 네 번째가 막창으로 되어 있다. 어느 부위라도 좋지만 특히 양의 효과가 뛰어나다. 고기도 그렇지만 구워먹으면 효과가 떨어진다.

소고기와 더불어 기를 보하는 또 하나의 대표적인 음식이 개고기이다. 특히 개고기는 양기를 보하기 때문에 양기가 떨어진 경우에 큰 도움이 된다. 여기에서 말하는 개고기는 누런 개, 즉 황구黃狗를 말한다.

이상의 음식이 기를 보하는 것이라면 막힌 기를 뚫어주는 것도 있다. 그 대표적인 것이 생강生薑이다. 생강은 기 중에서도 양기를 잘 뚫어준다.

흔히 한약을 달일 때 생강 세 쪽, 대추 두 개를 넣으라는 경우가 많은데, 생강을 넣는 가장 큰 이유는 생강에 해독작용이 있기 때문이다. 혹시라도 있을 수 있는 약의 부작용을 없애기 위한 것이다. 또한 생강은 기를 잘 흩어주므로 약효가 더 빨리 나게 된다.

한편 생강은 그 자체로도 맛이 독특하지만 다른 음식의 맛을 없애는 효과도 있다. 그래서 한약에 생강이 들어가면 한약 특유의 쓴 맛을 덜어주게 된다. 회를 먹고 나서 생강을 먹는 데에도 이런 두 가지 효과, 곧 해독작용과 먼저 먹은 생선의 맛을 없앰으로써 다음 먹게 되는 생선의 맛을 새롭게 느낄 수 있게 해주는 효과를 노린 것이다.

공자는 음식에도 매우 세심한 주의를 기울였는데, 평소 늘 생강을 먹었다고 한다. 시장에서 파는 음식이 상했는지를 염려했기 때문이었는데, 공자는 혹시라도 잘못된 음식을 먹었을 경우를 대비하여 생강을 자주 먹었을 것이다. 또한 생강은 정신을 맑게 해주는 효과도 있다. 여러 생각으로 머리가 복잡할 때 생강을 먹으면 생각이 잘 풀린다.

생강과 더불어 양기를 잘 통하게 해주는 것은 파이다. 약효를 보기 위해 파를 쓸 때는 대파의 흰 뿌리 부분만을 쓴다. 양기를 잘 통하게 하므로 감기 초기에 생강이나 파를 달여 먹으면 땀이 나면서 감기가 낫는 것도 바로 양기를 뚫어주기 때문이다. 파를 달일 때는 푸른 잎은 버리고 뿌리 채 달여 먹는다. 파는 너무 오래 달이지 않는다.

막힌 기를 뚫어주는 것으로 청피青皮를 들 수 있다. 청피는 덜 익은 귤껍질인데, 일반적인 소화불량에 좋다. 특히 스트레스로 인해 가슴이 답답하고 배가 불러오고 옆구리까지 아픈 증상에 좋다. 만성간염이라고 하는 병에도 효과가 있다. 다만 청피는 좋은 것을 구하기 어렵다. 덜 익은 귤을 따서 파는 경우가 거의 없기 때문이기도 하며(대개는 익기 전에 떨어진 것을 쓰는데, 그 양이 적다) 농약의 염려도 있기 때문이다. 그리고 예전에 쓰던 청피 열매는 오늘날 우리가 먹는 귤과는 다르다. 제주도에 극히 일부가 있을 뿐이다.

일반적으로 기가 막혀 잘 내려가지 않을 때는 무가 좋다. 이런 효과를 보려면 매운 맛이 나는 무를 써야 한다. 생강이 기를 흩어버리는 데에 그친다면 무는 매우면서도 단맛이 있어서 기를 흩을 뿐만 아니라 느슨하게도 해준다. 그러므로 기를 내려가게 하는 데는 생강보다 더 효과가 크다. 무씨는 무보다 더 효과가 크다. 볶아서 달여 먹거나 가루 내어 먹는다. 무를 먹고 방귀를 자주 꾸게 되는 것은 바로 무가 기를 아래로 내려보내기 때문이다.

기를 기르는 소리

유학에서 공부工夫라고 할 때, 거기에는 몸과 마음의 공부가 모두 포함된다. 그래서 조선시대의 지식인들은 책을 읽고 생각하는 것만이 아니라 몸을 다스리는 공부도 하였다. 이는 특히 한 집안의 가장은 경제적이나 정치적인 책임은 물론 가족들의 건강도 책임져야 했으므로 의학에 대한 공부 역시 단순한 취미나 기호가 아니라 어느 정도는 의무이기도 했다. 그래서 많은 지식인들이 의학을 공부했다. 그 대표적인 사람이 바로 퇴계 이황李滉이다.

이황은 선천적으로 심장병을 앓고 있었으며 공부에 너무 몰두한 나머지 몸이 파리해지는 병에 걸려 의학에 관심을 갖고 공부를 시작하였다. 이황의 의학에 대한 조예는 매우 깊은 것이어서 주위 사람들에게 처방을 내려주기도 할 정도의 경지에 올랐다.

그리고 스스로 『활인심법活人心法』이라는 책을 만들어 자손들에게 이를 열심히 수련할 것을 요구했다. 이 책은 명나라 구선臞仙이 지은 『활인심活人心』이라는 책을 직접 필사한 것인데, 특이한 것은 기를 조절하는 방법인 육자기결六字氣訣에 한글로 발음을 달아놓은 것이다. 이는 언어학적으로도 매우 중요한 자료가 될 것으로 생각된다.

육자기결은 호흡할 때 특정한 소리를 냄으로써 기를 다스리는 방법이다. 구체적인 방법은, 입으로는 소리를 내며 숨을 내쉬고, 코로는 숨을 들이마시는 것이다. 이런 방법이 효과가 있는 것은, 발음 역시 하나의 기이기 때문이다. 같은 기는 같은 기끼리 도와주기 때문이다. 예를 들어 같은 목木에 속하는 기는 서로를 도와주는데, 목에는 장부로는 간, 색으로는 푸른 색, 방향으로는 동쪽 등이 있다. 그래서 일반적으로 푸른 채소나 등 푸른 생선은 간에 좋고 동쪽의 떠오르는 해 역시 간에 좋다. 같은 나무라고 해도 동쪽으로 향한 가지는 더욱 간에 좋다. 바로 이러한 관계를 이용하여 육자기결이 만들어졌다. 구체적인 소리와 장부의 관계를 나타내면 다음과 같다(여기에서 발음은 이황을 따랐다).

휴〔嘘〕-간

호ㅓ〔呵〕-심

후〔呼〕-비

희〔呬〕-폐

취〔吹〕-신

히〔嘻〕-삼초

간의 기를 돕기 위해 '휴' 할 때는 눈을 똑바로 뜨고, 폐의 기를 돕기 위해 '희' 할 때는 두 손을 올리고, 심의 기를 돕기 위해 '호ㅓ' 할 때는 이마 위에 두 손을 깍지 끼어대고, 신의 기를 돕기 위해 '취' 할 때는 두 발을 끌어안는데 무릎이 가지런하게 하고, 비의 병 때문에 '후' 할 때는 꼭 입을 오므려야 하고, 삼초에 열이 끼어들었을 때는 누워서 '히히' 해야 한다.

이런 방법은 계절에 따라서도 달라진다.

봄에는 '휴' 해서 간의 기를 기르고 여름에는 '희' 해서 심의 기를 기르고 가을에는 '희' 해서 폐의 기를 기르고 겨울에는 '취' 해서 신의 기를 기르고 [각 계절의 마지막 달인] 진술축미월辰戌丑未月[四季]에는 '후' 해서 비의 기를 기르고, 수시로 '히' 해서 삼초의 기를 기르는데, 숨만 내쉬지 절대로 소리를 내서 그 소리가 귀에 들려서는 안 된다.

이런 방법은 실제 치료를 위한 목적으로도 쓰였을 것으로 보인다. 이런 내용이 다른 의서에서도 종종 보이기 때문이다. 발음이나 호흡하는 방법이 약간씩 다르지만 소리를 내어 병을 치료한다는 원칙은 같다. 숨만이 아니라 소리도 훌륭한 치료가 되는 것이다.

[보론] 육자기결의 발음에 대하여

육자기결이 소리를 내서 기를 수련하는 방법이라고 한다면 무엇보다도 그 소리가 어떤 소리인지가 중요하다. 그러나 이에 대해서는 아직 정설이 없는 듯하다. 퇴계가 적어놓은 발음이 아마도 당시 일반적으로 내던 발음일 것으로 생각되지만 그 발음도 오늘날의 표기법과 다르기 때문에 어떤 소리인지 정확하게 알 수 없다. 여기에서는 몇 가지 설을 소개하는 데에서 그치기로 한다.

먼저 이윤희는 퇴계가 적은 것은 중국 발음일 것이라고 본다. 그가 내린 결론은 다음과 같다(이윤희 역해, 『활인심방』).

[噓]는 우리 발음으로 '허'인데 아랫입술과 윗입술을 가깝게 붙을락 말락 하면서 약간 가로로 힘을 주어 당긴다. 혀끝을 약간 앞으로 내미는데, 혀 양옆이 중간을 향하게 약간 말린다. 탁한 기를 내쉬는데, 스~ 내지 쉬~로 들린다.

[呵]는 우리 발음으로 '가'인제 입술을 반쯤 열고 혀끝을 아랫잇몸에 붙인 채 힘을 주며 혀 전체를 아래로 내려 붙인다. 탁한 기를 내쉬는데, 커허~로 들린다.

[呼]는 우리 발음으로 '호'인데 입술을 둥글게 만들고 혀끝은 평평하게 하여 힘을 주면서 앞으로 내밀어 약간 위쪽으로 만다. 탁한 기를 내쉬는데, 후우~로 들린다.

[呬]는 우리 발음으로 '희'인데 아랫입술과 윗입술을 약간 뒤로 당기는 듯하고 위아래 이를 닿을락 말락하게 하며 혀끝을 이 사이 약간 밖으로 내민다. 공기가 입의 양쪽 가장자리를 빠져나가게 한다. 탁한 기운을 내쉬는데, 영어의 스(θ)~ 또는 시(θɪ)~로 들린다.

[吹]는 우리 발음으로 '취'인데 입술을 살짝 열고 입가는 조금 뒤쪽으로 힘을 주어 당기며 혀는 약간 위쪽으로 올리면서 뒤쪽으로 거두어들이되 오히려 조금 앞으로 내미는 듯 힘을 준다. 탁한 기를 내쉬는데 츄이~로 들

린다.

[嘻]는 우리 발음으로 '희'인데 아랫입술과 윗입술을 살짝 열되 약간 뒷덜미 쪽으로 당기며 오므리는 듯하고 혀는 평평하게 펴며 혀끝은 약간 아래로 내리면서 역시 약간 움츠리는 듯한다. 위아래 이는 맞닿을 듯하되 꽉 붙이지는 않는다. 탁한 기를 내쉬는데 스히~로 들린다.

본인 스스로 기 수련을 해온 사람이어서 매우 구체적이다. 다음으로는 어려서부터 기 수련을 해왔던 김재두는 다음과 같이 본다(김재두 옮김, 『양성연명록』). 이는 중국 발음이다.

[噓]-수(hsū)

[呵]-커(kē)

[呼]-후(hē)

[呬]-씨(ssī)

[吹]-취(chūi)

[嘻]-시(hsī)

김재두는 또한 이 방법은 열성熱性이면서 실증實證에만 사용하는 것이라고 하였다. 앞으로 더 많은 연구가 필요한 주제다.

제7부

내경편「신문神門」

신이란 무엇인가

사람의 몸뚱이를 형形이라고 하는데 이 형을 채우고 있는 것이 기氣이다. 기는 몸을 이루는 물질인 정精에서 나오며, 정에서 나온 기의 작용에 의해 신神이 드러난다. 신은 생명력의 표현이다. 신은 생명력이 드러난 것이므로, 그 자체는 눈으로 보거나 손으로 만질 수 없다. 신은 그 사람의 형形[꼴]과 색色[얼굴빛 등 몸의 색]과 태態[몸짓]를 통해 드러날 뿐이다.

그래서 신은 그 사람의 원래 타고난 생긴 모양보다는 생긴 모양의 변화, 예를 들면 갑자기 허리가 굽었다든가 살이 찌거나 빠졌다든가 하는 모양의 변화를 통해서 드러난다. 색도 마찬가지다. 그 사람이 원래 타고난 색보다는 그 사람의 색의 변화, 예를 들어 얼굴빛이 갑자기 붉어졌다든가 눈자위가 검게 되었다든가 하는 색의 변화를 통해 드러난다. 태 역시 마찬가지다. 몸짓의 변화를 통해 신이 드러나는 것이다.

이 신은 심장에 있다. 신은 온몸의 주인이므로 신을 담고 있는 심장이 군주의 역할을 하게 된다. 생명력이 가장 잘 발휘될 때 신명神明이 나온다. 신명은 생명력이 최고도로 발휘될 때 드러나는 몸의 상태다.

사람에게 신이 있음은 하늘과 땅으로 말미암음이다. 하늘[天]은 처음으로[一] 수水를 낸다. 이는 사람에게서는 정精이 된다. 땅[地]은 다음으로[二] 화火를 낸다. 이는 사람에게서는 신神이 된다. 이 수화水火가 서로 작용하여 생명이 이루어진다. 이러한 수화의 상호작용을 기라고 한다. 하늘과 땅이 없으면 생명도 없고 따라서 신도 없다.

신이 머무는 곳은 심장이다. 그러므로 심장은 맑고 깨끗해야 한다. 그래야 신이 온전하게 머물 수 있다. 이 심장의 밖에는 심포락心包絡이 얼기설기 얽고 있다. 심포락은 심의 겉면을 둘러싸고 있는 막과 거기에 붙어 있는 낙맥이다. 심장을 둘러싸서 심장을 보호하고 심장의 기능을 돕는다. 병이 들어오면 심장 대신 심포락이 병을 받아 심장을 보호한다. 또한 비서처럼 심장의 명령을 다른 장부에 진달하기도 한다. 그래서 심장을 대심大心이라고 하고 심포락을 소심小心이라고도 한다.

한의학에서는 심장이 혈액을 전체적으로 통솔하는 역할을 한다고 보았지만 그렇다고 심장 속에 혈액이 고여 있다고 보지는 않은 것 같다. 오히려 심장 속에는 정精의 가장 깨끗하고 순수한 정화精華가 맺혀 있다고 말한다. 이것이 바로 신이다.

심장과 신, 그리고 몸[形]의 관계에 대해 많은 논의가 있어왔다. 몸과 마음을 다스리는 일이 공부工夫라고 한다면 공부를 하기 위해서는 몸과 마음의 관계에 대한 이해가 무엇보다 먼저 있어야 한다.

근대 서양의 과학은 몸과 마음을 분리하여 본다. 그렇다고 몸과 마음이 완전히 분리되어 있다는 말은 아니다. 몸과 마음은 물질-기능이라는 개념 틀에 의해 연결된다. 이러한 개념 틀에 의하면 모든 물질은 구조를 갖고 있고 기능은 그 구조에서 나온다. 여기에서 물질이 주도적인 역할을 한다. 물질의 구조가 없으면 기능은 나올 수 없는 것이다. 간단히 말하면 뇌라는 물질의 기능인 정신은 뇌가 없으면 생길 수 없다고 보는 것이다.

이에 비해 북송 때의 소강절邵康節(1011~1077)은, 심장이 신을 다스리고 신은 기를 다스리며 이 기가 가득 차 있는 몸[形]은 머리에서 다스린다고 보았다. 머리와 콩팥이 하늘과 땅이 되고, 하늘과 땅 사이에 사람이 있는 것처럼 심장이 모든 것을 다스린다고 본 것이다. 소강절은 이를 천지인 삼재三才의 도道라고 하였다.

한의학에서는 형보다는 신을 더 근본적인 것으로 본다. 그래서 가장 좋은 것은 신을 기르는 것이고 그다음이 형을 기르는 것이라고 말한다.

신이 편안하면 수명이 늘어나고 신이 없으면 형이 무너진다고 보기 때문이다.

그러나 신을 기르기 위해서는 형을 잘 길러야 한다. 비록 신이 온몸의 주인노릇을 하지만 신은 몸 속, 구체적으로는 심장 속에 있는 것이다. 형을 잘 기르려면 그 사람의 형의 상태에 따라야 한다. 형이 살찐 사람과 여윈 사람, 영기營氣와 위기衛氣, 혈과 기의 왕성하고 쇠약한 차이에 따라 다스려야 한다.

한의학의 이러한 관점은, 몸과 마음의 관계에서 주도적인 것은 마음이지만 마음은 몸의 상태에 따라 달라질 수 있음을 전제로 하는 것이다. 결국 몸과 마음은 인식 상으로는 분리되지만 실제에 있어서는 서로가 서로의 근거가 되는, 사실상 하나라고 보는 것이다. 한마디로 말한다면 몸도 마음도 모두 하나의 기라는 것이다. 여기에서 물질의 구조는 큰 의미가 없다. 중요한 것은 몸과 마음, 몸과 사물, 사물과 사물 사이의 관계다. 서로가 서로에게 어떤 효과를 주는지가 중요한 것이다. 그것이 바로 기의 세계다.

신이 잘못 되면 어떻게 되는가

한의학은 하늘과 땅을 전제로 성립한 의학이다. 하늘과 땅의 기를 받아 사람이 생기기 때문에 사람 역시 기일 뿐이다. 하늘과 땅이 서로의 기를 주고받듯이 사람 역시 그 사이에서 기를 주고받으며 자신의 몸속에서도 기를 주고받는다. 하늘과 땅의 기를 음양으로 나누어보면 하늘은 양이고 땅은 음이다. 하늘이나 땅이나 모두 하나의 기이지만 이를 다시 음양으로 구분해보면, 하늘은 양인 기氣를 내고 땅은 음인 미味를 낸다. 여기에서 말하는 기는 좁은 의미에서의 기이다.

기를 음양으로 나눌 뿐만 아니라 더 구체적인 사물들 사이의 관계를 알기 위해 이를 다시 다섯으로 나눈다. 그것이 오행이다. 세상의 모든 사물은 오행으로 분류될 수 있다. 오행은 사물을 무조건 다섯 가지 종류로 나눈다는 의미가 아니라 그 사물이 다른 사물과 관계를 가지면서 어떤 효력을 갖고 있는가를 발전과정의 차원에서 파악한 것이다. 그러므로 오행으로 사물을 파악한다는 것은 모든 사물을 다섯 가지 발전 과정에서의 기로 파악하는 것이다.

하늘의 모든 기를 오행으로 파악한 것을 오기五氣라고 한다. 차고 덥고 바람 불고 비가오고 하는 천변만화의 모든 변화도 오행으로 파악하면 다섯으로 나눌 수 있다. 풍한서습조風寒暑濕燥가 바로 그것이다. 이 오기로 인해 사람이 태어난다. 그래서 오기는 사람을 기른다고 한다.

반면 땅은 오미五味로 사람을 기른다. 오미는 세상에 있는 모든 먹을 것을 가리킨다. 먹을 것은 쌀부터 각종 채소, 열매 등 무수히 많지만 이 것도 오행으로 파악하면 다섯으로 나눌 수 있다. 산고감신함酸苦甘辛鹹이 그것이다.

오기는 코로 들어와서 심폐心肺에 저장되고 위로 올라가 얼굴색을 밝고 윤택하게 하며 음성을 맑게 한다. 오미는 입으로 들어와 장腸과 위胃에 저장되는데, 오미는 각각 품고 있는 것이 있어 오장의 오기를 기르고, 그 기가 고르고 잘 생기게 되어 진액이 오기와 서로 이루면 신神이 곧 저절로 생긴다.

이 신은 심心에 머문다. 심의 속은 비어 있고 지름은 한 치를 넘지 않지만 신명이 거기에 머무른다. 신명은 신의 가장 영롱한 상태다. 신명은 일을 잘 처리하게 하여 어지러운 것을 다스리고 놀랍고 어려운 일을 잘 헤쳐 나가게 한다. 그러나 두려워하거나 슬퍼하거나, 혹 징계하거나 혼나거나 기뻐하거나 화를 내거나, 깊이 생각하거나 염려하면, 순식간에 지름이 한 치밖에 되지 않는 곳에서 불꽃이 타오른다.

만약 욕망이 일단 싹트면 좋지 않다. 한 순간 욕망이 일어났다가 생각을 돌이켰다 해도 심에서 받아들이지 않으면 욕망과 양심良心이 싸우게 된다. 양심은 어진 마음이다. 자기가 본래 갖고 있던 순수한 마음이다. 그래서 아름답다.

마음속에 생긴 욕망에는 칠정七情과 육욕六慾이 있다. 희노우사비공경喜怒憂思悲恐驚이 칠정이며 색성향미촉법色聲香味觸法이 육욕이다. 기쁘고 화나며 슬픈 등의 온갖 정서와 성욕, 좋은 소리, 향기, 맛, 부드러운 살결, 고운 얼굴에 대한 욕망이다.

눈을 뜨고 있어도 볼 수 없고 귀를 열어도 들을 수 없는 것은 바로 이러한 욕망 때문이다. 그러므로 심心이 안정되면 신명과 통하여 일이 일어나기도 전에 미리 안다고 하였다. 그래서 문밖을 나가지 않아도 천하를 알고 창문을 내다보지 않아도 하늘의 도를 볼 수 있다고 한 것이다. 마음이, 마치 물이 흔들리지 않고 오래되면 맑고 깨끗해져서 그 밑바닥을 들여다 볼 수 있는 것처럼 되면, 그런 마음을 영명靈明이라 한다.

마음을 고요하게 하여 원기를 든든하게 하면 어떤 병도 생기지 않으므로 오래 살 수 있다. 만약 한 생각이 이미 싹텄다면 신은 밖으로 달아나고 기는 안에서 흩어지며 혈은 기를 따라 다니므로 영위榮衛가 혼란해져 온갖 병이 마구 생기는데 모두 심心, 곧 마음 때문에 생기는 것이다. 기꺼이 양심〔天君〕을 기르면 질병이 생기지 않는데, 이것이 심을 다스리는 방법이다.

신의 이름

모든 학문은 다른 학문, 사상과 서로 대립하기도 하고 서로 침투하기도 하면서 발전해간다. 한의학 역시 마찬가지다. 원래 한의학은 도교의 틀 속에서 태어났다. 한의학만이 아니라 니덤Needham이 말한 것처럼, 동아 시아의 모든 과학은 도교에서 생긴 것이다(니덤,『중국의학사』).

그러나 다른 학문과 마찬가지로 한의학은 유교와 교류하고 불교와 교류하면서 그 내용을 더욱 풍성하게 발전시켜왔다. 그 과정에서 한의 학은 때로는 유교에 치우치기도 하고 때로는 불교에 치우치기도 했다. 특히 금원金元시대에는 북방 민족의 지배를 받으면서 다양한 사상과 이 론, 본초를 비롯한 풍부한 임상경험이 뒤섞였다. 여기에 서방과의 활발 한 교류에서 오는 정보와 문물은 한의학을 더욱 풍성하게 발전시키는 계기가 되었다. 그래서 금원사대가金元四大家라고 하는 뛰어난 의사들이 탄생하게 되었다.

그러나 다른 한편으로는 저마다의 주장이 반드시 기존의 한의학 전 통과 정확하게 맞물리는 것만은 아니어서, 선조의 평가처럼 한의학이 혼란스럽게 된 측면도 있다. 동의보감은 이런 상황 속에서 한의학의 도 교 전통을 되살리면서 혼란스러운 기존의 이론과 임상을 정리한 책이 다. 그러므로 동의보감에는 도교의 사상과 실천이 깊이 반영되어 있다. 그런 예의 하나가 신의 이름에 관한 것이다. 신의 이름은 다음과 같다.

간肝의 신은 용연龍煙[용의 연기]이라 하며 자字는 함명含明[밝음을 머 금고 있다]이고 키는 7치이며 청색 비단옷을 입고 봉옥령鳳玉鈴[봉 황 그림이 새겨진 방울]을 차고 있는데, 그 생김새는 매달린 표주박 같으며 색은 청자색이다.

심心의 신은 단원丹元[붉은 으뜸]이라 하며 자는 수령守靈[신령함을 지 킨다]이고 키는 9치이며 붉은 비단옷에 휘날리는 치마를 입었는데, 그 생김새는 아직 벌어지지 않은 연꽃 같으며 색은 빨갛다.

비脾의 신은 상재常在[늘 자기 자리에 있다]라 하며 자는 혼정魂亭[혼이 머무는 정자]이고 키는 7치 6푼이며 황색의 비단옷을 입었는데, 그 생김새는 엎어놓은 사발과 같으며 색은 누렇다.

오장의 신의 한 예

폐肺의 신은 호화皓華[흰 꽃]라 하며 자는 허성虛成[비어 있으면서 모든 것을 이룬다]이고 키는 8치이며 하얀 비단옷에 누런 구름 띠를 맸는데, 그 생김새는 화개華蓋[북두칠성을 둘러싼 별]가 박힌 경쇠를 엎어놓은 것 같으며 색은 붉은 빛이 도는 백색이다.

신腎의 신은 현명玄冥[그윽하고 그윽하다]이라고 하며 자는 육영育嬰[갓난아이를 기른다]이고 키는 3치 6푼이며 어슴푸레한 비단옷을 입었는데, 그 생김새는 둥근 돌과 같으며 색은 검다.

담膽의 신은 용요龍曜[용처럼 눈부시다]라고 하며 자는 위명威明[위엄 있는 밝음]이고 키는 3치 6푼이며 아홉 가지 색이 어우러진 비단옷에 풀빛의 치마를 입었는데, 그 생김새는 매달린 표주박 같으며 색은 푸르다.

이는 신을 의인화한 것으로, 각 장기의 특징을 잘 드러내준다. 예를 들어 간의 신은 용연이다. 간은 오행으로 보면 목木의 기운을 갖고 있는데, 목은 수水에서 나온 것이다. 수에 해당하는 구름[연기] 속에서 나타나는 용과 같다. 용은 목을 상징하는 동물이다. 또한 음양으로 보면 양에 해당하지만 아직 드러나지 않은 양이다. 그래서 이를 '음 속의 양'[음중시양陰中之陽]이라고 부른다. 그렇기 때문에 간의 지字는 양을 머금고 있다는 뜻의 '함명'이 되었다.

이 내용은 상청파上淸派의 대표적인 경전인 『황정경黃庭經』에서 인용한 것이다. 『황정경』은 조선 내단파의 주요 경전이기도 했다. 여기에서 신은 의인화되기는 했지만 모두 각 장기의 기가 작용하여 드러나게 되는 것이다. 이러한 이름은 오장육부에 그치는 것이 아니라 눈, 코, 귀, 입 등 온몸의 모든 기관에 붙을 수 있다. 눈이든 입이든 모두 기의 작용이며 그러한 결과 드러나는 것은 모두 신이기 때문이다. 그런 예를 몇 가지 더 보면 다음과 같다.

머리에도 아홉 개의 궁과 진인이 있다. 뇌에는 아홉 개의 판瓣이 있으므로 머리에도 아홉 개의 궁이 있다. 첫째는 쌍단궁이고, 둘째는 명당궁이고, 셋째는 니환궁이고, 넷째는 유주궁이고, 다섯째는 대제궁이고, 여섯째는 천장궁이고, 일곱째는 극진궁이고, 여덟째는 현담궁이고, 아홉째는 대황궁이다. 또 금루, 중문, 열 두 정자亭子의 우두머리가 있고 몸 겉에는 일만 팔 천의 양신이 있고 몸 안에는 일만 팔 천의 음신이 있는데, 이 모두를 다스리는 것은 강궁진인 즉 심주心主이다. 또 삼신신과 사지신, 삼혼신(상영, 태광, 유정), 칠백신(시구, 복시, 작음, 비독, 천적, 제예, 취사)이 있는데 칠원팔석신은 다르게 불리는 이름과 여러 자字가 있어 이루 다 헤아릴 수 없다.

물론 이러한 모든 신들은 심장의 명령을 받아 움직인다. 심장은 모든 신의 군주이기 때문이다.

신에 이름이 붙은 이유

오장을 비롯한 온몸에 신의 이름을 붙여 놓은 이유는 무엇일까.

그것은 각각의 신을 구분함으로써 병이 어디에 있는지를 알기 위한 것이다. 그런 예가 동의보감에 나온다.

옛날에 어떤 선비가 책 보기를 좋아하여 먹는 것을 잊었는데, 하루는 자주색 옷을 입은 사람이 앞에 나타났다.

"당신은 너무 골똘히 생각하지 말라. 그렇게 생각만 하고 있으면 내가 죽는다."

"도대체 당신은 누구십니까?"

"나는 음식의 신[곡신穀神]이다."

그래서 그 선비가 생각하기를 멈추자 음식을 예전처럼 먹게 되었다.

골똘히 생각하는 것[사思]은 오행 중 토土에 해당하는 정서이며 장기로는 비脾에 해당한다. 그러므로 생각을 하면 그 기가 토와 목에 작용하게 된다. 대개 같은 기는 같은 기를 더 키워주는 효과가 있다. 그러나 좋다고 해서 기를 너무 더해주면 병이 된다. 마치 창고가 비어 있어야 물건을 채울 수 있어서 창고로서의 역할을 할 수 있는데, 창고를 가득 채워놓아 창고로서의 역할을 할 수 없는 것과 같다. 다른 일화도 있다.

유씨劉氏의 아들이 술과 여자 때문에 병이 생겼는데, 항상 두 여자가 옷을 곱게 입고 허리까지 보이다가 사라지곤 했다.

이 말을 들은 의사는 이렇게 말했다.

"이는 신腎의 신神이다. 신腎의 기가 끊어지면 신神이 집을 지킬 수 없기에 밖으로 나타난 것이다."

유씨의 아들은 성욕을 함부로 써서 자신의 정精을 다 없애버렸다. 그러므로 신腎에 머물러야 할 신神이 자신의 집을 나온 것이다.

이 두 개의 일화는 겉으로 나타난 신의 모습을 통해 병이 어디에 있는지를 진단했다. 이런 이야기를 오늘날의 사고로는 받아들이기 어려울지도 모른다. 그러나 이런 일화들은 실제 있었던 일을 전한 것으로 생각된다.

신화를 연구하는 학자들은, 고대의 신화가 은유나 비유 혹은 상상의 산물이 아니라 실제 그렇게 믿고 행동했던 사실의 기록일 것으로 보기도 한다. 사람이 신과 대화를 주고받으며 서로에게 행동을 했을 것으로 보는 것이다.

다소 비현실적인 주장으로 보일지 모르지만 이런 현상은 오늘날에도 어렵지 않게 찾아볼 수 있다. 그것은 종교의 영역에서다. 흔히 영靈이 통했다고 하는 사람일수록 그리고 믿음이 강할수록 신과의 대화 혹은 상호 작용은 일상적으로 일어난다. 고대의 신화시대에는 모든 사람이 신화의 세계를 믿었다. 그리고 실제 그렇게 살았을 것이다. 이런 현상 이외에도 우리 주변에서는 꿈을 통해 과거는 물론 미래에 대한 예시를 본다는 사람도 심심치 않게 있다.

한의학에는 꿈을 통해 병을 진단하는 방법이 있다. 이는 실제 몸 안의 신이 꿈속에서 나타나는 경우도 있지만 불이나 물과 같은 상징물도 등장한다. 이런 상징물은 개인만이 아니라 그 사회의 집단적 믿음과 연관이 깊다. 그래서 프로이트가 말하는 꿈의 분석과 민간에서 전해지는 꿈의 분석(해몽)에는 많은 차이가 존재하게 된다. 물론 민간의 해몽과 한의학 사이에도 적지 않은 차이가 있다. 믿음 체계가 달라진 오늘날과 과거 한의학의 내용에도 많은 차이가 있다. 이제 사람들은 몸의 신이 아니라 물신物神을 믿게 되었기 때문이다. 그런 믿음의 차이가 오늘날의 우리가 몸의 신을 볼 수 없게 만든 것뿐이다.

오장의 신과 한의학의 인식론

인식론은 우리가 대상을 어떻게 알게 되는지를 밝히는 것이다. 우리가 알게 되는 근거는 무엇이며 그 과정은 어떤지를 밝히는 것이다. 그러나 전근대의 동아시아에서 이런 의미에서의 인식론은 그다지 발달하지 않았다. 이는 세상을 기로 보는 동아시아 특유의 세계관 때문에 그렇게 된 것으로 보인다. 다시 말해서 나와 사물, 사물과 사물 사이의 관계를 중시하고 그런 관계를 통해 서로 어떤 영향을 주고받는지에 관심을 갖고 있었기 때문에 그런 세계에서는 사람을 중심으로 한, 사물 자체에 대한 인식은 큰 의미가 없게 된다. 그래서인지 동아시아 전근대의 문헌에서 인식 과정 자체에 대한 논의는 그다지 많지 않다.

하지만 그런 논의가 전혀 없었던 것은 아니다. 바로 『황제내경』이 그런 책이다. 이런 논의가 가능하게 된 것은 아마도 한의학이 몸을 다루는 학문이기 때문일 것이다. 온전한 인식이 가능하기 위해서는 온전한 몸이 있어야 하고 그런 몸에서 일어나는 일에 대한 관심이 인식론을 전개하게 한 것으로 보인다. 그러나 이때에도 인식과정에 대한 관심은 어디까지나 인식 자체에 대한 것이 아니다. 한의학에서 인식론을 거론하는 것은 오직 몸과 몸을 다스리는 일과 관련되었을 때다. 왜 그러한가.

한의학에서 인식론의 대상은 몸과 병이다. 그런데 한의학에서 몸과 병에 대해 알기 위해서는 먼저 상대의 신神을 알아야 한다. 신은 생명력

그 자체이기 때문이다. 생명력의 변화된 상태는 신을 통하지 않고서는 알 수가 없다.

상대의 신을 알기 위해서는 내 신과 상대의 신이 하나가 되어야 한다. 두 개의 작은 우주가 만나는 것이다. 이를 본신本神한다고 한다. 대상의 신에 뿌리를 둔다, 근본을 둔다는 뜻이다. 영어로는 'rooted in Spirit'이라고 한다. 대부분의 근대 서양 과학과 철학이 대상과 분리되어 객관적인 관점을 유지해야 하는 것과는 정반대의 관점을 취하고 있는 것이다. 이런 관점을 주객합일主客合一이라고 한다. 주객이 합일된 상태에서 대상인 환자의 몸과 병을 인식하는 것이다. 이는 이성에 의한 인식이 아니라 대상과 나 모두가 하나의 기라는 관점에서 인식하는 것이다. 대상 자체가 아니라 대상과 나, 대상과 대상 사이의 관계를 인식하는 것이다.

『황제내경』에서의 인식론은 바로 이런 전제 하에 전개된다. 사람은 모두 하늘과 땅의 기를 받아 태어난다. 하늘이 사람마다 제각각 부여한 것을 덕德이라고 하고 땅이 그 사람에게 부여한 것을 기라고 한다. 이 덕과 기가 서로 작용하여 사람이 태어나는 것이다.

그러나 구체적으로 사람이 태어나는 근원은 정精이다. 이는 부모의 정에서 온다. 부모의 음정陰精[땅]과 양정陽精[하늘]이 서로 작용하여 신이 나타난다. 이 신을 따라 오가는 것이 혼魂이며 정과 함께 드나드는 것이 백魄이다. 혼은 음에 속하므로 안에서 오가며 백은 양에 속하므로 안과 밖을 드나든다.

심은 신이 머무는 곳이다. 그 심 속에 변하지 않게 품고 있는 것이 의意이며 의를 오래 보존하여 바뀌지 않게 하는 것이 지志이다. 멀리까지 생각하여 사물에 적절하게 대처할 수 있게 하는 것이 지智이다. 하나의 생각이 떠올라 그것이 마음속에 간직되어 오래 동안 바뀌지 않고 이런 저런 변수를 고려하여 실천하게끔 하는 것이다.

이런 설명은 사람이 태어나면서부터 어떻게 사물을 인식하고 실천할 수 있는지에 대한 한의학적인 관점을 잘 보여주고 있다. 여기에서 두드러지는 것은 실천적인 관점이다. 실천은 항상 총체적이다. 실천은 항상 다른 모든 것과의 연관 속에서 이루어진다. 한의학에서의 인식은 인식 자체에 머무는 것이 아니라 올바른 실천, 곧 다른 모든 것과의 연관 속에서 몸을 다스리기 위한 과정으로 이해되고 있는 것이다. 이러한 인식을 하나의 과정으로 이해하기 위해서는 여기에 오행을 적용해야 한다. 오행으로 파악된 신은 혼신의백지魂神意魄志이다.

> 심心은 신神을 간직하고
> 폐는 백魄을 간직하고
> 간은 혼魂을 간직하고
> 비脾는 의意를 간직하고
> 신腎은 지志를 간직한다.

여기에서 '간직한다'는 것은 각각의 신이 각각의 장기에 머문다는 것으로, 사실은 각 장기가 발휘하는 생명력의 표현이라고 할 수 있다. 각 장기에 머물러 있다가 드러나는 것이다. 그리고 심장이 간직하고 있는 '신'은 좁은 의미에서의 '신'이다.

이렇게 인식론은 오행과 연결됨으로써 하나의 과정으로 완성되며 나아가 오장과 연관되어 몸과 마음은 하나의 기로 이해될 수 있게 되었다. 마음이 몸에 영향을 미치고 반대로 몸이 마음에 영향을 미치는 관계를 보다 구체적으로 알 수 있게 된 것이다.

칠정에서 오는 병

칠정은 기뻐하는 것, 성내는 것, 근심하는 것, 생각하는 것, 슬퍼하는 것, 놀라는 것, 무서워하는 정서情緒다. 정서는 감정에 비해 오래 지속되며 그 느낌이 강하다. 또한 몸의 변화를 동반한다는 점에서도 감정과 다르다.

사람이 선천적으로 타고난 바탕을 성性이라고 하고 그 성이 다른 사물과 관계를 가지면서 드러나는 것을 정情이라고 한다. 그래서 사람과 사람 사이에서 성이 드러난 것을 인정人情이라고 하고, 일과 일의 관계에서 드러난 것을 사정事情이라고 하고, 사물과 사물과의 관계에서 드러난 것을 물정物情이라고 한다. 이 정은 기계적이거나 물리적인 것이 아니다. 정은 양적인 것이 아니라 질적인 것이다. 우리가 흔히 '인정사정도 없다'고 하거나 세상 물정을 모른다고 할 때의 용법이 그러하다. 예를 들어 쌀 한 말을 사는 경우, '인정'이 있는 사람은 넉넉히 담아줄 것이고 '물정'을 모르면 바가지를 쓰게 된다. 일이 어떻게 진행되는지 모른다면, '사정'을 봐달라고 할 수밖에 없다.

칠정은 바로 그런 정情을 말한다. 이런 정이 없으면 그것은 무정無情한 것이다. 무정한 세상은 사람들 사이의 인정이 없고 사정도 봐주지 않으며 물정을 모르는 사람은 속는다. 그런 무정한 사회에서는 그 무정함으로 상처를 받는다. 세상의 무정함에 화가 나기도 하고 슬프기도 하고 무섭기도 하다. 이런 것이 지나치면 병이 된다. 정에서, 다시 말하자면 이런 저런 관계에서 병이 오는 것이다. 그런 정 중에서 특히 중요한 것을 일곱으로 나누어 칠정이라고 했다.

이 칠정은 심장에 간직된 신神(넓은 의미의 신)이 통솔한다. 오장에 간직된 혼신의백지魂神意魄志도 모두 신이 통솔한다. 그런데 이런 정서가

지나쳐 병이 되는 것이다.

심心은 신神[좁은 의미의 신]을 저장하므로 지나치게 두려워하고 생각이 많으면 심心의 신神인 신神(좁은 의미의 신)이 상한다. 신이 상하면 매우 무서워하고 두려워하다가 제풀에 실신하고, 뱃속의 기름이 없어지고 살이 빠지고 털이 거칠어지며 얼굴빛이 나빠져서 겨울에 죽는다. 겨울에 죽는 것은 오행 상으로 심이 속한 화火를 이기는 것이 수水에 해당하는 겨울이기 때문이다. 이를 오행 상의 용어로 수극화水克火라고 한다.

비脾는 의意를 저장하므로 지나치게 걱정하고 시름하는 것이 풀리지 않으면 의를 상한다. 의가 상하면 정신이 흐려지고 팔다리를 들지 못하고 털이 거칠어지며 얼굴빛이 나빠져서 봄에 죽는다(목극토木克土).

간肝은 혼魂을 저장하므로 지나치게 슬퍼하고 애달파 마음이 흐트러지면 혼을 상한다. 혼이 상하면 미치고 잘 잊어버리며 정신이 흐리고, 정신이 흐리면 사람을 알아보지 못하고, 성기가 줄어들고 근육이 떨리며, 양쪽 갈비뼈를 움직일 수 없고, 털이 거칠어지고, 얼굴빛이 나빠져서 가을에 죽는다(금극목金克木).

폐肺는 백魄을 저장하므로 너무 지나치게 기뻐하고 즐거워하면 백을 상한다. 백이 상하면 미치는데, 미치면 다른 사람을 살피지 않고 살갗이 마르며 털이 거칠어지고 얼굴빛이 나빠져서 여름에 죽는다(화극금火克金).

신腎은 지志를 저장하므로 크게 화를 내고 가라앉히지 않으면 지를 상한다. 지가 상하면 전에 했던 말을 잘 잊어버리고 허리를 구부렸다 폈다 하지 못하고 털이 거칠어지고 얼굴빛이 나빠져서 늦은 여름에 죽는다(토극수土克水).

신腎의 정서는 두려워하는 것이라고 하였다. 우리가 놀란다는 것은 몰라서 놀라는 것이고 두렵다는 것은 알기 때문에 두려운 것이다. 갑자기 어디선가 큰 소리가 나거나 이상한 물체가 눈앞에 나타나면 '놀란다'. 그러나 저 사람이 나를 죽일지도 모른다는 사실을 알고 있기 때문에 '두렵다'.

무섭고 두려운 것이 풀리지 않으면 신腎에 저장되어 있는 정精을 상하게 된다. 정이 상하면 뼈가 시리고 손발이 여위고 힘이 없으며 싸늘해진다. 정액도 저절로 나온다.

폐의 정서는 슬퍼하는 것이다. 그래서 지나치게 슬퍼하여 마음이 흐트러지면 폐가 간직하고 있는 기氣가 마르고 끊어져 결국에는 죽게 된다.

심장의 정서는 기뻐하는 것이다. 그래서 너무 지나치게 기뻐하면 신神이 어지럽게 흩어져 갈무리되지 않는다. 신이 들떠서 정신을 차리지 못하는 것이다.

비脾의 정서는 골똘히 생각하는 것이다. 그래서 지나친 근심과 걱정이 풀리지 않으면 기가 막혀 돌지 않게 된다.

간의 정서는 화를 내는 것이다. 그래서 지나치게 화를 내면 홀린 듯 정신이 헷갈려 마음을 다스리지 못한다. 이는 모두 칠정으로 신이 어지러워진 것이다. 신을 다스리지 못하면 병에 걸릴 뿐만 아니라 죽음에도 이를 수 있다. 신을 다스리는 것은 내가 할 일이지만 신을 어지럽게 한 것은 다른 사람 혹은 사물과의 잘못된 관계이다.

병의 근원을 뿌리 뽑지 않으면 병은 치료되지 않을 뿐만 아니라 설혹 치료되었다고 해도 다시 재발한다. 고부간의 갈등으로 두통을 앓는 사람이 집을 나오면 머리가 아프지 않다가도 집에만 들어가면 머리가 아픈 것과 같다. 결국 칠정으로 오는 병은 우리 사회와 사람 사이의 관계를 바로 잡아야 한다. 그래서 오래 전부터, 작은 의사는 병을 고치고 큰 의사는 나라를 고친다는 말이 전해져오는 것이다.

기분에 따라 몸이 변하고 몸에 따라 기분이 변한다

기분氣分이란 보통 감정과 비슷한 말로 쓰인다. 사전적으로는, 대상이나 환경 따위에 따라 마음에 절로 생기며 한동안 지속되는, 유쾌함이나 불쾌함 따위의 감정이라고 하였다.

기분이라는 말은 말 그대로 풀어보면 '기의 몫'이다. 각각의 기가 맡은 역할이 바로 기분이다. 오장육부, 손과 발, 눈과 코 등이 각각 맡은 몫을 기분이라고 한다. 각각의 기가 자신의 몫을 다 하고 있으면 기분이 좋고 그렇지 못하면 기분이 나쁘게 된다. 몸의 상태에 따라 기분이 달라지는 것이다.

이는 반대의 경우도 성립한다. 감정으로서의 기분이 나쁘면 각각 그와 연관된 몸의 기가 나빠지게 된다. 몸이 나빠지는 것이다. 이는 몸과 마음이 서로 떼려야 뗄 수 없는 관계에 있음을 보여주는 것으로, 몸과 마음 모두에게 변화의 동력이 있음을 인정하는 것이다. 그래서 오장에 있는 정精이 여러 가지 이유로 한 곳으로 몰리면 병이 생긴다.

오장의 정精이
심心으로 몰리면 지나치게 기뻐하게 된다.
폐로 몰리면 지나치게 슬퍼하게 된다.
간으로 몰리면 지나치게 화를 내게 된다.
비脾로 몰리면 골똘히 생각하게 된다.
신腎으로 몰리면 지나치게 무서워하게 된다.

그러므로 크게 슬퍼하거나 화를 낼 일이 아닌데도 과장된 반응을 보이면 관련된 장기에 문제가 있을 것으로 생각해볼 수 있다. 한 예로 화를 내놓고 자신도 모르게 스스로 놀라는 경우가 있다. "평소에는 그러지 않았는데 내가 왜 그랬지?" 하면서 스스로 놀란다. 이럴 때는 대개 간의 기가 지나치게 커졌거나 억눌려 있기 때문이다.

다른 한편 오장의 정이 한 곳으로 몰리면 정서상의 문제도 생기지만 몸 전체에도 이상이 생긴다.

지나치게 기뻐하여 심心을 상하면 빨리 걷지 못하고 오래 서 있지 못한다. 성내어서 간을 상하면 기가 위로 올라가 참을 수가 없고 열기가 가슴에서 끓고 숨이 가빠서 숨을 쉴 수가 없다.

지나치게 근심하여 폐를 상하면 심계心系가 당기고, 상초上焦가 막히며, 영위榮衛가 통하지 않고, 밤에 누워서도 편안하지 않다. 심계란 심장과 다른 장기를 연결하는 낙맥을 말한다. 상초는 목구멍에서 횡격막 또는 위 입구까지의 가슴 부위에 해당한다.

생각을 지나치게 하여 비脾를 상하면 기가 머물러 움직이지 않아서 중완中脘에 쌓이고 음식을 먹지 못하고 배가 그득히 부르고 팔다리가 나른해진다. 중완은 혈 자리 이름으로, 배꼽으로부터 곧바로 네 치 위에 있다.

지나치게 슬퍼하여 심포心包를 상하면 잘 잊어버리고 사람을 알아보지 못하며 물건을 어디에다 두었는지 찾지 못하고, 근육이 떨리며 팔다리가 붓는다.

지나친 무서움으로 신腎을 상하면 상초에서는 기가 막혀서 돌지 않고 하초에서만 빙빙 돌아 멀리 흩어지지 않으므로 오히려 결단을 내리지 못하고 구역질을 하고 속이 메스껍다. 하초는 배꼽에서 생식기와 항문까지의 부위에 해당한다.

지나치게 놀라서 담膽을 상하면 신神이 돌아갈 곳이 없고 생각

〔慮〕이 정해진 것이 없어서 무엇을 설명하는데 내 뜻〔志〕과는 다르게 횡설수설한다.

그러므로 지나친 감정은 몸을 상하게 한다. 반대로 몸을 잘 다스리지 못하면 감정이 제 멋대로 드러나게 된다. 여러 종교에서 마음을 앞세워 말하는 것은 단순한 마음의 문제만을 말한 것은 아닐 것이다. 도교는 물론이거니와 불교나 유교, 가톨릭 등에서는 마음과 더불어 반드시 몸의 수련도 함께 말하고 있다. 그리고 이런 종교의 수련 과정에는 몸의 수련 과정이 포함되어 있다. 무술로 유명한 소림사少林寺는 원래 수도승의 수련을 위한 무술이 널리 알려진 경우다.

다음으로는 여러 가지 정서가 몸에 어떤 영향을 미치는지 살펴보기로 한다.

기쁨

한의학에서는 오행으로 모든 사물을 나누는데, 사람의 정서를 통틀어서 지志라고 한다. 오장 각각에 '지'가 있는 것이다. 그래서 오행의 상생 순서대로 간은 화나는 것, 심장은 기쁜 것, 비는 골똘히 생각하는 것, 폐는 근심하는 것, 콩팥은 무서워하는 것을 배속시켜 이를 오지五志라고 한다.

심心의 지志는 기뻐하는 것이다. 기쁘다는 것은 즐겁다는 것과 비슷하다. 그러나 이 둘을 굳이 나누어보자면, 기쁜 것은 대개 외부의 자극으로 오는 것으로, 비교적 짧은 상황에서 강하게 느껴지는 감정이다. 반면에 즐겁다는 것은 마음속에서 우러나오는 것으로, 비교적 오래 지속되는 은근한 감정이다(『국어실력이 밥 먹여준다』).

누구나 기뻐하는 일이 많기를 바란다. 그러나 지나치게 기뻐하면 몸의 기 중에서 기(좁은 의미에서의 기)를 상하게 된다. 기 중에서도 양기陽氣를 상하게 된다. 나아가 기뻐하고 성내는 것이 절제가 없거나 추위와 더위가 지나치면 생명의 근원이 든든하지 않게 된다.

일반적으로 지나치지 않은 적절한 기쁨은 기를 느긋하게 만든다. 또한 여러 기를 조화롭게 만든다. 그러면 오장의 오지가 잘 발휘될 수 있다. 기가 느긋해지는 것은, 기뻐하면 영기와 위기가 잘 통하기 때문이다.

반면에 기쁜 일이 없으면 기가 잘 돌지 않기 때문에 소화도 잘 안 되고 트림이나 방귀가 잦아진다. 얼굴에 윤기가 없어져 까칠해지며 피부도 거칠어지고 머리카락도 거칠어진다. 피부와 머리카락이 거칠어지는 것은, 기쁨이 생기기는 심장에서 생기지만 폐에서 이루어지는데, 지나친 기쁨으로 심장과 폐를 모두 상했기 때문이다.

폐는 피부와 몸의 모든 터럭을 주관하는 장기다. 또한 보고 듣고 냄새 맡고 하는 모든 감각과 관련된 일이 기의 작용이므로 감각도 떨어진다. 자연히 표정도 다양하지 않게 된다. 그러므로 지나치지만 않다면 기쁜 일이 많다는 것은 우리 몸의 기를 조화롭게 하고 잘 돌게 하는, 건강의 출발점이 된다.

기쁨이 지나친가 아닌가는 오지의 문제다. 넓게 말하면 신神의 문제다. 그러나 몸의 상태 역시 오지에 영향을 미친다. 그래서 심장이 실實하면 잘 웃게 된다. 지나치게 기뻐하거나 즐거우면 신神이 흩어져서 갈무리가 되지 않는다. 신 중에서도 백魄을 상하게 된다. 백은 폐의 신神이다. 기쁨이 완성되는 폐의 신인 백이 상하는 것이다.

그런데 동의보감에서는 '웃으면 기쁘게 된다'고 말하고 있다. 이 말은 『내경』이 아니라 『침구갑을경鍼灸甲乙經』(259년 전후)이라는 책에서 따로 인용한 것이다. 이는 약 100년 전, 심리학에서 제임스와 랑게(James-

Lange에 의해 제기된 논쟁을 떠올리게 한다. 사람은 기뻐서 웃는 것일까 아니면 웃으니까 기쁜 것일까 하는 것이 이 논쟁의 주제다.

제임스와 랑게는 웃기 때문에 기쁜 것이라고 하였고 이에 대해 캐논과 바드Cannon-Bard는, 감정의 상태는 피질cortex에 영향을 미치는 시상과 시상하부로부터 오는 것이라고 하였다. 간단히 말하면 제임스 랑게는 자극-신체 반응-감정이 생긴다는 것이고 캐논과 바드는 자극-감정-신체 반응이 생긴다는 것이다. 더 간단히 말하면 제임스 랑게는 웃기 때문에 기쁜 것이라고 말하는 것이고 캐논과 바드는 기쁘기 때문에 웃는 것이라는 말이다.

그러나 전신이 마비되어 웃을 수 없는 사람도 감정을 느낀다는 점에서는 제임스 랑게의 이론이 맞지 않으며, 조울증의 치료처럼 자율신경계를 자극하는 등의 방법으로 신체적 반응을 일으켜서 감정의 변화를 가져올 수 있다는 점에서는 캐논과 바드의 이론이 맞지 않는다. 오늘날 많은 연구자들은 이 두 이론을 모두 완전한 것으로 볼 수 없으며 서로 보완되어야 하는 것으로 본다(J. W. 캐럿Karat, 『생물심리학』).

그런데 이런 논쟁이 발생한 이유는 무엇일까. 그것은 한마디로 몸과 마음을 분리해서 보았기 때문이다. 몸과 마음을 하나로 보아 서로가 서로에게 직접적인, 그리고 동시적인 영향을 주고받을 수 있는 것, 또한 서로 상호 전화하는 것으로 보았다면 이런 논쟁은 생겨나지 않았을 것이다. 이 논쟁은 빛이 입자인지 파동인지 하는 논쟁과 유사한 구조를 갖고 있다. 빛은 입자인 동시에 파동이며 둘은 상호 전화한다.

그러나 다소 엉뚱하게 보일지 모르는 이 논쟁을 통하여 감정과 신체 반응 사이의 관계에 대한 이해가 깊어지게 되었다. 또한 신경과 약물의 관계, 뇌의 구조와 기능을 더 알게 됨으로써 의학의 발전에 기여했다.

허준 선생이 '웃으면 기뻐진다'는 『침구갑을경』의 구절을 굳이 인용한 것은 아마도 몸과 마음이 하나라는 전제 하에, 마음만이 아니라 몸에서 오는 정지의 문제를 해결하기 위한 것, 다시 말하면 본인의 의지와 관계없이 실없이 웃는 병을 치료하기 위한 것이었을 것이다.

웃음의 고통

웃으면 좋다는 말은 누구나 알고 있다. 그래서 많은 사람들이 억지로라도 웃으려 한다. 하루에 몇 분 동안 웃으면 운동효과는 물론 심지어 암도 예방할 수 있다고도 한다. 웃음 훈련과정도 있고 그 과정을 지도하는 사람도 있고 자격증도 있다. 그러므로 웃을 일이 별로 없는 시대를 살면서 때로는 억지로라도 웃음을 찾아보는 것은 의미가 있다. 그러나 웃음이 고통이라면 어떨까.

아픈 것도 아닌데, 그렇다고 기쁜 일이 있다거나 별다른 자극이 있는 것도 아닌데 입만 벌리면 웃음이 나오는 경우가 있다. 가벼운 경우는 주위에서 쉽게 접할 수 있다. 흔히 사춘기 소녀들은 낙엽만 굴러도 까르르 웃음이 난다고 한다. 이는 한창 혈기가 왕성하여 심장에 열이 찼기 때문이다. 심이 실해진 것이다. 이는 성장 과정에서 나타날 수 있는 일시적인 현상으로, 병이 아니므로 치료할 필요는 없다. 다만 이런 경우에도 고요히 명상을 하거나 조용한 음악을 듣거나 자연을 말없이 한동안 바라보는 등 양적인 것이 아닌 음적인 것을 자주 접하여 음양의 조화를 맞출 필요는 있다.

한편 흔히 미쳤다고 하는 사람들 중에 심장의 화 때문에 실없이 웃는 경우가 많다. 이런 경우는 실제 우스워서 웃는 것이 아니고 심장의 기가 실해짐에 따라 나도 모르게 웃음이 나오는 것이다. 이는 병이므로 치료의 대상이 된다.

그러나 사춘기 소녀도 아니고 미친 것도 아닌데, 길을 물어보려고 낯선 사람에게 말을 건네려 입을 열면 웃음이 나와 말을 이을 수 없다면 상대는 얼마나 당황할 것이며 그러는 나 자신은 얼마나 곤혹스러울까.

말을 할 때는 물론이며 밥을 먹을 때도 웃음이 난다. 잘 때만 웃음이 그친다. 이런 환자는 시도 때도 없이 나오는 웃음 때문에 웃음을 참으려고 이를 악다문다. 그러다 마침내는 이빨이 마모되어 반 정도밖에 남지 않게 된다.

웃음이 그치지 않는 경우를 한의학에서는 심장의 사기가 너무 많아져서 그것이 화火로 변했기 때문으로 본다. 이를 심실증心實症이라고 한다. 이런 환자들이 적지 않게 있다. 필자도 그런 환자를 치료한 적이 있었다.

심실증에 걸린 환자는 참으로 고통스럽다. 일상적인 대인관계가 무너지며 자칫 미친 것으로 오해받기도 한다. 그래서 오죽하면 웃음을 참으려고 스스로 이를 악다물어 이빨을 손상시키기까지 하는 것이다. 이런 경우에는 분명한 병이므로 심장의 화를 내려주는 치료를 해야 한다. 그러면 왜 심장이 실해지면 웃음이 나는 것일까.

심心은 신神을 간직하고 있는데, 신이 넘치면 웃음이 그치지 않게 된다. 심장이 실實해졌다는 것은 심장 안에 무언가가 가득 찼다는 말이다. '실實'은 방〔宀〕 안에 화폐로 쓰이는 조개〔貝〕나 쌀 같은 것이 가득 차있는 모양이다. 심장에 무언가가 가득 차 있으므로 신이 들어갈 곳이 없어진다. 그러면 신이 밖으로 넘칠 수밖에 없다. 그것이 웃음으로 몸밖에 드러나는 것이다.

반면에 신이 부족하면 슬퍼한다. 신이 부족하게 되는 것은 심이 허해져서 그런 것인데, 이때는 대개 가슴이 두근거리고 아프며 숨결이 밭고 건망증이 심하며 가슴이 답답하여 잠을 잘 때 불안해하고 잘 놀라며 식은땀이 나고 얼굴에 윤기가 없어지는 증상이 같이 나타난다. 신이 부족해지면 자꾸 이런저런 쓸데없는 생각이 들고 의욕도 없어지며 모든 것이 비관적이 된다. 그래서 근심 걱정이 태산 같아 슬퍼하는 것이다.

너무 슬플 때는 웃게 하고 너무 웃음이 나올 때는 슬픈 느낌을 갖게 하는 것이 치료의 한 방법이 된다. 무조건 웃는다고 다 약이 되는 것도 아니며 슬퍼한다고 모두 병이 되는 것도 아니다. 음양의 조화가 곧 치료의 목표라고 한다면 적당한 웃음과 슬픔이 모두 필요한 것이다.

화

화가 나면 몸에 어떤 반응이 나타날까. 얼굴이 벌겋게 달아오르며 가슴이 답답해진다. 두근대는 것은 물론 심장이 빨리 뛰기 시작한다. 숨도 가빠진다. 몸이 떨리고 목소리도 떨린다. 눈에 보이는 것이 없어진다. 더 심하면 어지러워 쓰러지거나 삭지 않은 설사를 하며 피를 토하기도 한다. 큰 화가 일어날 때는 마치 땅 속에 묻혀 있던 불길이 화산처럼 터져 나오는 것 같다.

이런 증상은 모두, 화를 내면 기가 위로 거꾸로 올라가기 때문에 생기는 것이다. 화는 오행으로 보면 목木에 해당하는 정지情志다. 목은 음 중의 양이다. 이를테면 땅속의 불이다. 그래서 화를 내면 음기에 갇혀 있던 양기가 마치 화산이 터지듯 터져 나오는 것이다. 그렇기 때문에 화를 내면 몸의 반응이 급격하다.

화를 심하게 내서 삭지 않은 설사를 하는 이유는, 오행의 목에 속하는 간의 기가 토에 해당하는 비脾를 억눌러 비의 기능이 제대로 되지 못했기 때문이다. 화를 내서 피를 토하는 것은, 피는 기와 한 짝이어서 기를 따라 움직이기 때문에 기가 치밀어 오름에 따라 피도 같이 치밀어 올랐기 때문이다.

화가 나지만 밖으로 드러나지 않은 상태를 스트레스라고 한다. 밖으로 나오려는 양과 이를 막고 있는 음의 팽팽한 긴장이 유지되고 있는 상태다. 이런 상태가 계속 되면 입맛이 떨어지면서 소화가 잘 되지 않고 대변도 가늘어지면서 시원하게 볼 수 없다. 피로가 풀리지 않고 잠이 오지 않거나 머리가 아프게 되며 불안하고 집중력도 떨어지고 일에 대한 관심도 떨어진다. 여성들은 월경이 불순해지고 통증이 심하며 덩어리가 나온다. 이런 상태가 지속되면 병에 대한 저항력이 떨어져 모든 병의 원인이 된다.

그러므로 스트레스는 어떤 식으로든 해소해야 한다. 마음속으로 평온을 되찾아 스트레스가 해소되면 가장 좋겠지만 현실적으로 쉬운 일이 아니다. 스트레스가 가져오는 문제에 관한 옛 이야기가 있다.

옛날에 어떤 왕이 병이 들었다. 나라의 뛰어난 의사를 여럿 불렀지만 병은 낫지 않고 더 심해져서 죽을 지경에 이르렀다.

그런데 어느 날 지나던 객이 보니 속에 화가 맺혀서 생긴 병이었다. 그래서 이 사람은 죽을 각오를 하고 왕을 화나게 하였다. 왕이 누워있는 침상에 신발도 벗지 않고 올라가는 등 무례하게 굴고 방자한 말을 늘어놓았다.

당연히 왕은 크게 화를 내고 마침내 벌떡 일어나 "저 놈을 잡아 능지처참하라"고 외쳤다. 그러다가 너무도 화가 치밀어 올라 그만 피를 토하고 말았다. 다들 놀랐지만 이 객은 태연하게 "이제 왕의 병은 나았다"라고 선언한다. 속에 맺힌 피를, 화를 돋아 토하게 하여 병을 치료한 것이다.

이 이야기를 통하여, 화를 속에 쌓아두었을 때 잘못하면 목숨이 위험할 수도 있다는 것과 그것을 밖으로 발산해야만 병이 치료될 수 있다는 점을 알 수 있다. 실제 임상에서 보면 화를 터뜨리지 못하고 속에 쌓아두는 사람을 볼 수 있다. 이런 사람일수록 다른 사람에게서는 좋은 사람이라는 말을 많이 듣는다. 다른 사람에게 화를 내지 않으니 사람 좋다고 하는 것이다. 그러나 그 사람의 속은 썩을 대로 썩어서 온갖 병이 떠나지 않는다.

화는 불과도 같다. 그러나 그 불은 자신만 태울 뿐이다. 칠정이 모두 몸을 상하게 하지만 그중에서도 화가 가장 심하다. 이는 화를 내면 목에 해당하는 간이 곧바로 토에 해당하는 비를 억누르게 되고 그러면 나머지 네 개의 장기가 모두 병이 들기 때문이다.

가장 좋고도 근본적인 법은 화를 만들지 않는 인간관계와 사회구조를 만드는 것이다. 그렇게만 될 수 있다면 아예 화를 낼 일이 없어질 것이다. 그다음으로는 개인적으로 자신의 마음을 다스리는 것이다. 그리고 가벼운 등산이나 운동, 음악 감상과 같이 화를 다른 방법으로 푸는 것이다. 가장 바람직하지 않은 것은 약을 통해 치료하는 것이다.

참고로, 앞의 기쁨에 관한 논의에서도 허준 선생은, 웃으면 기뻐진다는 말을 인용하였지만 여기에서도 간과 담의 기가 실하면 화가 난다는 말을 덧붙이고 있다. 몸과 마음의 상호관계에 주목하고 있는 것이다. 마지막으로 화에 관한 세네카의 말을 인용해본다.

화를 내는 최대 원인은 "나는 잘못한 게 없다"는 생각이다. 하지만 이는 우리가 자신의 잘못을 인정하지 않는 것뿐이다. 그러므로 우리로 하여금 화를 내게끔 하는 것은 우리 자신의 무지와 오만함이다.

화는 자신을 파괴할 뿐이다. 화가 당신을 버려놓기보다 당신이 먼저 화를 버려라. 그동안 다른 사람들을 괴롭히고 우리 자신도 괴롭히는 고통을 안겨준 화. 우리는 좋지도 않은 그 일에 귀한 인생을 얼마나 낭비하고 있는가! 화를 내며 보내기에는 우리의 인생은 얼마나 짧은가!(세네카, 『화에 대하여』)

근심과 슬픔

어떤 사물이 오행의 어떤 행에 속하는지에 대해서는 여러 논란이 있어왔다. 『내경』에도 오행의 배속에 관한 서로 엇갈리는 서술이 종종 나온다. 이는 『내경』의 시대에도 한의학 이론에 관한 논쟁이 다양하게 있었음을 보여주는 증거라고 할 수 있다. 그런데 이런 논쟁은 한의학에 그친 것이 아니다.

춘추전국시대의 동아시아에서는, 세상의 모든 말은 양주楊朱 아니면 묵적墨翟에게로 돌아간다고 맹자가 한탄했던 것처럼, 도가와 묵가가 지배적인 사상이었고 유가儒家는 아직 미미한 상태였다. 그러나 전국시대가 끝나고 제국의 성립과 함께 유가는 서서히 자신의 지배력을 확대해갔다. 분서갱유焚書坑儒는 이러한 제국의 성립을 둘러싼 여러 사상의 헤게모니 쟁탈의 한 표현이라고 할 수 있다.

분서갱유를 통하여 다른 학파와 마찬가지로 『서경書經』을 비롯한 유가의 경전들도 사라졌다. 그러다가 한나라 시대에 들어와 유가의 헤게모니가 확보되면서 유가 경전에 대한 복원이 시도되었다. 문제文帝는 복승伏勝으로 하여금 암기하고 있던 내용을 토대로 『서경』을 구술하게 하여 이를 한나라 시대의 글씨체인 예서隸書로 받아 적었다. 이를 지금의 문자로 썼다고 하여 『금문상서今文尚書』라고 한다.

그리고 경제景帝 때에 이르러 경제의 아들인 노공왕魯恭王이 곡부曲阜

에 있는 공자의 옛 집을 수리하기 위해 벽을 헐었는데, 그 속에서 과두
문자蝌蚪文字(올챙이 문자)로 쓰인 『서경』 등의 고대 전적들이 발견되었
다고 하면서 이것이 올바른 경전이라고 하였다. 이를 옛날 문자로 쓰였
다고 하여 『고문상서古文尙書』라고 한다(물론 이는 뒤에 자작극으로 밝혀진
다). 이로써 고문과 금문을 지지하는 학파가 나뉘어 논쟁이 시작되었는
데, 여기에는 오행의 배속에 관한 논쟁도 포함되어 있었다. 예를 들어,
중앙의 토에 해당하는 장기가 금문에서는 비脾이지만 고문에서는 심心
이다. 또한 각 행에 배속된 사물도 다르다.

논쟁의 결과 전체적으로는 고문이 승리하였다. 금문은 현실 정치에
서 밀려나 오늘날까지도 대부분의 유가 경전은 고문을 중심으로 전해
지고 있다. 그러나 한의학과 천문학 등 과학 분야에서는 금문이 이겼다.

한의학에서 사용하는 오행은 금문의 오행이다. 『내경』에 오행의 배속
과 관련하여 상이한 서술이 나오는 것은 여러 학파 사이에서 벌어졌던
금고문 논쟁의 흔적이 남아 있는 것이라고 볼 수 있다. 그런데 동의보감
에서는 폐의 정지는 근심과 슬픔이라는 두 가지를 모두 인용하고 있다.
그 이유는 무엇일까.

근심하면 기가 가라앉는다. 근심과 걱정을 하면 기가 막혀 돌지 못한
다. 대개 근심하면 가슴이 막혀서 통하지 않고 기와 맥이 끊어져 위아래
가 통하지 못한다. 기가 안에서 단단하게 막히면 대소변이 잘 나오지 않
게 된다. 근심과 걱정이 풀리지 않으면 의意를 상하는데 의意는 비脾의
신神이다. 그러므로 소화도 잘 되지 않고 기의 위아래 순환이 제대로 되
지 않는다. 반면에 슬퍼하면 기가 소모된다. 기가 없어지는 것이다. 또
한 슬픔이 마음을 움직이면 혼魂을 상한다. 슬픔이 마음을 움직이면 혼
이 나가 기가 끊어져 죽을 수도 있다.

동의보감에서 폐와 연관된 정지를 근심과 슬픔을 모두 말한 데에는

근심과 슬픔이 서로를 이루는 것이기 때문이다. 심이 허하면 슬퍼하는데 슬퍼지면 근심하게 되기 때문에 근심과 슬픔은 서로 연결되어 있다고 본 것이다. 그런데 왜 폐와 슬픔이 연관된 것일까. 그것은 폐가 오행상으로는 금金에 속하고 금은 계절로는 가을에 속하며 가을은 서리처럼 무성하던 것을 죽이는 힘〔숙살지기肅殺之氣〕이 있기 때문에 폐는 슬픔과 연관되게 된 것이다.

슬픔은 죽음과 같은 경우를 당했을 때 느끼는 정서다. 죽음 앞에서도 슬프지만 몸의 상태에 따라서도 슬픔이 느껴지는 것으로 본 것이다. 구체적으로 정과 기가 폐에 몰리면 슬퍼지고, 간이 허한데 폐의 기가 간으로 몰리면 슬프게 된다. 여기에서도 몸과 마음의 상호 작용에 대한 논의가 이루어지고 있다.

생각

오늘의 용법에서 보면 생각은 정지情志가 아니다. 생각은 인지認知다. 사유 혹은 사고의 과정을 말한다. 오늘날 생각이라는 말은 어찌 보면 영어의 '씽킹thinking'의 번역어로 이해되고 있는 듯하다. 그러나 한의학에서 '생각〔思〕'은 정지의 하나다.

'생각 사思' 자의 뜻은 담는 것이다("思, 容也." 『說文解字』). 무언가를 마음속에 받아들여 가슴에 담고 거기에서 벗어나지 못하고 얽매여 있는 것이다("思, 凡有所司捕." 『釋名』). 당장 어떤 일에 당하여 거기에 대해 생각하는 것이 아니라, 앞으로 하고자 하는 바가 있어서 과거의 경험 등을 떠올리며 마음속에 받아들여 그것을 간직하고 이리저리 헤아려보는 것, 재보는 것이다.

『방언류석方言類釋』(1778년, 정조2년)에는 '생각'이, 이리저리 헤아려본다는 '사량思量'의 번역어로 「성정류性情類」에 들어가 있다. 성정이란 각 개체가 본래의 타고난 바탕과 그것이 다른 개체와의 관계에서 드러나는 것을 말한 것이다. 그러므로 이 항목에는 사고의 과정이 아니라 생성生性, 품부稟賦와 같은 단어에 이어 양심良心(어진 마음), 흑심黑心(욕심), 정직正直, 담자대膽子大(담대하다), 소심小心 같이 정情에 해당하는 단어가 나오고 있다. 이는 당시에도 생각이라는 말을, 인지과정과 연관된 것이 아니라 각 개체의 성이 다른 개체와의 관계에서 드러난 것, 곧 정으로 이해하고 있었음을 말해주는 것이다. 이는 생각[思]이라는 말을 슬픔이나 화처럼 그 사람의 정지, 지속적인 감정의 상태로 받아들인다는 말이다. 따라서 여기에서 말하는 '생각'은 사고의 과정이 아니라 골똘히 생각에 잠긴 상태를 말한다. 하나의 생각에 빠져 애태우는[노심초사勞心焦思] 정지를 말한다. 이는 모든 것을 빨아들여 힘겹게 꿈틀대며 새로운 것을 만들어내려고 하는 열대지역의 늪의 이미지와 비슷하다. 빠져나오려 하지만 그럴수록 더 빠져나오지 못한다. 그것이 바로 '생각'이다.

생각이라는 말 자체가 무언가에 얽매여 빠져 있는 상태인 것처럼 생각을 지나치게 하면 기 역시 맺히게 된다[結]. 마치 실이 얽혀 있듯이, 매듭을 짓듯이 기가 맺히는 것이다. 마음에 걸린 것이 풀리지 않았기 때문에 기도 역시 머물러 맺힌다. 기가 맺히게 되면 잘 흐를 수 없다. 그러면 기와 짝이 되어 있는 혈血 역시 잘 흐르지 못하게 된다. 기와 혈의 운행에 모두 문제가 생기는 것이다.

한의학에서 생각이란 오행의 토에 해당하는 비脾에서 생기는 것이다. 비에서 생기지만 그것이 이루어지는 것은 심心이다. 그러므로 생각하는 것이 어느 정도를 지나치면 비와 심 두 개의 장臟이 모두 상하게 된다. 심은 신神이 머무는 곳이다. 심이 상하게 되므로 신이 머물 곳이 없어진다. 오랫동안 골똘히 생각에 잠겨 있다 보면 다른 정지에도 문제가 생기게 된다.

생각은 변화를 가져온다. 생각을 통해 무언가 새로운 것이 태어난다. 생각은 무언가에 얽혀 거기에 빠져 있는 상태지만 모든 새로운 것은 생각의 단계를 거쳐야 비로소 태어날 수 있다. 그래서 생각으로 말미암아 멀리까지 바라볼 수 있게 된다고 하는 것이다. 이 단계를 '려慮'라고 한다. 그리고 '려'의 단계를 거쳐 드디어 밝은 지혜를 얻게 된다. 이를 '지智'라고 한다. 이 '지'를 통해 새로운 것이 실현된다.

그런데 골똘히 생각만 할 뿐 새로운 변화를 만들어내지 못하면, 다시 말해서 생각 자체에 빠져 있기만 하고 여기에 두려움이 더해지면 신神을 상하게 된다. 생각은 비에서 나와 심에서 이루어지는 것이기 때문이다. 생각만 하다가 신神을 상하게 되면 무서워하게 되고 이렇게 되면 자신도 모르게 정액이 흘러나와 그치지 않게 된다.

생각을 하지 않고서는 밝은 지혜를 얻을 수 없다. 그러나 생각에만 머물러서는 아무런 새로운 것을 만들어낼 수 없을 뿐만 아니라 스스로의 몸을 망칠 뿐이다.

두려움

두려운 상황이 생겼을 때 어떤 사람은 다른 사람보다 더 두려워하기도 하며 어떤 사람은 전혀 두려움을 느끼지 않기도 한다. 이런 차이는 왜 생기는 것일까? 그리고 두려움을 없애려면 어떻게 해야 할까?

호랑이에게 물려가도 정신만 차리면 된다고 하지만 모든 사람이 정신을 차릴 수 있는 것은 아니다. 한의학에서는 이러한 차이는 그 사람의 몸의 차이, 나아가 장부의 차이에서 생긴다고 본다. 우리는 보통 두렵거나 무서운 상황이 있을 때 그런 정지를 느끼는 것으로 생각하지만 한의학에서는 그런 측면보다는 몸의 상태가 더 중요하다. 한의학은 심리학이나 철학이 아니라 하나인 몸과 마음을 동시에 치료하는 의학이기 때문이다.

동의보감에서는 콩팥의 정지로 무서움(怖)과 더불어 두려움(恐)을 말하고 있다. 정확하게 말하면 두려움에 무서움을 포함하여 말하고 있다. 두려움은 무서움과 비슷하게 보인다. 그러나 두려움은 공포의 원인이 자신의 안에 있고, 무서움은 외부에 있다. 두려움의 대상은 추상적인 데 비해 무서움은 구체적이다. 두려움은 아직 일어나지 않은 일을 두고 불안해하고 걱정스러워 하는 마음인데 비해 무서움은 대개 놀람을 동반하는 즉각적인 마음이다(김경원 김철호, 『국어실력이 밥 먹여준다』).

무서워하는 것과 놀라는 것도 비슷하게 보인다. 그러나 놀란다는 것은 자신이 알지 못하기 때문에 놀라는 것이고, 무서워하는 것은 자신이 알고 있기 때문에 무서운 것이다. 무서워하는 사람은 마치 다른 사람이 곧 자기를 잡으러 오는 것만 같아서 혼자 있지 못한다고 알고 있어서, 반드시 다른 사람과 함께 있어야만 무서워하지 않는다. 또 밤에는 반드시 불을 켜야만 잠을 잘 수 있다. 불이 없으면 무서워하고 두려워하는데 이것이 공恐이다.

무섭거나 두려워하면 기가 밑으로 처진다. 두려움과 무서움은 정지상으로는 차이가 있지만 그것이 몸에 미치는 효력, 곧 기라는 차원에서는 같은 효력을 갖고 있으므로 이 둘을 굳이 구분하지 않는다. 두려워하면 상초가 굳게 막혀서 하초에서만 기가 맴돌므로 기가 위아래로 돌지 못하여 아래로 처지게 되는 것이다.

다른 정지와 마찬가지로 두려움도 기본적으로는 정과 기가 콩팥에 몰려 생긴다. 심心이 허하여 심장의 정과 기가 콩팥에 몰려 콩팥의 기와 같이 있기 때문에 무서움이 생기는 것이다. 정과 기가 콩팥으로 몰리는 이유는 콩팥에 병이 들었기 때문이다.

다른 한편, 위에 열이 있어도 무서워하게 된다. 그래서 위胃의 정지도 무서워하는 것이라고 말한다. 위에 열이 있으면 콩팥의 기[腎氣]가 약해지기 때문에 무서워하는 것이다. 콩팥이 약해져 병들면 무서움을 잘 탄다.

혈이 부족해도 무서워하게 된다. 혈은 간에 저장되어 있는 것이므로 간의 기가 허하면 무서워하게 되는 것이다. 이는 간과 담, 그중에서도 특히 담이 용감함을 주관하기 때문에, 혈이 부족하여 간과 담이 허해지면 용감하지 못하게 되어 결국 무서움이 많이 타게 되는 것이다. 반대로 혈이 넉넉하면 간과 담이 실해져서 화를 잘 내게 되고 용감하게 된다.

두려움은 콩팥의 정지이기 때문에 두려워하는 것이 풀리지 않으면 콩팥에 저장된 정이 상한다. 콩팥의 정이 상하여 부족하게 되면 아이의 경우는 성장이 느려진다. 지력智力도 떨어진다. 성인에게서는 성기능이 떨어지며 여자의 경우는 월경이 줄어들거나 아예 없어지기도 하고 임신도 잘 되지 않는다. 노화가 빨리 진행되는 것도 큰 특징이다. 허리가 시린 듯 아프며 머리카락이 빠지고 이빨도 흔들린다. 귀에서는 소리가 나며 건망증이 심해지고 다리에도 힘이 없어진다.

그러나 더 중요한 것은 정신적인 측면에서의 영향이다. 무서워하고 두려워하면 신이 어지럽게 흩어져 거두어들이지 못한다. 제 정신이 아니게 되는 것이다. 의지도 없어져 모든 것을 버린 사람처럼 보인다. 심하면 헛소리를 하며 미치게 된다.

두려움은 단순히 그 사람의 정지상의 특성만은 아니다. 두려움은 그 사람의 몸의 상태에서 오는 것이며 반대로 몸의 상태는 두려움이라는 정지에 의해서도 상할 수 있다. 몸과 마음은 둘이면서도 하나이고 하나이면서도 둘이다. 아니 몸과 마음이 하나이기 때문에 둘로 나누어 볼 수 있는 것이다. 그러므로 두려움을 없애려면, 예를 들어 귀신이 없다는 것을 증명해보이거나 마음을 다스리는 것도 필요하지만 콩팥 역시 잘 다스려야 한다.

놀람과 두근거림

놀람은 항상 두근거림을 동반한다. 갑자기 큰 소리를 듣거나 무언가를 보게 되면 놀라는데, 이럴 때마다 가슴이 두근거리게 된다. 놀란 것을 한자로는 '경계驚悸'라고 하는데, '경驚'은 심心이 갑자기 뛰고 편안하지 않은 것이며, '계悸'는 가슴이 두근거리면서 두려워하고 놀라는 것이다. '경'이나 '계'나 모두 두려워한다는 뜻과 함께 두근거린다는 뜻이 들어 있다.

두려움이 동반되는 것은, 경기를 앞두고 상대방 선수가 놀랍게도 '무섭게' 연습한다거나 경쟁하는 회사의 물건이 나오자마자 '무섭게' 팔린다고 할 때처럼 놀람에는 두려움이 함께하는 경우다.

놀라는 것은 자신이 알지 못하는 사이에 일이 벌어지면 느끼게 된다. 그러나 더 큰 것은 갑작스러운 정신적 충격이 있었을 때다. 사랑하는 사람의 죽음이나 배우자의 외도, 배신, 사기 등, 어느 정도 예상을 했더라도 그것이 직접 확인되었을 때의 정신적 충격은 매우 강한 것이어서 대부분 크게 놀라게 된다. 그리고 이런 충격은 쉽게 사라지지 않고 오랫동안 남아 있게 되며 여기에 슬픔이나 분노, 골똘한 생각 등의 정지가 더해져 더욱 강고한 정지를 만든다. 그리고 그것은 오랜 세월이 지나도 없어지지 않고 몸에 흔적을 남기게 된다. 그래서 2~30년 전에 자식을 먼저 보낸 사람이 뒤늦게 가슴이 두근거리거나 하는 증상이 나타나기도 한다.

한의학의 관점에서 몸과 마음이 하나라고 한다면, 놀람의 원인은 외부에만 있는 것이 아니라 몸의 상태 자체도 마음에 영향을 준다. 한의학에서는, 놀라는 것은 기본적으로 혈이 음으로 몰리고 기가 양으로 몰리기 때문이라고 말한다. 이것이 심하면 미친다. 혈은 음이고 기는 양이다. 혈은 양과 짝이 되어야 하고 기는 음과 짝이 되어야 한다. 그래서 혈과 기는 서로의 배필처럼 짝이 되어 돌아야 한다. 그런데 이런 저런 이유로 혈과 기가 따로따로 돌게 되는 상황이 되면 놀라게 된다는 것이다.

그러므로 가슴이 두근거리는 이유는 혈과 관련이 깊다. 혈이 부족하게 되면 이를 혈허血虛라고 하는데, 혈허를 하면 두근거리게 된다. 놀라서 가슴이 두근거리는 이유는 화火가 수水를 두려워하기 때문이다. 구체적으로는 신腎이 심心을 업신여기기 때문에 두근거리게 되는 것이다. 신이 심을 업신여기게 되면 심에 머물고 있는 신神이 제자리를 찾지 못하고 들떠서 가슴이 두근거리게 된다.

또한 담음痰飮이 많아도 두근거리게 된다. 담음이란 생리적인 노폐물이라고 할 수 있는데, 눈에 보이는 것으로는 코나 가래 같은 것이 있고 보이지 않는 것도 있다. 간단하게 걸쭉하고 탁한 것은 담이고 묽고 맑은 것은 음이다. 대개 마른 사람은 혈허가 많고 살찐 사람은 담음이 많다.

담음이 생기는 원인은 다양하지만 곡식은 적게 먹고 물을 많이 먹어도 담음이 많아진다. 그러면 수水가 명치 밑에 고이는데, 심하면 두근거리게 되고 가벼우면 숨이 차게 된다. 담음이 명치끝을 막으면 놀라고 두근거리는 증상이 쉽게 나타나는데, 이는 음飮으로 인해 생긴 병이다. 두근거렸다 가라앉았다 반복되는 것은 담痰이 화火 때문에 움직여서 그런 것이다. 불이 붙었다 꺼졌다 할 때마다 담이 움직여 가슴이 두근거리게 된다. 이처럼 가슴이 뛰는 경계는 열이 지나치게 성해서도 생긴다.

일시적인 놀람이 아니라 큰 정신적 충격으로 놀라게 되면 그런 자극이 없어져도 두근거리는 증상이 지속되거나 간헐적으로 반복된다. 놀라서 마음고생이 많고 지나치게 생각하면, 정精과 신神이 손상되어 머리가 어지럽고 눈앞이 캄캄하게 된다. 심心이 허해지면 숨이 차고 가슴이 두근거리며 열이 나면서 답답하게 된다. 정신이 가물거리면서 무서워하고 슬퍼하고 걱정하고 비참해하는 등 감정의 기복이 심하며 잠을 거의 못 이루기도 한다. 그러므로 내가 놀라서도 안 되겠지만 남을 놀라게 해서는 더욱 안 될 일이다.

놀람을 치료하는 법

평소 잘 놀라는 사람이 있지만 그렇지 않던 사람도 큰일을 당하고 나서 잘 놀라는 경우가 있다. 동의보감에서는 그런 사례를 하나 들고 있다.

어떤 부인이 밤에 도적을 만나서 크게 놀란 뒤부터 무슨 소리만 들어도 놀라서 넘어지고 정신을 잃었다. 그래서 집안에서는 어떤 소리도 내지 못했다. 여러 의사가 심心의 병으로 보고 치료를 하였으나 효과가 없었다. 몇 년이 지나도 치료가 되지 않았다. 그러다 마침내 장종정張從政(1156~1228)이라는 의사를 만났다.

장종정은 호를 자화子和라고 하는데, 금원金元 시대의 뛰어난 의사 네 사람, 곧 금원사대가四大家의 한 사람이다. 그는 병을 치료할 때는 나쁜 사기를 몰아내는 데 중점을 두어야 한다는 관점을 취했다. 사기만 몰아내면 병이 치료될 수 있으므로 병을 공격하는 것을 두려워하다가 병을 키워서는 안 된다고 하였다. 그렇게 병을 몰아내는 방법으로는, 병이 몸의 겉에 있으면 땀을 내고 위에 있으면 토하게 하며 아래에 있으면 설사시키는 토한하吐汗下의 세 가지 방법[토한하 삼법]을 써야 한다고 하여 사람들은 그를 공하파攻下派라고 불렀다.

장종정의 이런 치료법은 한의학의 전통에 근거한 것이기는 해도 이것만을 강조한다면 다소 지나친 면이 없지 않다. 왜냐하면 한의학에서는 내 몸의 정기正氣를 키워서 병이 들어오지 않게 하는 것이 보다 근본적인 것이라고 보기 때문이다. 물론 이런 방법은 상황에 따라 서로 보완하면서 써야 한다. 또한 병은 밖에서 오는 것도 있지만 안에서 오는 것도 있기 때문에, 외부에서 오는 병은 토한하 삼법을 중심으로 치료할 수 있지만 안에서 오는 병은 반드시 그렇지 않기 때문이다. 그래서 당시에도 장종정의 치료법을 둘러싸고 논쟁이 그치지 않았다. 장종정은 이런 비판에 대해 기회가 되는 대로 자신의 주장을 내세워 논박하고 있다.

그런데 재미있는 사실은 당시 가난한 사람들은 장종정의 치료를 선호하였지만 부자들은 그런 방법을 꺼려했다는 것이다. 아무래도 고생을 해보지 않은 사람들에게 땀을 내고 토하고 설사하게 하는 것은 부담스러운 일이 아닐 수 없었을 것이다. 반면 가난한 사람들은 좀 고통스럽더라도 빨리, 그리고 근본적으로 병을 고치고 싶어 했을 것이다.

그러나 장종정이 무조건 토한하 삼법만 쓴 것은 아니다. 그는 외인을 중시하였고 병을 중심으로 치료하려 했기 때문에 그런 방법을 즐겨 썼을 뿐이며 그의 치료 방법은 다양하다. 그런 예가 바로 동의보감에 소개된 방법이다. 앞에서 예로 든, 도적에 놀란 부인의 경우를 살펴보자.

장종정이 그 부인을 진맥하고 나서 부인을 높은 의자에 앉혔다. 그리고는 두 시녀에게 그 부인의 양손을 잡아 의자 팔걸이 위에 올려놓아 움직이지 못하게 하고, 바로 그 앞에 아래로 상자 하나를 놓았다.

"부인은 어떤 일이 있어도 이것을 보고 있어야 합니다."

그러고는 갑자기 막대기로 상자를 세차게 내리쳤다. 그 부인이 크게 놀랐다.

조금 지난 후 다시 갑자기 책상을 치니 이번에는 조금 덜 놀랐다. 이렇게 연달아 네다섯 번을 치니 그 후에는 그다지 놀라지 않으면서 서서히 안정되었다.

이제 더 이상 놀라지 않게 된 부인이 감탄하여 물었다.

"이것은 무슨 치료법입니까?"

그러자 장종정이 이렇게 대답했다.

"놀란 것은 양증陽症으로, 밖으로부터 들어오기 때문에 생긴 것이며, 무서워하는 것은 음증陰症으로, 안에서 나오기 때문에 생긴 것입니다. 놀라는 것은 자신이 알지 못하기 때문에 생기고, 무서워하는 것은 자신이 알기 때문에 생깁니다. 담膽에서 용감함이 나오는데, 놀라고 두려워하면 담을 상하게 됩니다. 부인께서는 전에 크게 놀라서 담이 상했던 것입니다."

부인이 웃으며 답했다.

"그렇군요."

"놀란 것은 평平하게 해야 하는데 '평平하다'는 것은 일상적一常的이라는 말입니다. 일상적으로 늘 보면 익숙해져서 놀라는 일이 없게 됩니다."

그날 밤 그 부인은 창문을 두드려도 초저녁부터 아침까지 깊이 잠들어서 아무 소리도 듣지 못했다.

부인이 치료되자 장종정의 제자가 물었다.

"선생님의 치료를 잘 보았습니다. 그런데 왜 하필 그런 방법으로 놀라게 하셨습니까? 다른 방법으로 놀라게 해도 치료가 되는 겁니까?"

"놀라면 신神이 위로 뜬다. 상자를 아래에 놓고 쳐서 이를 내려다 보게 한 것은 신을 거두어들이기 위한 것이다."

죽음과 같은 충격적인 일도 자주 접하다보면 일상적인 것이 되어버린다. 마음과 몸이 다시 평정을 되찾는 것이다. 죽음은 다소 예외적인 경우지만 놀란 일을 잊기 어렵다면 그것을 일상적인 것으로 만들어보는 것도 하나의 방법일 것이다.

정충

놀라면 가슴이 뛰게 되는데, 가벼운 경우는 잠시 안정을 취하면 곧 사라진다. 그러나 놀랄 상황이 끝났는데도 오랜 시간 동안 두근거림이 계속되거나 간헐적으로 반복되는 것을 경계라고 한다. 그리고 이런 증상이 더 심하게 오래 지속되는 것을 정충怔忡이라고 한다. 그러므로 정충은 경계보다 더 중한 병이다. 정충은 단순히 가슴이 두근거리는 것을 넘어서 불안해하고 무서워하면서 누군가가 당장 잡으러 올 것 같은 생각이 자주 드는 증상을 동반한다.

'정충怔忡'은 두려워할 '정怔', 근심할 '충忡'으로 이루어진 말이다. 가슴이 두근거릴 뿐만 아니라 두려워하고 근심한다는 뜻이 들어 있다. 귀에 큰소리가 들리거나 눈에 이상한 것이 보이고 위험한 일을 당하거나 어떤 일을 할 때 의지를 잃어 무서워하게 되기도 하는데, 아무 때나 가슴이 뛴다. 이런 것이 정충의 증상이다.

정충은 정신에서만 오는 것은 아니며 몸의 상태 역시 정충을 생기게 한다. 여기에서 중요한 역할을 하는 것은 담음이다. 심心이 허한데 담이 뭉치면 정충이 생긴다. 특히 심에 혈이 부족할 때 담이 있으면 쉽게 정충이 된다. 심에 혈이 부족하여 생긴 정충은, 마치 물고기가 물 밖에 나와 허덕허덕하면서 팔딱이는 것 같은 증상이 나타난다.

수음水飮 역시 정충을 생기게 하는데, '수음'이란 몸 안에 있는 수와 습기가 한 곳에 몰려 있는 것을 말한다. 이는 대개 비脾의 기가 허해져서 수와 습을 잘 돌리지 못하기 때문에 주로 명치 밑에 몰리게 된다. 수음으로 정충이 되면 머리가 어지러운 증상이 같이 나타난다.

수음으로 정충이 생길 때는 심이 허하다는 조건이 따른다. 수가 한 곳에 머물러 있다가 가슴속으로 그 수가 스며들어 가고 그러면 심장의 허한 기가 움직여 수는 위로 올라가게 된다. 이렇게 되면 수는 화火를 제압하기 때문에[수극화水克火] 심장에 있는 화[心火]가 이를 싫어하게 되고 그러면 심장이 스스로 안정되지 못하고 앙심을 품게 되어 정충이 생기는 것이다.

심心과 신神이 안정되지 못하면 역시 정충이 생긴다. 이럴 때는 정신이 없고 잘 잊어버리며 화火가 내려가지 않아 반복적으로 가슴이 두근거리게 된다. 건망 증상이 함께 나타나는 특징이 있다.

정충을 치료하는 약 중에 대표적인 것이 온담탕溫膽湯이다. 여기에서 '온'은 따뜻하다는 말이 아니라 원만하게 해준다는 뜻이다. 곧 담의 기를 온화溫和하게 하면서 잘 흐르게 해준다는 뜻이다. 이 약은 심心과 담膽이 매우 허하여 작은 일에도 쉽게 놀라는 것과 진액[涎]과 기가 서로 뒤엉켜 변하여 생긴 여러 증상을 치료한다. 근대 서양의학으로 말하자면 각종 심장질환에 해당하는 증상을 치료하는 약이다. 이 처방은 그 활용도가 높아서 심근경색이나 협심증, 부정맥 등을 치료할 뿐만 아니라 선천적 심장 기형으로 인한 질환에도 응용할 수 있다.

정충은 경계가 오래되어 생긴다. 경계가 오래 가는 이유는 무언가에 집착하기 때문이다. 대개 부귀에 급급하거나, 가난하고 천한 것을 슬퍼하거나 소원을 이루지 못하기 때문에 정충까지 가게 되는 것이다. 한마디로 욕망과 집착을 버리지 못하여 생기는 것이다.

집착을 버리라고 하지만 그것은 말처럼 쉬운 일은 아니다. 나는 집착을 버리고 싶지만 현실에서는 어쩔 수 없이, 소위 먹고 살기 위해 집착해야 하는 것들이 있다. 내가 스스로 원해서 그렇게 된 부분도 있지만 어쩔 수 없이 해야 하는 부분도 있는 것이다. 그러므로 정충에까지 이르지 않으려면 먼저 집착을 버리려는 나의 노력이 있어야 한다. 더불어 나의 집착을 강제하는 부분, 곧 사회가 건강해져야 한다.

현진건의 단편소설 「술 권하는 사회」는 잘못된 사회 곧 일제에 의한 식민지 사회가 어떻게 사람의 정신적, 육체적 건강을 파괴하는지를 잘 보여주고 있다. 이 소설에서 보여주는 것처럼 사회를 건강하게 바꾸는 일은 개인이 하기는 어려운 일이다.

모두가 나서서 건강한 사회를 만들어 나간다면 불필요한 집착이 줄어들 것이며 그렇게 된다면 경계와 정충 같은 병도 생기지 않을 것이다. 이런 점에서 건강은 개인의 문제만은 아니다. 개인의 양생도 중요하지만 개인만 잘 한다고 양생이 온전히 이루어지는 것은 아니다. 개인의 양생이 이루어지는 바탕인 사회 역시 건강해야 한다. 나아가 이 모든 것이 이루어지는 바탕인 자연 역시 건강해야 한다. 이처럼 양생이란 총체적인 것이다. 그런 점에서 건강 염려증이라고 할 정도로 자신의 몸에만 관심을 갖는 것은 바람직한 태도가 아니다.

건망

오래된 과거는 물론 조금 전에 했던 말이나 행동을 기억하지 못하여 어려움을 겪는 경우가 있다. 어떤 사람은 자신이 찾는 물건을 손에 쥐고 있으면서도 그걸 찾으려고 여기저기 다니기도 한다. 이처럼 무얼 까먹는 것을 건망이라고 하는데, 나이가 들수록 이런 증상이 자주 생긴다. 누구나 경험하는 흔한 일이기도 하다. 그러나 한의학에서 말하는 건망은 이러한 일상적인 까먹음과는 다르다.

한의학에서의 '건망健忘'은 선망善忘, 호망好忘, 다망多忘, 희망喜忘이라고도 하는데, 여기에서 '건健'이나 '선善', '호好', '다多', '희喜' 자는 모두 '자주, 몹시, 잘'이라는 뜻이다. 이는 일시적으로 잊는 것을 말하는 것이 아니라 몸의 병적 변화를 동반한 비교적 중한 병을 말한다. 경계가 오래되면 정충이 되는데 다시 정충이 오래되면 건망이 된다. 그러므로 한의학에서 말하는 건망은 경계나 정충보다 더 중한 병이라고 할 수 있다.

건망은 잘 잊어버릴 뿐만 아니라 일을 시작만 하고 끝을 못 내며, 이야기에 앞뒤가 없어진 상태다. 이것은 병일 뿐, 타고나기를 어리석고 우둔하게 타고나서 물정을 모르는 것과는 다르다.

건망이 생기는 원인은 첫째로 심장과 비脾 때문이다. 한의학에서 볼 때 생각[思]은 근본적으로 심장에서 이루어지는 것이다. 심장은 이를테면 생각이라는 놀이를 하게 깔아놓은 멍석과 같은 것이다. 심장 안에서 모든 생각이 이루어지는 것이며 오장은 각기 자신의 정지를 담당하면서 생각의 일부를 맡고 있다. 그중에서도 비脾는 골똘히 생각하는 것, 곧 사思를 담당한다. 그러므로 생각이 많아서 생긴 병은 일차적으로 심장과 비의 문제라고 할 수 있다.

심장이 상하면 혈이 소모되고 흩어져서 신神이 제자리를 지키지 못하게 되어 생각을 제대로 할 수가 없다. 또한 비가 상하면 위기胃氣가 약해지고 그럴수록 쓸데없는 생각이 더욱 깊어진다. 이 두 가지 때문에 갑자기 잊어버리게 되는 것이다. 심장과 비에 문제가 생겨서 건망이 왔을 때는 음식을 많이 먹지 못하고 가슴이 두근거리면서 마음이 피로하고 잠을 잘 이루지 못한다.

치료하는 방법은 반드시 먼저 심장의 혈을 북돋아주고 비의 기를 잘 돌아가게 해야 한다. 이럴 때 쓰는 대표적인 처방이 바로 귀비탕歸脾湯이다. 귀비탕에서 '귀비'란 기를 비로 돌아가게 한다는 뜻이다. '귀歸'에는 원래 있어야 할 곳으로 가야 한다는 뜻이 있다. 그래서 고향으로 돌아간다고 할 때도 '귀향歸鄕'이라는 말을 쓴다.

혈이 아래로만 내려가고 기는 위로만 올라가면 이를테면 부부가 이별을 한 것처럼 기와 혈의 운행이 어지러워져 잘 잊게 된다. 특히 비는 혈을 통괄하는 것이어서 비로 기를 돌아가게 하면 기와 혈의 소통이 다시 정상을 되찾게 되어 치료가 되는 것이다. 그러고 나서 신神을 모으고 지智를 안정시키는 약으로 조리한다. 또 한적하고 조용한 곳에서 편안하고 즐겁게 있어 걱정, 근심을 끊고 여섯 가지 사기邪氣와 일곱 가지 감정[七情]을 멀리한다. 이와 같이 하면 조금씩 낫게 된다.

무얼 기억하는 것은 신腎이 담당하는 것이다. 신은 지志를 저장하고 있는데, 크게 화를 내거나 해서 지志를 상하게 되면 기억력이 떨어져 앞에 했던 말을 잘 잊어버린다. '지'는 골똘히 생각한 것을 가지고 멀리의 일까지 내다보며 따져본 뒤에 생기는 것으로, 다른 생각과 달리 이는 일정한 방향성과 지속성을 갖는 정지이다. 따라서 오랫동안 기억하는 것은 바로 이 지가 얼마나 잘 발휘되는가에 달려 있다.

그리고 지가 얼마나 잘 발휘되는가는 신의 상태에 달려 있다. 신에 정이 부족할 때 바로 이런 증상이 생긴다. 이럴 때에는 허리가 시큰거리고 힘이 없으며 심하면 유정 또는 조설早泄, 곧 조루早漏가 생긴다. 또한 담이 많아도 잘 잊게 된다. 담음이 심포心包를 막으면 의식 장애가 생기는데, 이런 다음에 건망증과 언어장애가 오게 된다. 때로 손발이 오그라드는 증상이 같이 오기도 한다.

잘 잊어버리는 것은, 올라가는 기는 부족하고 내려가는 기는 남아돌아서 장위腸胃의 기는 실實하고 심폐心肺의 기는 허하게 되기 때문이다. 심폐의 기가 허하면 영기와 위기의 기가 아래에 머무르고, 이것이 오래되면 올라가야 할 때 올라가지 못하므로 잘 잊어버리게 되는 것이다. 한마디로 기의 운행이 제대로 되지 않았기 때문이다.

총명탕

자녀의 머리가 좋아지기를 바라는 부모들이 즐겨 찾는 약이 바로 총명탕聰明湯이다. 오늘날 실제 학습을 위해 총명탕을 찾는 경우에는 여기에 그 학생의 몸의 상태를 감안하여 다른 약을 더하여 처방한다. 그런데 처방의 이름 중 '총명'하다는 것은 무엇일까?

'총명'이란 말 그대로 하자면 귀로 잘 듣고 눈으로 잘 볼 수 있다는 말이다. 잘 듣고 잘 보려면 그것을 가능하게 하는 기가 잘 돌아야 한다. 그런데 기는 정에서 생긴다. 그러므로 근본적으로는 정이 넉넉해야 잘 보고 들을 수 있다. 두뇌를 자극하고 훈련하는 것은 그다음의 문제다. 아이의 몸이 허약한 것은 돌보지 않고 머리만 좋게 하려면 아무리 총명탕을 먹는다고 해도 머리가 좋아질 수 없다.

아이들의 몸을 튼튼하게 하기 위해서는 몸을 보해야 한다. 그러나 의외로 많은 부모들은 보약을 먹으면 아이가 딴 생각을 하게 되지 않을까를 염려한다. 이는 하나만 알고 둘은 모르는 일이다. 정은 그야말로 정력의 근원이지만 정이 많다고 해서 음욕이 끓는 것은 아니다. 오히려 정이 넉넉해야 정욕이 안정된다. 정이 부족하면 상화相火가 제멋대로 떠올라 정욕이 끓게 된다. 이는 마치 저수지에 물이 말라 뜨거운 열기만 올라오는 것과 같다. 몸이 허약한데도 화가 들끓는다고 하여 이런 화를 허화虛火라고 한다. 이런 허화가 뜨면 정욕이 강해져 그 욕심을 채우면 다시 정이 줄어들고 하는 악순환이 반복된다.

콩팥은 정을 저장하는 곳일 뿐만 아니라 정지情志로는 기억을 담당하는 지志를 저장하는 곳이다. 그러므로 머리가 좋아지려면 먼저 콩팥을 튼튼하게 할 일이다.

그런데 머리가 좋다는 것은 단순히 기억을 잘 하는 것과는 다르다. 다른 것과 견주어보기도 하고 멀리 내다보며 여러 가능성도 살펴보아야 한다.

그리고 무엇보다 전체를 하나로 꿰는 눈이 필요하다. 하나로 꿴다는 것은 그 하나를 중심으로 그것과 다른 것들과의 관계를 안다는 것이다. 그럴 때 잡다하게 늘어서 있는 것처럼 보이던 수많은 사물들이 하나를 중심으로 질서정연한 관계의 체계 속으로 들어오는 것이다. 서 말 구슬을 하나로 꿰는 것이다. 이는 바로 심장이 맡아 하는 일이다. 그러므로 머리가 좋아지려면 먼저 콩팥에 정이 넉넉하게 있어야 하고 심장의 기와 혈이 잘 돌아야 한다. 담과 같은 것이 심장의 구멍을 막고 있으면 올바로 생각할 수 없다.

총명탕은 콩팥의 정을 보충해주는 약은 아니다. 다만 심장을 맑게 해주는 효과가 있다. 동의보감에서는 이 처방을 오래 복용하면 하루에 천마디 말을 외울 수 있다고 하였다. 총명탕은 백복신과 원지, 석창포로 이루어진 간단한 처방이다. 백복신은 마음을 편안하게 하면서 안정시켜주는 역할을 하며 원지는 심장의 구멍을 막고 있는 담을 없애서 마음을 편하게 해준다. 총명탕에 원지를 쓸 때는 반드시 감초 달인 물에 담갔다가 가운데 심지를 빼내고 생강즙으로 다시 법제해야 한다. 석창포는 막힌 구멍을 잘 뚫어주며 담을 없애서 기를 잘 돌게 하고 사고하는 힘을 길러준다.

옛날에도 기억력이 떨어지거나 잘 잊는 것 때문에 마음고생을 많이 한 것 같다. 특히 시험을 치러야 하는 경우는 더욱 그럴 것이다. 그래서 나온 처방이 장원환狀元丸이다. 이 처방의 효능을 설명한 것을 보면, 심心을 보하고 혈을 만들며 신神을 편안하게 하고 지志를 안정되게 한다. 또한 정사政事에 힘을 써서 마음고생을 했거나, 밤에도 불을 밝히고 고되게 책을 읽어서, 잘 잊어버리고 가슴이 두근거리며 잠을 못 자거나 기억을 잘 못하고 잊어버리는 사람이 먹으면 하루에 천 마디 말을 외우고 책 만 권의 내용을 기억할 수 있다고 했다. 다소 과장된 표현이겠지만, 시험에 합격해야만 출세할 수 있는 사회가 있고 출세하려는 사람들의 욕구가 있으므로 거기에 부응하는 처방이 만들어진 셈이다.

이외에도 주희朱熹가 글을 읽을 때 먹었다는 주자독서환朱子讀書丸, 공자가 머리맡에 두고 늘 먹었다는 공자대성침중방孔子大聖枕中方도 있다. 그러나 앞에서 말한 것처럼 머리가 좋다는 것은 꼭 잘 외우는 것만을 뜻하지는 않는다. 잘 보고 잘 듣는 것이 머리가 좋은 것이다. 잘 보지 못하고 잘 듣지 못하는 것이 문제다.

머리가 좋아진다는 처방은 매우 많다. 그러나 이렇게 많은 약이 있다는 것은 그만큼 치료가 쉽지 않다는 말이기도 하다. 스스로의 생활습관을 고치고 마음을 다스리지 않으면 이 많은 약도 별 도움이 되지 않는다는 말이기도 하다.

[보론] 머리가 좋다는 것은 무엇인가

동의보감에서는 머리가 좋다는 것은 총명하다는 말과 같다. 잘 보고 잘 듣는다는 말이다. 그런데 우리가 오늘날 말하는 머리가 좋다는 말은 각자의 관점에 따라 다른 의미를 갖는 것으로 쓰인다. 예를 들어 돈을 많이 벌기 원하는 사람에게는 경제에 밝은 것을 머리가 좋은 것일 것이며 권력을 갖기 원하는 사람에게는 남을 잘 이용하여 자신을 따르게 하는 것이 머리가 좋은 것일 것이며 학문을 하려는 사람에게는 많은 지식을 암기하는 것이 머리가 좋은 것일 것이다. 이외에 분석을 잘 하는 사람, 종합을 잘 하는 사람, 판단을 잘 하는 사람 모두 머리가 좋은 사람일 수 있다.

그러나 동아시아에서는 모든 것을 기로 보고 모든 사물은 그런 기의 관계로 이루어져 있다고 보기 때문에 머리가 좋다는 것은 결국 사물들 사이의 관계를 잘 아는 것이 머리가 좋은 것이다. 예를 들어 날씨만 잘 안다거나 동식물의 변화를 잘 안다거나 하는 어느 하나의 분야만 잘 알고 있는 경우에는 그것을 머리가 좋다고 하지 않았다. 동식물의 변화를 통해 날씨의 변화를 예측할 수 있는 사람, 날씨의 변화를 통해 동식물의 변화를 알 수 있는 사람, 한마디로 동식물과 날씨의 관계를 잘 아는 사람이 머리가 좋은 사람이다.

이렇게 어떤 사물의 변화를 통해 다른 사물의 변화를 예견하는 것을 물후학物候學이라고 하는데, 말 그대로 조짐〔候〕

을 통해 앞날을 내다보는 것이다. 한의학의 진단은 사실상 이런 물후학에 기초한 것이라고 볼 수 있다.

오늘날 정보는 거의 무한대로 널려 있다. 오히려 정보가 너무 많아 옥석을 구분하기 어렵다는 것이 문제가 된다. 그러나 더 큰 문제는 그런 정보와 정보 사이의 관계, 그 의미를 알기 어렵다는 데에 있다.

사물 사이의 관계를 잘 알기 위해서는 먼저 각각의 사물을 잘 보고 잘 들을 필요가 있다. 그러나 각 사물을 분리한 상태에서 보아서는 관계를 알 수 없다. 예를 들어 민들레를 표본이나 그림으로 만들어 꽃이나 잎만 자세히 보는 방법으로는 민들레가 갖고 있는 수많은 연관을 알 수 없다. 봄날의 피부로 느끼는 날씨와 불어오는 바람에 묻은 흙냄새, 다른 풀 사이에서 솟아 난 꽃대를 함께 보아야 그런 다양한 사물 사이의 관계를 알 수 있다. 민들레 홀씨가 언제 어떤 상황에서 날라가 어떤 곳에 내려앉았는지, 어떤 곳에 앉은 홀씨는 다음해 다시 싹을 틔우지만 어떤 곳에 앉은 것은 죽는지를 함께 알지 못하면 사물 사이의 관계를 알 수 없다. 사물 사이의 관계를 통해 그 사물의 총체를 보는 것이야말로 온전한 앎이다.

이러한 총체적인 앎은 사람 사이에도 적용된다. 내가 많이 먹으면 다른 누군가는 적게 먹게 될 수도 있다거나, 내가 기쁠 때 다른 사람은 슬플 수도 있다는 것을 알지 못하면 사람 사이의 관계를 알 수 없다. 이는 남에 대한 배려가 없는 것이다. 사람 사이의 관계를 알게 되면 따로 도덕이니 윤리니 하는 것을 배울 필요가 없다. 오늘날 남은 물론 자살과 같이 자신의 몸도 가볍게 여기는 풍조에는 이러한 총체적인 앎이 아닌 개별적인 앎이 우리 사회를 지배하고 있기 때문이 아닐까. 머리가 좋다는 뜻을 다시 새겨야 할 것이다.

간질

간질癎疾은 전간癲癎이라고 그냥 간증癎症, 간癎이라고도 한다. 비속어로는 지랄병이라고 한다. 엄밀하게 말하자면 어른의 경우는 '전'이라 하고 소아는 '간'이라 하는데 그 내용은 같다. 그 병이 머리 꼭대기(巓, 산꼭대기 전)에 있으므로 전질이라고 한 것이다. 때로 하늘이 내린 병이라는 뜻으로 천질天疾이라고도 한다. '천질'이라는 이름에는 이 병을, 무언가 잘못하여 받게 되는 형벌이라고 여기는 느낌이 들어 있다.

실제로 간질을 앓는 사람들과 가족은 병 자체로도 고통 받지만 간질에 대한 주위의 시선으로 인하여 더욱 고통 받는다. 이런 사정은 서양에서도 마찬가지인 듯하다. 간질이라는 'epilepsy'의 어원은 그리스어로 이를테면 악마와 같은 외부의 힘에 의해 사로잡혔다는 뜻이며 영어의 'seizure' 역시 무언가에 잡혔다는 뜻이다.

한의학에서는 전간을 다섯으로 나누어 간에서 생긴 것은 계간鷄癎, 심은 마간馬癎, 비는 우간牛癎, 폐는 양간羊癎, 신은 저간猪癎이라고 하는데, 쓰러질 때 내는 신음소리가 닭이 우는 소리 같으면 계간이라고 하는 식으로 병의 원인을 찾았다. 그러나 동의보감에서는 이러한 분류를 채택하지 않는다. 동의보감에서는 전간의 원인을 오직 담痰과 화火, 경(驚,

놀람)의 세 가지로 본다. 그런데 한의학에서는 이 병을 선천적인 것으로 보고 있다.

황제가 묻는다.

"사람이 태어나면서 머리꼭대기 병[전질巓疾]이라고 하는 것을 앓는 사람이 있는데 그 병의 이름이 무엇이고 어떻게 하여 생기는가?"

기백이 답한다.

"그 병의 이름은 태병胎病인데, 이 병은 태아가 어머니 뱃속에 있을 때 어머니가 크게 놀라는 일이 있어서 기가 위로 올라가고 내려오지 않아서 정精과 기가 위에 함께 몰려 있기 때문에 그 자식이 전질을 앓게 된 것이다."

간질은 보통 발작이 일어나기 전에 어지럽고 머리가 아프며 가슴이 답답하고 하품을 하는 등의 증상이 나타난다. 그러다가 갑자기 정신을 잃고 넘어지면서 경련 발작이 일어난다. 이를 대발작이라고 한다. 소발작은 쓰러지거나 경련을 동반하지 않으면서 때로 순간적으로 멍해지는 의식장애와 무의식적인 행동을 한다. 소발작의 경우는 하루에도 많으면 수십 회씩 일어나지만 비교적 짧은 시간에 가볍게 지나가며 본인이 기억을 하지 못하는 것을 제외하면 몸에 큰 변화는 없다. 특히 어린아이들에게 많으며 그래서 잘 모르고 지나치는 경우가 많다.

대발작의 경우, 대개는 아무런 조치를 취하지 않아도 일정한 시간이 지나면 거품을 흘리면서 경련이 풀리고 의식이 회복된다. 그러나 환자는 발작에 대한 기억이 없으면서 대부분 몹시 피곤해하며 가슴이 답답하고 두통을 호소한다.

이 병의 원인은 여러 가지이지만 주요하게는 담痰이 위로 치밀어 올랐기 때문이다. 담痰이 횡격막 사이에 있으면 약간 어지럽지만 쓰러지지는 않는다. 담이 횡격막 위로 넘치면 심하게 어지러워 쓰러지고 사람을 알아보지 못하게 된다.

발작할 때는 환자를 바로 눕히고 단추나 허리띠 같은 것을 헤쳐주어 숨쉬기 편리하게 해준다. 얼굴은 모로 돌려주며 경련 발작 때 이빨로 혀를 상하지 않도록 천이나 고무조각을 이빨에 물려주고 가래가 많이 생겼을 때는 숨길이 막히지 않도록 자주 닦아주어야 한다.

전간의 치료는 그 원인에 따라 달라지지만 그 병을 앓는 사람에 따라서도 달라진다. 몸에 열이 많은 경우(양간陽癎)와 찬 경우(음간陰癎), 뚱뚱한 경우(담痰)와 마른 경우(화火), 남자와 여자(칠정七情)의 치료가 다 다르다. 또한 병이 나았다가 한참 지나 다시 생긴 경우에도 치료법이 다르다. 일반적인 침과 약만이 아니라 때로 심하게 토하게 하거나 설사를 시키기도 한다. 이는 간질을 단순한 뇌신경의 이상으로 보지 않기 때문이다. 몸 전체와의 관계로 보기 때문이다.

전간도 감기와 마찬가지로 그저 하나의 병일 뿐이다. 원인에 따라 치료하면 나을 수 있다. 또한 유전적인 것도 아니므로 터부시해도 곤란하다. 다만 태중에서 충격을 받아 생길 수 있는 것이므로 임신 중에는 부모 모두가 특히 삼가고 삼가야 한다.

미친다는 것

'전광癲狂'이란 한마디로 미쳤다는 말이다. '전癲'이라는 글자 속에 꼭대기 전顚 자가 들어 있는 것처럼 이 병이 머리와 연관이 있는 것으로 보이지만, 한의학에서 미쳤다는 말은 몸 꼭대기의 이상을 말하는 것이지 반드시 뇌의 이상에서 오는 정신의 착란을 말하는 것은 아니다.

'전'과 '광'은 둘 다 미쳤다는 뜻이지만 여기에는 음양의 구분이 있다. 음이 지나치게 많으면 '전'이 되고 양이 지나치게 많으면 '광'이 된다. 그래서 증상도 서로 상이하게 나타난다.

'전癲'은 평소와 다른 것으로, 사람이 멍청해지면서 말을 함부로 하는 것이다. '전'이 되면 흔히 잘 웃는다. 반면 '광狂'은 흉하게 날뛰는 것으로, 흔히 화를 잘 낸다. '전'이 처음 생길 때는 즐거워하지 않고 멍하니 한 곳만을 바라보다가 뻣뻣이 쓰러진다. 반면 '광'은 병이 가벼울 때는 스스로를 높은 사람이라 여기고 자기만이 옳다고 하며 노래하고 춤추는 것을 좋아한다. 심하면 옷을 벗어던지고 달리며 담을 넘고 지붕을 올라간다. 더 심하면 머리를 풀어헤치고 큰 소리를 지르며 물과 불을 피하지 않고 또 사람을 죽이려고도 한다. 대개 미치게 되면 평소보다 더 큰 힘을 발휘한다. 그래서 오를 수 없었던 담을 뛰어넘고 지붕에도 올라갈 수 있다. 며칠씩 먹지 않았는데도 손발의 힘이 세어진다. 그 이유는 무엇일까?

팔다리는 모든 양陽이 작용하는 곳이다. 양이 지나치게 성하면 팔다리가 실實하게 되고 팔다리가 실해졌기 때문에 높은 곳을 오를 수 있게 되는 것이다. 이는 정상적으로 강해진 것이 아니라 양명경의 병이 심해져서 생긴 것이다. 옷을 벗어 던지고 달리는 이유는 몸에 열이 심하기 때문이며 헛소리를 하고 욕을 하며 피붙이와 남을 가리지 않으며 노래를 하는 이유는 양이 지나치게 성하기 때문이다. 그러나 쓰러지면서 정신이 어지러운 증상은 간癇과 광狂에 모두 나타난다. 그리고 많은 경우, '전'과 '광'은 같이 나타난다. 그래서 보통 전광이라고 함께 부른다.

가벼운 경우는 양명경의 기를 덜어주기 위해 밥을 주지 않는 방법을 쓴다. 먹는 음식은 음陰으로 들어가 양陽에서 기를 기르기 때문에 먹이지 않으면 낫는 것이다. 물론 이는 가벼운 경우에 해당하는 것이며 전광이 되었다고 무조건 굶겨서는 안 된다.

근대 서양의학에서는 전광을 뇌신경의 병적 변화에서 찾기 때문에 같은 병으로 진단이 되면 쓰는 약도 같다. 그러나 한의학에서는 똑같은 전광이라고 하더라도 병의 원인에 따라 치료하는 법이 달라진다.

일반적으로는 양이 너무 많아져서 이것이 화火가 되어 전광이 된다. 그러나 여기에 담이 화와 더불어서 뭉치고 막히게 되는 경우가 있고, 풍이 더불어서 뭉치고 막히는 경우가 있고, 너무 놀라서 상심하고 넋이 빠져서 생기는 경우가 있고, 마음을 너무 써서 전광이 되는 경우가 있다. 각각의 경우에 따라 처방은 완전히 다르게 된다.

우리 전통에서는 미쳤다고 해서 무조건 가두어놓거나 묶거나 때리거나 하지 않았다. 아니면 수면제 같은 것을 먹여 재워놓기만 하지도 않았다. 오히려 같이 살았다. 때로는 말 그대로 미친 짓도 하지만 그저 병을 앓는 사람으로 보고 동정심을 갖고 보살폈지, 격리시켜야 할 대상으로 보지 않은 것이다. 미셸 푸코Michel Foucault의 말처럼 환자를 격리한다는 것은 이성이라는 권력의 폭력일 뿐이다. 소위 말하는 광기에 대한 또 하나의 광기인 셈이다.

미쳤다는 것은 음양의 조화가 깨진 다소 극단적인 경우에 불과하다. 그러므로 음양을 조화시키면 병은 낫는다. 더군다나 놀라거나 마음을 너무 많이 써서 미치게 되는 경우는 그 마음을 다스려주어야 한다. 마음을 다스리는 데에는 본인의 노력도 필요하지만 무엇보다도 그 환자를 사랑하는 가족이나 동네사람과 같이, 같은 공동체에서 살아가는 사람들의 따스한 보살핌이 무엇보다도 필요하다. 이 글에서 미쳤다는 말을 다소 함부로 썼지만, 정도의 차이가 있을 뿐, 그리고 정상과 비정상의 기준이 달라서 그렇지 이 세상에 조금씩 미치지 않은 사람이 어디 있겠는가. 그리고 미쳐 돌아가는 사회에서 미치지 않는다면 그것이 정말 미친 것이 아닐까.

탈영과 실정

높은 지위에 있던 사람이 하루아침에 낮은 지위로 떨어진다면, 또 부자였던 사람이 하루아침에 가난하게 되었다면 어떤 심정이 될까. 아마도 그 사람은 좌절하여 깊은 슬픔에 빠지거나 남에 대한 분노와 같은 온갖 격정적인 생각들로 크게 괴로워할 수밖에 없을 것이다. 그리고 그 고통은 정신적인 데에 그치지 않고 그 사람의 몸도 망가뜨릴 수밖에 없을 것이다.

이처럼 높은 자리에 있던 사람이 갑자기 천해져 생긴 병을 탈영脫營이라 하고, 부자였던 사람이 가난해져 생긴 병을 실정失精이라 한다. 이렇게 되면 특별히 나쁜 기운(사기邪氣)에 상하지 않아도 병이 안에서 생겨 날로 몸이 마르고 기가 허해지고 정이 없어진다. 병이 깊어지면 기가 없어져 으슬으슬하고 자주 놀란다. 병이 더 심해지면 밖으로는 위기衛氣가 줄어들고 안으로는 영기榮氣가 마른다.

우리 몸의 혈血은 걱정하면 들끓게 되고 기는 슬퍼하면 줄어들게 된다. 그래서 밖으로는 위기가 줄어들고 안으로는 영기가 마르는 것이다.

위기가 줄어들기 때문에 몸을 밖의 나쁜 사기로부터 지킬 수 없어 온갖 병이 생기기 쉽다. 소위 면역이 떨어지는 것이다. 영기가 줄어들기 때문에 몸에 영양을 공급할 수 없어 마르게 된다. 밥맛도 없어지고 정신도 나른해진다. 위기가 약해지기 때문에 추위도 잘 타며 잘 놀라고 건망증도 생기며 팔다리가 마르므로 잘 쓰지 못하게 된다.

탈영과 실정은 그 원인은 다르지만 모두 마음고생을 크게 한다는 점에서는 같으며 나타나는 증상도 같다. 그러므로 보통 탈영실정이라고 이어서 부른다. 탈영실정으로 지나치게 화를 내면 간을 상하게 된다. 쓸데없이 많은 생각을 하면 비脾를 상하게 된다. 지나치게 슬퍼하면 폐를 상하게 된다. 그렇게 되면 모든 경맥에 화火가 움직이게 되고 그러면 원기를 상하게 되므로 열이 나고 밥맛이 없으며 자연히 마르게 된다.

이런 병을 치료하는 방법은 기본적으로는 약해진 위기와 영기를 보충해주어야 한다. 나아가 상한 간이나 비, 폐 등의 기도 보충해주어야 하지만 무엇보다도 마음, 곧 심장을 안정시켜야 한다. 마음을 안정시키는 데는 약도 필요하지만 주위 사람들의 따뜻한 위로와 사랑이 필요하다.

탈영실정은 요즈음 말하는 악액질惡液質, cachexia로 인한 질병과도 관계가 깊다. 암이나 결핵, 혈우병 등의 말기에서 나타나는 고도의 전신 쇠약증세가 바로 악액질로 인한 병이라고 할 수 있는데, 증상으로는 급격히 체중이 감소하면서 빈혈, 무기력, 피부 황색화 등이 있다. 암 치료로 인해 나타나는 부작용도 대체로 이와 비슷하다. 그래서 치료는 성공적이었지만 결국 환자가 죽는다는 말이 나오는 것도 바로 이런 악액질 때문이다. 어떤 사람은 암으로 인한 사망의 주요 원인이 바로 이런 악액질 때문이라고도 말한다.

암에 걸리면 암이라는 엄청난 충격으로 대부분의 사람들이 보이는 반응은 좌절과 슬픔, 분노 등이다. 탈영이나 실정에 걸리는 상황과 비슷한 상태에 놓이게 되는 것이다. 그러므로 악액질로 인한 질환의 경우, 치료는 탈영실정에 맞추어 하면 된다. 흔히 암에 걸렸을 때는 먹는 것이 다 암으로 가기 때문에 잘 먹으면, 구체적으로 보약을 먹으면 암이 더 자라게 될 뿐이라고 말한다. 그러나 암이란 무조건 잘라내고 죽여서 될 것이 아니다. 더군다나 암이나 암 치료로 인해 초래된 몸의 상태는 악액질에서 보듯 죽음에 이르게도 한다.

암 치료와 치료 이후의 환자 관리에는 한방과 양방이 함께했을 때,

그 어느 하나의 치료에 의한 것보다 훨씬 좋은 효과가 난다. 더군다나 암 치료 이후의 회복에는 한방 치료 이외에는 다른 방법이 없다고 할 정도로 탁월한 효과가 있다.

전광을 치료하는 법

전광을 치료하는 데는 여러 방법이 있다. 아마도 한 가지 병에 대해 이렇게 다양한 치료법을 구사하는 경우는 전광이 유일하지 않나 싶을 정도로 다양한 방법이 있다. 그중의 하는 토하게 하는 것이다. 다음의 예를 보자.

어떤 부인이 갑자기 전광이 생겨 낫지 않았다. 그러자 한 의사기 이렇게 말한다.

"이것은 놀라고 너무 걱정해서 얻은 병으로, 담痰이 위로 올라가 심포心㸌를 침범한 것이니 그 근원을 쳐야 한다."

그리고는 좋은 과체 다섯 돈을 가루 내어 한 번에 한 돈씩 정화수에 타서 먹었다. 조금 있다가 심하게 토하고 토한 뒤에 깊은 잠에 빠졌다.

환자가 잠이 들자 의사는 주위 사람에게, "절대 환자를 놀라게 하거나 깨게 해서는 안 된다. 이렇게 하면 병이 없어질 것이다"라고 말했다.

담이란 간단히 말하면 노폐물이다. 그런 담이 심포를 침범했다. 심포는 심장을 둘러싸고 있는 막이다. 심장을 보호하는 역할을 한다. 그래서 나쁜 사기가 심장을 공격하면 먼저 심포가 막아선다.

이 경우는 담이 많아서 전광이 된 것이므로 담을 없애야 한다. 담을 없애는 방법으로는 여러 가지가 있지만 담이 아주 많고 성할 때, 그리고 담이 주로 위에 있을 때는 토하는 방법을 쓴다. 여기에서는 토하게 하는 방법으로 과체瓜蔕를 썼다. 과체는 참외꼭지다. 그것도 덜 익은 참외꼭지다. 우리가 먹는 참외는 보통 잘 익은 것이므로 간혹 먹어도 상관은 없다. 그러나 잘 익었다고 해도 역시 토하게 하는 성질이 있으므로 많이 먹어서는 안 된다.

토하게 하는 방법을 토법吐法이라고 하는데, 이물질 혹은 독한 물질을 먹었을 때 급하게 토하게 하는 방법을 쓴다. 그러므로 토법은 응급을 요하거나 병이 중할 때 없어서는 안 되는 방법이다. 그러나 토법을 쓰게 되면 담과 같은 나쁜 것도 올라오게 되지만 우리 몸의 기도 따라서 올라가게 된다. 기를 자꾸 거슬러 오르게 하면 온몸의 기가 거슬러 올라 몸이 상하게 된다.

그러므로 토법은 자주 쓸 것은 아니다. 그렇지만 위와 같은 경우는 마땅히 토법을 써야 한다. 그렇지만 부작용이 있을 수 있으므로 의사는 환자가 절대 안정을 취해야 한다고 말했다. 놀라도 기가 올라간다. 자다 일어나도 기가 올라간다. 그러므로 환자를 놀라게 하거나 깨우지 말고 스스로 기를 안정시킬 수 있게 해야 한다고 주도면밀하게 주의를 준 것이다. 이 정도가 되어야 참으로 훌륭한 의사라고 할 수 있다.

전광을 치료하는 또 다른 방법을 보기로 하자.

어떤 사람이 미친 듯이 화를 내며 욕을 해대고 마구 노래를 부르다가는 울고, 몸의 겉은 얼음장 같았는데, 발작하면 울부짖고 크게 소리를 질렀다.

이를 본 한 의사가 "먹을 것을 주지 않으면 낫는다"고 하였다. 그래서 음식을 주지 않고 약을 써서 설사시켰다. 다섯에서 일곱 차례 설사를 하여 몇 말의 대변을 보자 몸이 따뜻해지고 맥이 살아나 병이 나았다.

또 한 노인이 부역을 크게 걱정스러워 하다가 갑자기 미쳐서 입과 코에 벌레가 기어 다니는 것 같아 두 손으로 긁는데, 몇 년이 지나도 낫지 않았다. 그러자 한 의사가 이를 보고 환자를 따뜻한 방에 들어가 세 번 땀을 줄줄 흘리게 한 다음 20여 차례 크게 설사시켰다. 죽은피가 뒤섞인 설사가 몇 되 나오고 다음날 나았다.

첫 번째 예에서는 위로 토하게 하지 않고 아래로 설사를 시켰다. 한 사람은 위胃의 양명경陽明經의 기가 너무 왕성하여 전광이 된 것이어서 음식을 끊게 한 뒤 설사를 시켜 그 기를 밑으로 빼냈다. 이 예에서는 양명경의 기가 너무 왕성하여 음식을 주지 않은 것이지만 미쳤다고 해서 무조건 음식을 제한해서는 안 된다.

두 번째의 경우는 조금 복잡하다. 이 사람은 닥친 난관을 어떻게 풀어나갈까를 고민하였다. 이런 꾀를 내는 것은 간肝이다. 반면에 그런 꾀를 실행할 것인지 말 것인지를 결단하는 것은 담膽이다. 간의 기는 오행으로는 목木에 해당하여 나무처럼 뻗어나가야 하지만 이 환자의 경우는 뻗어나가지 못했다. 속에서 치밀어 오르는 것은 있지만 굽히기만 하고 펼 수가 없다. 소위 스트레스 상태가 된 것이다. 화 난 것이 풀리지 않으므로 심장에는 화火가 가득 차게 된다. 이 화가 금金의 기운을 타고 올라간다. 화와 금이 서로 부딪치면 가렵게 된다. 그래서 이 노인은 코에 벌레가 기어가는 것처럼 느껴져 자꾸 긁었다. 그러므로 그 화를 빼기 위해 땀을 내게 하고 나아가 설사를 시켜 완전히 빼버린 것이다. 그러자 몸 안에 있던 다른 나쁜 것들도 함께 나왔다.

전광을 치료하는 방법은 실로 다양하다. 그중의 하나는 술이다. 전광의 치료에 술이 이용되는 것은 다소 의외다. 그러나 동의보감에는 분명하게 술로 전광을 치료하는 법이 나와 있다. 가장 대표적인 처방이 일취고一醉膏이다. 한 번 크게 취하게 한다는 뜻이다.

일취고는 좋은 곡주 두 사발에 참기름 네 냥을 버드나무 가지 스무 개로 잘 섞는데, 버드나무 한 가지로 1~200번씩 저어준다. 가지가 20개이므로 최대 4천 번을 저어준다는 말이다. 그리고 7/10이 되도록 졸여 고약처럼 만든다. 이를 환자에게 억지로라도 흘려 먹이고 깊이 잠들게 하면 토하기도 하고 토하지 않기도 하는데, 잠에서 깨어나면 바로 제정신이 든다고 했다.

여기에서 버드나무 가지로 젓는 것은 버드나무가 전도성이 높기 때문이다. 술과 기름이 잘 섞이게 하기 위한 것이다. 그렇기 때문에 버드나무 가지를 20개나 바꿔가면서 섞는 것이다.

이런 예는 또 있다.

어떤 스님이 갑자기 전광이 되어 잠을 자지 않았는데 어떤 약도 효과가 없었다.

한 의사가 "오늘 밤 푹 자고 나면 내일 모래에는 바로 낫는다"고 장담하였다. 그리고는 "짠 것이 있으면 마음대로 주어 많이 먹도록 하고 갈증이 생기면 알려 달라"고 하였다.

밤이 되자 과연 스님이 갈증이 나서 물을 찾았다. 그러자 그 의사는 소뿔로 만든 잔으로 따뜻한 술 한 잔에 약을 타서 단번에 먹게 하였다. 조금 있다가 다시 술을 찾아 반 잔을 더 주었다. 그러자 스님은 마침내 잠이 들어 이틀을 자고 일어났더니 예전처럼 정상이 되었다.

이 두 가지 예는 모두 마음의 병으로 전광이 된 경우다. 첫 번째 경우는 '심양心恙'에 쓰는 처방이라고 하였다. '양恙'이란 병 중에서도 특히 근심으로 생긴 병을 뜻한다. 더군다나 '심양'이라고 하였으므로 이는 분명한 마음의 병이다. 스님의 경우도 마찬가지다. 근심과 걱정이 태산 같아 생긴 전광이다. 이런 경우 술을 먹고 나았으니 보통 사람의 눈으로는 이해가 되지 않는다. 그래서 어떤 사람이 그 이유를 묻자 손조는 이렇게 대답했다.

"대부분의 사람이 신을 편안하게 할 줄만 알고 신을 흐리게 하여 잠을 자게 하는 방법은 모른다. 이것은 『영원방』에 있는 진사산인데, 사람들이 쓸 줄을 모를 뿐이다."

여기에서 이 의사는 술만 마시게 한 것이 아니라 진사산이라는 약을 같이 처방하였다. 한 처방에서는 토하게 하였고 한 처방에서는 그냥 잠만 자게 하였다. 이처럼 비슷하게 보이는 병일지라도 처방과 치료하는 방법은 전혀 다를 수 있다.

병은 약으로만 치료하는 것은 아니다

동의보감은 의서로서만이 아니라 여러 방면에서 주목하는 바가 된다. 예를 들어 동의보감에는 약재 이름을 우리말로 적어놓았기 때문에 중세 조선의 국어를 연구하는 데에 중요한 자료가 된다. 식물학이나 약학에서도 마찬가지다. 나아가 문학에서도 관심을 갖고 있다. 다음의 예를 보자.

어떤 부인이 배가 고파도 먹을 생각은 않고 늘 화를 내고 욕을 하며 주위 사람을 죽이려 하고 듣기 싫은 소리를 그치지 않았다. 여러 의사가 치료를 했지만 효과가 없었다. 그러자 한 의사가 이를 보고, "이것은 약으로 치료하기가 어렵다"하면서, 기생 두 명을 울긋불긋하게 화장하여 시종으로 삽자 부인이 크게 웃었다. 다음날 또 두 사람으로 하여금 씨름을 하게 하자 크게 웃었다. 그리고 잘 먹는 부인을 늘 양 옆에 두고 맛있다고 자랑하게 하였더니 환자가 음식을 찾아 하나씩 맛보기 시작하였다. 며칠이 지나지 않아 화내는 것이 줄고 먹는 것이 늘더니 약을 쓰지 않고도 나았다. 후에는 아들까지 하나 낳았다.

또 한 번은 어떤 여자가 결혼을 한 뒤 남편이 장사를 떠나 2년이 지나도 돌아오지 않았다. 그녀가 밥을 먹지 않고 멍청하게 누워만 있는데, 다른 증상은 없었으며 대개 침대 안쪽을 향하여 앉아 있기만 하였다. 그러자 한 의사가 이를 보고, "이것은 지나치게 남편을 그리워하여 기가 맺힌 것으로, 약만 가지고는 낫지 않으니 기뻐할 일이 생겨야 풀릴 수 있다. 그럴 수 없다면 화를 내게 해야 한다"고 하면서 환자에게 가서 충동질하니 크게 화를 내면서 세 시간 정도를 울었다. 그런 다음 그 의사는 환자의 부모에게 잘 달래주라고 하고 약 한 첩을 먹이자 환자가 밥을 달라고 하였다.

그러나 그 의사는 이렇게 말했다. "병은 비록 나았지만 반드시 기뻐할 일이 있어야 한다. 지금은 괜찮지만 다시 병이 생긴다"라고 하면서, 거짓말로 남편이 돌아오고 있다고 하자 병이 다시 생기지 않았다.

짧은 글 속에 한 편의 드라마가 들어 있다. 별다른 묘사 없이 치료과

정만 서술했는데도 마치 눈앞에서 일이 벌어지는 것 같이 생생하다. 구체적으로는 알 수 없지만 이 글을 통해 우리는 두 여자가 겪은 마음의 고생이 얼마나 컸는지도 짐작할 수 있다.

한의학에서는 변화를 중요하게 생각한다. 병 자체가 변화하는 것이며 그에 따른 치료 역시 변화할 수밖에 없는 것이기 때문이다. 무엇보다도 병을 앓는 사람이 변화하고 있다.

위의 두 예 모두, 여러 의사들이 이렇게 저렇게 치료해보았지만 치료가 되지 않았다. 병을 고정적으로 보았기 때문이다. 더 정확하게 말하자면 병의 겉만 보았지 병의 근본 원인을 보지 못했기 때문이다. 그러므로 병을 보는 눈이 고정되어 있으면 안 된다. 더군다나 그 병이 마음에서 온 것이라고 한다면 더욱 그렇다.

치료에 있어서도 마찬가지다. 병을 약으로만 치료하려고 한다면 그역시 고정된 것이다. 변화를 모르는 것이다. 위의 예에서 두 의사는 모두 약보다는 정신요법을 먼저 사용했다. 그러나 그렇다고 해서 무조건 환자를 위로하거나 기쁘게 한 것만은 아니다. 두 번째의 예에서 보듯이 오히려 환자를 화가 나게 하기도 한다.

이러한 치료 방법에는 나름의 원칙이 있다. 이에 대해서는 뒤에서 다시 설명하겠지만 여기에서는 먼저 당시 위와 같은 병을 바라보는 당시의 시선에 주목할 필요가 있다.

위에서 본 첫 번째 예는 오늘날의 상식으로 볼 때 소위 미친병이다. 두 번째는 미치기까지 한 것은 아니지만 치매와 비슷한 상태에 빠진 것으로 볼 수 있다. 한마디로 밥을 먹지 않는 바보가 된 것이다.

위의 예에서 두 여자는 모두 적극적으로 치료를 받고 있는데, 그 치료가 일상적인 생활 속에서 이루어지고 있음을 알 수 있다. 거친 언행을 한다고 격리시키거나 무리하게 압박하지 않았다. 오히려 환자를 기쁘게 하거나 화를 내거나 하게 하였을 뿐이다. 그래서 마음에 맺힌 것이 저절로 풀리도록 유도한 것이다. 오늘날의 정신병을 대하는 우리의 관점은 어떠한지 살펴볼 일이다.

마음을 마음으로 다스린다

앞의 첫 번째 예에서 의사는 미친 사람을 웃게 하여 치료하였다. 그 부인의 경우에는 무엇 때문인지는 알 수 없지만 평소 화를 많이 내던 사람이었을 것이다. 화가 극에 달하면 화는 양기가 되어 위로 올라간다. 양기가 너무 왕성하여 머리 꼭대기로 올라가 몰렸다. 그래서 먹지도 않고 화를 내면서 폭력적으로 변한 것이다. 그런데 의사는 그 환자를 웃게 하였다. 왜 웃게 하였을까?

사람이 웃게 되면 기가 흩어진다. 그래서 머리 꼭대기까지 올라간 화를 웃게 함으로써 풀어지게 한 것이다. 그런데 그 의사가 기생 두 명에게 다소 우스꽝스러운 복장을 하고 시중을 들게 하였다는 것을 보면 아마 이 부인은 누군가(아마도 남편)에게 크게 억눌려 살았을 가능성이 크다. 그렇기 때문에 자기를 위하여 사람들이 요란을 떨고 자기를 떠받드는 모양을 보고 웃음이 났을 것이다. 웃으니 몰렸던 기가 흩어져 병이 낫게 된 것이다. 오늘날로 보자면 일종의 심리치료라고 할 수 있다. 그러나 근대 서양의학에서 말하는 심리치료와 한의학의 그것은 그 출발이 다르다.

오늘날의 심리치료는 대개 프로이드나 융의 그것에 의지하고 있다. 그것이 개인이든 집단이든 무의식에 기초하고 있다는 점에서는 둘 다 공통점을 갖고 있다. 그러나 한의학에서는 그러한 무의식을 설정하지 않는다. 한의학에는 기라는 관점에서의 몸과 마음이 있을 뿐이다.

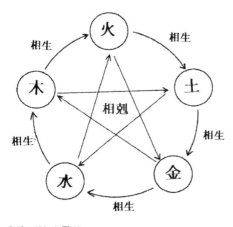

오행도식(五行圖式)

몸과 마음은 하나의 기이다. 몸과 마음은 서로 동시에 영향을 주고받는다. 또한 몸은 몸과, 마음은 마음과 서로 동시에 영향을 주고받는다. 무의식에서 흘러나온 무언가가 몸과 마음에 영향을 주는 것이 아니라 몸과 마음은 외부와 혹은 내부와 반응하여 스스로 움직인다. 이런 상호 작용을 알게 해주는 것이 바로 오행이다.

목화토금수라는 순서는 사물의 발전과정이라고 할 수 있다. 계절을 예로 들면 봄-여름-가을-겨울로 발전하는 것이다. 봄은 여름을 낳고 여름은 가을을 낳는다. 이를 상생이라고 한다. 상생이란 어미가 자식을 낳듯 상대의 힘을 길러주고 보태주는 것을 말한다. 예를 들어 수는 목을 길러준다. 마치 나무에 물을 주는 것과 같다. 반면에 상극은 원수지간처럼 상대의 힘을 억누르거나 죽이는 것을 말한다. 예를 들어 화는 금을 억누른다. 마치 불로 쇠를 녹이는 것과 같다. 물론 여기에서 말하는 '길러준다'든가 '억누른다'든가 하는 것은 어디까지나 기의 차원에서 말하는 것이다. 상대의 기를 길러주거나 억누르는 것이다.

오행의 하나하나를 '행'이라고 하는데, 각 행에는 그 속성에 따른 온갖 사물이 배속된다. 배속된다는 것은 같은 기를 갖은 무리로 나뉜다는 말이다. 예를 들어 목의 속성은 굽거나 곧게 할 수 있는 것이다(곡직 曲直). 바람처럼 잘 움직이고 흔들리는 것도 목의 속성이다. 그래서 목에는 목의 속성을 갖은 나무를 비롯하여 장기로는 간, 색으로는 푸른색,

정서로는 화내는 것 등이 배속된다. 다른 행도 마찬가지다. 이를 정리하면 다음과 같다.

목-곡직曲直-굽히거나 펴게 할 수 있다. 움직이고 흔들리게 할 수 있다.

화-염상炎上-타오르거나 위로 오르게 할 수 있다.

토-가색稼穡-모든 것을 품고, 곡식이 익듯 품은 것을 이루어지게 할 수 있다.

금-종혁從革-따르게 하거나 뒤엎을 수 있다.

수-윤하潤下-적시거나 내려가게 할 수 있다.

오행	장기	방위	색깔	정서	기후	맛	계절	발달주기
목	간	동	청靑	노怒	풍風	산酸	봄	생生
화	심	남	적赤	희喜	열熱	고苦	여름	장長
토	비	중	황黃	사思	습濕	감甘	장하長夏*	화化
금	폐	서	백白	비悲, 우憂	조燥	신辛	가을	수收
수	신	북	흑黑	공恐, 경驚	한寒	함鹹	겨울	장藏

*'장하'는 무더운 여름이다. 습기가 많고 더운 날씨다.

오행에 속한 사물들은 그것이 물건이 되었든 사람이 되었든 색깔이 되었든 다른 사물과의 관계에서 같은 힘을 드러내면 같은 기를 갖고 있는 것으로 본다. 같은 기끼리는 서로를 키워준다. 그리고 여기에 상생과 상극이라는 관계가 더해진다. 그러므로 모든 사물은 그것이 오행으로 분류되자마자 자신의 행에 속한 사물들은 물론 다른 행에 속한 모든 사물과 상생 혹은 상극의 관계를 동시에 갖게 된다.

같은 기끼리는 서로를 키워주므로 예를 들어, 간의 기를 기르려면 푸른색 음식을 많이 먹는다. 상생의 관계를 이용하여 다른 행에 속한 사물을 도와주려면 예를 들어, 화에 속하는 심장의 기를 더해주려면 목에 속하는 신맛이 나는 음식을 먹어 간의 기를 키워 그 기를 심장으로 전해줄 수 있다(목생금). 반면에 간의 기가 너무 왕성하여 그 기를 내려주고 싶으면 금에 해당하는 매운 음식을 먹는다(금극목).

이런 관계는 다른 모든 사물 사이에도 적용된다. 사람의 정서도 오행으로 분류되므로 이런 관계를 이용하여 정신병의 치료에 응용하는 것이다.

간의 지志는 화를 내는 것이다. 지나치게 화를 내면 간을 상하는데, 슬퍼하는 것[金]이 화내는 것[木]을 이긴다.

심의 지志는 기뻐하는 것이다. 지나치게 기뻐하면 심을 상하는데, 두려워하는 것[水]이 기뻐하는 것[火]을 이긴다.

비脾의 지志는 생각하는 것이다. 지나치게 생각하면 비를 상하는데, 화내는 것[木]이 생각하는 것[土]을 이긴다.

폐의 지志는 걱정하는 것이다. 지나치게 걱정하면 폐를 상하는데, 기뻐하는 것[火]이 걱정하는 것[金]을 이긴다.

신의 지志는 두려워하는 것이다. 지나치게 두려워하면 신을 상하는데, 생각하는 것[土]이 두려워하는 것[水]을 이긴다.

대개 싸움을 하면 화가 많이 나게 된다. 물론 화가 나서 싸우는 것이기도 하다. 그런 화[목]를 내리는 데는 슬픔[금]이 약이다. 부부싸움을 하고 나서 마지막에 울음이 터지는 것은 어찌 보면 지나치게 올라간 화를 꺾기 위한 본능적인 행위일 수 있다[금극목]. 그래서 화가 많이 나는 사회, 그 화를 제대로 처리할 수 없는 사회에서는 슬픈 영화와 노래가 유행한다.

이는 정서상에서의 문제만이 아니라 정서와 계절, 정서와 음식 등과의 관계에도 적용된다. 아니 오행으로 분류된 모든 것들 사이에 적용이 된다. 그래서 화에 속하는 더운 여름에는 수에 속하는 무서운 공포영화가 필요하다[수극화]. 음식으로는 짠맛을 더 찾게 된다.

오행의 이치를 이해하면 이 세상의 모든 것에 이런 이치를 적용해볼수 있다. 이는 세상을 하나하나의 분리된 대상으로 보는 것이 아니라모든 것이 동시적으로 작용하는 관계 속에 놓인 기로 보게 되는 것이다.

미친병에서 특히 정서로 인해 생긴 경우는 약도 필요하지만 더 중요한 것은 정서다. 병의 근원을 치료하지 않으면 아무리 약을 써도 낫지 않는다. 정서는 인간관계에서 생긴 것이다. 그러므로 인간관계를 풀어야한다는 말이다. 그래서 주진형은, "다섯 가지 지志의 화火가 뭉쳐 담을만들어 전광顚狂이 되면 인간관계[人事]로써 다스려야 한다"고 말한다.

어떤 사람은 음양과 더불어 오행 때문에 동아시아의 학문은 과학이되지 못하고 미신의 소굴에 빠져버렸다고도 말했다. 그러나 그 말은, 과학을 매우 협소한 것으로 한정하여 말한 것이다. 다시 말해서 이성에 의해 개별 대상을 그 자체로, 다시 말해서 다른 것과 분리하여 그 사물의구조와 기능을 파악하는 것만을 과학으로 보기 때문에 나온 말이다. 그것은 대상을 보는 하나의 방법일 뿐이다. 그것도 극히 일면적인 방법일뿐이다.

그러나 궁극적으로 우리가 알고자 하는 것은 개별 사물이 아니라 사물들 사이의 관계다. 왜냐하면 온전한 사물은 혼자 존재하는 것이 아니라 언제나 다른 사물들과의 관계 속에서만 존재하며 그런 관계 자체가그 사물을 이루고 있는 것이기 때문이다. 또한 그 사물이 나와 아무런 관계도 없는 것이 아니라 나에 대한 것, 나와 관계된 것이라면 더욱 그러하다. 대상을 내 마음대로 조작하는 대상이 아니라 같이 더불어 사는 것으로 생각한다면 이러한 관계에 대한 이해는 더욱 중요하다.

치료하지 못하는 경우

사람은 정기신으로 이루어져 있다. 그중에서도 살고 죽는 문제는 신과 직결된다. 그래서 『내경』에서는 "신이 있으면 살고 신이 없으면 죽는다"고 하였다. 신이 없다는 것은 정精과 신神이 없어져 어지러워진 것을 말한다. 그러므로 "전질癲疾에 게거품을 많이 토하고 기가 아래로 빠져나가면 치료하지 못한다"고 하였다. 기가 아래로 빠져 나간다는 것은 자신도 모르게 방귀나 대소변을 싸는 것을 말한다.

또한 전간이라는 병은 발작하였다가 깨어났다 하면 살고, 밥을 먹지 않고 바보같이 되면 죽는다. 신이 빠져나가 모자란 사람처럼 멍한 눈이 되면 치료할 수 없는 것이다. 전질이 미친병처럼 발작하면 죽어도 고치지 못한다.

미친병을 두루 치료하는 약

두루 치료한다는 것은 여러 병증에 대개 잘 맞는다는 말이다. 그런 대표적인 처방이 유명한 우황청심원牛黃淸心元이다. 우황청심환牛黃淸心丸이라고도 한다. 원래는 담이 화와 합해져 뭉치고 막혀서 생긴 전광이나 심기心氣가 부족하고 신神이 안정되지 못하여 아무 때나 기뻐하고 화를 내는 전광에 쓰는 약이다. 물론 우황청심환은 중풍이 왔을 때 제일 먼저 쓸 수 있는 약이다.

근래 시험을 보러가기 전에도 우황청심환을 먹기도 하는데, 이는 이 처방이 신을 안정시키는 효과가 있기 때문이다. 심지어는 술을 깨기 위해 먹기도 한다.

그러나 모든 경우에 우황청심환을 먹는 것이 좋은 것은 아니다. 우황청심환은 이를테면 응급한 상황에서 먹는 것이다. 막힌 것을 뚫어주는 약이므로 너무 많이, 그리고 자주 먹으면 오히려 해가 된다. 이와 비슷한 예가 동의보감에 소개되어 있다.

한나라 때의 위공魏公이 오랫동안 심장병을 앓았는데 가슴이 뛰고 건망증이 생기고 꿈자리가 뒤숭숭하여 잠을 거의 못 이루고 이상한 증상이 안 나타난 것이 없었다. 안 먹어본 심장약이 없었지만 효과를 보지 못하였다. 이 병은 본래 지나치게 걱정하고 쓸데없는 생각을 많이 하여 심혈心血이 소모되어 생긴다. 그래서 심을 안정시키려고 당귀, 지황 등을 써서 심혈을 북돋아주자 효과가 나기 시작하였다. 그러나 다시 석창포 같은 약으로 발산시키면 심기가 더욱 흩어지게 된다. 그것은 심을 지나치게 써서 이런 병이 생긴 것이기 때문이다.

그러므로 아무리 우황청심환이 명약이라고 해도 함부로 먹어서는 안 된다. 실제 정신질환에 가장 많이 활용할 수 있는 처방은 온담탕이다.

담이 심장의 구멍을 막으면 신神이 제자리를 지키지 못하게 된다고 말한다. 또한 지나치게 걱정하고 쓸데없는 생각으로 기가 뭉치거나, 놀라거나 두려워하여 심장을 상하고, 심장이 편하지 않으면 신이 있어야 할 곳에서 나와 집이 비게 되므로 경계, 정충이 생긴다. 심하면 가슴이 답답하고 어지러우며, 슬프게 노래하고 욕을 하며 뛰어다니고 사람을 알아보지 못하게 된다. 온담탕은 바로 이런 경우에 쓸 수 있는 약이다.

그런데 이 약은 죽력竹瀝을 타서 먹는다. 죽력은 대나무 기름이다. 가슴 속의 열을 내리고 가슴이 답답하거나 갑자기 중풍이 와서 목이 닫혀 말을 못하거나 담이 화와 결합하여 정신이 어지럽거나 그 밖에 소갈이나 파상풍破傷風, 출산 후 열이 날 때, 소아 간질 등 모든 위급한 때에 쓸 수 있다. 입안이 잘 허는 경우에도 쓴다. 보통 죽력을 먹을 때는 죽력과 생강즙을 6:1의 비율로 섞어서 먹는다.

동의보감에 소개된 죽력 만드는 법은 다음과 같다.

먼저 푸른빛이 나는 큰 참대를 두 자 정도 되게 자르고 배를 갈라 우물물에 하룻밤 담가둔다. 벽돌 두 장을 적당한 간격으로 놓고 참대나무 양쪽 끝을 벽돌 밖으로 한두 치 정도 나가게 걸쳐놓고, 센 불로 참대를 달구면서 참대의 양쪽 끝으로 나오는 진액을 그릇에 받아 면으로 된 천으로 찌꺼기를 걸러내어 사기로 된 병에 보관한다.

여름에는 찬물에 넣어 참대기름이 더워지지 않게 하고, 겨울철에는 따뜻한 곳에 보관하여 얼지 않도록 한다.

요즈음이라면 냉장보관하면 된다. 그러나 죽력은 기본적으로 위급할 때 쓰는 약이다. 오래 쓸 수 있는 약이 아니다. 그리고 한의사의 진찰 없이 쓸 수 있는 약이 아니다. 반드시 진찰을 받고 복용하도록 한다.

그리고 동의보감에서는 정신 질환에 쓸 수 있는 단방을 여럿 소개하고 있지만 주사나 수은처럼 위험한 것도 포함되어 있다. 여기에서는 비교적 안전한 것에 한정하여 소개하기로 한다.

모두 23가지가 소개되고 있는데, 제일 먼저 나오는 것이 주사다.

주사는 정精과 신神을 기르고 혼백을 편안하게 하는데, 오래 먹으면 신명이 통한다고 하였다.
그러나 주사 역시 약으로
쓰려면 수치를 잘해야 하며
함부로 쓸 수 있는 약이 아
니다.

자석영은 자수정인데, 혼
과 백을 편안하게 한다고
하였다. 동의보감에서는 자

자수정

석영을 복용하게 되어 있지만 이 역시 함부로 쓸 수 있는 약이 아니다.
먹기보다는 집안에 자수정을 놓고 늘 곁에 두고 있어도 좋을 것이다.

수은은 신과 관련되어 항상 논란의 중심에 있었던 약이다. 그러나 오
늘날에는 거의 사용하지 않는다. 부작용이 너무 크기 때문이다. 이외에
생철을 물에 담가 녹이 슨 다음 우러나온 물을 쓰는 철장鐵漿, 수은을
가공하여 만든 4산화3연(Pb₃O₄)인 황단 등이 소개되어 있다. 모두 먹을
수 없다.

인삼은 기를 보하는 대표적인 약이지만 혼과 백을 안정시키고 경계
를 치료하는 등 정신 질환에도 효과가 있다. 그러나 병의 상태, 체질 등
을 고려하여 정확한 진찰을 받은 다음에 써야 한다.

천문동은 혼과 백을 안정시키고 경계, 건망, 전광을 치료하는 약이
다. 약으로 쓸 때는 심지를 빼내고 가루를 낸 다음 두 돈씩 술에 타서
아무 때나 먹는다. 오래 먹으면 좋다고 하였다.

석창포는 심장의 구멍[心竅]을 잘 통하게 하고 건망증을 치료하며 지
혜를 기른다고 하였다. 석창포와 원지를 곱게 가루 내어 한 돈씩 술에
타 아무 때나 하루에 세 번 먹는다. 그러면 귀와 눈이 밝아지고 겉만 보
고도 속을 알며 천리 밖의 일을 알 수 있다고 하였다. 그러나 이 역시 너

무 뚫어주는 힘이 강하여 정확한 진찰을 한 뒤에 먹어야 한다.

원지는 혼과 백을 편안하게 하고 지혜를 늘려주며 건망증을 치료하여 헛갈리지 않게 하는 약이다. 원지를 감초물에 담갔다가 끓여서 심지를 빼고 살만 가루 낸다. 두 돈씩 술에 타서 아무 때나 먹는다.

'원지遠志'는 그 이름이 뜻을 멀리 한다는 말인데, 원지에서 '지'는 일정한 지향성과 지속성을 갖는 마음의 상태를 말한다. 지향성과 지속성은 곧 집착이다. 그러므로 원지는 집착을 없애는 약이라는 뜻이다. 원지를 두고 한의계에서는 '불가근, 불가원不可近, 不可遠'이라고도 한다. 마음을 다스리는 데 없어서는 안 되는 좋은 약이지만 좋다고 해서 너무 많이 쓰면 부작용이 나고 그렇다고 너무 적게 쓰면 효과가 없다. 그래서 너무 가깝게 해서도 안 되고 너무 멀리 해서도 안 된다는 말이 나온 것이다.

이 말을 사람에게 적용해보면, 사랑하는 사람도 미워하는 사람도 너무 가깝게 해서도 안 되고 멀리 해서도 안 된다는 말이 된다. 사랑도 미움도 모두 집착일 뿐이기 때문일 것이다. 원지라는 약을 대할 때마다 늘 나와 남을 되돌아보게 된다.

백복신은 혼과 백을 안정시키고 정精과 신神을 기르며 경계와 건망증을 치료한다. 백복신을 가루 내어 술에 타서 아무 때나 두 돈씩 먹는데 알약을 만들어 먹어도 좋다. 원지와 함께 쓰면 더욱 좋다.

황련은 경계와 가슴이 답답하고 조급한 것을 주치하며 심장의 열熱을 내려준다. 황련을 가루 내어 꿀물에 한 돈을 타서 먹는데 알약을 만들어 먹어도 좋다. 황련은 심장의 열을 내려주는 가장 대표적인 약이라고 할 수 있다.

상륙화는 자리공의 꽃이다. 자주 잊어버리고 헛갈리는 것을 치료한다. 상륙화를 그늘에 말려 가루 낸 다음 잘 때 한 돈씩 물에 타서 먹으

면 하고자 하는 일을 떠올
리자마자 눈앞에 보인다.
매우 효과가 좋다. 약으로
쓸 때는 대개 뿌리를 쓰지
만 자리공의 뿌리는 강한
독성이 있어서 천연 농약으
로 쓸 정도다. 뿌리 모양이
도라지와 비슷하여 잘못 먹
으면 열이 나고 심장 박동
이 빨라지며 복통, 구토 등

연밥

의 중독 증상이 나타난다. 대량으로 먹으면 심근마비가 올 수도 있다.
여기에서 소개하는 방법은 꽃을 쓰는 것인데, 이는 어디까지나 과거의
토종 자리공의 꽃을 말한다. 지금은 대개 미국자리공이 토종을 밀어내
고 그 자리를 차지하고 있는데, 미국자리공은 아직 그 효과나 부작용이
정확하게 알려져 있지 않다.

연실은 연밥이다. 신神을 기르며, 많이 먹으면 화를 내지 않고 기뻐하
게 되고 오래 먹으면 마음이 즐거워진다. 죽을 끓여 늘 먹으면 좋다. 성
기능 개선이나 유정(遺精, 정이 자기도 모르게 나오는 것), 치매에도 효과가
있다. 음식으로 늘, 오래 먹어도 좋다.

이상은 복용하는 약에 관한 것이다. 그러나 이것만이 아니다. 보기만
해도 마음이 편해지는 약도 있다.

훤초萱草는 원추리다. 이것은 마음을 편하게 하고 늘 즐겁고 걱정이
없게 한다. 동의보감에서는 정원에 심어서 늘 보는 것이 좋다고 하였다.

원추리는 백합과에 속하여 백합 비슷하게 생긴 꽃이 피는데 각시원
추리, 노랑원추리, 섬원추리, 왕원추리, 골잎원추리, 애기원추리 등 다양

원추리

자귀나무와 꽃

한 종류가 있어서 7월 중순 정도면 그 종류에 따라 다양한 빛깔의 꽃이 핀다. 꽃이 아름다워서 보기만 해도 좋다.

원추리와 마찬가지로 보아 좋은 것으로는 자귀나무가 있다. 자귀나무를 과부나무라고도 하는데, 한약 이름으로는 '합환合歡'(기쁨을 같이 한다, 남녀가 같이 자며 즐긴다)이라고 한 것을 보면 예로부터 무언가 즐거운 일이 벌어질 것 같은 나무라고 본 모양이다. 실제로 이 나무는 밤이 되면 잎이 서로 붙기 때문에 야합수夜合樹라고도 한다. 동의보감에서는 분노를 없애서 즐거워하고 걱정이 없게 하며 이 나무를 정원에 심어놓으면 화를 내지 않게 된다고 하였다. 실제 효과는 둘째 치고 나무와 꽃이 아름답기 때문에 정원에 심어놓고 늘 본다면 좋을 것이다.

다음으로는 동물성 약이다.

먼저 나오는 것은 거미줄이다. 지주사蜘蛛絲라고 하는데, 잘 잊어버리는 것을 치료한다. 동의보감에서는 칠월 칠석에 거미줄을 걷어서 옷깃에 붙이면 신기하게 건망증이 없어진다고 하였다. 필자가 게을러서 아직 이 방법을 써본 적은 없다.

소리개는 솔개다. 이 솔개의 머
리, 곧 치두鴟頭도 약으로 쓴다. 전
간을 치료하는 약으로 쓴다. 동의
보감에서는, 고기는 구워서 먹고,
치두 두 개는 태워 황단 한 냥과 함

사향

께 가루 내어 알약을 만들어 먹는다고 하였다. 다만 황단은 중독의 우
려가 있으므로 함부로 먹어서는 안 된다. 무엇보다도 솔개는 멸종위기
2종 동물이어서 잡아서는 안 된다.

박쥐도 약으로 쓴다. 박쥐를 복익伏翼이라고 하는데 동의보감에서는,
오래 먹으면 기쁘고 얼굴도 아름다워지며 걱정이 없게 된다고 하였다.
나아가 오래 먹으면 시름을 풀어주고 걱정을 없앤다고 하였고, 굽든지
삶아서 먹는데 동굴에서 겨울잠 자는 박쥐가 좋다고 하였다. 그러나 박
쥐 역시 보호 동물이므로 함부로 잡아서는 안 된다.

사향은 아마도 가장 잘 알려진 약재일 것이다. 사향은 간질을 치료하
고 신을 편안하게 하여 놀라서 의심이 많아지고 정신이 흐려진 것을 없
앤다고 하였다. 진짜 사향을 가루 내어 달인 물에 일자一字를 타서 먹는
다. '일자'란 칼끝 같은 것으로 살짝 뜬 만큼의 분량이다. 사향은 방향
성이 강하다. 그런 만큼 막힌 것을 뚫는 힘도 강하다. 또한 그런 만큼
함부로 쓸 수 있는 약은 아니다.

우황은 혼백을 안정시키고 경계와 전광을 치료하며 건망을 다스린
다. 가루 내거나 알약을 만들어 먹어도 다 좋다. 이 역시 전문가의 진찰
을 받고 쓰는 것이 좋다.

동물성 약재 중 누구나 쉽게 써볼 수 있는 것은 바로 돼지염통이다.
저심豬心이라고 하는데 특히 심장의 혈이 부족한 것을 보하여 경계, 건

망, 전간, 놀란 것, 걱정과 성낸 것을 치료한다. 돼지 심장의 피를 약에 섞어 쓰기도 하는데, 푹 삶아 먹기도 한다.

심장이 허해졌을 때 가장 일반적으로 먹을 수 있는 것이므로 늘 먹는 것이 좋다. 또한 순대에는 돼지의 피가 들어가므로 순대 역시 좋다. 돼지 피는 해독의 효능이 있고 장도 깨끗하게 해주며 피부 미용에도 좋은 효과가 있다.

구하기가 쉽지는 않겠지만 벼락 맞아 죽은 고기도 효과가 있다. 이를 진육震肉이라고 하는데, 놀라서 정신이 없는 것을 치료한다. 고기를 포로 만들어 먹는데, 이것은 벼락 맞아 죽은 여섯 가지 가축[六畜]의 고기이다.

자하거는 태반이다. 전광, 건망, 정충, 의욕을 잃은 것, 정신이 없고 놀라고 두려워하는 것과 심신이 갈무리되지 않고 횡설수설하는 것을 치료하는데, 심心을 편안하게 하고 혈을 기르고 신神을 안정시키는 효과가 크다. 자하거를 푹 쪄서 약에 넣고 알약을 만들어 먹거나 푹 쪄서 이것만 먹어도 좋다.

과거와 달리 자하거는 전문의약품에 속하여 그냥 구하기는 어렵다. 다만 추출물로 나오는 것이 있고 또한 사람만이 아니라 돼지의 태반도 비슷한 효과가 있어 저렴하게 사용할 수 있다.

마치는 말

동의보감 제1권은 신형에서 시작하여 정기신을 설명하는 것으로 마친 다. 그리고 제2권부터는 몸을 이루는 여러 부분들, 곧 혈血과 꿈[夢], 목 소리[聲音], 말[言語], 진액, 담음을 거쳐 오장육부와 자궁[胞], 충蟲 그리 고 대소변으로 마무리된다.

우리가 동의보감을 통해 일차적으로 얻을 수 있는 것은, 건강이란 무 엇이고 건강을 지키기 위해서는 어떻게 해야 하는 것이다. 그러나 동의 보감은 거기에서 그치지 않는다. 동의보감은 온전한 건강과 생명을 말 함으로써 단편적인 건강 상식을 넘어서는 새로운 세계를 볼 수 있는 눈 을 갖게 해준다.

동의보감은 단순한 의서만은 아니다. 동의보감은 당대에도 그러하였 지만 특히 오늘날 우리의 관점에서 볼 때 완전히 새로운 세계관을 보여 준다. 그것은 자연과 몸과 사회를 하나로 보는 관점이다. 이는 자연과 몸과 사회를 분리된 것으로 보는 관점과도 다를 뿐만 아니라 각각을 하 나의 대상으로 보는 관점과도 다르다.

자연과 몸과 사회를 하나로 보는 관점의 가장 대표적인 것은 바로 황로학黃老學이다. 황로학의 대표적인 저작은 『황제사경黃帝四經』, 『관자

사편管子四篇』, 『황제내경黃帝內經』 등이다(황로학에 대해서는 김희정, 『몸 국가 우주 하나를 꿈꾸다』 참조). 그리고 동의보감은 이러한 황로학의 맥을 잇는 황로학의 저작이다.

어떤 사람은 동의보감을 통해 신형만을 보기도 하고 정기신혈만을 보기도 하고 운기만을 보기도 한다. 어떤 사람은 처방만 보기도 하고 어떤 사람은 단방만 보기도 한다. 모두 일면만 본 것이다. 동의보감은 의서이지만 자연과 몸과 사회가 하나임을 말함으로써 의학을 넘어 이 세상의 모든 것을 말하고 있다. 그럼에도 사람들은 모든 것을 나눈다.

의사들은 사람을, 병든 사람과 병들지 않은 사람으로 나눈다. 경제학자는 돈을 가진 사람과 갖지 못한 사람으로 나눈다. 정치가는 권력이 있는 사람과 없는 사람으로 나눈다. 요리사는 배고픈 사람과 배부른 사람으로 나눈다. 자연과 몸을 나누고 몸과 사회도 나눈다. 나아가 자연도 나누고 몸도 나누고 사회도 나눈다. 그러나 동의보감은 이제 모든 것을 하나로 보라고 말한다. 모든 것은 하나의 기일 뿐이라고 말한다.

몸은 그 자체만으로 이루어지지 않는다. 자연이 없으면 몸은 없다. 사회가 없어도 몸은 없다. 자연은, 사회는 이미 몸의 일부이다. 자연과 사회가 함께 어우러져야 비로소 온전한 몸이 된다. 자연이 없으면 사람도 없지만 자연도 사람이 없으면 더 이상 자연이 아니다. 사람이 없는 자연은 없다. 사람은 자연을 먹지만 사람은 죽어 다시 자연에 먹힌다. 사람은 자연을 먹음으로써 자연이 된다. 자연은 자신이 먹힘으로써 사람이 된다. 사람은 자연과 관계를 맺음으로써 사람이 되고 자연은 사람과 관계를 맺음으로써 자연이 된다. 사회도 마찬가지다.

어떤 사람은 물을 것이다.

"동의보감은 이미 옛날이야기이고 우리는 너무도 다른 세상에서 다른 눈으로 세상을 보며 살아가고 있지 않는가?"

그렇다. 동의보감에서 말하는 것은 우리 사회에서 실현될 수 없다. 그러나 우리가 진정 온전한 건강을 원한다면, 진정 자연과 함께 살아가고자 한다면, 진정 다른 사람들과 행복하게 살아가고자 한다면, 바꿔야 한다. 우리의 눈과 우리의 삶과 우리의 사회를 바꿔야 한다.

동의보감은 우리에게 새로운 눈으로 새로운 세상을 보라고 말한다. 그리고 그런 세상을 만들라고 말한다. 이것이 우리가 오늘날 동의보감을 읽어야 하는 이유다.

지은이 후기

이 글은 「문화일보」에 연재했던 제1부의 내용을 제외하면(2011~2012년) 대개 2,3년 이내에 쓴 글이다. 이 시기는 필자 개인에게는 매우 고통스러운 시기였다. 보통 사람들이 평생을 살아가며 겪는 고통을 집중적으로 겪었다.

요양병원을 하면서 죽음을 많이 접하기는 했지만 이 시기에 부모님께서 차례로 돌아가시고 나 자신의 죽음까지도 생각해야 하는 지경에 이르자, 나아가 사람이 사람을 죽일 수도 있겠다는 생각에까지 미치자 내가 변화하기 시작했다. 다른 사람의 고통과 죽음을 조금씩 알아가기 시작했다. 나의 죽음에 대해서도 조금씩 달리 생각하기 시작했다. 아니 고통과 죽음이 새롭게 다가왔다. 세상이 달라졌다. 이제 다르게 살아야 한다는 생각뿐이었다.

글을 다시 쓰기 시작했다. 개인적으로는 동의보감 제1권의 번역을 마친 뒤(2003년) 10년 만에 다시 찾아온 변화였다. 이 책도 그러하지만 이 책의 제목 역시 이런 과정에서 나온 것이다.

이 책에서는 과학에 대해 직접적으로 언급하지는 않았다. '과학'이 무엇인지, 기존의 과학'들'에는 어떤 문제가 있는지, 새로운 사회, 새로운 삶에는 어떤 과학이 필요한지에 대해 말하지 않았다. 그러나 우리가 그런 논의를 진지하게 시작할 때 바로 동의보감이 거울이 될 수 있을 것이라고 생각했다. 그 거울은 모든 것을 비춰주고 모든 것을 되돌아보게 하는 거울이다.

이 책은 동의보감을 그런 거울로 다시 읽기 위해 썼다. 그래서 제목에 '과학'이라는 말을 썼다. 또한 이런 작업을 여러 사람과 머리를 맞대고 더불어 의논하기 위해, 이치를 헤아려 왈가왈부한다는 뜻의 '논(論)' 자를 더했다.

죽음으로써 내 삶을 새롭게 살게 해준 형의 기일을 며칠 앞두고 박석준이 쓰다.

2015년 9월 17일

박석준

동의보감 서문

醫者雅言軒岐。軒岐上窮天紀, 下極人理, 宜不屑乎記述, 而猶且說問著
難, 垂法後世, 則醫之有書, 厥惟遠哉上。自倉越下逮劉張朱李, 百家繼
起, 論說紛然, 剽竊緒餘, 爭立門戶, 書益多而術益晦, 其與靈樞本旨不
相逕庭者鮮矣。世之庸醫, 不解窮理, 或倍經訓而好自用, 或泥故常而不
知變, 眩於裁擇, 失其關鍵, 求以活人而殺人者多矣。我宣宗大王, 以理
身之法, 推濟衆之仁, 留心醫學, 軫念民瘼。嘗於內申年間, 召太醫臣許
浚敎曰, 近見中朝方書, 皆是抄集庸瑣, 不足觀爾。宜裒聚諸方, 輯成一
書。且人之疾病, 皆生於不善調攝, 修養爲先, 藥石次之。諸方浩繁, 務
擇其要。窮村僻巷無醫藥, 而夭折者多, 我國鄉藥多産, 而人不能知爾。
宜分類並書鄉名, 使民易知。浚退與儒醫鄭碏, 太醫楊禮壽, 金應鐸, 李
命源, 鄭禮男等, 設局撰集, 略成肯綮。値丁酉之亂, 諸醫星散, 事遂寢。
厥後, 先王又敎許浚獨爲撰成, 仍出內藏方書五百卷以資考據, 撰未半而
龍馭賓天。至聖上卽位之三年庚戌, 浚始卒業而投進, 目之曰東醫寶鑑,
書凡二十五卷。上覽而嘉之, 下敎曰, 陽平君許浚, 曾在先朝, 特承撰集
醫方之命, 積年覃思, 至於竄謫流離之中, 不廢其功, 今乃編帙以進。仍
念先王命撰之書, 告成於寡昧嗣服之後, 予不勝悲感。其賜浚太僕馬一
匹, 以酬其勞。速令內醫院設廳鋟梓, 廣布中外。且命提調臣廷龜撰序
文弁之卷首。臣竊念太和一散, 六氣不調, 癃殘扎瘥, 迭爲民災, 則爲之
醫藥, 以濟其夭死, 是實帝王仁政之先務。然術非書則不載, 書非擇則不
精, 採不博則理不明, 傳不廣則惠不布。是書也, 該括古今, 折衷羣言, 探
本窮源, 挈綱提要, 詳而不至於蔓, 約而無所不包。始自內景外形, 分爲
雜病諸方, 以至脈訣症論藥性治法攝養要義鍼石諸規, 靡不畢具, 井井
不紊。卽病者雖千百其候, 而補瀉緩急, 泛應曲當。盖不必遠稽古籍, 近

搜旁門, 惟當按類尋方, 層見疊出, 對證投劑, 如符左契。信醫家之寶鑑, 濟世之良法也。是皆先王指授之妙筭, 而我聖王繼述之盛意, 則其仁民愛物之德, 利用厚生之道, 前後一揆, 而中和位育之治, 亶在於是。語曰, 仁人之用心, 其利博哉。豈不信矣乎。萬曆三十九年辛亥孟夏, 崇祿大夫行吏曹判書兼弘文館大提學藝文館大提學知經筵春秋館成均館事世子左賓客 臣李廷龜奉敎謹序。萬曆四十一年十一月 日內醫院奉敎刊行。監校官通訓大夫內醫院直長臣李希憲通訓大夫行內醫院副奉事臣尹知微。

동의보감 집례

臣謹按, 人身內有五臟六府, 外有筋骨肌肉血脈皮膚以成其形。而精氣神又爲藏府百體之主。故道家之三要 釋氏之四大, 皆謂此也。黃庭經有內景之文, 醫書亦有內外境象之圖。道家以淸淨修養爲本, 醫門以藥餌鍼灸爲治。是道得其精, 醫得其粗也。今此書, 先以內景精氣神藏府爲內篇。次取外境頭面手足筋脈骨肉爲外篇。又採五運六氣四象三法內傷外感諸病之證, 列爲雜篇。末著湯液鍼灸以盡其變。使病人開卷目擊, 則虛實輕重吉凶死生之兆明若水鏡, 庶無妄治夭折之患矣。古人藥方所入之材, 兩數太多, 卒難備用。局方一劑之數尤多, 貧寒之家何以辦此。得效方醫學正傳皆以五錢爲率, 甚爲鹵莽。盖一方只四五種, 則五錢可矣, 而至於二三十種之藥, 則一材僅入一二分, 性味微小, 焉能責效。惟近來古今醫鑑萬病回春之藥, 一貼七八錢, 或至一兩, 藥味全而多寡適中, 合於今人之氣稟。故今者悉縱此法, 皆折作一貼, 庶使劑用之便易云。古人云, 欲學醫, 先讀本草以知藥性。但本草浩繁, 諸家議論不一,而今人不識之材居其牛, 當撮取方今行用者, 只載神農本經及日華子註東垣丹溪要語。且書唐藥鄉藥, 鄉藥則書鄉名與產地及採取時月, 陰陽乾正之法, 可易備用而無遠求難得之弊矣。王節齋有言曰, 東垣北醫也, 羅謙甫傳其法以聞於江浙。丹溪南醫也, 劉宗厚世其學以鳴於陝西云。則醫有南北之名尚矣。我國僻在東方, 醫藥之道不絶如線, 則我國之醫, 亦可謂之東醫也。鑑者, 明照萬物, 莫逃其形。是以元時羅謙甫有衛生寶鑑, 本朝龔信有古今醫鑑, 皆以鑑爲名, 意存乎此也。今是書, 披卷一覽, 吉凶輕重, 皎如明鏡, 故遂以東醫寶鑑名之者, 慕古人之遺意云。

대의정성

張湛曰, 大經方之難精, 由來尚矣. 今病有內同而外異, 亦有內異而外同, 故五臟六腑之盈虛, 血脈榮衛之通塞, 固非耳目之所察, 必先診候以審之. 而寸口關尺, 有浮沈弦緊之亂, 兪血流注, 有高下淺深之差, 肌膚筋骨, 有厚薄剛柔之異. 唯用心精微者, 始可與言於妓矣. 今以至精至微之事, 求之於至麤至淺之思, 其不殆哉. 若盈而益之, 虛而損之, 通而徹之, 塞而壅之, 寒而冷之, 熱而溫之, 是重加其疾, 而望其生, 吾見其死矣. 故醫方卜筮, 藝能之難精者也, 旣非神授, 何以得其幽微. 世有愚者, 讀方三年, 便謂天下無病可治, 及治病三年, 乃知天下無方可用. 故學者必須博極醫源, 精勤不倦, 不得道聽途說[1], 而言醫道已了, 深自誤哉. 凡大醫治病, 必當安神定志, 無欲無求, 先發大慈惻隱之心, 誓願普救含靈之苦. 若有疾厄來求救者, 不得問其貴賤貧富, 長幼姸蚩, 怨親善友, 華夷

---

1. '道聽途說'은 '道聽而塗說'로, 『論語』「陽貨」에 나오는 말이다(17-14).

愚智, 普同一等, 皆如至親之想. 亦不得瞻前顧後[2], 自盧吉凶, 護惜身命. 見彼苦惱, 若己有之, 深心悽愴, 勿避嶮巇, 晝夜寒暑, 肌渴疲勞, 一心赴救, 無作功夫形迹之心. 如此可爲蒼生大醫, 反此則是含靈巨賊. 自古名賢治病, 多用生命以濟危急. 雖曰賤畜貴人, 至於愛命, 人畜一也. 損彼益己, 物情同患, 況於人乎. 夫殺生求生, 去生更遠. 吾今此方, 所以不用生命爲藥者, 良由此也. 其蝱蟲水蛭之屬, 市有先死者, 則市而用之, 不在此例. 只如雞卵一物, 以其混沌未分, 必有大段要急之處, 不得而隱忍而用之, 能不用者, 斯爲大哲, 亦所不及也. 其有患瘡痍下痢, 臭穢不可瞻視, 人所惡見者, 但發慙愧凄憐憂恤之意, 不得起一念蔕芥之心, 是吾之志也. 夫大醫之體, 欲得澄神內視, 望之儼然, 寬裕汪汪, 不皎不昧. 省病診疾, 至意深心, 詳察形候, 纖毫勿失, 處判針藥, 無得參差. 雖曰病宜速救, 要須臨事不惑, 唯當審諦覃思, 不得於性命之上, 率爾自逞俊快, 邀射名譽, 甚不仁矣. 又到病家, 縱綺羅滿目, 勿左右顧眄, 絲竹湊耳, 無得似有所娛, 珍羞迭薦, 食如無味, 醽醁兼陳, 看有若無. 所以爾者, 夫壹人向隅, 滿堂不樂[3], 而況病人苦楚, 不離斯須, 而醫者安然懽娛, 傲然自得, 玆乃人神之所共恥, 至人之所不爲, 斯蓋醫之本意也. 夫爲醫之法, 不得多語調笑, 談謔諠譁, 道說是非, 議論人物, 衒燿聲名, 訾毀諸醫, 自矜己德. 偶然治瘥一病, 則昂頭戴面, 而有自許之貌, 謂天下無雙, 此醫人之膏肓[4]也. 老君[5]曰, 人行陽德[6], 人自報之. 人行陰德, 鬼神報之. 人行陽惡,

---

2. '瞻前顧後'란 앞뒤를 재는 것으로, 여기에서는 치료 결과에 대한 부담을 재는 뜻으로 쓰였다. 특히 고대에는 의사의 지위가 불안정하여 치료를 하지 못했을 때는 거기에 큰 책임을 져야 했다.

3. 이 문장은 『說苑』卷第五「貴德」에서 따온 것이다. "故聖人之於天下也, 譬猶一堂之上也, 今有滿堂飮酒者, 有一人獨索然向隅而泣, 則一堂之人皆不樂矣."

4. '膏肓'은 '病入膏肓'의 준말이다. '고황'은 심장과 횡격막 사이를 말하는데, 병이 여기에 들어가면 치료할 수 없다고 본다.

5. '老君'은 '太上老君'의 줄인 말로, 老子를 말한다.

人自報之. 人行陰惡, 鬼神害之. 尋此二途, 陰陽報施, 豈誣也哉. 所以醫人, 不得恃己所長, 專心經略財物. 但作救苦之心, 於冥運道中, 自感多福者耳. 又不得以彼富貴, 處以珍貴之藥, 令彼難求, 自衒功能. 諒非忠恕[7]之道. 志存救濟, 故亦曲碎論之, 學者不可恥言之鄙俚也.

6. '陽德'이란 다른 사람이 알게 덕을 쌓는 것을 말한다. '陰德'은 다른 사람이 모르게 덕을 쌓는 것을 말한다. '陽惡'과 '陰惡'도 마찬가지다.

7. '忠恕'는 『論語』「里仁」에 나오는 말이다(夫子之道, 忠恕而已矣). 특히 공자는 평생 실천해야 할 덕목으로 '서恕'를 들고 있는데, '서'에 대해 내가 바라지 않는 것을 다른 사람에게 하지 않는 것(己所不欲, 勿施於人)이라고 하였다.